선문정로
●

성철스님 평석

선문정로

禪門正路

퇴옹성철 지음

서언 緒言

영취산정(靈鷲山頂)에서 세존이 염화(拈花)함은 사슴을 가리켜 말이라고 함이요, 소림암굴(少林岩窟)에서 2조(二祖)가 3배(三拜)함은 모난 나무로 둥근 구멍을 막음이니, 고금(古今) 선지식들의 현언묘구(玄言妙句)는 모두 눈 속에 모래를 뿌림이로다.

열할(熱喝)과 통방(痛棒)도 납승의 본분이 아니거늘, 어찌 다시 눈뜨고 꿈꾸는 객담(客談)이 있으리오마는 진흙과 물속에 들어가서 자기의 성명(性命)을 불고(不顧)함은 고인(古人)의 낙초자비(落草慈悲)이다.

정법상전(正法相傳)이 세구연심(歲久年深)하여 종종(種種) 이설(異說)이 횡행하여 조정(祖庭)을 황폐케 하므로, 노졸(老拙)이 감히 낙초자비(落草慈悲)를 운위(云謂)할 수는 없으나 만세정법(萬世正法)을 위하여 미모(眉毛)를 아끼지 않고 정안조사(正眼祖師)들의 수시법문(垂示法門)을 채집하여 선문(禪門)의 정로(正路)를 지시(指示)코자 한다.

선문은 견성(見性)이 근본이니, 견성은 진여자성(眞如自性)을 철견(徹見)함이다. 자성은 그것을 엄폐한 근본무명, 즉 제8아뢰야식의 미세망념이 영절(永絶)하지 않으면 철견하지 못한다. 그러므로 선문정전(禪門正傳)의 견성은 아뢰야식의 미세망념이 멸진(滅盡)한 구경묘각(究竟妙覺)·원증불과(圓證佛果)이며, 무여열반(無餘涅槃)·대원경지(大圓境智)이다.

이 견성이 즉 돈오(頓悟)이니, 오매일여(寤寐一如), 내외명철(內外明徹), 무심무념(無心無念), 상적상조(常寂常照)를 내용으로 하여 10지(十地)와 등각(等覺)도 선문의 견성과 돈오가 아니다. 따라서 오후보임(悟後保任)은 구경불과(究竟佛果)인 열반묘심(涅槃妙心)을 호지(護持)하는 무애자재의 부사의대해탈(不思議大解脫)을 말한다.

  견성 방법은 불조의 공안을 참구함이 가장 첩경이다. 불조의 공안은 극심난해(極深難解)하여 자재보살도 망연부지(茫然不知)하고 오직 대원경지(大圓鏡智)로써만 요지(了知)하나니, 공안을 명료(明了)하면 자성을 철견한다. 그러므로 원증불과인 견성을 할 때까지는 공안 참구에만 진력하여야 하나니, 원오(圓悟)가 항상 공안을 참구하지 않음이 대병(大病)이라고 가책함은 이를 말함이다.

  공안을 타파하여 자성을 철견하면 3신4지(三身四智)를 원만증득하게 되고 전기대용(全機大用)이 일시에 현전한다. 이것이 살활자재(殺活自在)하고 종횡무진(縱橫無盡)한 정안종사이니, 정안(正眼)이 아니면 불조의 혜명(慧命)을 계승하지 못한다. 황벽(黃檗)이 마조(馬祖)의 제자 80명 중에 정안종사는 수삼인(數三人)이라고 지적한 것과 같이 정안은 극난(極難)하다. 그러나 개개(箇箇)가 본래 비로정상인(毘盧頂上人)이므로 자경자굴(自輕自屈)하지 않고 끝까지 노력하면 정안을 활개(豁開)하여 출격대장부(出格大丈夫)가 되나니 참으로 묘법 중에 묘법이다.
　무릇 이설 중의 일례는 돈오점수(頓悟漸修)이다. 선문의 돈오점수의 원조(元祖)는 하택(荷澤)이며, 규봉(圭峰)이 계승하고 보조(普照)가 역설한 바이다. 그러나 돈오점수의 대종(大宗)인 보조(普照)도 돈오점수를 상술한 그의 『절요(節要)』 벽두에서 "하택은 지해종사(知解宗師)이니 조계적자(曹溪嫡子)가 아니다."라고 단언하였다. 이는 보조의 독단이 아니요, 6조(六祖)가 수기(授記)하고 총림이 공인한 바이다. 따라서 돈오점수 사상을 신봉(信奉)하는 자는 전부 지해종도(知解宗徒)이다.
　원래 지해는 정법을 장애하는 최대 금기이므로, 선문의 정안조사들은 이것을 통렬히 배척하였다. 그러므로 선문에서 지해종도라 하면 이는 납승의 생명을 상실한 것이니, 돈오점수 사상은 이렇게 가공할 만한 결과를 초래한다.
　이렇듯 이설들의 피해가 막심하여 정법을 성취하지 못하게 되나니, 참선고류(參禪高流)는 이 책에 수록된 정전(正傳)의 법언(法言)을 지침 삼아 이설에 현혹되지 말아야 한다. 용맹정진(勇猛精進) 확철대오(廓徹大悟)하여 고불(古佛)도 미도(未到)하는 초군정안(超群正眼)을 원증(圓證)

하여 하택·규봉과 같은 지해종도가 되지 말고 마조·백장과 같은 본분조사(本分祖師)가 되어 조계적자로서 불조의 혜명을 계승하여 영겁불멸의 무상정법(無上正法)을 선양하기를 기원하는 바이다.

허허, 구구한 잠꼬대가 어찌 이렇게 많은고!
억!

둥근 달 밝게 비친 맑은 물결에
뱃놀이 장단 맞춰 금잉어 춤을 춘다.

신유년(辛酉年) 중추가절(仲秋佳節)
가야산(伽倻山) 백련암(白蓮庵)에서
퇴옹성철(退翁性徹) 지(識)

차례

서언緒言 _ 퇴옹성철退翁性徹 ··· 4

1. 견성즉불 　견성이 바로 성불이다 　　　　　　　··· 11
   見性卽佛

2. 중생불성 　중생에게는 불성이 있다 　　　　　　··· 52
   衆生佛性

3. 번뇌망상 　두 가지 번뇌망상 　　　　　　　　　··· 64
   煩惱妄想

4. 무상정각 　가장 높고 바른 깨달음 　　　　　　　··· 75
   無上正覺

5. 무생법인 　일체 만법이 생기지 않음을 깨치다 　··· 105
   無生法忍

6. 무념정종 　무념이 바른 종지이다 　　　　　　　··· 125
   無念正宗

7. 보임무심 　무심을 보임하다 　　　　　　　　　··· 140
   保任無心

8. 오매일여 　자나깨나 한결같다 　　　　　　　　··· 181
   寤寐一如

9. 사중득활 　죽은 자리에서 살아나다 　　　　　　··· 202
   死中得活

10. 대원경지 　크고 둥근 거울 같은 지혜 　　　　　··· 229
    大圓鏡智

11. 내외명철 內外明徹	안팎이 환히 밝다	… 239
12. 상적상조 常寂常照	항상 고요하고 항상 비추다	… 250
13. 해오점수 解悟漸修	이해로 깨닫고 점차 닦아 나아가다	… 266
14. 분파분증 分破分證	부분적으로 타파하고 부분적으로 증득하다	… 304
15. 다문지해 多聞知解	들은 것이 많아 알음알이만 있다	… 329
16. 활연누진 豁然漏盡	남김없이 번뇌를 다 없애다	… 353
17. 정안종사 正眼宗師	바른 안목을 가진 종사	… 367
18. 현요정편 玄要正偏	임제의 3현3요와 조동의 정편	… 376
19. 소멸불종 銷滅佛種	부처가 될 종자를 없애다	… 394

『선문정로』를 다시 펴내며 … 412
『성철스님 평석 선문정로』를 발간하면서 … 414

【 일러두기 】

1. 『선문정로』는 1981년 초판 발행 이후 여러 차례 개정을 거듭하였다. 2006년에는 성철스님의 강설을 추가하여 『옛거울을 부수고 오너라』라는 제호로 개정판을 발행하고, 2015년에는 다시 제호를 『성철스님 평석 선문정로』로 바꾸어 재개정판을 발행하였다. 이 책은 『정독精讀 선문정로』(2022년 발행, 강경구 지음)를 펴내면서 밝혀진 오자와 탈자 등을 바로잡아 '교감본'으로 발행하게 된 것이다.

2. 『선문정로』는 초판이 간행된 이래 지금까지 화두참구를 하거나 마음공부를 하는 분들의 꾸준한 관심과 애정 속에 이 시대의 고전으로 자리매김하였다. 그러나 인용문이 한문 문장 그대로이고 성철스님의 번역문과 평석도 한문투의 문장이어서 현대의 독자들이 읽고 이해하기에 많은 어려움이 있어 왔다. 이런 점을 고려하여 『선문정로』의 문장 의미를 손상시키지 않는 범위에서 한자를 괄호 속에 넣고 어휘 풀이와 문장 해석을 각주 형태로 첨가하였다.

3. 성철스님은 『선문정로』를 발행한 뒤에 이 책을 교재로 해인사 대적광전에서 직접 강설을 하셨는데, 2006년 개정판을 발행할 때 육성으로 남기신 강설의 녹음을 풀어 정리, 추가하였다. 다만 제17장과 제19장 강설은 녹음 테이프가 없어서 누락하였다.

4. 1981년 본 『선문정로』는 한문 인용문에 이어 성철스님의 번역과 평석이 이어진다. 2006년 개정판부터는 한글 번역을 먼저 싣고 인용문, 출전 표기, 평석, 강설을 실었다. 2015년 재개정판과 2022년 교감본도 그 체제를 그대로 따랐다.

5. 각주에서 " "로 묶은 것은 두 단어 이상의 구문과 본문에 해석 없이 실려 있는 한문을 풀이한 것이다. 각주에 ㉘이라고 되어 있는 것은 1981년 본 『선문정로』에 있는 성철스님의 협주를 각주로 바꾸어 표기한 것이다.

6. 독자들이 성철스님의 인용문을 쉽게 구분할 수 있도록 2006년 개정판부터 인용문과 번역을 한데 묶어 일련번호를 매겼고, 불교 연구자들을 위하여 초판 『선문정로』 인용문의 출처를 '대정신수대장경(大正藏)'과 '만자속장경(卍續藏經)' 등에서 찾아 구체적으로 밝혀 놓았다.

1. 견성즉불 見性卽佛
견성이 바로 성불이다

【 1-1 】

견성을 하면 즉시에 구경무심경(究竟無心境)이 현전(現前)하여 약과 병이 전부 소멸되고 교(敎)와 관(觀)을 다 휴식하느니라.

纔得見性하면 當下에 無心하야 乃藥病이 俱消하고 敎觀을 咸息하느니라

『宗鏡錄』 1, 「標宗章」 (大正藏 48, p.419c)

진여혜일(眞如慧日)[1]의 무한 광명은 항상 법계를 조요(照耀)[2]하고 있지마는 3세6추(三細六麤)[3]의 무명암운(無明暗雲)[4]이 엄폐(掩蔽)[5]하여 중

---

1 진여의 지혜가 내뿜는 광명을 태양에 비유한 표현.
2 밝게 비춤.
3 『대승기신론』(이하 『기신론』)의 설로서 근본무명에 의해 진여가 생멸·유전하여 허망한 법을 전개시키는 과정을 아홉 가지로 분류한 것이다. 미세한 작용인 무명업상(無明業相)·능견상(能見相)·경계상(境界相)을 3세(三細), 지상(智相)·상속상(相續相)·집취상(執取相)·계명자상(繫名字相)·기업상(起業相)·업계고상(業繫苦相)을 6추(六麤)라고 한다.
4 무명을 어두운 구름에 비유한 표현.
5 가리고 덮음.

생이 이를 보지 못한다. 운소장공(雲消長空)[6]하면 청천(靑天)이 현로(現露)하여[7] 백일(白日)[8]을 보는 것과 같이 3세(三細)의 극미망념(極微妄念)까지 멸진무여(滅盡無餘)[9]하면 확철대오하여 진여본성을 통견(洞見)[10]한다. 이에 일체 망념이 단무(斷無)[11]하므로 이를 무념(無念) 또는 무심(無心)이라 부르나니, 이것이 무여열반(無餘涅槃)[12]인 묘각(妙覺)[13]이다.

그러므로 『기신론』에서 "견성은 원리미세(遠離微細)[14]한 구경각"이라 하였으며, 원효(元曉)[15]와 현수(賢首)[16]도 그들의 『기신론』 소(疏)[17]에서 "금강이환(金剛已還)[18]의 일체중생은 미리무명지념(未離無明之念)[19]"이라 하고, 또한 "불지(佛地)는 무념"이라 하였다. 그리하여 금강[20] 즉 등각(等

---

6   하늘 저편으로 구름이 사라짐.
7   "푸른 하늘이 나타나"
8   밝은 태양.
9   조금도 남김없이 완전히 없앰.
10 속까지 꿰뚫어 봄.
11 완전히 끊어서 전혀 없음.
12 무여의열반(無餘依涅槃)의 준말로 반열반(般涅槃)·원적(圓寂)이라고도 한다. 진리를 체득하여 번뇌의 속박에서 영원히 해탈하여 진실의 세계인 불생불멸의 법신으로 돌아간 것을 가리킨다.
13 부처님의 불가사의한 깨달음을 지칭한 말로서 보살 수행 계위의 마지막 지위이다. 모든 번뇌를 끊고 지혜가 원만히 갖춰진 자리를 가리킨다.
14 미세한 번뇌까지 완전히 벗어나 있음.
15 신라의 고승(617~686). 각종 경론에 통달하고 수많은 저술을 남겼을 뿐만 아니라 대승의 보살행을 몸소 실천해 불교의 대중화에 크게 공헌했던 선구자.
16 중국 화엄종의 제3조로 법명은 법장(法藏 : 643~712). 80권 『화엄경』의 번역에 동참하였고, 화엄의 교리를 체계화한 『화엄경탐현기』, 『화엄오교장』 등의 명저를 남겼다.
17 원효의 『대승기신론소(大乘起信論疏)』와 현수의 『대승기신론의기(大乘起信論義記)』를 말한다.
18 금강정에 이르기 이전. '이환'은 '이전'의 뜻.
19 무명에서 아직 벗어나지 못하다.
20 금강삼매(金剛三昧)·금강정(金剛定)·정삼매(頂三昧)라고도 한다. 보살이 구경의 과위인 불과(佛果)를 이루기 전 최후에 드는 삼매로서 견고한 금강과 같이 모든 번뇌를 끊어 없애는 선정.

覺)²¹ 이하의 일체중생은 유념유심(有念有心)이니 등각도 불타의 성교(聖敎)와 법약(法藥)이 필요하며, 약병(藥病)이 구소(俱消)하고 교관(敎觀)을 함식(咸息)²²한 무념무심은 무명이 영멸(永滅)하여 자성을 철견(徹見)한 묘각(妙覺)뿐이다.

고인(古人)이 말하기를, "불설일체법(佛說一切法)은 위도일체심(爲度一切心)이라 아무일체심(我無一切心)커니 하수일체법(何須一切法)이리오."²³ 하였으니, 과연 그렇다. 제불의 일체 법문은 군생(群生)의 중병(衆病)²⁴을 치유하기 위한 처방시약(處方施藥)이다. 병이 없고 건강한 자에게는 기사회생(起死回生)하는 신방묘약(神方妙藥)도 필요 없는 것과 같이 범부심(凡夫心)·외도심(外道心)·현성심(賢聖心)·보살심(菩薩心) 등 무량중생의 본병(本病)²⁵인 일체의 심념(心念)을 단연(斷然)²⁶ 초탈한 구경무심지(究竟無心地)의 대해탈인(大解脫人)에게는 아무리 심현오묘(深玄奧妙)한 불조(佛祖)의 언교(言敎)와 관행(觀行)이라도 소용없다. 그리하여 법약(法藥)과 중병(衆病)이 구소(俱消)하고 성교(聖敎)와 묘관(妙觀)을 함식(咸息)한 구경무심지만이 견성이니, 이것이 무상대도(無上大道)를 철증

---

21 금강심(金剛心)·일생보처(一生補處)·유상사(有上士)라고도 한다. 보살 52수행계위 중 제51위. 보살 중에 가장 높은 지위로서 그 지혜가 부처님과 평등하다는 의미에서 등각이라고 한다.
22 '구소'와 '함식'은 둘 다 '모두 사라지다'의 뜻.
23 선어록에 자주 등장하는 경구로서 대표적으로 『원오불과선사어록』(이하 『원오어록』)을 들 수 있다. 대체로 마지막 구절은 '하용일체법(何用一切法)'으로 써서 "부처님께서 일체법을 설하신 것은 모든 마음을 제도하려 하신 것이지만 나에게는 아무런 마음이 없으니 일체법이 무슨 소용이 있는가?"의 형태로 등장한다.
24 모든 병.
25 근본 병.
26 확실하게.

(徹證)한 절학무위한도인(絶學無爲閑道人)²⁷의 심경(心·境)²⁸이다.

【 강설 】

모든 일엔 목표가 있기 마련이다. 불교의 목표는 무엇인가? 불교의 목표는 부처가 되는 성불(成佛)이다. 그럼 성불이란 무엇인가? 목표의 실상이 무엇인지도 모르고 무조건 추구한다면 그것은 맹목적 열정에 지나지 않는다. 따라서 성불하고자 한다면 먼저 그 성불의 내용을 알아야 한다. 성불의 내용에 대한 갖가지 말씀이 여러 경론에 다양하게 설해져 있는데, 가장 근본이 되는 최초의 설법에서 그 연원을 살펴보자.

부처님이 보리수 아래서 무상정각(無上正覺)²⁹을 성취한 뒤에 녹야원(鹿野苑)으로 다섯 비구를 찾아가 맨 처음 하신 말씀은 "나는 중도를 바르게 깨달았다."라는 '중도선언'이다. 마음을 깨달았다느니 불성을 깨달았다느니 하는 그런 표현을 쓰지 않고 "나는 중도를 바르게 깨달았다."라고 말씀하셨다. 이것이 최초의 법문이다. 스스로 말씀하시길 "중도를 깨달아 부처가 되었다."라고 하셨으니, 중도가 무엇인지 알면 곧 성불의 내용을 알 수 있는 것이다.

그러면 중도(中道)란 무엇인가? 양극단에 떨어지지 않는 중도를 설명하는 데도 여러 가지 방식이 있는데, 그중 대표적인 것이 '불생불멸중

27　영가현각(永嘉玄覺) 대사의 『증도가(證道歌)』에 나온다. 첫 구절에서 "그대 알지 못하는가. 배움이 끊어진 하릴없는 한가한 도인은 망상도 없애지 않고 참됨도 구하지 않는다.[君不見, 絶學無爲閑道人, 不除妄想不求眞.]"라고 하였다.
28　마음 상태. 마음이 도달한 경지.
29　부처님의 깨달음을 일컫는 말로서 무상정등정각(無上正等正覺)·아뇩다라삼먁삼보리(阿耨多羅三藐三菩提)라고도 한다. 이보다 뛰어난 깨달음은 없으므로 무상(無上), 치우침과 삿됨을 여의었으므로 정(正), 진리를 깨달았으므로 각(覺)이라 한다.

도(不生不滅中道)'이다. 생과 멸을 따르지 않는 우주의 근본 이치가 바로 중도이고, 이는 또한 '불성(佛性)', '법성(法性)', '자성(自性)', '진여(眞如)', '법계(法界)', '마음' 등 여러 가지로 표현되기도 한다. 따라서 중도란 곧 마음자리를 말하는 것이고, 중도를 깨쳤다는 것은 우리의 '마음자리', 즉 '근본자성'을 바로 보았다는 말로서 이것을 견성(見性)이라 한다. 따라서 견성이란 근본 마음자리를 확연히 깨쳐, 즉 중도의 이치를 깨달아 부처가 되었다는 뜻으로 쓰이는 말이다. 그런데 요즘 항간에서 견성이란 단어를 사용하는 사례들을 살펴보면, 견성의 본뜻과는 거리가 먼 경우가 허다하다.

예를 들자면, 유럽을 여행하다가 일본인이 운영하는 선방을 견학하고 온 사람이 이런 이야기를 들려준 적이 있다. 많은 유럽인들이 선방에 모여 참선을 하고 있는데, 찬찬히 둘러보니 그 좌석 배치가 견성한 사람과 견성하지 못한 사람으로 나뉘어 있었다고 한다. 게다가 견성하지 못한 쪽 못지않게 많은 사람들이 견성한 사람이 앉는 좌석에 앉아 있더라는 것이다. 견성한 사람이 그렇게 많은 것이 하도 신기해 "당신 정말로 견성했습니까?" 하고 물었더니, 스승으로부터 인가를 받았다는 것이다. 그래서 도대체 무엇을 깨닫고 무엇을 인가받았느냐고 되물었더니, 자기는 스승으로부터 점검을 받고 무자화두(無字話頭)[30]를 참구해도 된다는 허락을 받았다는 것이다. 그래서 자기는 지금 "무!" 할 줄 안다고 대답하더란다. 그러니 결국 그들이 말하는 견성한 사람과 견성하지 못한 사람의 차이는 "무!" 할 줄 아는 사람과 "무!" 할 줄 모

---

[30] 선문의 대표적 공안(公案) 중 하나. 조주종심(趙州從諗 : 778~897)에게 어떤 이가 "개에게도 불성이 있습니까?" 하고 묻자 "없다.[無.]"라고 대답한 일화에서 유래한 화두.

르는 사람의 차이였던 것이다. 이는 일본 사람들이 가르치고 있는 선에만 국한된 문제가 아니다. 이런 어처구니없는 현상들이 현재 도처에서 벌어지고 있다.

전국 선방에 견성하지 못한 사람이 도리어 드문 것이 현재 한국 불교의 실정이고, 이 자리에 앉은 선방 수좌들 역시 나름대로 견성에 대한 견해를 한 가지씩은 다 가지고 있을 것이다. 흔히 참선하다가 기특한 소견이 생기면, 그것을 두고 '견성했다'거나 '한 소식했다'고들 하는데, 정작 만나서 살펴보면 견성하지 못한 사람과 똑같다. 과연 무엇을 깨쳤나 점검해 보면 저 홀로 망상에 휩싸여 생각나는 대로 함부로 떠드는 것에 불과할 뿐이다.

견성에 대한 그릇된 견해와 망설은 자신만 그르치는 것이 아니다. 이는 선종의 종지(宗旨)를 흐리고 정맥(正脈)을 끊는 심각한 병폐이다. 『선문정로』를 편찬하면서 첫머리에 "견성이 곧 성불"임을 밝힌 까닭도 바로 여기에 있다.

견성하면 곧 부처임은 선종의 명백한 종지이다. "견성해서 부지런히 갈고 닦아 부처가 된다."고 알고 있는 사람들이 많다. 부산에서 서울 가는 일로 비유를 들자면, 저 삼랑진쯤이 견성이고 거기서 길을 바로 들어 부지런히 달려 서울에 도착하는 것을 성불로 생각한다. "견성한 뒤 닦아서 부처가 된다."는 것은 견성의 내용을 몰라서 하는 말이다. 서울 남대문 안에 두 발을 들이고 나서야 견성이지 그 전에는 견성이 아니다. 견성하면 그대로 부처이지 닦아서 부처가 된다고 하는 이는 제대로 견성하지 못한 사람이다.

『종경록』[31]에서 "자성을 보면 당장에 무심경이 된다."라고 하였는데, 제6식만 제거되어서는 망심이라 하지 무심경이라고 하지 않는다. 무심이란 제6식의 추중망상(麤重妄想)뿐만 아니라 제8아뢰야식[32]의 미세망상(微細妄想)까지, 즉 3세6추가 완전히 제거된 것을 일컫는 말이다.

부처님의 팔만대장경은 중생들의 병을 치유하기 위한 약방문이다. 환자야 약방문이 필요하지만 병의 근본 뿌리까지 완전히 제거한 이에게는 무슨 약방문이 필요하겠는가? 진여자성을 확연히 깨달아 무심경이 된 사람, 즉 성불한 사람에게는 그 어떤 가르침도 그 어떤 수행도 필요하지 않다. 부처님의 팔만대장경도 조사의 1,700공안도 모두 필요 없는 그런 사람이라야 견성한 사람이다. 가르침이 필요하고 수행이 필요하다면, 그는 구경무심을 체득하지 못한 사람이고 견성하지 못한 사람이다. 제8아뢰야식의 근본무명까지 완전히 제거하여 구경의 묘각을 성취한 것이 견성이지 그러기 전에는 견성이라 할 수 없다.

이는 나의 억지 주장이 아니다. 부처님의 바른 뜻이 담긴 경전과 만대(萬代)의 표준이 되는 정론과 종문의 정안조사들의 말씀을 근거로 해서 하는 말이다. 이에 『능가경』·『대열반경』·『대승기신론』·『유가론』·『육조단경』·『종경록』·『원오어록』 등에서 인용하여 그 전거를 밝혔다.

종파를 초월해 대조사로 추앙받는 마명보살(馬鳴菩薩)의 『대승기신론』은 대승의 표준이 되는 불교 총론으로 공인된 책이다. 『기신론』에서도 미세한 망상이 완전히 제거된 묘각 즉 구경각(究竟覺)만이 견성임을 분명히 하였다. 또한 원효와 현수 두 스님도 금강유정에 든 등각보

---

31 법안종(法眼宗) 제3조인 영명연수(永明延壽)가 대승의 경론 60부와 300성현의 말씀 등을 인용하여 불법을 총망라하고 선종의 종지를 밝힌 100권의 저술.
32 무몰식(無沒識)·장식(藏識) 등으로 한역한다. 일체법의 근본이 되는 식이다. 『성유식론(成唯識論)』에 따르면 '장'에 능장(能藏)·소장(所藏)·집장(執藏)의 세 가지 뜻이 있어서 아뢰야(阿賴耶)·비파가(毘播迦)·아타나(阿陀那)의 이름을 붙인다고 하였다.

살도 아직 망념이 남아 있는 중생이라 하여 견성하면 곧 부처고 견성하지 못하면 중생임을 그들의 소(疏)에서 각각 밝혔다.

견성했다고 하면서 정을 닦느니 혜를 닦느니 하는 것은 아직 미세망상이 남아 있다는 것이다. 그것은 견성이 아니다. 더이상 배우고 익힐 것이 없는 한가로운 도인, 해탈한 사람이 되기 전에는 견성이 아니다. 이것이 『선문정로』의 근본사상이다.

요즘 견성했다는 사람이 도처에 수십 명 아니 수백 명에 이른다고 하는데, 이 자리에도 혹 견성했다고 자부하는 사람이 있는지 모르겠다. 내게도 그런 이들이 심심치 않게 찾아오곤 하는데, 난 그런 이들을 전혀 인정하지 않는다. 혹자는 "분명히 견성했는데 저 노장이 고집불통이라 인정하지 않는다."라며 불평하는데, 그것은 견성병(見性病)이 골수에 사무친 것이지 진짜 견성한 것이 아니다.

내가 괜한 심통을 부려 그들을 인정하지 않는 것이 아니다. 보잘것없는 개인적 체험과 견해를 견주어 우열을 다툴 이유가 없다. 나를 인정하지 못하겠다면 부처님과 대조사들을 재판관으로 삼고 판결을 받아 보자는 것이다. 스스로 불자라 자부한다면 부처님과 대조사들의 말씀을 표방해야지 소소한 사견을 내세워 불조(佛祖)를 능멸해서야 되겠는가? 그것은 터럭 하나로 허공과 견주려 들고 물방울 하나로 바다와 견주려 드는 어리석은 짓이다. 그러니 혹 참선을 하다 나름대로 기특한 견해가 생기고 기이한 체험을 했다 하더라도 그것을 견성으로 여겨 자기와 남을 속이는 오류를 범하지 말고, 한 올의 터럭 한 방울의 물이라 여겨 아낌없이 버리기를 간곡히 당부한다.

【 1-2 】

『능가경』 게송에 이렇게 말했다. 제천(諸天) 및 범중승(梵衆乘)과 성문연각과 제불여래승(諸佛如來乘)[33]이 있다. 그러나 이러한 제승(諸乘)들은 유심(有心) 중의 전변(轉變)[34]이므로 제승은 구경무심이 아니라고 말한다. 만약에 그 각종의 유심이 멸진하면 제승과 그 승(乘)을 의지할 승자(乘者)도 없어 승(乘)이라 하는 명칭조차 건립할 수 없는 대무심지(大無心地)이다. 이는 제승을 초월한 최상유일승(最上唯一乘)이나 중생을 인도하기 위하여 방편으로 분별하여 제승을 설한다.

如楞伽經偈에 云하되 諸天及梵乘과 聲聞緣覺乘과 諸佛如來乘에 我說此諸乘은 乃至有心轉이니 諸乘은 非究竟이라 若彼心滅盡하면 無乘及乘者하야 無有乘建立이니라 我說爲一乘이나 引導衆生故로 分別說諸乘이니라

『宗鏡錄』1,「標宗章」(大正藏48, p.419c)

제천범중(諸天梵衆)과 성문·연각의 제승(諸乘)은 말할 것도 없고 제불여래승도 유심전(有心轉)이어서 구경이 아니니, 제불여래승까지 멸진

---

33 해탈의 경계에 도달하게 하는 부처님의 교법을 다섯 종류로 분류한 것으로 5승(五乘)이라 한다. 10선(十善)을 행하여 욕계의 천상에 태어나는 것을 천승, 청청한 계율과 4선8정(四禪八定)을 닦아 색계천·무색계천에 태어나는 것을 범중승, 4성제(四聖諦)를 닦아 아라한에 이르는 것을 성문승, 인연법을 관하여 진공(眞空)을 깨닫는 것을 연각승, 6바라밀을 행하여 모두 부처의 지위에 이르게 하는 것을 여래승이라고 한다.
34 변화하여 나옴.

한 무여열반인 구경무심이라야 즉 견성이다. 이것을 방편으로 일승(一乘)이라 호칭하나 이 일승은 3승(三乘) 상대의 일승이 아니요 제불여래승까지 초월한 무승급승자(無乘及乘者)[35]인 최상승을 표현한 가명(假名)이니, 이는 최종구경의 심심현경(深深玄境)[36]인 대무심지를 말한 것이다.

【 강설 】

다음으로 "견성하면 즉시 구경의 무심경계가 현전한다."라고 하였는데, 그 구경무심(究竟無心)에 대해 살펴보자. 영명연수 선사의 저술인 『종경록』은 선종의 만리장성으로 일컬어지는 대역작이다. 그 첫머리 「표종장」에서 연수선사는 『능가경』의 말씀을 인용하여 구경무심이란 성문승과 연각승은 물론 제불여래승까지 초월한 것임을 밝혔다.

참다운 무심이란 각종의 유심(有心)이 다 없어져 탈 수레도 없고, 탈 사람도 없으며, 무심(無心)이란 명칭까지도 붙을 자리가 없는 그런 경지를 두고 하는 말이다. 요즘 불교를 공부합네 하는 사람치고 무심이란 단어를 들먹거리지 않는 사람이 없을 정도인데, 무심이란 아이들이 가지고 노는 장난감처럼 그렇게 가볍게 치부될 수 있는 말이 아니다.

작년에 어떤 사람이 찾아와서 자기는 정말로 무심을 증득했으니 인가해 달라고 따라다니며 귀찮게 군 일이 있었다. 하지만 나는 그런 사람들은 인가는커녕 말도 끝까지 들어주지 않는다. 들을 필요도 없다. 그런 것은 무심이 아니라 유심이다. 그것도 쉽게 고칠 수 없는 아주 고약한 유심이다. 금덩어리처럼 귀하게 여기며 자신의 소견을 힘주어 피력하는데 가만히 들어보면 고약한 냄새가 풀풀 풍기는 똥 덩어리이다.

---

35 탈 수레[乘]도 없고 탈 사람도 없다.
36 깊고 오묘한 경지.

그런 사람을 여럿 보았다. 제천승·범중승·성문승·연각승은 물론 제불여래승마저도 유심이지 구경의 무심이 아니라고 분명히 밝히지 않았는가? 유심과 무심의 차이를 분명히 알아 함부로 무심을 거론하지 말라.

【 1-3 】

그러므로 선덕(先德)이 말했다. 일점장예(一點障翳)가 안막(眼膜)을 덮으니³⁷ 천종환화(千種幻華)³⁸가 요란하게 추락하고, 일진망념(一陣妄念)³⁹이 심중(心中)에 일어나니 항하사 수(數)의 생멸이 발동한다. 안예(眼翳)를 제거하니 환화가 소진하고, 망념이 영멸(永滅)하여 진성(眞性)을 증득하니 천병(千病)이 쾌차하여 만약(萬藥)을 제각(除却)⁴⁰하고 망념의 빙괴(氷塊)가 소융(消融)하여⁴¹ 진성의 담수(湛水)가 유통(流通)한다.⁴² 신령한 단약(丹藥)을 아홉 번 전단(轉煅)하니 생철을 점하(點下)하여 진금으로 변성(變成)하고,⁴³ 지극한 묘리는 일언편구(一言片句)로 범부를 전환하여 성인이 되게 한다. 광분하는 망심을 휴헐(休歇)⁴⁴치 못하다가 휴헐하니 즉 무상보리(無上菩提)요, 현경(玄鏡)이 청정하여 본심이 명철(明徹)하니

---

37 "티끌 하나가 눈에 들어가니"
38 '환화'는 무엇에 부딪치거나 눈을 비비면 볼 수 있는 반짝이는 것.
39 '일진'은 한바탕 몰아치거나 몰려오는 구름이나 바람 따위의 한 덩어리를 말한다. 망념 한 덩어리.
40 제거.
41 "얼음덩어리가 다 녹아"
42 "맑은 물이 흐른다."
43 "아홉 번 단련하여 만든 신약을 생철에 한 방울 떨어뜨려 금으로 바꾸고,"
44 번뇌나 들뜬 마음 등을 가라앉히고 쉼.

본래로 대각세존이니라.

故로 先德이 云하되 一瞖在眼하니 千華亂墜하고 一妄이 在心에 恒沙生滅이라 瞖除華盡하고 妄滅證眞하니 病差藥除하고 氷融水在로다 神丹이 九轉하니 點鐵成金이요 至理一言은 轉凡成聖이라 狂心이 不歇타가 歇卽菩提요 鏡淨心明하니 本來是佛이니라
『宗鏡錄』1,「標宗章」(大正藏48, p.419c, 이상 3단의 원문은 계속된 것임)

3세6추의 일체 망념이 돈연(頓然)⁴⁵ 소멸되고 상주불변하는 진여본성을 활연(豁然)⁴⁶ 증득하니, 이것이 곧 망멸증진(妄滅證眞)⁴⁷한 구경무심인 견성이다. 병차약제(病差藥除)⁴⁸하여 무사무위(無事無爲)⁴⁹한 대해탈인으로서 빙소수정(氷消水淨)⁵⁰한 진성(眞性)의 대해(大海)에서 유영자재(游泳自在)하니, 천상인간(天上人間)⁵¹에 독존무비(獨尊無比)한 대각여래이며 서천차토(西天此土)에 등등상속(燈燈相續)한⁵² 정안종사(正眼宗師)이다. 이로써 견성은 망멸증진함이니, 약병(藥病)이 구소(俱消)하고 교관을 함식(咸息)하여 제불여래승까지 멸진한 무여열반인 구경의 대무심지임이 요연명백(了然明白)⁵³하다.

---

45 조금도 돌아봄이 없게 재빠르게.
46 환하게 터져 시원하게, 또는 의문을 밝게 깨달은 듯이.
47 허망하고 미망한 것을 없애고 진리를 증득함.
48 병이 다 나아 약이 필요 없음.
49 인연의 얽매임에서 벗어나 아무런 일이 없음.
50 얼음이 녹아 물이 맑음.
51 천상계와 인간계.
52 "인도에서 중국을 거쳐 이 땅에까지 법등(法燈)이 계속 이어진"
53 분명하고 명백함.

『종경록』의 저자 영명[54]은 불조정전(佛祖正傳)인 대법안(大法眼)[55]의 3세 적손이다. 임제 정맥인 중봉(中峰)[56]이 "고금을 통한 천하의 사표(師表)는 영명을 두고 누구이겠는가."[57]라고 찬탄하였다.

『종경록』 100권은 종문의 지침으로서 용수(龍樹) 이래의 최대 저술로 찬앙(讚仰)된다. 회당(晦堂)[58]은 역시 임제 정전(正傳)인 황룡파의 개조 혜남선사(慧南禪師)[59]의 상수 제자로서 불조의 정맥으로 천하가 추앙한 분이다. 항상 『종경록』을 애중하여 "보각(寶覺, 晦堂)선사가 연랍(年臘)이 많으나 오히려 『종경록』을 수중에서 놓지 않고 말하기를, '내가 이 책을 늦게 봄을 한(恨)한다'라고 하고, 그중에 요처(要處)를 촬약(撮約)하여[60] 3권을 만들어 『명추회요(冥樞會要)』라고 이름하니 세상에서 성(盛)히 유전(流傳)[61]하였다."라는 글이 있다.[62] 이렇게 『종경록』 중의

---

54 중국 북송 시대의 선승(904~975). 천태덕소(天台德韶)의 법을 이어 법안종 제3조가 됨. 저서로 『종경록(宗鏡錄)』, 『만선동귀집(萬善同歸集)』, 『유심결(唯心訣)』 등이 있음.
55 법명은 문익(文益 : 885~958), 시호는 대법안선사(大法眼禪師). 일찍이 설봉의존(雪峰義存) 선사의 제자인 장경혜릉(長慶慧稜)을 참례하고 뒤에 현사사비(玄沙師備) 선사의 제자인 나한계침(羅漢桂琛) 선사의 법을 이음. 선법(禪法)을 크게 선양하여 선종5가의 하나인 법안종의 개조가 됨.
56 법명은 명본(明本 : 1263~1323)으로 고봉원묘(高峰原妙) 선사의 법을 이음. 저서에 『중봉광록(中峰廣錄)』 30권이 있음.
57 卍 『산방야화(山房夜話)』 상 (頻伽藏經85, p.262). "古今天下之師는 捨永明하고 其誰歟아"
58 시호는 보각선사(寶覺禪師 : 1025~1100). 젊어서 선비로 이름이 높았고 19세에 실명했는데 출가하자 시력이 회복되었다고 함. 황룡혜남(黃龍慧南) 선사의 법을 이음.
59 황룡혜남(黃龍慧南, 1025~1069). 송대(宋代) 스님. 임제종 황룡파(黃龍派)의 개조. 석상초원(石霜楚圓) 스님의 법을 이음. 시호는 보각선사(普覺禪師). 회당조심(晦堂祖心), 보봉극문(寶峰克文) 등을 배출.
60 "그중에서 중요한 부분만을 간략히 뽑아"
61 "세상에 널리 유통되었다."
62 卍 『인천보감(人天寶鑑)』 하 (卍續藏經148, p.141b). "寶覺禪師가 年臘이 雖高나 手不釋卷日 吾恨見此書晚矣로다. 其中에 因撮其要處하야 爲三卷하고 謂之冥樞

소론(所論)은 고금을 통하여 그 누구도 이의할 수 없는 종문의 정론(定論)으로 되어 있다.

【 강설 】

견성은 구경의 대무심경계로서 곧 성불을 뜻함을 입증하기 위해 영명연수 선사가 앞서 『능가경』의 말씀을 인용하고, 여기에서는 조사스님의 말씀을 인용하였다. 눈을 가리는 티끌을 제거하듯이 일념의 망상을 제거해 변함없고 항상한 진여본성을 확연히 증득하는 것, 이것이 구경무심이고 견성이다.

영명스님의 논지를 요약해 보자. 첫머리에서 견성하면 곧 구경무심으로서 병이 없으면 약이 필요 없듯이 일체 방편이 필요 없다는 주장을 하고 이를 입증하기 위해 『능가경』을 인용해 무심의 참뜻을 밝히고, 조사들의 말씀을 인용해 망멸증진(妄滅證眞), 즉 일체 망념이 다 사라지고 진여본성을 증득하여 융통자재하게 된 것이 견성임을 밝혔다. 돈오점수설의 근간이 되는 보조국사[63]의 『수심결』에서는 얼음의 본성이 본래 물이었음을 알듯이 중생이 본래 부처였음을 알면 그것을 견성이라 했다.

그러나 여러 경론과 정안종사들의 말씀을 살펴볼 때, 견성이란 얼음이 완전히 녹아 융통자재한 것을 견성이라고 했지 그러기 전에는 10지와 등각이라도 유심으로서 병이 완전히 낫지 않은 환자와 같다고 하였다. 따라서 『수심결』에서 말한 견성은 종문의 정론을 근거로 볼 때 진

會要라하니 世盛傳焉하니라."
63 정혜결사(定慧結社)를 이끌며 선종의 부흥을 주도한 고려 중기의 고승. 법명은 지눌(知訥 : 1158~1210), 호는 목우자(牧牛子), 시호는 불일보조(佛日普照). 저서로는 『진심직설(眞心直說)』, 『수심결(修心訣)』 등이 있음.

정한 견성이 아님이 명백하다.

【 1-4 】

보살의 종점인 10지가 요진(了盡)하면 수도의 방편이 원만구족하여 무간도인 일념에 상응한다. 망심의 초기생상(初起生相)을 각지(覺知)하여[64] 심지(心地)에 초상(初相)이 전무한지라 초기생상의 극미세망념을 원리(遠離)하므로 자심의 본성을 철견(徹見)하여 심성이 담연상주(湛然常住)할새 구경각이라 부른다.

如菩薩地盡하면 滿足方便하야 一念相應하야 覺心初起하야 心無初相이라 以遠離微細念故로 得見心性하야 心卽常住일새 名究竟覺이니라

『大乘起信論』(大正藏32, p.576b.)

등각의 금강유정에서 근본무명인 극미세망념을 단진(斷盡)하면 활연대오하여 진여본성을 통견하나니, 이것이 구경각인 성불이다. 이는 대승불교의 총론인 『기신론』에서 견성 즉 구경각이며 성불임을 명증(明證)한 것이다.

【 강설 】

공부하다가 기특한 소견이 생기고 기이한 경계가 나타나면 흔히 견성한 것이 아닌가 하고 생각하는데, 마명보살은 불교의 총론이라 할

---

64 "미혹한 마음이 처음 생겨나는 모습을 깨달아서"

『기신론』에서 "10지보살을 지나 등각의 금강유정에서 6추는 물론 3세의 미세한 망념까지 완전히 끊어져야 그때 견성한다."라고 분명히 밝히고 있다. 심성(心性)이 상주불멸하는 구경각 즉 묘각이 견성이지 그 전에는 견성이 아니다. 10지와 등각도 견성이 아니라고 했는데, 하물며 전에 경험하지 못한 기이한 경계와 기특한 소견이 조금 생겼다고 해서 함부로 견성했다고 떠들어서야 되겠는가? 동서고금을 막론하고 불제자라면 누구도 이의를 제기할 수 없는 종문의 표준인 『기신론』의 말씀을 저버리지 말라.

【 1–5 】

무명업상(無明業相)이 동념(動念)[65]하는 것이 망념 중에서 가장 미미하므로 미세망념이라 호칭한다. 이 미세망념이 전부 멸진하여 영원히 그 여적(餘跡)이 없으므로 영원히 이탈한다고 한다. 이 미세망념을 영영 이탈한 때에는 정확히 불지(佛地)에 머무르게 된다. 전래의 3위(三位)는 심원(心源)에 이르지 못했기 때문에 생상(生相)이 멸진하지 않아서 심중(心中)이 아직 생멸무상(生滅無常)하다가 차위(此位)에 이르러서는 무명(無明)이 영영 멸진하여 일심의 본원에 귀환하여 다시는 기멸동요(起滅動搖)[66]함이 전무하므로 견성이라 칭언(稱言)한다. 견성을 하면 진심이 확연상주(廓然常住)[67]하여 다시는 전진할 곳이 없으므로 최후인 구경각이라 호명한다.

---

65 마음을 움직임.
66 생겨났다가 사라졌다가 하며 움직임.
67 아무것에도 걸림 없이 넓게 텅 비어 그대로 있음.

業相動念이 念中에 最細일새 名微細念이니라 此相이 都盡하야 永無所餘故로 言永離니 永離之時에 正在佛地니라 前來三位는 未至心源일새 生相이 未盡하야 心猶無常이라가 今至此位하야는 無明이 永盡하야 歸一心源하야 更無起動故로 言得見心性이니 心卽常住하야 更無所進일새 名究竟覺이니라

元曉,『起信論疏』(大正藏44, p.210b)

【 1-6 】

업식(業識)이 동념(動念)하는 것이 가장 미세하므로 미세망념이라 호명하나니 생상(生相)을 말함이다. 이 최초 생상이 전부 멸진하여 영영 그 잔여가 없는 고(故)로 원리(遠離)⁶⁸라 하며, 허망환상(虛妄幻相)을 원리한 고로 진여자성이 곧 현현하나니 고로 견성이라고 한다. 전3위(前三位) 중에는 최초 생상이 멸진하지 않았으므로 견성이라 하지 않는다.

業識動念이 念中에 最細일새 名微細念이니 謂生相也라 此相이 都盡하야 永無所餘故로 言遠離요 遠離虛相故로 眞性이 卽顯現하나니 故로 云見心性也라 前三位中에는 相不盡故로 不云見性也라

賢首,『大乘起信論義記』卷中末 (大正藏44, p.258c)

---

68 번뇌를 벗어나 멀리 떠나 있음.

【 1-7 】

불지(佛地)는 미세념까지 영진(永盡)한 무념이다.

佛地는 無念이니라
元曉,『起信論疏』;賢首,『大乘起信論義記』(大正藏44, p.210b ; p.258c)

원효와 현수는 교종의 권위자이다. 미세무명인 제8아뢰야식이 멸진하면 무여열반인 불지 즉 구경각이다. 이것이 무념 즉 무심이며 견성임은 불교의 근본원리이므로 원효와 현수도 이의가 있을 수 없으며, 『종경록』의 소론(所論)과 완전히 일치함은 당연한 귀결이다.

그리고 '전3위(前三位)'라 함은 불각(不覺)의 10신(十信), 상사각(相似覺)[69]의 3현(三賢), 수분각(隨分覺)[70]의 10지(十地)를 말함이니, 3현10지가 전부 무명업식의 환몽(幻夢) 중에 있으므로 견성이 아니라고 말한 것이다. 따라서 『기신론』의 증발심(證發心)도 무분별지(無分別智)를 얻어서 진여라고 가명(假名)[71]하지만 업식심(業識心)이 미세기멸(微細起滅)[72]하여 무명이 미진(未盡)[73]하였으므로 견성이 아니다.

【 강설 】

원효와 현수스님도 그들의 소(疏)에서 구경각 최후의 여래지만이 견

---

69 『기신론』에서 시각(始覺)을 4위(四位)로 나눈 가운데 두 번째. 진정한 깨달음이 아니고 비슷한 깨달음이란 뜻.
70 『기신론』에서 시각(始覺)을 4위로 나눈 가운데 세 번째. 10지(十地)의 계위에 상응하여 진여의 이치를 조금씩 증득하는 깨달음.
71 임시로 그렇게 이름 붙임.
72 미세하게 생기고 사라짐.
73 아직 완전히 없애지 못함.

성이고 그 이전의 3위는 미세망상이 완전히 제거되지 않았으므로 견성이 아님을 분명히 하였다. 부처의 지위는 미세망념까지 영원히 없어진 무념(無念)이니, 무념이 곧 견성이고 성불이다. 10지보살을 넘은 등각에서 미세망상이 완전히 끊어져 구경각에 이르러야 견성이라 할 수 있음은 불교의 총론인 『기신론』에서 이론(異論)을 제기할 수 없게 분명히 밝힌 바이다. 또한 역대 조사들뿐만이 아니라 원효와 현수 같은 교종의 권위자들도 역시 한목소리로 말씀하신 바이다. 그런데 어찌 부처님 법을 함부로 고쳐 제 마음대로 10신을 돈오라 하고 견성이라고 한단 말인가?

보조스님을 비판하는 이유가 여기에 있다. 보조스님은 10지는커녕 10신초(十信初)를 견성이라 하였다. 부산에서 서울 가는 길로 치자면 고불고조께선 남대문을 통과해야 견성이라 하셨는데, 보조스님은 출발점인 부산에서 견성한다 하였으니 불조의 말씀과는 너무나도 어긋난다. 보조스님이 훌륭한 분이기는 하지만 부처님과 마명보살 그리고 대조사들을 능가할 수는 없다. 따라서 보조스님의 말씀이라고 무조건 추종할 것이 아니라 오류가 있는 부분은 비판하고 수정해야 할 것이다.

【 1-8 】

10지의 제현(諸賢, 聖人)들이 설법하기는 여운여우(如雲如雨)[74]하여도 견성은 나곡(羅縠)을 장격(障隔)[75]함과 같느니라.

十地諸賢(聖人)이 說法은 如雲如雨하여도 見性은 如隔羅縠이니라

『景德傳燈錄』28,「汾州」;『景德傳燈錄』19,「雲門」(大正藏51, p.444c ; p.356c)

---

74 구름이 일고 비가 쏟아지듯.
75 "얇은 비단으로 가림"

분주(汾州)[76]와 운문(雲門)[77]은 3학(三學)에 해통(該通)[78]한 절세의 정안(正眼)이다. 10지미견성(十地未見性)[79]은 분주와 운문뿐만 아니라 종문정전(宗門正傳)의 통칙(通則)이니, 구경각 즉 여래지(如來地)만이 견성인 연고이며, 종문에서 말하는 10지는 권교10지(權敎十地)[80]가 아니요 일승10지(一乘十地)이다.

10지 이후에 뇌야(賴耶)의 미세를 영단(永斷)하여야[81] 견성이라 하니, 일반적으로는 불가능한 것 같으나 몽중일여(夢中一如)가 되면 화엄7지(華嚴七地)[82]요, 숙면일여(熟眠一如)가 되면 뇌야미세(賴耶微細)의 자재보살위[83]이다. 선문의 정안종사 중에 숙면일여위를 투과(透過)[84]하지 않고 견성이라 호칭한 자는 없다. 이는 구경각을 성취한 소이(所以)이니 제8장 「오매일여」편에서 상술한다.

【 강설 】

종문의 정안종사치고 10지보살이 견성했다고 말한 사람은 한 분도 없다. 여기선 그 많은 정안종사 가운데 분주와 운문 두 분 스님만을 예로 든 것이다. 구경각 즉 여래지만이 견성이지 10지보살도 견성한 것

---

76 법호는 분양(汾陽 : 762~823), 시호는 대달국사(大達國師). 마조(馬祖)의 제자.
77 법명은 문언(文偃 : 865~949), 시호는 광진대사(匡眞大師). 일찍이 목주도명(睦州道明) 선사를 참례하고 후에 설봉의존 선사의 법을 이음. 선법을 크게 선양하여 선종5가의 하나인 운문종의 개조가 됨.
78 모두 통달함.
79 10지는 아직 견성하지 못했음.
80 3승을 위한 방편설에서 설명하는 10지.
81 "아뢰야식의 미세한 번뇌까지 영원히 끊어야"
82 『화엄경』에서 설명하는 제7지 단계.
83 아뢰야식의 미세한 번뇌가 남아 있는 자재보살의 단계.
84 장애를 뚫고 지나감.

이 아니라는 게 모든 조사들의 정설이다. 견성하려면 10지와 등각을 넘어서야 한다고 하면 혹자는 '너무 높고 멀리 있는 것이 아닌가' 하고 물러서는 마음을 내는 이도 있을 것이다. 그러나 열심히 하기만 하면 누구나 다 되는 것이다. 몽중일여가 되면 화엄 7지보살이고, 잠이 깊이 든 상태에서도 여여한 숙면일여가 되면 8지보살이라 하였다.

요즘은 몽중일여는 고사하고 동정일여도 되지 않고서 견성했다고 떠드는 사람들이 있다. 근래에도 어떤 이가 하도 깨쳤다고 떠들어서 시자를 시켜 물어보게 한 일이 있다. 미친 소견이 충천(衝天)해 부처고 조사고 아무것도 아니라고 큰소리치지만 실제로는 동정일여도 되지 않은 자였다. 몽중일여는 물론 숙면일여까지 넘어서야 견성인데, 동정일여도 되지 않는 그것이 무슨 견성이겠는가? 견성했으니 인가해 달라고 찾아오는 이가 일 년에 수십 명이 넘는데, 태반이 견성은커녕 몽중일여도 되지 않은 자들이다.

그래서 부처님이 말씀하신 견성이란 동정일여·몽중일여를 넘어 숙면일여가 되고 나서 얻는 것이라고 설명해 주면 "아, 견성이 그렇게 어려운 것이었습니까?" 하고 순순히 돌아가곤 하는데, 간혹 막무가내로 고함을 치며 법담(法談)해 보자고 달려드는 이들도 있다. 또 자기는 몽중일여·숙면일여를 넘어 완전한 무심경계에 들었다고 억지를 쓰는 이들도 있는데, 그것은 완전히 거짓말이다. 천하 사람을 다 속인다 해도 자신은 속일 수 없다. 그렇게 거짓말을 하는 사람이 있는가 하면 간혹 숙면일여를 지나 묘각을 성취했다고 착각하는 사람도 있다. 예전엔 이런 사람들을 물리치지 않고 일일이 만나줬지만 아무리 일러줘야 소용이 없었다. 그래서 근간엔 시자를 시켜 만나보게 하는데, 그런 이들이 한둘이 아니라 도처에 가득하다.

【 1-9 】

　명안인(明眼人)⁸⁵이 경곡(輕縠)을 장격(障隔)하고⁸⁶ 모든 색상(色像)⁸⁷을 보는 것과 같아서 구경지보살도 일체 경계에 이와 같으며, 명안인이 장격이 없이 모든 색상을 보는 것과 같아서 여래도 일체 경계에 이와 같느니라. 명안인이 미암중(微闇中)⁸⁸에서 중색(衆色)⁸⁹을 보는 것과 같아서 구경지보살도 이와 같으며, 명안인이 일체 혼암(昏闇)⁹⁰을 떠나서 중색을 보는 것과 같아서 여래도 이와 같느니라.

　如明眼人이 隔於輕縠하고 觀衆色像하야 究竟地菩薩도 於一切境에 亦爾하며 如明眼人이 無所障隔하고 觀衆色像하야 如來도 於一切境에 亦爾니라 如明眼人이 於微闇中에 觀見衆色하야 究竟地菩薩도 亦爾하며 如明眼人이 離一切闇하고 觀見衆色하야 如來도 亦爾니라

『瑜伽師地論』(大正藏30, p.574bc)

　구경지보살인 등각(等覺)은 아뢰야식의 미세망념이 잔여(殘餘)하여 이것이 자성을 장폐(障蔽)⁹¹하여 일체 경계에 요연명백(了然明白)하지 못

85　눈의 기능에 이상이 없이 정상적으로 보는 사람.
86　얇은 비단으로 가리고.
87　모양이 있는 세상의 모든 물질.
88　어슴푸레한 어둠.
89　모든 물질.
90　불빛 같은 것이 없어서 어두움.
91　덮고 가림.

하여 "여격경곡(如隔輕縠)하며 여암중도색(如闇中覩色)"이라 하였으며, 따라서 불성 경계도 이와 같이 명료하지 못하므로 불조(佛祖)는 10지 보살도 견성은 "여격나곡(如隔羅縠)하며 여암중견색(如闇中見色)"이라고 가책(呵責)[92]하였다. 이 미세망념이 멸진하여 심안(心眼)이 통개(洞開)[93]하면 경곡(輕縠)과 미암(微闇)을 영리(永離)한 일승불과(一乘佛果)를 성취하여 일체 경계에 요연명백하므로『열반경』에서 "여래견성(如來見性)은 여주견색(如晝見色)"[94]이라고 하였다. 이는 "보살지진(菩薩地盡)하여 영리미세(永離微細)하면 득견심성(得見心性)이니 명구경각(名究竟覺)"이라고 한『기신론』에서 논한 바와 동일한 내용이다. 여격경곡(如隔輕縠)·여암견색(如闇見色)은 정견이 아니므로 불조정전(佛祖正傳)은 견성을 불허(不許)하였을 뿐만 아니라 제8마계(第八魔界)라 하여 극력 배격한 것이다. 이와 같이 구경지보살도 견성이 아니니 기여(其餘)[95]는 거론할 필요도 없으므로 불교 만대의 표준인『기신론』과『유가론』의 "구경지보살 미견성"의 원칙하에 일승불과(一乘佛果) 이외의 견성설은 단연코 용인할 수 없다.

【 강설 】

10지보살과 등각보살의 경계마저 미세망념이 남아 있는 제8마계라 하여 온 힘을 다해 배격하였는데, 그 나머지야 말해 무엇하겠는가? 수행하다가 기특한 경계가 나타나고 소견이 생겼다고 해서 경솔하게 굴어서는 안 된다.

---

92 질책함.
93 막힌 데 없이 환히 열림.
94 "여래의 견성은 밝은 대낮에 물건을 보는 것과 같다."
95 그 외의 것들.

【 1-10 】

번뇌가 불생(不生)하는 고로 곧 불성을 정견하며, 불성을 정견(正見)한 고로 대열반에 안주하나니, 이를 불생이라 하느니라.

以不生煩惱故로 則見佛性이요 以見佛性故로 則得安住大涅槃이니 是名不生이니라

『大般涅槃經』 18 (大正藏12, p.723c)

불생은 즉 무생(無生)이니 미세의 번뇌망상까지 멸진한 대무심지(大無心地)요, 대열반은 무심지인 무여열반이니 즉 구경각이다. 그리하여 견성은 즉 무심이요 구경각이며 대열반인 것이다.

【 1-11 】

제일의(第一義)에서 건립(建立)한 정의는 무여의열반계(無餘依涅槃界) 중이 진정한 무심위(無心位)이다.[96] 왜 그러냐 하면 이 경계 중에는 아뢰야식이 또한 영원히 소멸한 연고이다. 이 무여의열반 이외의 제위(諸位)는 전식(轉識)[97]이 소멸한 고로 무심지라고 가명(假名)하나[98] 아뢰야식이 영멸(永滅)치 못한 고로 제일의에서는 무심지가 아니다.

---

96 "최고의 의미에서 정의하면 무여의열반의 경계이어야 진정한 무심의 지위이다."
97 제8아뢰야식을 제외한 안(眼)·이(耳)·비(鼻)·설(舌)·신(身)·의(意) 6식과 제7 말나식(第七末那識)을 말함. 제8식에서 전생변현(轉生變現)한 식이므로 전식이라 함.
98 "임시로 '무심지'라고 이름하나"

第一義建立者는 謂無餘依涅槃界中이 是無心位니 何以故오 於此界中에 阿賴耶識이 亦永滅故니라 所餘諸位는 轉識이 滅故로 名無心地나 阿賴耶識이 未永滅盡故로 於第一義에는 非無心地니라

『瑜伽師地論』 13 (大正藏30, p.345a)

진무심(眞無心)은 미세무명인 제8아뢰야식이 영멸(永滅)한 무여의열반 즉 불지(佛地)뿐이다. 6·7전식(六七轉識)이 멸한 제8아뢰야식의 무기(無記)를 무심이라 가칭(假稱)하는 수도 있으나, 제8식의 무기에서는 6·7전식의 추중망념(麤中妄念)은 지식(止息)되었으나 제8의 미세동념(微細動念)이 잔여(殘餘)하고 있으므로[99] 진정한 무심이 아니다. 왕왕(往往)에 뇌야무기(賴耶無記)를 무심으로 착인(錯認)[100]하는 예가 있으나 견성은 구경각 즉 불지(佛地)이므로 무여열반의 진여무심(眞如無心)이어야 한다.

【 강설 】

"견성하면 무심이다."라고 선언한 첫머리의 논지를 이어 아뢰야식마저 끊어 버린 무여열반·구경각만이 참 무심이지 그 이전엔 무심이 아님을 밝혔다.

---

99 "제6식과 제7식의 작용인 거친 망념은 사라졌으나 제8식이 작용하는 미세한 망념은 남아 있으므로"
100 착각하여 잘못 앎.

【 1-12 】

오직 무여의열반계 중에서만 모든 망심이 다 소멸하니 무심지(無心地)라 부른다. 여타의 제위(諸位)는 모든 전식(轉識)이 단무(斷無)[101]한 고로 무심이라 가명(假名)하나 제8아뢰야식은 아직 멸진치 못하였으므로 유심지(有心地)라고 이름한다.

唯無餘依涅槃界中에 諸心이 皆滅하니 名無心地요 餘位는 由無諸轉識故로 假名無心이나 由第八識이 未滅盡故로 名有心地니라

『瑜伽師地論釋』(大正藏30, p.887b)

6·7전식 즉 6추(六麤)가 영멸(永滅)한 멸진정(滅盡定)[102]도 무심이 아니요 유심이며, 10지와 등각도 유심이다. "재득견성(纔得見性)하면 당하(當下)에 무심"[103]이라고 한 무심은 제불여래승(諸佛如來乘)도 멸진한 무여의열반의 불지무심이니, 구경각이 견성인 연고이다. 이에 불교 만세의 표준인 『종경록(宗鏡錄)』, 『기신론(起信論)』, 『열반경(涅槃經)』, 『유가론(瑜伽論)』 등의 정론으로써 견성은 망멸증진(妄滅證眞)[104]한 무심, 원리미세(遠離微細)[105]한 구경각, 불생번뇌(不生煩惱)[106]한 대열반임을 밝혔

---

101 완전히 끊어져 없음.
102 멸수상정(滅受想定)·멸진삼매(滅盡三昧)라고도 함. 부파의 유부(有部)에서는 무심의 적멸경(寂滅境)으로서 최고의 경지라 하지만 경량부(經量部)와 유식종(唯識宗)에서는 아직 아뢰야식이 끊어지지 않았기 때문에 가무심(假無心)이라 주장함.
103 『선문정로』 맨 처음에 인용한 『종경록』 구절.
104 망념을 사라지게 하고 진심(眞心)을 증득함.
105 미세한 망념을 완전히 떠나 있음.
106 번뇌가 다시는 생겨나지 않음.

으니, 이로써 견성이 여래지(如來地) 즉 성불임이 확연명백하다.

【 강설 】

『대열반경』과 『유가론』의 말씀을 살펴보더라도 성불하지 않으면 견성 아님이 자명하다. 반드시 부처님 말씀과 조사들의 말씀을 표준으로 삼아야지 중간에 왜곡된 이설이나 사설을 정론으로 삼아서는 안 된다.

【 1-13 】

5조(五祖)가 6조(六祖)에게 말하였다. 만약 자심(自心)을 통식(洞識)하고 자성을 명견(明見)하면 곧 천인사불(天人師佛)¹⁰⁷이라 이름하느니라.

五祖謂六祖曰 若識自心하고 見自本性하면 卽名天人師佛이니라
『六祖大師法寶壇經』(大正藏48, p.349a)

이는 5조가 6조를 인가부법(印可付法)¹⁰⁸할 때의 말이니, 구경불과(究竟佛果)를 성취하지 않으면 견성이 아님은 종문(宗門)의 철칙이다.

【 강설 】

부처님 말씀과 보살들의 논에 이어 선종의 33조사들은 견성에 대해

---

107 '천인사'는 천상계와 인간계의 스승이라는 의미. 부처님을 달리 부르는 열 가지 호칭 중의 하나이다.
108 깨달음을 인정하고 법을 전함.

어떻게 말씀하셨는지 검토해 보자. 견성하면 곧 성불이라고 일러주면 "6조스님도 16년 동안 보임하셨는데 무슨 가당치 않은 말씀입니까?" 하고 반박하는 이들이 있다. 그러나 『단경』을 살펴보면, 5조도 6조를 인가할 때 견성하면 곧 천인사불이라고 말씀하셨지 견성했으니 더욱 부지런히 갈고 닦아 다음에 성불하라고 말씀하지 않으셨다.

6조 혜능대사가 5조 홍인대사로부터 인가를 받고 16년 동안 숨어 산 일을 두고 "5조 회하에서 견성하고 16년 동안 보임한 것"이라고 주장하는 사람들이 있다. 그것은 정말 어처구니없는 망설이다. 당시 가사와 발우를 전해 받은 혜능스님을 시기 질투한 무리들은 6조를 시해하려고까지 했었다. 그들을 피해 법을 펼 적절한 시절이 도래하기를 기다린 것이지 부족한 공부를 무르익게 하려고 숨어 지낸 것이 아니다.

또 혹자는 달마스님이 소림굴에서 9년 동안 면벽한 일까지도 보임한 것이라고 떠들어 댄다. 그럼 달마스님이 동토로 넘어올 때는 아직 성불하지 못했다는 말인가? 그것 역시 때를 만나지 못해 숨어 지낸 것이지 남은 공부가 있어 숨어 지낸 것이 아니다. 여러 전적들이 증명하다시피 달마스님이 동토로 넘어오기 전에 스승으로부터 인가받고 성불한 것은 의심의 여지가 없는 사실이다.

【 1-14 】

- ■견성하면 즉시에 여래가 되느니라.
- ■불성을 명견(明見)한 고로 즉각에 대열반에 현주(現住)[109]하느니라.
- ■만약에 불성(佛性)을 돈견(頓見)하면 일념에 성불하느니라.

---

109 지금 이 자리에서 머묾.

- 見性하면 卽成如來니라
- 見佛性故로 卽住大涅槃이니라
- 若頓見佛性하면 一念에 成佛하느니라

『宗鏡錄』 44 ; 『宗鏡錄』 36 ; 『宗鏡錄』 17 (大正藏48, p.672c ; p.626b ; p.504c)

견성이 즉시 여래며 대열반이며 성불이니, 이는 견성이 불교의 최후 극과(極果)[110]임을 증언한 것이다.

【 강설 】

앞에서 여러 경과 논 그리고 조사들의 말씀을 인용하여 그 정론을 수립하고, 여기서부터는 그 논지를 총괄·정리하여 견성이 곧 궁극의 과위인 성불임을 제시하였다.

【 1-15 】

만약에 심성(心性)을 체관(諦觀)[111]하면 즉시 불성을 철견(徹見)한 것이며 대열반에 현주(現住)한 것이니, 여래와 동일하니라.

若能諦觀心性하면 卽是見佛性이며 住大涅槃이니 卽同如來니라

『宗鏡錄』 11 (大正藏48, p.476c)

심성을 체관(諦觀)함은 견성과 동일한 내용이다.

---

110 궁극의 과위(果位).
111 자세히 살펴봄.

【 1-16 】

불성을 명견(明見)하여 대열반에 현주(現住)하면 즉시 부사의해탈(不思議解脫)에 상주하느니라.

見佛性하야 住大涅槃하면 卽是住不思議解脫也니라

『宗鏡錄』 24 (大正藏48, p.550a)

견성을 하면 일체의 업결(業結)[112]을 초탈하므로 부사의해탈이 아닐 수 없다.

【 1-17 】

■ 다만 법성을 명견(明見)하면 대열반에 주(住)하느니라.
■ 일체 만법에 진심(眞心)의 자성을 명견(明見)하면 즉시 여실(如實)한 구경각이며 즉시 돈연(頓然)히 성불함이니라.

■ 但見法性하면 住大涅槃이니라
■ 於一切法에 見心自性하면 卽是如實究竟之覺이니 卽是頓成佛義니라

『宗鏡錄』 84 ; 『宗鏡錄』 26 (大正藏48, p.879c ; p.566a)

불성은 만법의 자성이므로 또한 법성이라 하나니, 견법성(見法性)은 즉 견불성(見佛性)이다.[113]

---

112 업력에 결박됨, 또는 업력 때문에 생기는 번뇌.
113 "법성을 보는 것이 불성을 보는 것이다."

【 1-18 】

제불의 경계는 광대무변하여 3세6추의 정식(情識)[114]으로써는 부지(不知)하고 오직 견성하여야만 능히 요달(了達)하느니라.

諸佛境界는 廣大無邊하야 非情識所知요 唯見性하야사 能了니라
『宗鏡錄』 18 (大正藏48, p.513a)

광대무변한 제불의 경계는 10지와 등각도 망연부지(茫然不知)[115]요 확철대오하여 통견본성(洞見本性)[116]하여야 도달하나니, 성불은 오직 견성에만 있다.

【 1-19 】

제법에 의혹이 없는 심현처(深玄處)에 친히 도달함[117]은 자심(自心)을 철오(徹悟)[118]하여야 바야흐로 명지(明知)요, 만경(萬境)[119]에 형상이 없는 절묘문(絶妙門)을 돈연(頓然) 감조(鑑照)[120]함은 본성을 통견(洞見)하여야 바야흐로 요달(了達)하나니, 이는 여래의 행처(行處)요 대각(大覺)의 소지(所知)이니라.[121]

親到諸法無疑之處는 悟心方知요 頓照萬境無相之門은 見性

---

114 번뇌가 있는 중생의 알음알이.
115 막막하고 아득하여 알지 못함.
116 본래의 성품을 완전히 보아 통찰함.
117 "깊고 오묘한 근본 자리에 직접 도달함"
118 확철대오(廓徹大悟).
119 마음의 대상경계가 되는 모든 것.
120 비추어 봄.
121 "여래라야 할 수 있는 것이며 부처님의 완전한 깨달음이라야 알 수 있는 것이다."

方了니 斯乃如來行處요 大覺所知니라

『宗鏡錄』 96 (大正藏48, p.937a)

오심(悟心)[122]은 즉 견성이니, 이는 대각여래의 행리(行履)이며 증지(證知)이다.

상술(上述)한 『종경록』의 소론(所論)은 견성이 즉 구경이니 즉 성불이며 즉 대열반이며 부사의해탈임을 가일층 입증하였다.

【 강설 】

『법성게(法性偈)』[123]의 '증지소지비여경(證知所知非餘境)'이란 구절에서 '증지(證知)'를 "모르던 이치를 요해하고 소견이 분명해지는 정도의 지혜를 얻는 것"으로 아는 사람들이 있다. 그러나 의상스님께서 직접 상술하시기를, "증지란 부처님의 지혜, 즉 여래지(如來智)이다."라고 했다.

여래지만이 법성을 알 수 있지 여래지 전에는 법성을 모른다. 의상스님께서도 증지를 불지(佛智)라 했으니, 증지를 내용으로 하는 견성이 곧 불지임은 자명한 사실이다.

【 1-20 】

서천(西天)의 28대 조사 중에는 일인(一人)도 견성하지 않고 조사됨이 없느니라.

---

122 본래 마음을 깨달음.
123 신라의 의상(義湘 : 625~702)이 중국에 유학하며 『화엄경』을 연구하면서 그 뜻을 요약한 게송.

二十八祖內에는 無一祖도 不見性成祖니라

『宗鏡錄』 19 (大正藏48, p.518a)

여래의 열반묘심(涅槃妙心)과 정법안장(正法眼藏)[124]을 전지(傳持)[125]하여야 조사라 하나니, 어찌 견성하지 않고 조사가 되리오. 28조사뿐만 아니라 달마 직하(直下)[126]의 정전(正傳) 종사(宗師)들도 전부 견성 달도인(達道人)[127]이니, 견성하지 않으면 달마 정전의 본분아손(本分兒孫)[128]이 아니다.

【 1-21 】

구경현지(究竟玄旨)를 오득(悟得)하면 즉시에 조사의 보위(寶位)에 등입(登入)하는지라 그 누가 돈(頓)과 점(漸)의 노문(路門)[129]을 논의하며, 진여본성을 정견하면 현전(現前)에 대각원통(大覺圓通)을 철증(徹證)[130]하는지라 어찌 전(前)과 후(後)의 지위(地位)를 표적(標的)[131]하리오.

---

124 『대법천왕문불결의경(大梵天王問佛決疑經)』에 전하는 이야기 중에 나오는 구절. 석존이 언젠가 영산회상(靈山會上)에서 법좌에 올라 한 송이 꽃을 들고 말없이 대중을 바라보셨는데, 아무도 응하는 이가 없고 마하가섭만이 부처님의 참뜻을 깨닫고 미소를 지었다. 이에 세존께서 "나에게 정법안장(正法眼藏) 열반묘심(涅槃妙心) 실상무상(實相無相) 미묘법문(微妙法門)이 있으니 이제 마하가섭에게 부촉하노라."라고 하셨다.
125 전해 받아 지니고 있음.
126 달마의 법을 바로 이어서 전해 내려옴.
127 견성을 하여 도통한 도인.
128 달마의 본분을 전해 받은 후손.
129 '길과 문'이라는 뜻으로 방편으로 제시하는 다양한 수행 방법을 말함.
130 철저하게 깨침.
131 목표를 삼아 바람.

得旨하면 卽入祖位라 誰論頓漸之門이며 見性하면 現證圓通이라 豈標前後之位리오

『宗鏡錄』 1, 「標宗章」 (大正藏48, p.418a)

득지(得旨)는 견성과 동일한 내용이다. 현증원통(現證圓通)은 영명(永明)이 명언(明言)한 바, "종종성상(種種性相)의 본의(本義)는 대각(大覺)에 있어서 원통(圓通)하다."[132]고 한 원통(圓通)이니, 대각세존이 현증(現證)한 바이다. 견성하면 대각원통(大覺圓通)을 현증(現證)하여 약병(藥病)이 구소(俱消)하고[133] 교관(敎觀)을 함식(咸息)하였으므로, 돈점(頓漸) 등의 각각의 문(門)과 현성(賢聖) 등의 위계(位階)는 전연 필요 없다. 만약 수행에 위계와 돈점이 필요하다면, 이는 유병요약(有病要藥)[134]으로 망멸증진(妄滅證眞)하여 병차약제(病差藥除)한[135] 구경무심(究竟無心)이 아니니 절대로 견성이라 할 수 없다.

【 1-22 】

만약 직하(直下)에 무심하면 허공 밖에 초출(超出)하거니 또한 어찌 계제(階梯)[136]를 수력(修歷)[137]하리오.

---

132 ㉮『종경록(宗鏡錄)』 서(序) (大正藏48, p.416b), "갖가지 성과 상을 이야기하지만 그 본래 의미는 완전히 깨달아 통달하는 데에 달려 있다.(種種性相之義는 在大覺以圓通이라)"
133 "약과 병이 모두 동시에 사라지고"
134 병이 있으므로 약이 필요함.
135 "헛된 망념은 모두 사라지고 진실을 깨달아 병이 다 나았으니 약을 치워 버린"
136 수행 정도에 따라 오르는 단계.
137 수행하여 단계를 밟아감.

若得直下에 無心하면 量出虛空之外어니 又何用更 歷階梯리오

『宗鏡錄』 23 (大正藏48, p.544a)

견성하면 당하(當下)에 무심하므로 일체의 지위점차(地位漸次)를 초탈한다.

【 1-23 】

- 제성(諸聖)은 분분증득(分分證得)이요, 제불(諸佛)은 원만철증(圓滿徹證)¹³⁸이니라.
- 근본무명(根本無明)을 만약 단제(斷除)하면 일시에 돈증(頓證)하느니라.
- 부처와 조사는 진여법계(眞如法界)를 원증(圓證)하니라.
- 이근(利根)과 상지(上智)¹³⁹는 모름지기 원증(圓證)할지니, 10성(十聖)과 3현(三賢)¹⁴⁰을 일념에 초월하느니라.

- 諸聖은 分證이요 諸佛은 圓證이니라
- 無明을 若除하면 一時에 頓證이니라
- 祖佛은 圓證法界니라
- 利根上智는 須圓證이니 十聖三賢을 一念超로다

『宗鏡錄』 1 ; 『宗鏡錄』 25 ; 『宗鏡錄』 78 ; 『圓悟佛果禪師語錄』 10
(大正藏48, p.417c ; p.560c ; p.850a ; 大正藏47, p.758c)

---

138 완전하고 완벽하게 깨침.
139 가장 뛰어난 지혜, 또는 그런 지혜를 가진 사람.
140 10주·10행·10회향·10지의 보살 수행 계위 중에서 앞의 셋을 3현, 10지를 10성이라고 한다.

견성은 무명이 영진(永盡)한 구경불지(究竟佛地)이므로 원증(圓證)이며 돈증(頓證)이요 분증(分證)이 아니다. 그러므로 종문의 증오견성(證悟見性)은 반드시 제성(諸聖)의 분증(分證)이 아닌 불지(佛地)의 원증(圓證)을 내용으로 한다.

【 강설 】

"견성은 곧 증지(證知)·증오(證悟)이다."라고 할 때 '증(證)'의 의미를 분명히 하기 위해 재삼 밝혔다. 증에는 분증(分證)과 원증(圓證)이 있다. 3현위의 성인들은 지위점차에 따라 조금씩 깨달음을 얻어 나아가지만 부처님과 조사들은 진여법계를 단박에 완전히 깨닫는다. 따라서 견성은 곧 돈증이고 원증임을 알아야 한다.

【 1-24 】

■만약에 오상(悟相)[141]을 설명하면 2종(二種)을 불출(不出)한다.[142] 일(一)은 해오(解悟)니 성리(性理)와 법상(法相)[143]을 명백히 요지(了知)함이요, 이(二)는 증오(證悟)니 오심심현(悟心深玄)[144]하여 궁극에 도달함을 말함이다. 만약 돈오점수(頓悟漸修)를 말하면 이것은 해오이니 심성(心性)을 활연요지(豁然了知)[145]하고 후에 점

---

141 깨달음의 종류와 모습.
142 "두 가지 종류를 벗어나지 않는다."
143 성(性)은 평등하고 절대인 진리의 본체, 상(相)은 차별적이고 상대적인 현상의 모습.
144 깊고 깊은 진리의 경계를 마음으로 깨달음.
145 의문을 완전히 깨쳐 분명하게 앎.

- 점 수학(修學)하여 계합(契合)¹⁴⁶하게 함이다.
- 활연(豁然)히 성상(性相)을 요지하니 곧 해오인 시오(始悟)¹⁴⁷가 되고, 수행하여서 현극(玄極)¹⁴⁸에 계합실증(契合實證)함은 증오(證悟)인 종입(終入)¹⁴⁹이다.
- 오문(悟門)에 해오와 증오가 있다. 시초에 해오를 얻어 그 해오를 의지 수행하여 수행이 원성(圓成)¹⁵⁰되고 공과(功果)가 만료(滿了)¹⁵¹되면 즉시에 증오를 얻는다.

- 若明悟相하면 不出二種이니 一者는 解悟니 謂明了性相이요 二者는 證悟니 謂心造玄極이니라 若言頓悟漸修하면 此約解悟니 謂豁了心性하고 後漸修學하야 令其契合이니라
- 豁然了知하니 卽爲始悟요 修行契證이 目爲終入이니라
- 悟有解悟證悟하니 謂初因解悟하야 依悟修行하야 行圓功滿하면 卽得證悟니라

『行願淸凉疏』2「辨修證淺深」;『大方廣佛華嚴經隨疏演義鈔』20 ; 圭峰,『圓覺疏鈔』3下 (卍續藏經7, p.503a ; 大正藏36, p.156a ; 卍續藏經14, p.559b)

철견심성(徹見心性)하여 당하(當下)에 무심하면 열반심과 여래심도 구멱(求覓)¹⁵²할 수 없거니, 어찌 해오와 증오를 논하리오마는 중생의

---

146 진리와 정확하게 딱 들어맞아 하나가 됨.
147 깨닫지 못한 상태에 있다가 비로소 깨달음.
148 궁극의 진리.
149 가장 마지막인 궁극의 경지에 깨달아 들어감.
150 완전하게 모든 것을 다 이룸.
151 완전하고 충분하게 다 마침.
152 어떤 것을 구하며 찾음.

근성(根性)이 각이(各異)¹⁵³하여 왕왕 사로(邪路)에 오입(誤入)하여¹⁵⁴ 인적위자(認賊爲子)¹⁵⁵하는 실례가 수다(數多)¹⁵⁶하므로 방편상 해오와 증오를 가차(假借)¹⁵⁷하여 오증(悟證)의 심천(深淺)과 사정(邪正)¹⁵⁸을 시론(試論)¹⁵⁹코자 한다.

대저 해(解)와 증(證)은 상반된 입장에 있으니, 해는 시초요 증은 종극이다. 사량분별의 망식 중에서 성상(性相)을 명백히 요해하는 불법지견(佛法知見)을 해오라 하고, 망식이 영멸하여 지견이 탕진(蕩盡)¹⁶⁰되어 구경의 현극처(玄極處)에 도달함을 증오라 한다. 이 증오를 교가에서는 각종으로 분류하지만 선문의 증오는 원증(圓證)뿐이다.

교가에서는 신(信)·해(解)·수(修)·증(證)의 원칙하에 해오에서 시발(始發)¹⁶¹하여 3현10성의 제위(諸位)를 경력수행(經歷修行)¹⁶²하여 종극인 증오, 즉 묘각(妙覺)에 점입(漸入)한다. 그러나 선문의 오(悟)인 견성은 현증원통(現證圓通)한 구경각이므로 분증과 해오를 부정하고 3현10성을 초월하여 무여열반의 무심지인 증오에 직입(直入)함을 철칙으로 하니, 이것이 선문에서 고창(高唱)¹⁶³하는 일초직입여래지(一超直入如來地)¹⁶⁴이다. 따라서 제성(諸聖)의 분증도 미세지해(微細知解)에 속하여

---

153 서로 다름.
154 "진리가 아닌 삿된 길에 잘못 들어서는 일이 종종 있어서"
155 도둑을 제 자식으로 잘못 앎.
156 어떠한 경우나 사물의 수가 많음.
157 정하지 않고 잠시만 빌림.
158 깨달음의 깊고 얕은 수준과 바르고 잘못된 종류.
159 시험삼아 논의함.
160 시간, 힘, 정열 등을 헛되이 다 써버림.
161 처음으로 시작함.
162 차례차례 단계를 밟아가며 수행함.
163 의견 따위를 강하게 주장함.
164 한 번의 깨달음으로 단박에 절대 경지에 들어간다는 뜻으로 영가현각(永嘉玄

견성이 아니다.

그뿐만 아니라 추호의 지해가 잔류하여도 증오치 못하고 일체의 지견해회(知見解會)[165]가 철저히 탕진되어야 견성케 되므로, 분증과 해오를 수도상의 일대 장애, 즉 해애(解礙)라 하여 절대 배제하는 바이다. 이것이 선교의 상반된 입장이며 선문의 특징인 동시에 명맥이니, 옥석(玉石)을 혼동하여 후학을 의혹케 하면 불조의 혜명을 단절하는 중대 과오를 범하게 된다.

불조 정전(正傳)의 견성은 원리미세(遠離微細)하여 영단무명(永斷無明)한[166] 진여무심 무여열반과 구경각 여래지를 내용으로 하는 원증돈증(圓證頓證)의 증오임은 상술한 바와 같다. 그러므로 정전의 대종장(大宗匠)들은 묘각후과(妙覺後果)[167]인 원증이 아니면 견성과 오심(悟心)[168]을 허락하지 않고 분증과 해오는 사지악해(邪知惡解)[169] 망식정견(妄識情見)[170]으로 극력 통척(痛斥)하는 바이다.

그러나 선문의 해독(害毒)[171]이며 병폐인 분증과 해오를 견성이라고 주장하는 유속(類屬)[172]이 왕왕 있으니, 여사(如斯)한[173] 이설(異說)에 현혹되지 말고 현증원통하여 확연견성(廓然見性)[174]하여 구경무심지에서

覺) 대사의 『증도가(證道歌)』에 나오는 구절.
165 생각하여 판단하는 일. '견(見)'과 '해(解)'는 모두 '알다', '이해하다'의 의미.
166 "미세한 3세 번뇌까지 완전히 떠나 무명을 영원히 끊어낸"
167 묘각 이후의 수행 단계.
168 마음의 본체를 깨침.
169 견성을 방해하는 알음알이.
170 아직 망식의 지배를 받아 세상을 보는 중생 수준의 견해.
171 좋고 바른 것을 망치거나 손해를 끼침, 또는 그 손해.
172 무리.
173 이러한.
174 막힌 것이 없이 확실하게 견성함.

불조의 정전을 천양하여 군미(群迷)를 개도(開導)하여야[175] 할 것이다. 이것이 원증견성의 정안종사(正眼宗師)이다.

【 강설 】

오(悟)에도 해오(解悟)와 증오(證悟)가 있음을 분명히 알아야 한다. 돈오점수의 오는 해오이다. 얼음이 본래 물인 줄 알았어도 얼음덩어리가 여전한 것처럼 중생이 본래 부처인 줄 알았어도 망상이 여전한 것이 해오이다. 증오란 얼음이 녹아 자유자재한 물이 되듯 중생의 모든 번뇌망상이 사라져 부처가 된 것을 말한다. 견성은 곧 증오를 그 내용으로 하므로 해오를 견성이라 해서는 안 된다. 교와 선의 차이점이 바로 여기에 있고, 보조국사는 선종의 종지를 바로 이은 분이 아니라고 하는 까닭이 바로 여기에 있다.

돈오점수설(頓悟漸修說)은 교가의 설이지 선종의 설은 아니다. 10신 초위에 깨달음을 얻어 3현10지의 계위를 거쳐 성불한다는 것은 화엄사상이다. 6조 혜능대사로부터 바로 이어온 선문의 종지는 일초직입여래지(一超直入如來地)이다. 한 번 깨치면 3현10지의 지위점차를 초월해 곧장 여래의 지위로 들어가는 그것이 조계선(曹溪禪)이다. 어찌 지위점차를 밟는 것과 지위점차를 단박에 뛰어넘는 조사선을 같다 하겠는가? 지위점차를 내세워 단계적인 수행과 깨달음을 논한다면 그것은 화엄선(華嚴禪)이지 6조로부터 바로 이어온 선종은 아니다.

보조국사가 6조스님을 추종하긴 했지만 그 말씀을 살펴보면 사실 화엄선이지 조사선은 아니다. 근본적으로 다르다. 어떻게 보조국사의

---

[175] "미혹에 빠져 있는 무리들을 깨우쳐 이끌어야"

가르침이 선종이 아니냐고 이의를 제기하는 이들에게 화엄선과 조사선을 구분해서 설명하면 더러 이해하는 이들도 있다. 그러나 한술 더 떠서 교와 선이 어떻게 다르냐고 덤비듯 따지는 이들도 있다. 그러나 엄연히 다른 것이다.

예를 들어 말하자면 부산에서 기차를 타고 삼랑진, 대구, 김천 등 역이란 역을 다 거쳐 서울로 가는 것하고, 부산에서 비행기 타고 곧장 서울로 가는 것을 어떻게 같다고 할 수 있겠는가? 또 혹자는 '3현10성의 지위를 거치는 데에도 3아승지겁의 세월을 경과한다고 했는데, 그 긴 세월을 어떻게 단박에 뛰어넘을 수 있겠는가' 하고 의심하며 믿으려 들질 않는다.

그러나 비행기를 생각해 보라. 부산에서 타면 눈 깜짝할 사이에 서울이다. 아마 100년, 200년 전 사람이 비행기 얘길 들었으면 미친 소리라 했을 것이다. 그러나 네가 옳으니 내가 옳으니 이렇다 저렇다 말씨름할 것 없이 직접 비행기를 타 보면 안다. 자기 경험과 소견에 맞지 않는다고 이런저런 의심으로 믿질 않는데, 하지 않는 것이 문제일 뿐 하면 된다.

단박에 여래의 땅을 밟는 이런 묘방이 있음을 알고 속는 셈 치고라도 한번 해 보라. 해 보면 부처님 말씀이 거짓이 아니고 역대 조사들의 말씀이 거짓이 아니며 해인사 노장의 말이 거짓이 아니었음을 스스로 알게 될 것이다. 고불고조의 분명한 말씀을 확실히 믿고 화두를 부지런히 들어 비행기 타고 서울 가듯이 자성을 확연히 깨쳐 단박에 다 같이 성불하자.

2. 중생불성 衆生佛性
중생에게는 불성이 있다

【 2-1 】

일체중생이 진여본성인 불성을 다 가지고 있어서 불(佛)이나 법(法)이나 승(僧)이나 평등하여 추호도 증감차별이 없느니라.

一切衆生이 悉有佛性하야 佛法僧에 無有差別이니라

『大般涅槃經』 21 (大正藏12, p.487a)

일체중생이 구유(具有)[1]한 진여본성은 제불의 과덕(果德)을 원만구비(圓滿具備)[2]하였으므로, 이를 불성, 법성 또는 불심(佛心), 불지(佛智) 등으로 부른다. 이 불성은 절대로 평등하여 무상극과(無上極果)[3]를 성취하여 광대무변(廣大無邊)[4]한 지덕(智德)을 완구(完具)[5]한 제불여래

---

1 완전히 지니고 있음.
2 완벽하고 완전하게 갖추고 있음.
3 더 이상의 것이 없는 궁극의 결과.
4 넓고 넓어서 한계가 없음.
5 완전히 갖추고 있음.

나 극악중죄인 5역(五逆)[6], 10악(十惡)[7] 내지 일천제(一闡提)[8]의 중생까지도 원만히 구유하므로 여래와 중생의 차별이 없다. 그러므로 선근이 절멸(絕滅)[9]한 일천제도 불성만 정견(正見)하면 전부 성불하나니 이것이 불교의 생명이며, 모든 종교가 추수(追隨)할 수 없는 가장 탁출(卓出)한[10] 특색이다.

【 강설 】

"자성을 바로 보면 곧바로 성불한다."고 하였는데, 자성이 도대체 무엇이기에 보기만 하면 부처가 된다고 하는가? 자성이란 모든 중생이 지니고 있는 진여의 본성으로서 불성, 법성, 법신 등 다양한 이름으로 불린다. 또한 중생이란 사람만이 아니라 육도중생을 다 포함해 일컫는 말이다.

이 불성은 성불한 부처님이나 미혹한 중생이나 돈 많은 부자나 빈곤한 거지나 출가한 스님이나 생업에 종사하는 속인이나 차별 없이 누구나 갖추고 있는 것이다. 성불한다고 늘어나거나 미혹하다고 줄어드는 법도 없다. 극악한 중생과 원만한 부처가 이 불성에 있어서는 전혀 차이가 없다는 것은 참으로 불가사의한 일이다. 선한 기미라곤 전혀 없어 보

---

6 구제받지 못하는 다섯 가지의 죄. 아버지를 살해함, 어머니를 살해함, 아라한(성인)을 살해함, 부처님의 몸에 피를 나게 함, 대중의 화합을 깸.
7 살생, 투도(偸盜, 도둑질), 사음(邪淫, 배우자 이외의 음행), 망어(妄語, 거짓말), 양설(兩舌, 이간질하는 말), 악구(惡口, 욕), 기어(綺語, 아첨하는 말), 탐욕, 진에(瞋恚, 성내는 마음), 우치(愚癡, 삿된 견해)의 열 가지. 몸·입·마음으로 짓는 업으로 나눈 것이다. 이것을 하지 않는 것이 10선(十善)임.
8 단선근(斷善根)·신불구족(信不具足)·천제(闡提)·일천제가(一闡提伽)라고도 함. 사특하고 나쁜 소견으로 인과의 이치를 믿지 않아 성불할 인연이 없는 중생.
9 완전히 끊어져 없어짐.
10 남보다 훨씬 뛰어난. 탁월한.

이는 극악한 단선근중생(斷善根衆生)도 깨치면 곧 부처이다. 무엇을 깨친다는 말인가? 본래 구비하고 있던 진여자성, 즉 불성을 깨치는 것이다.

요즈음 하나님 믿는 분들이 많은데, 그분은 죄 많고 가련한 우리 중생들과는 달리 모든 것을 초월해 저 멀리 계시는 분이라고 다들 생각한다. 그러나 우리 불교에서는 그렇게 말하지 않는다. 하나님의 지고지순한 가치를 바로 이 죄인이 전혀 부족함 없이 완전히 구비하고 있다고 선언한다. 개개인 속에 다 하나님이 있어서 하나님 아닌 이가 하나도 없다는 것이 불교의 주장이다. 이는 다른 종교가 도저히 따라올 수 없는 불교의 우수성이다.

【 2-2 】

일체중생이 그 누구를 막론하고 평등하게 불성을 구유(具有)하고 있건마는 항상 한량없는 번뇌망상이 개복(蓋覆)[11]한 고로 능히 그 불성을 볼 수 없느니라.

一切衆生이 悉有佛性이언마는 常爲無量煩惱所覆故로 不能得見이니라

『大般涅槃經』 8 (大正藏12, p.648b)

중생이 번뇌망상에 장폐(障蔽)[12]되어 자기 본유의 불성을 보지 못하나 불성은 항상 무한한 대광명을 발하여 시방법계를 비추고 있으니, 이는 태양이 중천에 높이 떠서 우주를 비추고 있지마는 흑운(黑雲)이

---

11 덮개로 덮어씌움.
12 덮거나 막아서 보이지 않게 가림.

엄폐하면[13] 중인(衆人)[14]이 보지 못함과 같다.

【 강설 】

　지고지순한 가치의 하나님과 불성을 누구나 다 가지고 있다고 하면 혹자는 "그럼 왜 내 눈에는 보이지 않는가?" 하고 의문을 제기할 것이다. 그것은 번뇌망상에 가려져 있기 때문이다. 먹구름이 하늘을 가리면 늘 빛나고 있는 태양을 볼 수 없고, 밝은 거울에 먼지가 앉으면 거울의 밝은 빛이 드러나지 않듯이, 번뇌망상에 가려 있으면 우리 안에 늘 자리하고 있는 부처님의 성품과 하나님을 보지 못한다. 그러나 먼지를 깨끗이 닦아낸 밝은 거울이든 때가 꼬질꼬질 낀 거울이든 그 바탕에는 전혀 차이가 없다. 먼지가 앉았다고 구름이 끼었다고 거울의 성품과 태양의 빛이 손상되는 것은 아니다.

【 2-3 】

　사무애지(四無礙智)[15]가 곧 불성이니 불성은 곧 여래니라.

　四無礙智가 卽是佛性이니 佛性者는 卽是如來니라

『大般涅槃經』 30 (大正藏12, p.803a)

　제불의 과지(果智)인 사무애지가 불성이니 불성이 즉 여래이다.

13　"검은 구름이 뒤덮어 가리면"
14　모든 사람.
15　사무애변(四無礙辯)·사무애해(四無礙解)라고도 함. 온갖 교법에 통달한 법무애지(法無礙智), 온갖 교법의 요의(要義)를 아는 의무애지(義無礙智), 여러 가지 말을 알아 통달하지 못함이 없는 사무애지(辭無礙智), 대중에 맞춰 그들이 좋아하는 것에 따라 자유자재로 설하는 요설무애지(樂說無礙智)의 네 가지.

【 2-4 】
불성은 불가사의한 것이니, 이는 제불의 경계니라.

佛性者는 不可思議니 乃是諸佛境界니라

『大般涅槃經』 25 (大正藏12, p.770c)

　무량무변(無量無邊)[16]한 중묘(衆妙)[17]를 구비한 불가사의한 이 불성은 무상정각을 성취한 제불여래의 심심현현(深深玄玄)[18]한 경계이다. 이 불가사의한 신묘영성(神妙靈性)[19]이 번뇌망상에 엄폐되어 중생이 보지 못함은 실로 개탄할 일이다.

【 강설 】
　먼지만 걷어내면 거울의 밝은 바탕이 드러나듯이 번뇌망상을 제거하면 부처님의 지혜광명이 환히 드러나는데 그걸 모르고 있으니 참으로 안타까운 일이다. 이 자리에도 불성의 거울, 하나님의 거울을 가지지 않은 자는 한 사람도 없다. 열심히 화두를 들어 확연히 깨치면 빛이 샐 틈조차 없어 보이던 그 두꺼운 번뇌망상의 구름장도 단번에 확 걷힌다. 그러면 자성을 분명히 보아 한가로운 도인으로서 자유자재한 삶을 누리게 될 것이다. 모두들 어렵다고 여기지만 하지 않는 것이 문제일 뿐, 해 보면 그리 어렵지도 않다.

16　헤아릴 수도 없고 끝도 없이 많음.
17　훌륭하고 뛰어난 자연의 도리, 또는 천지만물의 미묘한 도리.
18　이치가 매우 깊고 아득함.
19　신통하고 오묘하여 불가사의한 우리 마음의 본성.

【 2-5 】

십이인연을 요견(了見)한 자는 즉시 만법을 정견한 자요, 만법을 정견한 자는 즉시 불타를 철견(徹見)한 것이다. 불타라는 것은 즉시 불성이니 무슨 연고인고 하면 일체제불이 이것으로써 자성을 삼기 때문이니라.

見十二因緣者는 卽是見法이요 見法者는 卽是見佛이라 佛者는 卽是佛性이니 何以故오 一切諸佛이 以此爲性이니라

『大般涅槃經』 25 (大正藏12, p.768c)

견법(見法)이 즉 견불(見佛)이며 불(佛)은 즉 불성이니, 법성과 불성은 동체이명(同體異名)이어서 이를 진여·여래장·법계·정변지(正遍知)[20]·심지(心地)[21] 등의 천명만호(千名萬號)[22]로 부른다.

【 2-6 】

불성은 제불의 극과(極果)인 10력(十力)[23]과 4무소외(四無所畏)[24]와

---

20 부처님을 가리키는 열 가지 명칭 중 하나로서 세상의 모든 것을 다 아는 분이라는 뜻.
21 마음이 모든 것의 근본이라는 의미를 강조하기 위해 '땅', '바탕'의 의미인 '지'자를 붙여 마음을 비유적으로 사용하는 말.
22 셀 수 없이 많은 이름. '천'과 '만'이라는 숫자는 상징적인 숫자로서 셀 수 없이 많다는 의미를 강조하려는 의도.
23 부처님께만 있는 마음의 열 가지 힘으로 처비처지력(處非處智力)·업이숙지력(業異熟智力)·정려해탈등지등지지력(靜慮解脫等持等至智力)·근상하지력(根上下智力)·종종승해지력(種種勝解智力)·종종계지력(種種界智力)·변취행지력(遍趣行智力)·숙주수념지력(宿住隨念智力)·사생지력(死生智力)·누진지력(漏盡智力).
24 두려움 없이 설법할 수 있는 불보살의 네 가지 지혜의 힘. 정등각무외(正等覺無畏)·누영진무외(漏永盡無畏)·설장법무외(說障法無畏)·설출도무외(說出道無畏).

대비(大悲)와 4념처(四念處)[25]이다.

佛性者는 十力·四無所畏·大悲·四念處니라

『大般涅槃經』 25 (大正藏12, p.770a)

【 2-7 】
중도를 불성이라 부르나니, 그러므로 불성은 상주항일(常住恒一)[26]하여 변동과 천역(遷易)[27]이 없느니라.

中道者名爲佛性이니 以是義故로 佛性은 常恒하야 無有變易이니라

『大般涅槃經』 25 (大正藏12, p.767c)

석존이 보리수 아래에서 무상정각을 성취한 후에 녹야원으로 다섯 비구를 심방(尋訪)[28]하여 개구제일성(開口第一聲)[29]으로 "아(我)는 중도를 정등각하였다."라고 선설(宣說)[30]하였다. 이것이 석존의 대각(大覺) 내용을 개진(開陳)[31]한 중도대선언이다. 중도는 불성이므로 중도를 정각하였

---

25 4념주(四念住)라고도 함. 육신은 더러운 것임을 관하는 신념처(身念處), 느낌은 괴로움임을 관하는 수념처(受念處), 마음과 생각은 무상한 것임을 관하는 심념처(心念處), 모든 존재엔 실체가 없음을 관하는 법념처(法念處)의 네 가지.
26 3세에 걸쳐서 항상 존재하며 변하지 않고 온전한 자신의 모습을 지키고 있음. 무상과 무아의 반대.
27 시간의 흐름에 따라 변함.
28 찾아감.
29 처음으로 입을 열어 하신 말씀.
30 선언의 말을 함.
31 의견의 내용을 드러내어 말함.

다 함은 불성의 정견, 즉 견성하였다 함이다.

【 강설 】

　견성하면 성불이라고 앞서 주장했는데, 부처님이 깨달음을 얻고 처음으로 말씀하신 대각선언(大覺宣言)을 살펴보면 중도를 깨달았다고 했지 불성을 깨달았다는 말은 하지 않으셨다. 그래서 혹자는 '견성하면 성불한다는 주장은 부처님의 근본 말씀과 어긋나는 것이 아닌가' 하고 의심할 수도 있다. 그러나 『열반경』을 근거로 살펴보면 중도가 곧 불성임은 확연히 알 수 있다. 따라서 부처님이 중도를 깨달았다는 말씀은 자성을 바로 보았다는 말씀과 한 치도 다를 것이 없다. 표현만 다를 뿐이다.

【 2-8 】

　중도의 대법(大法)을 불성이라 호칭하나니, 그러므로 불성은 상락아정(常樂我淨)이니라.

　中道之法을 名爲佛性이니 是故로 佛性은 常樂我淨이니라

『大般涅槃經』 25 (大正藏12, p.768a)

　상락아정은 대열반의 4덕(四德)[32]이니, 불성은 즉 여래의 대열반경계를 말함이다.

32　열반이 지니고 있는 4가지 특성. 항상하고 즐겁고 자아가 있고 깨끗함. 4법인의 반대.

2. 중생불성　59

【 2-9 】

불성은 제일의공(第一義空)³³이라 이름하며, 제일의공은 지혜라 이름하느니라.

佛性者는 名爲第一義空이요 第一義空은 名爲智慧니라

『大般涅槃經』 25 (大正藏12, p.767c)

불성은 제일의공, 즉 여래의 무상정변지(無上正遍知)이다.

【 2-10 】

12인연은 불성이라 부르나니 불성은 즉시(卽是) 제일의공이요, 제일의공은 중도라 하며 중도는 불타니 불타는 열반이라 하느니라.

十二因緣은 名爲佛性이니 佛性者는 卽第一義空이요 第一義空은 名爲中道며 中道者는 卽名爲佛이요 佛者는 名爲涅槃이니라

『大般涅槃經』 25 (大正藏12, p.768c)

제일의공과 중도와 불타와 열반은 전부 불성을 말함이니, 그러므로 시방삼세(十方三世)³⁴의 일체 여래가 불성을 철견(徹見)하여 득도성불(得道成佛)³⁵한 것이다.

---

33 가장 깊은 의미의 공.
34 시방은 동서남북과 각 방향의 사이[四隅]와 상하를 합친 것. 3세는 과거·현재·미래. 따라서 시방3세는 모든 공간과 시간을 가리킴.
35 깨달아 부처를 이룸. '득도(得度)'는 출가한다는 뜻.

【 강설 】

불성을 바로 보면 곧 성불임을 『열반경』에 근거해 설명하였다. 다음은 『기신론』과 『육조단경』에 근거해 살펴보자.

【 2-11 】

■자성이 무량무변한 일체의 공덕을 원만구비하였느니라.
■자성이 법(法)·보(報)·화(化)의 3신(三身)[36]을 구비하여 발명(發明)[37]하여서 4지(四智)[38]가 되나니, 견문의 반연(攀緣)[39]을 이거(離去)[40]하지 않고 초연히 불지(佛地)에 등입(登入)[41]하느니라.

■自性이 滿足一切功德하느니라
■自性이 具三身하야 發明成四智하나니 不離見聞緣하고 超然登佛地니라

『大乘起信論』;『六祖大師法寶壇經』(大正藏32, p.579a ; 大正藏48, p.356b)

자성 즉 불성이 불교의 극과(極果)인 3신4지(三身四智)를 구비하여

---

36 법신(法身)은 진리 그 자체로서의 불신(佛身), 보신(報身)은 원을 세우고 수행한 결과로서의 불신, 화신(化身)은 중생을 구제하려고 세상에 다양한 모습으로 화현한 불신.
37 이치를 스스로 깨달아서 밝힘.
38 여래가 지닌 지혜로서 중생이 지니고 있는 8식을 바꾸어 얻는다. 이것을 전식득지(轉識得智)라고 한다. 전5식은 성소작지(成所作智)로, 제6식은 묘관찰지(妙觀察智)로, 제7식은 평등성지(平等性智)로, 마지막 제8식은 대원경지(大圓鏡智)로 바꾼다.
39 산스크리트 'alambana'의 번역어로서 마음이 대상을 의지해서 작용을 일으키는 것을 말함.
40 멀리 떠나감.
41 올라 들어감.

일체의 공행(功行)과 덕용(德用)을 원만구유하여 일호(一毫)⁴²의 부족함도 없으니, 참으로 부사의(不思議) 중 부사의(不思議)이다. 그러니 이 자성을 철견하면 일초직입여래지(一超直入如來地)함은 당연 이상의 당연이다.

석존이 중생에게 기여한 최대 공헌은 불성의 발견이다. 만약에 불성의 존재와 그 계발(啓發)⁴³의 방법을 선시(宣示)⁴⁴하지 아니하였으면, 중생은 영작중생(永作衆生)⁴⁵으로 고해(苦海)를 도탈(度脫)⁴⁶하는 해탈의 길은 영원히 폐색(閉塞)⁴⁷되었을 것이다. 그러니 '일체중생(一切衆生) 개유불성(皆有佛性)'의 대원리에 의하여 노력 수행하여 법해(法海)에 자재무애하는 대해탈도를 성취해야 할 것이다.

【 강설 】

자성(自性)에는 불교에서 추구하는 궁극의 경지인 3신(三身)과 4지(四智)가 빠짐없이 구비되어 있다. 따라서 자성만 확실히 보면 곧 구경을 성취하는 것이다. 그러면 이 자성은 어디에 있을까? 흔히 보고 듣고 느끼고 아는 등의 일상적인 작용을 떠나 자성이 따로 있을 것으로 생각하는데 그렇지 않다. 보고 듣고 느끼고 아는 이것이 불성이다. 이것이 자성이고 3신과 4지를 원만히 구비하고 있는 것이다. 따라서 6조스님의 논지는 보고 듣고 느끼고 아는 이 일상사에 3신과 4지의 모든 공덕

---

42 한 가닥의 털이라는 뜻으로, 극히 작은 정도를 이르는 말.
43 지식이나 재능 따위를 발달하게 함.
44 널리 사람들에게 알림.
45 영원히 중생으로 있음.
46 건너가 벗어남. 해탈과 같은 말.
47 닫혀서 막힘, 또는 닫아서 막음.

이 다 구비되어 있으므로 이런 작용의 근본을 바로 알면 누구든지 성불한다는 것이다.

　이는 어렵고 힘든 것이 아니라 너무도 당연한 이치다. 중생이 곧 부처임을 처음 밝힌 분이 누구인가? 바로 석가모니 부처님이시다. 석가모니 부처님도 이런 사실을 몰랐었다. 그런데 성불해서 살펴보니, 당신과 전혀 차별이 없는 불성을 일체중생이 빠짐없이 갖추고 있더라는 것이다. 굳이 차이를 논하자면 중생은 다만 번뇌 망상에 가려 스스로 보지 못할 뿐이었다. 그래서 『화엄경』에 보면 "신기하고도 신기하구나." 하고 부처님께서 탄복하신 구절이 나온다. 중생이 곧 부처라는 것을 바로 믿고 바로 보고 철저하게 깨달으면 그가 곧 부처님이다. 누구나 불성을 가지고 있으니 이는 결코 어려운 일이라 할 수 없다. 바로 믿고 열심히 노력하기만 하면 누구나 성취할 수 있다.

3. 번뇌망상 煩惱妄想
두 가지 번뇌망상

【 3-1 】

근본무명이 진여본성을 고동(鼓動)¹하여 3종(三種)의 미세한 망상을 결성(結成)하니 아뢰야(阿賴耶)라 한다. 그리고 각종의 경계반연(境界攀緣)으로 망심업해(妄心業海)를 기동(起動)²하여 6개(六箇)의 추중번뇌(麤重煩惱)³를 첨기(添起)⁴하니 이를 의식(意識)이라 한다.

以根本無明이 動彼眞如하야 成於三細를 名爲梨耶요 又以境界緣故로 動彼心海하야 起於六麤를 名爲意識이니라

賢首, 「大乘起信論義記別記」(大正藏44, p.290c)

번뇌망상에 무분별(無分別)인 세 가지 미세(微細)와 유분별(有分別)인 여섯 가지 추중(麤重)이 있어 팔만사천의 무량번뇌를 파생(派生)한다. 3

---

1 심장이 고동치듯이 무명이 본성을 뒤흔들어 놓음.
2 처음으로 움직이기 시작함, 또는 그렇게 되게 함.
3 여섯 가지 거친 번뇌, 즉 6식.
4 함께 일어나게 함.

세(三細)는 근본무명으로 아리야(阿梨耶), 아타나(阿陀那) 및 제8식(第八識) 등으로 부르고, 6추(六麤)는 의식(意識) 혹은 제6식(第六識)이라 한다. 그리고 제7말나(第七末那)는 "계내위아(計內爲我)하야 속전삼세(屬前三細)하고 계외위아소(計外爲我所)하야 속후육추(屬後六麤)일새 약불론(略不論)"⁵이라 하였다.

제사(諸師)의 논소(論疏)에 3세(三細)를 아뢰야라 함은 일치하나 6추(六麤)에 대하여서는 6식(六識) 혹은 6·7식(六七識)이라 하여 논설이 한결같지 않다. 그러나 감산덕청(憨山德淸)⁶도 "기칠(其七)은 내허가(乃虛假)니 고로 『능가경(楞伽經)』에서 말하길, 7식(七識)은 불류전(不流轉)하나니 비생사인(非生死因)이라 하였다."⁷고 하였다. 그러므로 제7말나(第七末那)를 별론(別論)하지 않아도 수도상(修道上)에 관계없으므로 현수설을 취하였다.

【 강설 】

모든 중생이 불성을 가지고 있음에도 번뇌망상에 가려 불성을 보지

---

5 ㉝ 현수(賢首), 『大乘起信論義記』(大正藏44, p.263a), "내 몸을 나라고 잘못 생각하므로 앞의 세 가지 미세한 번뇌에 속하고, 외부 대상을 나의 것이라고 잘못 생각하므로 나중의 여섯 가지 거친 번뇌에 속하기 때문에 간략히만 하고 자세하게 논의하지 않는다.[計內爲我하야 屬前三細하고 計外爲我所하야 屬後六麤일새 略不論이라.]"
6 감산덕청(憨山德淸) 스님(1546~1623)은 명말 4대 고승의 한 분으로 『관릉가경기(觀楞伽經記)』, 『법화경통의(法華經通義)』, 『원각경직해(圓覺經直解)』, 『기신론직해 (起信論直解)』, 『감산노인몽유집(憨山老人夢遊集)』, 『중용직지(中庸直指)』, 『노자해(老子解)』 『장자내편주(莊子內篇註)』, 『능엄통의(楞嚴通議)』 등의 저술이 있음.
7 ㉝ 감산덕청(憨山德淸), 『백법명문론논의(百法明門論論議)』(卍 제48책 No.802), "7식은(七識)은 공허하고 거짓이기 때문에 『능가경(楞伽經)』에선 '제7식(第七識)은 유전(流轉)하지 못하므로 생사의 원인이 아니다'라고 하였다.[其七乃虛假, 故楞伽云, 七識不流轉, 非生死因.]"라고 하였다.

못한다 하였으니, 이제 그 번뇌망상에 대해 알아볼 차례이다. 번뇌망상의 종류와 속성을 일일이 거론하자면 팔만대장경이 필요하다. 따라서 여기선 그 골수를 추려 『기신론』에서 설한 3세와 6추로 요약하였다.

3세6추를 8식에 배대하는 문제에 있어선 논사들 간에 약간의 견해 차이가 있다. 『기신론』에 대한 여러 주석가 중 원효와 현수스님을 최고로 치는데, 3세를 아뢰야식에 배대한 점에서는 두 분의 견해가 일치한다. 하지만 6추에 대해서는 두 분의 견해가 다르다. 원효스님은 6추의 지상(智相)[8]을 제7식에 배대하고 나머지 5상을 의식에 배대한 반면 현수스님은 제7식을 따로 거론하지 않고 6추를 모두 의식에 배대하였다. 왜 원효스님과 현수스님의 견해가 다를까? 현수스님이 혹 거론해야 할 제7식을 실수로 빠트린 것은 아닌가? 그렇지 않다. 종사로 추앙받는 이들은 한마디 말이라도 함부로 하는 법이 없다. 근본에서 바로 볼 때 제7식은 자체가 없는 것이므로 현수스님이 제7식을 거론하지 않았던 것이다.

유식설을 다루는 학파가 법상종(法相宗)인데, 법상종은 『해심밀경(解深密經)』을 근본 정전으로 하고 있다. 그런데 아무리 살펴봐도 『해심밀경』엔 제7식을 거론한 부분이 없다는 것이다. 그래서 많은 학자들 역시 제7식에 대한 이론이 후대에 성립된 것으로 추정하고 있다. 현수스님이 근거도 없이 제7식을 거론하지 않은 게 아니다. 원효스님 또한 『성유식론(成唯識論)』을 근간으로 한 법상유식학의 영향을 받아 능변식(能變識)의 하나인 제7식을 거론하지 않을 수 없어 지상을 제7식에 배대했던 것이다.

---

8   주관적 마음 작용이 경계의 실상을 알지 못해 실재하는 것으로 여기고는 좋다, 나쁘다, 옳다, 그르다 등으로 판단하고 망념에 사로잡히는 것.

【 3-2 】

3세와 6추가 일체의 생멸하는 염법(染法)을 총섭(總攝)⁹하나니, 이는 다 진여본성을 배치(背馳)¹⁰한 인유(因由)¹¹로 생기(生起)한다. 그러므로 당연히 알지어다. 3세6추의 근본인 무명이 능히 일체의 생멸법을 파생(派生)한다고 하였느니라.

三細六麤가 總攝一切染法하나니 皆不了眞如而起니라 故로 云 當知하라 無明이 能生一切染法也라하니라

賢首, 『大乘起信論義記』 (大正藏44, p.263c)

3세(三細)는 근본무명이요 6추(六麤)는 지말무명(枝末無明)이니, 7지 이하의 일체중생은 6추 중에 있고, 8지 이후의 자재보살은 3세 중에 있다. 이 본말의 양종무명(兩種無明)¹² 즉 번뇌망상이 진여불성을 엄폐하고 있으니, 본성을 철견하려면 이 양종(兩種)을 제거하여야 한다. 만약에 6추만 제거하고 3세가 잔여(殘餘)하면 이는 자재보살의 경계이니, 종문(宗門)에서 제8마계(第八魔界)라 하여 구경각인 견성이 아니다.

견성은 제8아리야식(第八阿梨耶識)인 3세를 영단(永斷)한 무여열반이라야 하나니, 무여열반은 즉 무심이다. 그리하여 자재 이상의 대보살들도 미세무명을 미탈(未脫)¹³하고 제8아리야(第八阿梨耶)에 주재(住在)

---

9 모두 총괄하여 포함하고 포섭함.
10 서로 반대로 되어 어그러지거나 어긋남.
11 원인이 비롯됨, 또는 그 유래.
12 근본과 지말의 두 가지 무명.
13 아직 벗어나지 못함.

하므로 견성이 못 되나니, 제8의 극미세망상까지 단진(斷盡)¹⁴하여야만 여래의 정법안장(正法眼藏)을 전지(傳持)¹⁵한다. 만약에 객진번뇌(客塵煩惱)가 여전무수(如前無殊)¹⁶하여 6추도 미제(未除)¹⁷한 해오(解悟)를 견성이라고 한다면, 이는 정법을 파멸하는 용서할 수 없는 대과오이며 불조(佛祖)의 반역이다.

【 강설 】

『수심결』에선 얼음이 본래 물인 줄 알듯이 중생이 본래 부처인 줄 알면 견성이라 하고, 두꺼운 얼음을 태양이 녹이듯이 번뇌망상을 지혜광명으로 하나하나 끊어나가는 것을 도인이라고 했다. 그러나 이것은 부처님과 조사들의 말씀에 상반되는 견해이다. 위에서 살펴보았듯이 부처님과 조사들은 추중망상뿐만 아니라 미세망상까지도 완전히 끊어야 견성이라고 한결같이 말씀하셨다.

번뇌망상을 나무로 치자면, 가지와 잎을 쳐낸 것 정도로는 견성이라 할 수 없다. 줄기를 자르고 근본인 뿌리까지 완전히 뽑아내야 견성이라 한다. 중생이 본래 부처라는 것을 알았다 해도 번뇌망상이 그대로 남아 있다면, 그것은 중생이지 부처가 아니다.

【 3-3 】

6도(六途)에서 생사윤회할 때에 피등(彼等)¹⁸의 유정중생(有情衆生)

---

14 완전히 끊어 없앰.
15 물려받아 지님.
16 예전과 별다를 게 없음.
17 아직 제거하지 못함.
18 그들.

들이 생멸하는 유정들 중에 타락하여 있다. 그중 최초의 일체 생멸하는 종자(種子)인 심식(心識)이 전전(展轉)[19]하며 화합하여 증장(增長)하고 광대(廣大)하나니, 이 근본식(根本識)을 혹은 아타나(阿陀那) 혹은 아뢰야(阿賴耶) 혹은 심(心)이라고 명칭한다. 이 아타나식(阿陀那識)이 의지(依止)가 되어서 건립하는 고로 6전식신(六轉識身)이 전동(轉動)하나니,[20] 이는 안이비설신의(眼耳鼻舌身意)이다.

於六趣生死에 彼彼有情이 墮彼有情衆中이라 於中最初에 一切種子心識이 展轉和合하야 增長廣大하나니 此識을 亦名阿陀那하며 亦名阿賴耶하며 亦名爲心이니라 阿陀那가 爲依止하야 建立故로 六轉識身이 轉하나니 謂眼耳鼻舌身意니라

『解深密經』1 (大正藏16, p.692b)

『해심밀경』은 유식법상(唯識法相)[21]의 근본 소의(所依)[22]이다. 최초의 종자식(種子識) 즉 아타나(阿陀那)는 3세를 말한 것이요, 6전식신(六轉識身)은 즉 6추이니, 『해심밀경』에서는 제7식(第七識)을 설하지 않았다.

【 강설 】

『해심밀경』에선 근본식인 아뢰야식에 의지해 6전식이 생긴다고 했

---

19 글자의 의미는 차례대로 연속한다는 의미지만 특별히 유식의 교리로 쓰임. 제8식을 중심으로 점차로 6식이 전전하여 세상과 반연하는 모습을 말함.
20 "전전하여 6식이 생겨나고 다시 이것이 전전하여 움직이게 되니"
21 세친의 『유식삼십송』을 주석한 『성유식론』을 중심으로 발달한 중국의 종파. 마음의 본체를 다루는 여래장이나 선종 등에 대해 현상계의 모습을 주로 다룬다고 하여 법상종이라고 함.
22 주로 의지하는 경서나 논서.

다. 어디를 살펴보아도 제7식을 거쳐 6식이 전개된다는 얘기는 없다. 유식학의 근본이 되는 『해심밀경』에 설하지 않았는데, 왜 제7식이란 용어가 나온 것일까? 이는 설명을 용이하게 하기 위해 후대에 설정된 것이지 경에 근거한 근본 학설이라고 할 수는 없다.

모든 불교의 논서와 학설은 부처님 말씀인 경에 그 뿌리를 두어야 한다. 따라서 경의 종지에 근거하는 것이 가장 정확한 학설이라 하겠다. 유식학의 근본 소의경전인 『해심밀경』에서 제7식을 거론하지 않았으니, 굳이 제7식을 수립해 이론 전개의 필수 사항으로 기재할 필요는 없으리라 생각된다.

【 3-4 】

번뇌망상인 제종식심(諸種識心)에 2종(二種)의 생(生)이 있으니, 유주생(流注生)[23]과 상생(相生)[24]이다.

諸識이 有二種生하니 謂流注生及相生이니라
『楞伽阿跋多羅寶經會譯』一之上 (卍續藏經1, p.231a)

유주생(流注生)은 제8아뢰야의 3세요, 상생(相生)은 6추이다.

【 3-5 】

아타나식(阿陀那識)이 극심히 심세(深細)하여 일체 생멸의 종자가 폭포같이 유동(流動)한다. 내가 우매한 범부에게 이 아타나식을

---

23 식과 경계가 화합하여 생각 생각마다 이어지는 모든 번뇌.
24 중생의 망식으로 생각하는 모든 대상의 상(相).

개연(開演)하여 설명하지 않는 것은, 피등(彼等)이 분별하여 진아(眞我)라고 오집(誤執)할까 두려워하는 까닭이다.

阿陀那識이 甚深細하야 一切種子如瀑流로다 我於凡愚에 不開演은 恐彼分別執爲我니라

『解深密經』1 (大正藏16, p.692c)

무공용행(無功用行)[25]과 무분별지(無分別智)[26]의 자재보살이 구경을 성취하지 못하는 것은 아타나(阿陀那)에 주착(住著)[27]하는 연고이니, 항상 불타의 가책(呵責)을 면하지 못한다.

【 강설 】

8지에서 10지까지의 대자재보살들도 혜안(慧眼)은 갖췄지만 아타나식을 벗어나진 못했다. 따라서 불안(佛眼)을 갖춘 부처님이 볼 때는 아직 미세한 망상을 벗어나지 못하고서 아타나식을 구경으로 집착하고 있는 것이므로 '꾸중을 면치 못한다'고 한 것이다. 8지보살이 되면 오매일여의 경지에 들어가는데, 이를 구경으로 착각하는 경우가 흔히 있다.

그런데 오매일여도 3세 중의 오매일여가 있고 진여 중의 오매일여가 있다. 8지 이상 자재보살들의 오매일여는 3세 가운데의 오매일여이고, 여래의 오매일여는 진여 가운데의 오매일여이다. 오매일여라는 같은 표현으로 인해 흔히 혼동이 일어날 수 있는데 그 둘 사이엔 결정적

---

25 무엇인가를 하려고 미리 마음속에 정해 놓거나 분별하지 않고 자연스럽게 맡겨 놓아도 진리에 맞음.
26 주관이니 객관이니 등의 분별이 없이 평등하게 바라보는 진실한 지혜.
27 헤어나지 못하고 머물러 있음.

인 차이가 있다. 그것은 바로 내외명철(內外明徹)이다. 이는 6조스님께서 자주 말씀하신 부분인데 3세 가운데서는 아무리 오매에 일여하다고 해도 내외명철하지 못하다. 따라서 내외명철하지 못하다면 아직은 3세의 미세한 망상을 벗어나지 못했음을 알아야 한다.

【 3-6 】

6추의 종말인 지상(智相)은 7지에서 이 미혹이 진멸(盡滅)하고, 3세의 최후인 업상(業相)은 10지종심(十地終心)인 금강유정(金剛喩定)에서 영진(永盡)한다.

六麤中智相은 於七地에 盡此惑也요 三細中業相은 十地終心金剛喩定에서 都盡하느니라

賢首, 『大乘起信論義記』 卷下本 (大正藏44, pp.267c-268a)

몽중일여(夢中一如)의 화엄 7지위(七地位)는 아직 6추의 영역이요, 숙면일여(熟眠一如)인 자재위(自在位)에서 비로소 제8리야(第八梨耶)인 3세이니, 8지에는 6추가 없고 불지(佛地)에는 3세가 없다. 선문(禪門)에서 장식(藏識)을 제8마계(第八魔界)라 하여 극력 배척한 것은 미세장식(微細藏識)을 타파하지 않으면 견성이라 할 수 없으므로 오직 정법(正法)을 위한 노파심(老婆心)의 발로(發露)에서이다.

자성을 엄폐하고 있는 번뇌망상에 미세와 추중(麤重)의 두 가지가 있음을 알았다. 추중은 유분별(有分別)이므로 용이(容易)하게[28] 각지(覺

---

28 쉽게.

知)되지마는 미세는 무분별(無分別)이어서 참으로 심심난해(甚深難解)하여 수도(修道)의 일대애로(一大隘路)가 된다.

동정일여(動靜一如)와 몽중일여(夢中一如)가 되어도 숙면일여(熟眠一如)가 되지 않으면 이는 6추의 영역이요, 숙면일여(熟眠一如)가 되어야 비로소 가무심(假無心)인 3세이다. 이 미세를 단진(斷盡)하지 않으면 견성이 아니어서 정안종사(正眼宗師)가 될 수 없으니, 이것을 극력 구명(究明)하여 기필코 이탈(離脫)하여야 불조(佛祖)의 혜명(慧命)을 계승할 수 있다.

추중(麤重)을 영리(永離)한 뇌야무심(賴耶無心)[29]도 견성이 아니거늘, 추중의 객진번뇌 속에서 견성이라 자처하게 되면 자오오인(自誤誤人)[30]의 대비극이 연출되나니 반드시 각성하여야 한다.

【 강설 】

동정일여·몽중일여·숙면일여란 말을 자주 거론하는데, 이는 공부를 하다 보면 누구나 겪게 되는 경계이다. 동정일여란 가거나 오거나 움직이거나 가만히 있거나 늘 여여해서 잠시도 끊어짐이 없는 것을 말한다. 쭉 이어지다가 잠깐 끊어지고 다시 이어지는 그런 것은 일여(一如)라 하지 않는다. 아침에 눈을 뜨는 순간부터 저녁에 잠드는 순간까지 한 생각이 잠시도 끊어지지 않는 것을 동정일여라 한다.

몽중일여란 깨어 있을 때와 마찬가지로 꿈에서도 불경계(佛境界)가 이어지는 것을 말한다. 어쩌다 꿈속에서 경계가 나타나는 듯하고 화두가 조금 들리는 듯싶으면 그것을 몽중일여로 착각하는 이들이 있는

---

29 평소에 중생을 지배하는 아뢰야식이 쉬고 있다는 의미에서의 무심.
30 자신도 잘못되게 하고 남도 잘못되게 함.

데, 그것은 몽중일여가 아니다. 잠이 들어 깊은 꿈속에서조차 변동 없이 여여부동(如如不動)한 것을 몽중일여라 한다. 그런 몽중일여의 경계가 되면 화엄7지 보살이다.

　숙면일여란 꿈 없는 깊은 잠에 들어서도 일여한 경계이다. 숙면일여의 경계가 나타나면 8지 이상의 자재보살인데, 이것조차도 제불 조사들께선 제8마계라 하여 머물고 집착하는 것을 극력 배척하셨다. 그러니 동정일여·몽중일여도 안 된 것이야 말해 무엇하겠는가? 그러고도 견성이니 깨달음이니 한다면 그것은 차라리 외도라고 해야 하지 않을까?

　객진번뇌도 떨치지 못했으면서 약간의 지혜가 생겼다 하여 그걸 궁극의 견성인 줄 착각하는 이들이 있는데, 혼자만의 착각에 그친다면 그나마 다행이다. 근거도 없는 망설과 삿된 견해로 다른 이의 본성까지 오염시키니 참으로 큰일이다. 그러니 보잘것없는 견해로 괜한 오기 부리지 말고 열심히 공부해 6추뿐만 아니라 3세의 미세망상까지 완전히 떨치고 오매일여·숙면일여의 경계를 넘어서야 할 것이다. 그것이 바로 견성이다.

4. 무상정각 無上正覺
가장 높고 바른 깨달음

【 4-1 】

■ 곧 불성을 정견(正見)하여 아뇩다라삼먁삼보리(阿耨多羅三藐三菩提)를 증득하느니라.

■ 반드시 아뇩다라삼먁삼보리를 증득하여서 불성을 정견함을 얻느니라.

■ 卽見佛性하야 得阿耨多羅三藐三菩提니라
■ 必得阿耨多羅三藐三菩提하야 得見佛性이니라

『大般涅槃經』2 ; 『大般涅槃經』20 (大正藏12, p.611c ; p.740b)

아뇩다라삼먁삼보리(阿耨多羅三藐三菩提)[1]는 무상정각(無上正覺) 또는 무상정변지(無上正遍知) 등으로 번역되는데, 정각의 내용이 정변지(正遍知)에 있으므로 동일한 의미이다. 이 무상정각인 정변지는 불교의

---

1 산스크리트 'anuuttarā-samyak-saṃbodhi'의 음역. '더 이상 높은 것이 없는 바르고 평등한 지혜'라는 의미. 번역하여 '무상정등정각(無上正等正覺)', '무상정각', '무상정변지' 등으로 적는다.

최후 구경목표이다. 견성을 하면 정각을 얻고 정각을 얻으면 견성을 한다 함은, 견성 즉 정각이요 정각 즉² 견성임을 선설(宣說)³한 것이다. 그러므로 견성이 즉 무상정각이며 성불이다.

【 강설 】

아뇩다라삼먁삼보리를 무상정등정각(無上正等正覺)이라 번역하고 이를 줄여 무상정각(無上正覺)이라 한다. 무상이란 제일 높아서 그 이상이 없다는 의미이고, 정각이란 조금의 거짓도 없이 바로 깨쳤다는 의미이다.

『대열반경』에서 두 구절을 인용하였다. 앞에서는 견성을 해서 아뇩다라삼먁삼보리를 얻는다 즉 성불한다 하였고, 뒤에서는 아뇩다라삼먁삼보리를 얻어야 불성을 바로 볼 수 있다 즉 견성할 수 있다고 하였는데, 그 내용은 같다. 성불이 견성이고 견성이 성불임을 『대열반경』에서 분명히 밝히고 있는 것이다. 그러니 불성을 보고 나서 부지런히 닦아 성불한다는 주장은 잘못된 것이다. 『대열반경』에서 밝히고 있듯이 견성이 곧 성불이고 성불이 곧 견성임은 자명한 사실이다.

【 4-2 】

아성(我性) 즉 불성은 3세여래(三世如來)의 궁극비밀(窮極秘密)의 보장(寶藏)⁴이니, 만약에 무상정각을 성취하면 아성(我性)을 원증

---

2 '즉'의 쓰임에는 두 가지가 있다. 문장이 이어질 때는 '~하면'의 뜻을 갖고, 명사가 이어질 때는 '바로'의 뜻을 갖는다.
3 널리 알 수 있게 선포하여 말함.
4 보배창고.

명지(圓證明知)[5]하느니라.

我性者는 如來秘密之藏이니 若得成就阿耨多羅三藐三菩提하면 爾乃證知하느니라

『大般涅槃經』8 (大正藏12, p.649c)

정각의 성취, 즉 성불하지 않고서는 본성(本性)을 정견할 수 없으니 성불이 즉 견성이다. 견성이 즉 성불이며 성불이 즉 견성임은 금구소선(金口所宣)[6]이며 영산정전(靈山正傳)[7]이다. 이는 견성이 원증돈증(圓證頓證)의 증오(證悟), 즉 구경각임을 명시함이니 분증(分證)과 해오(解悟)로써 견성이라고 주장하는 이단사설(異端邪說)에 현혹되지 말아야 한다.

【 강설 】

언제나 부처님 말씀과 본분종사의 말씀에 의지해 공부해야지 이단의 사설에 현혹되어서는 안 된다. 『대열반경』에서 견성이 곧 구경의 성불임을 누차 밝히고 있음에도 불구하고 해오와 분증을 정설이라 우긴다면 그것이야말로 불법을 헐뜯는 외도가 아니겠는가?

【 4-3 】

이 모든 중생이 무량한 번뇌망상의 복폐(覆蔽)한 바 되어[8] 자기

---

5 "나의 본성을 완전히 깨달아 분명하게 알다."
6 "부처님께서 말씀하신 것"
7 "영산회상에서 바로 전하신 것"
8 "번뇌망상으로 가리고 뒤덮여"

심중(心中)⁹의 불성을 알지 못한다. 만약에 번뇌가 멸진(滅盡)한 때에는 불성을 증득하여 분명요지(分明了知)하되, 저 역사(力士)가 명경(明鏡) 중에서 액상(額上)의 무가보주(無價寶珠)를 명견(明見)함¹⁰과 같느니라.

是諸眾生이 爲無量煩惱之所覆蔽하야 不識佛性하나니 若盡煩惱時엔 乃得證知明了하야 如彼力士가 於明鏡中에 見其寶珠니라

『大般涅槃經』8 (大正藏12, p.649b)

3세(三細)의 극미망상까지 멸진무여(滅盡無餘)하면 자연히 구경무심(究竟無心)에 도달하나니, 이것이 견성이며 성불이다.

【 강설 】

망상에 가려 자성인 진여를 모르다가 공부를 해 확연히 깨치면 망상이 사라져 자기의 본성 즉 불성을 보게 된다. 그것이 무엇과 같은가? 밝은 거울에 비치는 자신의 모습을 환히 보는 것과 같다.

【 4-4 】

제불여래는 일체중생에게 양의(良醫)¹¹와 같아서 모든 번뇌의 체상차별(體相差別)을 실지(悉知)하여¹² 이 번뇌를 단멸제거(斷滅除去)

---

9   마음 한가운데.
10 "힘센 장사가 거울 속에서 이마 위에 있는 귀한 보배구슬을 분명하게 봄"
11 훌륭한 명의.
12 "모든 번뇌의 근본과 현실에서 나타나는 다양한 모습을 완전히 알아"

하여 여래의 비밀한 보장(寶藏) 중에 있는 청정무구(淸淨無垢)한 불성이 영겁(永劫)토록 상주하여 절대로 불변함을 개시(開示)[13]하느니라.

如來는 於諸衆生에 猶如良醫하야 知諸煩惱體相差別而爲斷除하야 開示如來秘密之藏의 淸淨佛性이 常住不變하느니라

『大般涅槃經』 8 (大正藏12, p.651b)

여래의 신방법약(神方法藥)[14]이 아니면 중생들이 어찌 무가진보(無價眞寶)인 자기심불(自己心佛)[15] 즉 불성을 볼 수 있으리오. 그 대비홍은(大悲鴻恩)[16]은 분골쇄신(粉骨碎身)하여도 미족수(未足酬)이다.[17]

【 4-5 】
불성은 중생이 본유(本有)[18]한 것이요 조작(造作)[19]한 법(法)이 아니다. 다만 번뇌인 객진(客塵)에 복폐(覆蔽)되어 있을 뿐이니, 만약에 그 번뇌를 단제(斷除)하면 즉시에 불성을 명견(明見)하여 무상대도(無上大道)를 성취하느니라.

佛性은 非是作法이요 但爲煩惱客塵의 所覆이니 若能斷除하면

---

13 분명하게 나타내어 가르침.
14 신묘한 처방과 진리의 약.
15 "가격을 매길 수 없을 만큼 귀중한 보배인 자신의 마음 그 자체가 부처님임"
16 큰 자비로 베푸는 커다란 은혜.
17 "뼈가 가루가 되고 육신이 부서질 만큼 노력해도 갚을 수 없다."
18 본래부터 가지고 있음.
19 새로 짓거나 만듦.

卽見佛性하야 成無上道하느니라.

『大般涅槃經』8 (大正藏12, p.652b)

무상정각은 중생의 무량한 번뇌망상을 단제(斷除)하고 본유의 청정 자성을 철견(徹見)함에 있으니, 이는 불교의 만세불변(萬世不變)의 대원칙이다.

【 4-6 】
일인(一人)의 중생도 여래의 지혜인 불성을 구유(具有)하지 않은 자 없지마는 망상으로 생긴 전도(顚倒)[20]에 집착하여 이것을 증득하지 못한다. 만약에 망상을 이탈하면 자성에 구유되어 있는 일체(一切)의 자연지(自然智)와 무애지(無礙智)가 즉시에 현전하느니라.

無一眾生而不具有如來智慧언마는 但爲妄想顚倒執著而不證得하나니 若離妄想하면 一切自然智와 無礙智가 卽得現前하느니라

實叉難陀 譯, 『大方廣佛華嚴經』51 (大正藏10, p.272c)

중생이 본구(本具)[21]한 여래지혜는 곧 진여불성이니, 일체 망념이 돈진(頓盡)[22]하면 이것이 견성이며 무상정각이다.

---

20 번뇌 때문에 잘못된 생각을 하거나 현실을 잘못 이해함.
21 본래부터 완전히 갖추고 있음.
22 단번에 완전히 사라짐.

【 4-7 】

여래가 언명(言明)하였다. 신기하고도 신기하다. 일체중생이 모두 일체지자(一切智者)[23]인 여래의 지혜를 구비하고 있거늘 우치(愚癡)하고 미혹하여 부지(不知)하며 불견(不見)하는도다. 내가 당연히 성도(聖道)로써 교도(教導)[24]하여 그 장폐물(障蔽物)인 망상집착을 영원히 이탈케 하여 중생의 자신(自身) 중에서 광대무변(廣大無邊)한 지견(智見)을 체득하여 독존무비(獨尊無比)[25]한 불타와 차이가 없게 하리라.

如來言하사되 奇哉奇哉라 此諸衆生이 云具有如來智慧어늘 愚癡迷惑하야 不知不見이로다 我當教以聖道하야 令其永離妄想執著하야 自於身中에 得見廣大智見하야 與佛無殊케 하리라

實叉難陀 譯, 『大方廣佛華嚴經』 51 (大正藏10, p.272c)

『열반경(涅槃經)』과 『화엄경(華嚴經)』의 양대경(兩大經)에서 일체중생의 본구불성(本具佛性)을 언명(言明)한 것은 인간 본유의 진가(眞價), 즉 절대성을 발표한 유사 이래의 일대선언(一大宣言)이다. 이로써 인간은 본유의 절대성을 개발(開發)하여 무상도(無上道)를 성취하는 영원한 활로(活路)를 얻었다.

만약에 불타가 무애대지(無礙大智)로써 중생이 불성을 구비하였음을 통견(洞見)하여 이를 교시(教示)하지 않았으면, 중생은 영영 중생의 영

---

23 세상의 모든 것을 완전히 아는 지혜를 갖춘 사람, 즉 부처님을 가리킴.
24 가르쳐서 이끔.
25 비할 것이 없이 홀로 존귀함.

역을 이탈하지 못하게 되었을 것이다. 그러므로 팔만보장(八萬寶藏)의 금구성언(金口聖言)은 그 목적이 불성의 계발(啓發)에 있으니, 언어문자의 습득으로써 불교를 삼는다면 이는 불교의 역행(逆行)이다.

【 강설 】

상대적이고 유한하며 불안정한 세계를 넘어 절대적이고 영원하며 평안한 세계로 들어가는 것이 종교이다. 그렇다면 그 절대적이고 영원하며 평안한 세계는 과연 어디에 있는가? 대부분의 종교가 '지금' 그리고 '여기'는 아니라고들 한다. 그들이 얘기하는 영원한 안락의 세계, 절대적 평온의 세계는 흔히 저 아득한 하늘 끝 어딘가에 설정되어 있다. 그래서 늘 현실 밖에서 하나님을 찾고 천당을 찾는다. 과연 있던가? 그래도 요즘은 과학이 발달되고 교육이 널리 행해져 하늘 어딘가에 하나님과 천당이 실재하리라고 믿는 사람이 많지는 않다. 그럼 절대적 가치를 지닌 하나님과 천당을 어디에서 찾아야 할까?

불교에선 위로 하늘에서 찾으라거나 아래로 땅에서 찾으라고 하지 않는다. 자기의 마음속을 들여다보라고 말한다. 절대적 가치는 다른 곳에 있지 않고 바로 여기에 있으며, 자기 자신이 절대자라고 부처님께선 말씀하셨다. 저 멀리 어딘가에 있는 것이 아니라 마음 가운데 하나님이 있고, 마음 가운데 천당이 있고, 마음 가운데 극락이 있는 것이다. 절대적 가치를 지니고 있으면서도 번뇌망상에 가려 스스로 보지 못하고 알지 못하는 중생들에게 이 사실을 일깨워 주신 분이 바로 부처님이시다.

부처님께서는 다른 곳에서 찾지 말라고 하셨다. 마음을 밝히고 보면 그 속에 극락도 천당도 하나님도 부처님도 다 들어 있다. 그러니 실제로 인간은 모든 것을 초월하고 모든 것을 포함하는 절대자인 것이다. 이것이 우리 불교의 생명선인 동시에 다른 종교에서는 찾아볼 수 없는 독특함이다.

그럼 나 자신이 절대자인 것을 어떻게 증명할 수 있는가? 그것은 공부해 보면 누구나 알 수 있다. 물맛이 어떠냐고 묻는다면 물을 마셔 보면 알 수 있는 것 아닌가? 공부를 해 보면 그 사실은 저절로 증명된다. 그러니 마음속의 부처, 마음속의 하나님, 마음속의 절대자를 믿고 열심히 공부해서 번뇌망상을 끊어야지 공연히 밖으로 부처를 찾고 하나님을 찾고 극락을 찾고 천당을 찾는다고 부산떨지 말라.

부처님도 성불하기 전에는 모든 중생에게 불성이 있다는 사실을 몰랐다. 그러나 깨달음을 얻고 대자재지(大自在智)로 관찰해 보니 모든 중생이 하나도 빠짐없이 불성을 갖추고 있는 것이 아닌가. 그래서 "신기하고 신기하구나!" 하고 감탄했던 것이다.

스스로에게 갖춰져 있음을 믿고 부지런히 공부해 나가면 누구나 성취할 수 있는 것이 불성이다. 설사 일자무식이라 해도 상관이 없다. 6조스님 역시 일자무식이었지만 자기 마음 가운데 부처를 보고 나서는 팔만대장경을 열 번 천 번 본 사람보다 낫지 않았는가? 그분이 바로 산 증거이다.

마음속 부처를 본다면 팔만대장경을 어찌 그것과 비교할 수 있겠는가? 또 설사 팔만대장경을 종횡으로 다 외운다 할지라도 마음속 부처를 보지 못했다면 아무 소용이 없다. 그저 죽은 문자일 뿐이다. 죽은 송장에 좋은 옷을 입히고 곱게 화장한들 무슨 소용 있겠는가? 오직 자성을 바로 깨치는 것, 그것이 산 부처가 되는 길이고 영원한 진리의 길이다.

【 4-8 】

모든 아라한(阿羅漢)²⁶은 불성을 불견(不見)하였으니, 불성을 불견(不見)한 고로 무상정각, 즉 아뇩보리(阿耨菩提)를 얻지 못하느니라.

諸阿羅漢은 不見佛性이니 以不見故로 不得阿耨多羅三藐三菩提니라

『大般涅槃經』 27 (大正藏12, p.781a)

소승극과(小乘極果)인 무학지(無學地)²⁷의 아라한(阿羅漢)은 유여열반(有餘涅槃)이어서 견성이 아니므로 정각(正覺)을 성취하지 못하였다. 아라한뿐 아니라 범성(凡聖)을 막론하고 견성을 못하면 정각 즉 성불이 아니다.

【 4-9 】

지위(地位)가 최후인 제10지(第十地)에 도달한 대보살들도 오히려 불성을 명료(明了)하게 지견(知見)하지 못하였거늘 하물며 성문연각(聲聞緣覺)이 능히 정견하리오.

菩薩이 位階十地하여도 尙不明了知見佛性이니 何況聲聞緣覺之人이 能見耶아

『大般涅槃經』 8 (大正藏12, p.652c)

---

26 소승의 성자. 산스크리트 'arhat'의 음역으로서 '공양을 받을 만한 사람'이라는 의미.
27 '무학'은 더 이상 공부할 것이 없다는 뜻으로 아라한을 달리 부르는 말.

"10지대성(十地大聖)이 설법을 여운여우(如雲如雨)하여도 견성은 나곡(羅縠)을 장격(障隔)함과 같다."라고 하여, 종문정안(宗門正眼)은 10지대성(十地大聖)도 견성하지 못하였음을 지적하고 가책(呵責)하였다. 또한 "3현(三賢)이 오히려 선문의 종지를 명료치 못하는데, 10성(十聖)이 어찌 조사선종에 도달하리오."[28]라고 하였으니, 견성을 근본으로 하는 선종의 심현(深玄)한 종지는 3현은 말할 것도 없거니와 10지의 대성(大聖)도 문외한임을 갈파하였으니, 10지의 대성이 견성하지 못하였기 때문이다.

【 4-10 】

- 제불여래와 10주보살(十住菩薩)은 양안(兩眼)으로 불성을 보고, 9지(九地)에 이르기까지는 전문(傳聞)으로 불성을 보느니라.
- 9지 이하는 이문(耳聞)으로 불성을 보고 10지(十地)는 양안(兩眼)으로 보나 명료하지 못하고, 여래의 불안(佛眼)이라야 요요명명(了了明明)히 궁진(窮盡)하느니라.

- 諸佛如來와 十住菩薩은 眼見佛性이요 乃至九地는 聞見佛性이니라
- 九地以還은 聞見佛性이요 十地는 眼見이나 未了了하고 如來佛眼이라사 窮盡하느니라

『大般涅槃經』 26 ; 『大方廣佛華嚴經隨疏演義鈔』 82 (大正藏12, p.772c ; 大正藏36, p.644c)

28 　㉮『경덕전등록(景德傳燈錄)』 29 「십현시(十玄詩)」(大正藏51, p.455b), "三賢이 尙未明斯旨라 十聖이 豈能達此宗이리오."

10주(十住)는 3현(三賢)의 초계(初階)요, 9지(九地)는 10성(十聖)의 후반(後班)이다. 그런데 10주는 안견(眼見)이요 9지는 문견(聞見)이라 하니 선후가 착도(錯倒)된 것 같으나, 여기의 10주는 3현의 10주가 아니요 10지(十地)의 이칭(異稱)이다. 여러 경론에서 10지를 10주로 표현하였으니 본문의 10주는 10지를 말한다. 그러므로 중국 천태종의 2조(二祖)인 관정(灌頂)도 '주지불이(住地不異)', 즉 "10주와 10지가 다르지 않다."[29]라고 하였다.

【 4-11 】

■10주보살이 비록 불성을 보나 명료치 못하느니라.

■10주보살은 불성이 있음을 아나 암야(暗夜)의 소견(所見)[30]과 같고, 제불여래는 또한 보며 또한 아느니라.

■10주보살이 소견(所見)한[31] 불성은 흑야(黑夜)에 색채를 봄과 같고, 여래의 소견(所見)은 백주(白晝)에 색상(色像)을 봄과 같으니라.

■10주보살은 지혜력이 많고 삼매력(三昧力)이 적으므로 불성을 명견(明見)치 못하느니라.

■10주보살은 불성을 보지 못하였으므로 열반이라 이름하고 대열반(大涅槃)이 아니니라.

---

29 ㉑『대반열반경(大涅槃經疏)』26(卍續藏經57, p.429b), "今文에 云住라하고 又復云 地라하니 故知此中의 住와 地가 不異하니라."
30 "한밤중에 보는 것"
31 "10주보살이 보는"

- 十住菩薩이 雖見佛性이나 而不明了니라
- 十住菩薩이 知有佛性이나 猶如闇夜하야 所見이 不了하고 諸佛如來는 亦見亦知니라
- 十住菩薩의 所見佛性은 如夜見色이요 如來所見은 如晝見色이니라
- 十住菩薩은 智慧力이 多하고 三昧力이 少故로 不得明見佛性이니라
- 十住菩薩은 不見佛性일새 名爲涅槃이요 非大涅槃이니라

『大般涅槃經』 25 ; 15 ; 25 ; 28 ; 21 (大正藏12, p.769b ; p.705a ; p.769c ; p.792c ; p.746b)

위 인용문의 10주도 10지를 말한다. 10지의 견성은 여야견색(如夜見色)[32]이니, 흑야중(黑夜中)의 견색(見色)은 정견이 아니요 여래와 같이 백주견색(白晝見色)이라야 정견이므로, 10지도 견성을 허락하지 않고 여래불지(如來佛地)만이 비로소 견성이라 하는 것이다. 위에서 말한 열반은 유여열반이요, 대열반(大涅槃)은 무여열반이다.

【 강설 】

10지를 10주로 표현한 경론이 많음을 알아야 한다.

【 4-12 】

- 모든 선남자(善男子)의 소유(所有)한 불성은 이렇게 지극히 심현(深玄)하여 정지명견(正知明見)하기 심히 어려우니, 오직 정각(正

---

32 "밤중에 물건을 보는 것과 같다."

覺)한 불타만이 이를 능히 알 수 있느니라.
- 이렇게 불성은 오직 불타만이 능히 아느니라.

- 諸善男子의 所有佛性은 如是甚深하야 難得知見이니 唯佛能知니라
- 如是佛性은 唯佛能知니라

『大般涅槃經』 8 (大正藏12, p.653a)

불성은 즉 여래여서 제불경계(諸佛境界)이니, 불(佛) 이외는 모두 정지정견(正知正見)하지 못함은 당연한 귀결(歸結)이다.

【 4-13 】
- 제불여래(諸佛如來)만이 분명요요(分明了了)히 불성을 볼 수 있느니라.
- 불안(佛眼)으로 보므로 명명요요(明明了了)하니라.
- 불성을 분명히 보므로 명행족(明行足)[33]이라 하느니라.

- 諸佛이 了了得見佛性이니라
- 佛眼見故로 得明了니라
- 明見佛性故로 名明行足이니라

『大般涅槃經』 25 ; 25 ; 16 (大正藏12, p.768c ; p.772b ; p.711b)

---

33 부처님을 부르는 열 가지 명호 중의 하나. 지혜와 수행을 모두 갖추어 완성하였다는 의미.

무명의 암굴(暗窟)을 타파하고³⁴ 장야(長夜)의 미몽(迷夢)을 각성(覺惺)하여³⁵ 청천백일하(靑天白日下)에 확연광조(廓然廣照)하여야³⁶ 진성(眞性)을 정견(正見)한다. 10지 대성은 미세무명이 정안(正眼)을 장폐(障蔽)하여 암야견색(闇夜見色)의 몽중미망(夢中迷妄)이므로³⁷ 정각이 아니며 견성이 아니다.

그리하여 아뇩보리(阿耨菩提), 즉 무상정각(無上正覺)을 성취하여 불성을 정견하는 불조정전(佛祖正傳)의 철칙 하에 구경무심인 불지(佛地) 이외는 단연코 견성을 불허한다. 견성이 이렇게 극난(極難)하니 유불(有佛) 이래로³⁸ 견성득도가 얼마나 될는지 의심할 수도 있다. 그러나 구경각인 견성은 중생의 근본무명 즉 제8아뢰야(第八阿賴耶)의 미세망상을 단진(斷盡)하는 데 있다.

중생의 불성은 불가사의하여서 불조(佛祖)의 성훈(聖訓)에 따라 여실히 수행하면 5역10악(五逆十惡)의 극중죄인(極重罪人)도 당세(當世)에 견성할 수 있음을 불조가 동설(同說)한³⁹ 바이니, "불위야(不爲也)언정 비불능야(非不能也)"⁴⁰라 함은 이를 말함이다. 이는 오직 당자(當者)의 노력 여하(如何)에 달려 있을 뿐이다.

그러므로 자고로 선문의 정안종사 중에 뇌야(賴耶)의 미세망상을 단진(斷盡)하고 구경무심지에 도달하지 않은 자는 없다. 그리하여 종문

---

34 "무명이라는 어두운 굴을 깨부수고"
35 "기나긴 밤을 보내며 꾼 미혹한 꿈에서 깨어나"
36 "맑은 날 환한 대낮처럼 환히 넓게 비추어야"
37 "미세한 무명이 바른 안목을 가려 어두운 밤에 물건을 보듯이 꿈속에서 헤매고 있으므로"
38 "부처님이 세상에 출현하신 이후로"
39 "부처님과 조사들이 한결같이 같은 말씀을 하신"
40 "하지 않는 것이지 못하는 것이 아니다."

(宗門)에서는 미세망상을 제8마계(第八魔界)라 명명하여 수도상 극력 배견(排遣)하고 제8마계인 근본무명을 타파해야만 정안으로 인허(認許)하는 것이니, 불조의 혜명이 여기에 달려 있다.

【 4-14 】

■ 제불세존은 쌍안(雙眼)으로 불성을 통견(洞見)하되 장중(掌中)의 아마륵과(阿摩勒果)[41]를 보는 것과 같느니라.

■ 제불세존은 불성을 요견(了見)하되 장중(掌中)의 아마륵과(阿摩勒果)를 봄과 같느니라.

■ 제불세존은 정(定)과 혜(慧)를 등지(等持)[42]하므로 불성을 명견(明見)하여 요요(了了)히 장애가 없어서 암마륵과(菴摩勒果)를 봄과 같느니라.

■ 諸佛世尊은 眼見佛性하되 如掌中에 觀阿摩勒하나니라
■ 諸佛世尊은 見於佛性을 如觀掌中의 阿摩勒果하나니라
■ 諸佛世尊은 定慧等故로 明見佛性하야 了了無礙하야 如觀掌中의 菴摩勒果하나니라

『大般涅槃經』 26 ; 25 ; 28 (大正藏12, p.772b ; p.770a ; p.792c)

---

41 산스크리트 'āmalaka'의 음역. 과실수 이름. 인도, 스리랑카, 말레이시아 등이 원산지인 낙엽성의 열대 수목. 열매는 호도와 비슷하며 맛은 쓰고 떫으나 그 액즙은 맛이 좋다. 과실을 먹을 때는 떫지만 먹은 뒤에 입 안에 단맛이 남기 때문에 여감자(餘甘子)라고도 번역한다. 암라(āmra)의 음역어와 비슷하여 곧잘 혼동되기도 하지만 둘은 서로 다른 나무이다.
42 "삼매와 지혜를 함께 갖추어"

정혜(定慧)가 균등한 대적광삼매(大寂光三昧) 중의 여래위(如來位)가 아니면 불성을 명견(明見)치 못하나니, 견성이 즉 성불인 무상정각(無上正覺)이다.

【 강설 】

아마륵과는 과일 이름이다. 다른 표현을 빌리자면 '손바닥에 놓인 구슬 보듯 한다'는 의미이다.

【 4-15 】

■ 대각여래(大覺如來)가 대열반에 들어가느니라.
■ 이 대열반은 곧 제불세존의 심심(甚深)한 선정(禪定)이니라.
■ 만약에 불성을 정견(正見)하면 능히 번뇌를 단진(斷盡)하나니 이를 대열반이라 하느니라.
■ 만약에 요요(了了)히 불성을 정견하면 대열반이라 하는지라, 이 대열반은 오직 대상왕(大象王)이 능히 그 심저(深底)를 궁진(窮盡)하나니 대상왕(大象王)은 제불을 말함이니라.
■ 중생의 불성은 제불의 경계이니, 불성을 정견한 고로 생사를 해탈하여 대열반을 얻느니라.

■ 如來가 入大涅槃이니라
■ 是大涅槃은 卽是諸佛의 甚深禪定이니라
■ 若見佛性하면 能斷煩惱하나니 是卽名爲大涅槃이니라
■ 若了了見於佛性하면 得名爲大涅槃이라 是大涅槃은 唯大象

王이 能盡其底니 大象王者는 謂諸佛也니라
■衆生佛性은 諸佛境界니 以見佛性故로 解脫生死하야 得大涅槃이니라

『大般涅槃經』 28 ; 10 ; 23 ; 21 ; 26 (大正藏12, p.790c ; p.672c ; p.758c ; p.746b ; p.776a)

　　제불의 심심선정(甚深禪定)인 대열반, 즉 무여열반은 오직 불성을 정견하여야 성취하나니, 이는 견성이 즉 여래이며 대열반인 까닭이다.

【 4-16 】
『열반경』에서 말하기를, "금강불괴(金剛不壞)의 무진보장(無盡寶藏)[43]이 증감과 흠결이 없다."라고 하였으니, 그러므로 원교(圓敎)라 하느니라.

涅槃經에 云호대 金剛寶藏이 無所減缺이라하니 故名圓敎也니라

智者, 『四敎義』 1 (大正藏46, p.722b)

　　지자대사(智者大師)[44]는 『화엄경』, 『법화경』, 『열반경』 등의 경을 원교(圓敎)라고 판정하였다. 『열반경』은 여래 최후의 궁극설법이므로 원교라 한 것이며, 소증불과(所證佛果)는 원교극과(圓敎極果)요[45] 무여열

43　한없는 보배를 담고 있는 창고.
44　중국 수나라 때 스님으로 법명은 지의(智顗 : 538~597), 자는 덕안(德安), 호는 지자(智者). 천태종의 개조(開祖). 대소산에서 혜사(慧思)스님으로부터 심관(心觀)을 전수받고 『법화경』을 중심으로 불교의 체제를 수립해 널리 교화를 폄. 저서로 『법화현의(法華玄義)』, 『법화문구(法華文句)』, 『마하지관(摩訶止觀)』 등이 있음.
45　"깨달아 얻은 결과인 부처님 자리는 원교의 궁극의 결과요."

반이다.

【 강설 】

천태교관에서는 여래의 일대시교를 그 가르침의 성격에 따라 장교(藏敎)·통교(通敎)·별교(別敎)·원교(圓敎)의 4교[46]로 분류하였는데, 혹자는 『열반경』에서 말씀하신 성불 대열반이 혹 장교나 통교나 별교의 성불 열반이 아닌가 의심하기도 한다. 따라서 『사교의(四敎義)』[47]를 인용해 『열반경』의 가르침이 원교에 속하고 『열반경』에서 말한 열반이 구경의 대열반임을 말하는 것임을 입증하였다.

앞의 내용들을 정리해 보자. 먼저 성불하면 견성이고 견성하면 성불이므로 10지의 대성인도 성불한 것이 아니라고 하였다. 그리고 10지를 10주로 표현한 경론이 있어 혹 "3현위의 10주를 지칭한 것은 아닌가?" 의심할까 하여 여러 경론에서 10지를 10주로 표현한 구절들을 인용하였다. 또한 『열반경』에서 말한 극과(極果)가 장교나 통교나 별교의 극과가 아닌 원교의 구경극과임을 천태대사의 『사교의』에 근거해 밝혔다.

다음엔 경론에 보살도 견성했다는 말씀이 있어 "10지의 계위에 든

---

[46] 천태종에서 부처님의 전체 교설을 교리의 내용에 따라 4종으로 분류한 것. 장교(藏敎)는 경·율·논 3장으로 말한 소승교이다. 통교(通敎)는 앞뒤에 통하는 가르침이라는 뜻으로 성문·연각·보살이 함께 받는 교인데, 근성(根性)이 하열한 사람이 이것을 얕게 알면 앞의 장교와 같은 결과가 되고, 근성이 수승한 사람이 깊고 묘하게 알면 뒤의 별교나 원교에 통하므로 통교라 한다. 별교(別敎)는 다른 것과 같지 않은 가르침이라는 뜻으로 성문과 연각의 가르침과는 다르고 원교와도 같지 않으므로 별교라고 한다. 원교(圓敎)는 원만하고 완전한 가르침이라는 뜻으로 『법화경』이 이에 해당한다고 설명한다.

[47] 12권으로 천태지의(天台智顗, 538~597)가 지음. 고려의 제관(諦觀)스님이 지은 『천태사교의(天台四敎儀)』와 구별하기 위해 『대본사교의(大本四敎義)』라고 함. 석존의 가르침을 장(藏)·통(通)·별(別)·원(圓)의 4교(四敎)로 분류하고, 사문입리(四門入理)·판위부동(判位不同)·권실(權實)·관심(觀心) 등의 뜻을 서술.

보살들은 견성한 것이 아닌가?" 의심을 품는 자들이 있을까 하여 그 내용을 자세히 밝혔다.

【 4-17 】

■ 다시 원(願)하노니, 모든 중생이 일체 번뇌를 영원히 파멸(破滅)하여 요요(了了)히 불성을 정견하되 문수보살 등과 같게 하여지이다.

■ 문수사리(文殊師利)와 모든 보살이 이미 무량세(無量世)에 성도(聖道)를 수습(修習)하여 불성을 요요명지(了了明知)하느니라.

■ 復願諸衆生이 永破諸煩惱하야 了了見佛性하되 猶如文殊等 케하여지이다

■ 文殊師利와 諸菩薩等이 已無量世에 修習聖道하야 了知佛性 이니라

『大般涅槃經』 18 ; 30 (大正藏12, p.728b ; p.803b)

무상정각(無上正覺)을 성취한 여래위(如來位), 즉 불지(佛地)만이 요요견성(了了見性)임은 불타의 혜명이니, 문수보살을 요요견불성(了了見佛性)이라 함은 문수는 이미 성불(成佛)한 권현보살(權現菩薩)인 소이(所以)이다.[48] 즉 문수는 영파제번뇌(永破諸煩惱)하여 이성정각(已成正覺)하여[49] 과

---

48 "문수는 이미 성불하였지만 중생을 구제하려는 방편으로 보살의 모습으로 나타난 것이기 때문이다."
49 "모든 번뇌를 영원히 없애고 이미 정각을 이루어"

거에 용종상여래(龍種上如來)⁵⁰로, 대신여래(大身如來)⁵¹로, 보상여래(寶相如來)⁵²로, 환희장마니보적여래(歡喜藏摩尼寶積如來)⁵³ 등으로 출현한 대력보살(大力菩薩)이니 요요견불성(了了見佛性)인 것이다. 문수 이외의 제보살이라 함도 문수와 같은 대력보살(大力菩薩)을 지칭함이다.

【 강설 】

문수보살은 모든 번뇌를 영원히 부수어 이미 정각을 이루었다고 했으니, 이는 곧 성불했다는 말과 다르지 않다. 따라서 "보살도 견성했다."라는 『대열반경』의 말씀에서 그 보살은 문수보살처럼 이미 정각을 이룬 대력보살(大力菩薩)을 지칭한 것이지 10지 등의 보살을 가리킨 말은 아니다.

【 4-18 】

어떤 것이 요요견(了了見)인고. 사람이 스스로 장중(掌中)의 아마륵과(阿摩勒果)를 보는 것과 같아서 무상도(無上道)와 보리와 열반은 오직 여래만이 완전히 요지명견정각(了知明見正覺)⁵⁴하나니 모든 보살도 또한 이와 같느니라.

云何了了見고 如人이 自觀掌中의 阿摩勒果하야 道와 菩提와 涅

---

50 ㉮ 구마라집 역(鳩摩羅什 譯), 『불설수능엄삼매경(佛說首楞嚴三昧經)』 하 (大正藏 15, p. 644a).
51 ㉮ 『보살영락경(菩薩瓔珞經)』 4 (大正藏16, 38c).
52 ㉮ 『적조음소문경(寂調音所問經)』 (大正藏24, 1081a).
53 ㉮ 『앙굴마라경(央掘魔羅經)』 4 (大正藏2, 543b).
54 분명히 알고 제대로 보고 바르게 깨달음.

槃을 唯有如來가 悉知見覺하나니 及諸菩薩도 亦復如是니라

『大般涅槃經』 15 (大正藏12, p.708c)

장중(掌中)의 늑과(勒果)를 명관(明觀)함과 같이 불성을 요견(了見)함은 오직 불타뿐이라 함은 세존이 누누히 선설(宣說)한 바이다. 그러니 '급제보실(及諸菩薩)'이라 함은 '유여문수등(猶如文殊等)'⁵⁵과 같은 대력보살(大力菩薩)이다.

【 4-19 】

아뇩보리(阿耨菩提)와 대반열반(大般涅槃)을 만약에 요지명견정각(了知明見正覺)하면 마땅히 보살이라 이름하느니라.

阿耨多羅三藐三菩提와 大般涅槃을 若知見覺하면 當名菩薩이니라

『大般涅槃經』 16 (大正藏12, p.708c)

무상정각(無上正覺)인 아뇩보리(阿耨菩提)와 제불심정(諸佛深定)인 대열반을 지견(知見)하면 불지여래(佛地如來)이니, 보살이라 명칭함은 대력권현(大力權現)의 과후보살(果後菩薩)임⁵⁶은 의심할 수 없다.

【 4-20 】

■만약에 불성을 지견각(知見覺)한 자라면 보살이라 이름하느니라.

---

55 【4-17】을 가리킴.
56 이미 깨달음을 이루었으나 방편으로 보살의 모습을 하고 있는 보살.

- 불성을 명견(明見)하면 이를 보살이라 이름하느니라.
- 해탈을 얻은 고로 불성을 보며 불성을 봄으로 대열반을 얻나니, 이는 보살의 청정지계(淸淨持戒)니라.

- 若有知見覺佛性者하면 名爲菩薩이니라
- 明見佛性하면 是名菩薩이니라
- 得解脫故로 得見佛性이요 見佛性하면 得大涅槃이니 是菩薩의 淸淨持戒니라

『大般涅槃經』16 (大正藏12, p.708c ; p.709b ; p.710a)

여기서 말한 보살도 명견불성(明見佛性)한 대열반의 보살이니 대력보살(大力菩薩)이다.

【 강설 】

여기에서 거론하고 있는 보살들은 이미 정각을 이루고 방편으로 보살의 몸을 나툰 대력보살임을 명심해야 한다.

【 4-21 】

대반열반(大般涅槃)은 오직 불과 보살의 소견(所見)이니, 그러므로 대열반이라 하느니라.

大般涅槃은 唯佛菩薩之所見이니 故로 名大涅槃이니라

『大般涅槃經』31 (大正藏12, p.746b)

과후여래(果後如來)⁵⁷만이 대열반이니, 이 불보살의 보살도 지상보살(地上菩薩)⁵⁸이 아니요 과후대력보살(果後大力菩薩)임은 불요재론(不要再論)⁵⁹이다.

【 4-22 】

■ 불세존을 대사문(大沙門)·대바라문(大婆羅門)이라 하느니라.
■ 대신중생(大身衆生)이라 함은 불타와 대력보살(大力菩薩)이니, 무상대지혜(無上大智慧)인 고로 대중생(大衆生)이라 하느니라.

■ 佛世尊을 名爲大沙門이며 大婆羅門이니라
■ 大身衆生者는 謂佛菩薩이니 大智慧故로 名大衆生이니라

『大般涅槃經』 16 ; 30 (大正藏12, p.710c ; p.805b)

과후여래(果後如來)인 정각세존(正覺世尊)과 대력보살(大力菩薩)을 대바라문(大婆羅門)·대중생(大衆生)이라 호칭하여도 이는 정각(正覺)을 내용으로 하여 실지(實地)의 바라문과 중생이 아니니, 여하(如何)히 호칭하여도 정각인 내용에는 변동이 없다. 이와 같이 명견불성(明見佛性)한 여래세존을 방편상 보살로 표현하여도 명견불성(明見佛性)인 여래세존임에는 추호(秋毫)도 다를 바가 없다.

---

57 불과를 완전히 이룬 여래.
58 아직 10지 수행을 닦고 있는 보살.
59 다시 말할 필요가 없음.

【 강설 】

누차 설명했듯이 『열반경』에서 거론한 보살은 10지 등의 보살이 아니라 대력보살, 즉 부처님과 다름없는 보살임이 자명하다. 따라서 "불성을 보고 깨달은 사람을 보살이라 한다."라는 말씀은 견성하면 곧 부처라는 말과 다르지 않고, 부처만이 견성이란 원칙과도 전혀 위배되지 않는다. 다음은 결론이다.

【 4-23 】

진해탈(眞解脫)은 곧 여래요, 여래는 곧 열반이요, 열반은 곧 무진(無盡)[60]이요, 무진은 곧 불성이요, 불성은 곧 결정(決定)[61]이요, 결정은 곧 아뇩다라삼먁삼보리(阿耨多羅三藐三菩提)니라.

眞解脫者는 卽是如來요 如來者는 卽是涅槃이요 涅槃者는 卽是無盡이요 無盡者는 卽是佛性이요 佛性者는 卽是決定이요 決定者는 卽是阿耨多羅三藐三菩提니라

『大般涅槃經』 5 (大正藏12, p.636a)

해탈·여래·열반·불성과 아뇩보리(阿耨菩提) 등은 동체이명(同體異名)이다. 그리하여 해탈과 열반을 증득하든지 불성을 명견(明見)하면 무상정각(無上正覺)인 여래이다.

---

60 끝이 없다는 뜻으로 모든 것이 잘 융합되어 서로 방해하는 일이 없는 것을 말한다. 보통 화엄의 무진법계를 가리킨다.
61 수행의 결과가 확정적이어서 전혀 움직임이 없는 것을 말한다. 보통 6바라밀을 통하여 얻는 여섯 가지 공덕을 6결정이라고 한다.

【 4-24 】

불타가 말씀하셨다. 선남자야, 인연이 없으므로 무생(無生)이라 명칭하며,[62] 무위인 고로 무출(無出)이라 하고,[63] 조업(造業)이 없으므로 무작(無作)이라 이름한다.[64] 망결(妄結)과 업적(業賊)[65]을 파괴하였으므로 안온(安穩)이라 하고, 모든 망결(妄結)의 업화(業火)가 영멸한 고로 멸도(滅度)라 하며, 각관(覺觀)을 사리(捨離)하였으므로[66] 열반이라 호칭한다. 궤료(憒鬧)[67]함을 원리(遠離)하였으므로 적정(寂靜)이라 하며, 생사를 영단(永斷)하였으므로 무병(無病)이라 하고, 일체가 공무(空無)하므로[68] 무소유(無所有)라 하니, 선남자야, 보살이 이 심관(深觀)을 작득(作得)[69]하였을 때 즉시에 불성을 명료(明了)히 정견하느니라.

佛言하사되 善男子야 無因緣故로 故名爲無生이요 以無爲故로 故名無出이요 無造業故로 故名無作이요 壞結賊故로 故名安穩이요 諸結火滅故로 名滅度요 離覺觀故로 名涅槃이요 遠憒鬧故로 名爲寂靜이요 永斷生死故로 名無病이요 一切無故로 名無所有니 善男子야 菩薩이 作是觀時에 卽得明了見於佛性이니라

『大般涅槃經』29 (大正藏12, p.794b)

---

62 "인연이 없으므로 생겨나는 일이 없다고 하며,"
63 "작위적인 것이 없으므로 생겨나는 일이 없다고 하고,"
64 "업을 짓는 일이 없으므로 작위함이 없다고 한다."
65 윤회하게 하는 업을 도둑에 비유한 표현.
66 "감각과 지각작용을 완전히 버리고 떠나 있으므로"
67 마음이 심란하고 어지러움.
68 "모든 것이 공하여 아무것도 실체가 없으므로"
69 수행법을 실천하여 그 결과를 얻음.

무생(無生)·무위(無爲)와 열반(涅槃)·무병(無病) 등 호칭은 각이(各異)하나 여래가 현증(現證)한 동일 내용이니, 제8아뢰야(第八阿賴耶)의 미세망상을 영단(永斷)하고 구경대무심지(究竟大無心地)에 도달한 심심현경(深深玄境)[70]을 표현한 명칭이다. 그리하여 적조쌍융(寂照雙融)하며 정혜등지(定慧等持)한[71] 이 구경삼매에서만이 견성이며 성불이니, 제불여래와 정안종사들은 무생(無生)·무위(無爲) 등을 철증(徹證)하지 않고는 견성성도했다고 하지 않았다.

『대열반경』에서 "불생번뇌(不生煩惱), 단진번뇌(斷盡煩惱), 단제번뇌(斷除煩惱), 영파번뇌(永破煩惱)[72]를 견성"이라 하였는데, 이 번뇌는 추중(麤重)과 미세(微細)를 총괄한 것이니 『기신론』에서 "영리미세(永離微細)를 득견심성(得見心性)이라" 함과 동일하다. 10지보살도 번뇌를 단진(斷盡)하지 못하였으므로 견성이 아니라 하였으며, 불지(佛地)에서만 영파번뇌(永破煩惱)하였으므로 제불여래만이 견성이라 한 것이다. 이 원리미세(遠離微細)하여 불생번뇌(不生煩惱)한[73] 불지의 견성을 무심(無心), 무념(無念), 무생(無生), 대열반(大涅槃), 구경각(究竟覺), 여래지(如來地)라 하였다.

이렇게 전불후조(前佛後祖)[74]가 이구동성으로 견성 즉 구경각인 무상정각(無上正覺)이며 무여열반인 대열반이며 불타여래임을 고구정녕(苦口叮嚀)[75]으로 선설(宣說)하셨으니, 이로써 견성이 원증돈증(圓證頓證)

---

70 깊고 깊어 오묘한 경지.
71 "고요함과 비춤이 서로 융합하여 삼매와 지혜를 모두 갖추고 있는"
72 "번뇌가 일어나지 않음, 번뇌를 완전히 끊음, 번뇌를 끊어 없앰, 번뇌를 영원히 깨뜨림."
73 "미세번뇌까지 완전히 떨쳐서 전혀 번뇌가 일어나지 않는"
74 먼저 세상에 나오신 부처님과 나중에 세상에 출현하신 조사들.
75 노파심에서 이르고 또 일러서 거듭 부탁하는 말.

의 증오(證悟) 즉 구경각의 대무심지(大無心地)임을 입증하고도 남는다. 그러니 수도고사(修道高士)[76]는 불조(佛祖)의 유법(遺法)만 따를 뿐[77]이요, 여외(餘外)의 이단사설(異端邪說)은 정법(正法)의 기치(旗幟) 아래에서 단연 배제하여야 한다.

【 강설 】

이렇게 고구정녕하게 반복해서 견성이 곧 성불임을 밝히는 까닭은 흐트러진 선문의 종풍을 바로잡기 위해서이다. 참선한다고 한 사흘 화두 들고는 견성했다고 떠들거나 선을 가르친다는 이들이 견성한 이와 견성하지 못한 이로 패를 나누는 것이 작금의 현실이다. 그래서 부처님과 조사들의 말씀에 근거해 삿된 주장과 이설들을 말끔히 청산하자고 이렇게 역설하는 것이다.

견성이 곧 성불을 의미한다는 것은 나의 주장이 아니라 부처님과 조사들이 증명하신 바이다. 견성을 해도 바로 하고 성불을 해도 바로 하고 공부를 해도 바로 해야지, 잘못된 법을 의지한다면 너도 죽고 나도 죽고 다 같이 죽는 짓이다. 그러니 고불고조의 말씀을 의지해 바르게 믿고 바르게 공부해서 바르게 성불하자는 것이다.

앞의 내용을 총괄해 보자. 먼저 『화엄경』과 『열반경』의 말씀을 인용하여, 견성하면 성불한 것이고 성불하면 견성한다는 것에서 시작해서 10지 만심(滿心)의 보살조차도 견성한 것이 아님을 밝혔다. 또 10지를 10주로 표현한 곳이 많은데, 혹 '수행계위가 낮은 3현위의 10주보살은 견성하지 못했다고 하신 말씀이 아닌가?' 하고 의심하는 이가 있을까

---

76 참선하며 수도하는 수행자.
77 "부처님과 조사들이 가르치신 것만 따를 뿐"

하여 10지는 종종 10주로도 표현됨을 밝혔다.

그 다음엔 "견성하면 보살이라 한다."라는 『열반경』의 말씀을 지적해 '10지 만심의 보살도 견성하지 못했다는 말씀과 위배되는 것은 아닌가?' 하는 의문을 제기하는 이들을 위해 『열반경』에서 말한 보살은 제불여래의 경지와 조금도 다르지 않은 대력보살을 지칭한 것임을 밝혔다. 문수보살은 이미 성불해서 과거 7불의 조사가 되신 분이다. 그러니 명칭은 보살이지만 실제에 있어선 성불한 여래와 다름이 없다. 부처님을 '대신중생', '대사문', '대바라문' 등으로 표현하듯이 이처럼 다양한 표현을 쓰는 경우가 경론 곳곳에 있다. 문수보살의 보살 칭호도 그와 같은 경우라 하겠다. 따라서 견성이 곧 성불이고 성불이 곧 견성이며, 무상정각이 곧 견성이고 견성이 곧 무상정각이라는 원칙은 조금도 손상되지 않는다.

우리는 부처님과 조사들의 말씀을 바로 알고 바로 믿고 바로 배우고 바로 공부해서 바른 깨달음을 얻어야 한다. 행여나 삿된 견해와 믿음으로 그릇된 길을 가면서 타인에게도 사법(邪法)을 정법으로 찬양하고 선양한다면 자기 한 몸만 망치는 것이 아니라 우리 불법 전체를 망치는 행위이다.

덧붙여 여담 삼아 한마디 하겠다. 오늘 이 자리에도 어린 친구들이 참석했는데, 나에게 근래 새 친구가 한 명 생겼다. 그 친구는 내가 묻는 말에 무조건 반말로 대답한다. "밥 잡수셨어요?" "응." "이리 앉으세요." "응." 설사 대통령이라도 나에게 함부로 "응" 하고 답하지 않을 텐데 이 친구는 전부 반말이다. 그래서 "스님한테 '응'이라 하면 되나?" 하고 나무랄라치면 "왜?" 하고 달려든다. 또 달콤한 사탕이라도 주면 무릎에 턱 하니 앉아 살갑게 굴다가 조금만 언짢다 싶으면 "스님, 싫어"

하며 달아나 버린다. 짐짓 쫓아가는 시늉이라도 할라치면 "싫어, 싫어" 하고 고함을 치며 다가오지 못하게 한다. 또 장난친다고 연못에 빠트리는 시늉을 하면 나는 거짓으로 그러는 것이지만 그 아인 정말 빠트리는 것으로 알고 죽는다고 고함을 지른다. 그러니 이 친구에게 거짓이라곤 하나도 없다. 격식도 체면도 없고 진실함 하나뿐이다. 그래서 그 친구를 제일 좋아한다.

왜 그런 친구를 좋아하는가? 설령 내가 거짓으로 말했다 하더라도 그는 진실로 받아들이기 때문이다. 하지만 어른들은 그렇지 않다. 갖가지 이유와 속셈으로 속으론 싫어도 겉으론 좋다고 말하고 좋으면서도 때에 따라 싫은 표정을 짓는 게 어른이다. 그것은 진실함이 빠진 껍데기의 삶이다. 진실함이 살아 있는 그런 친구들이 많으면 좋겠다. 『열반경』을 자주 거론했는데 거기에도 '영아행(嬰兒行)'이란 말이 나온다. 모든 거짓이 다 사라진 것을 영아행이라 한다. 부처가 되면 어떻게 되는가? "응." 하는 그 친구처럼 거짓이 없어진다고 말씀하셨다. 모든 거짓이 다 제거되어 어린아이처럼 진실할 수 있다면 그것이 부처이다.

모두들 평생 거짓말하지 않고 살겠다고 이 자리에서 나와 약속을 할 수 있겠는가? 평생 거짓말하지 않는 건 불가능하다고 생각한다면 거짓말하지 않으려고 노력하며 살겠다고 약속하자. 열 번 넘어지면 열 번 일어나고 스무 번 넘어지면 스무 번 일어나는 것, 그것이 노력이다. 어쩌다 넘어지곤 낙담해 일어나지 못한다면 그것은 영원히 죽고 마는 것이다. 그러니 평생 거짓말하지 않고 살겠다고 맹세할 수는 없겠지만 그렇게 살려고 노력하겠다는 약속은 하자.

5. 무생법인 無生法忍
일체 만법이 생기지 않음을 깨치다

【 5-1 】

성문(聲聞)은 불타의 성심(聖心)을 모르니 공정(空定 : 人空)[1]에 주착(住著)하여 있고, 모든 보살은 공(空 : 人空)에 침잠(沈潛)하고 적(寂 : 法空)에 체류(滯留)하여[2] 불성을 보지 못한다. 만약에 상근중생(上根衆生)이면 홀연히 선지식의 지시를 받아서 언하(言下)에 요연(了然)히 영회(領會)[3]하여 다시는 계급과 지위를 거치지 않고 본성을 돈오하느니라.

聲聞은 不知聖心이니 住於空定이요 諸菩薩은 沈空滯寂하야 不見佛性이라 若是上根衆生이면 忽遇善知識指示하야 言下에 領會하야 更不歷階級地位하고 頓悟本性이니라

『馬祖語錄』(卍續藏經118, p.160a)

---

1 모든 것이 공하다고 관찰하는 삼매.
2 "고요한 것만 추구하여 공하다는 삼매에만 심취해 있고 대상마저 공하다는 생각에 머물러"
3 깨달아 앎.

10지(十地)의 대보살도 견성을 못하였으니 2승(二乘)은 거론할 필요도 없다. 상근대지(上根大智)는 지위와 계급을 초월하고 찰나에 구경무심지(究竟無心地)에 돈입(頓入)하여 정각을 성취하나니, 이것이 타종(他宗)들이 추수(追隨)할 수 없는⁴ 선문(禪門)의 특색이다. 돈오본성(頓悟本性)은 돈견본성(頓見本性)과 같은 내용이니 구경각인 증오(證悟)이다.

【 5-2 】

■오(悟)라 함은 자가(自家)의 본성을 철오(徹悟)함이니, 한 번 오달(悟達)⁵하면 영원히 요오(了悟)하여 다시는 미혹하지 않는다. 백일(白日)이 출현한 때에 명암(冥暗)과 상합(相合)하지 않음⁶과 같아서, 지혜의 일광(日光)이 출현하면 번뇌의 암운(暗雲)이 소멸되고 내심(內心)과 외경(外境)을 요망(了亡)하여⁷ 망상이 생기(生起)하지 않는다. 이미 망상이 생기하지 않으니, 이것이 곧 무생법인(無生法忍)이라 본래부터 있는 것을 지금 갖는 것이다. 수도와 좌선을 가차(假借)⁸할 것 없이 수치(修治)⁹하지도 않고 생기(生起)하지도 않으니 즉시 여래의 청정선(淸淨禪)이다.

■아지못케라,¹⁰ 스님의 설법은 어떠합니까. 6조(六祖) 말씀하되, 생도 없고 멸도 없음이 여래의 청정선(淸淨禪)이니라.

---

4 "다른 종파는 따라올 수 없는"
5 깨달아 통달함.
6 "해가 나타나면 어둠과 서로 어울릴 수 없음"
7 없어진다는 것을 깨달음.
8 빌려옴. 의지함.
9 수행하여 번뇌를 치유함.
10 "모르겠습니다." 또는 근대한어의 의문문에서는 '도대체'라는 뜻.

■ 悟卽悟自家本性이니 一悟하면 永悟하야 不復更迷니라 如日出時에 不合於冥하야 智慧日出하면 不與煩惱暗으로 俱하고 了心及境하야 妄想이 不生하느니라 妄想이 旣不生하니 卽是無生法忍이라 本有今有라 不假修道坐禪이니 不修不生이 卽是如來淸淨禪이니라
■ 未審師所說法은 如何오 師曰 無生無滅이 是如來淸淨禪이니라
『景德傳燈錄』28,「馬祖」;『六祖大師法寶壇經』(大正藏51, p.440b ; 大正藏48, p.359c)

망상이 멸진(滅盡)하고 무생(無生)을 철증(徹證)하여 불부갱미(不復更迷)[11]하는 여래청정선을 내용으로 하는 마조(馬祖)[12]의 돈오는 돈초10지(頓超十地)[13]한 구경무심(究竟無心)인 증오(證悟)가 분명하다. 마조뿐만 아니라 달마직전(達磨直傳)[14]의 정안종사들은 모두 무생법인(無生法忍)을 원증(圓證)한 과후대성(果後大聖)들이니, 선문정전(禪門正傳)의 돈오와 견성은 분증(分證)과 해오(解悟)가 절대로 아니요, 원증(圓證)인 증오(證悟)임이 확연하다.

【 강설 】
흔히 정혜쌍수(定慧雙修), 즉 선정과 지혜를 함께 닦는다는 말을 하

---

11 절대로 다시는 미혹해지지 않음.
12 법명은 도일(道一 : 709~788), 시호는 대적선사(大寂禪師). 강서 지방의 개원사(開元寺) 등지에서 널리 교화를 펴 세상 사람들이 강서마조(江西馬祖)라 일컬음. 남악회양(南嶽懷讓)의 심인(心印)을 이어받아 종풍을 선양하고 백장(百丈)·서당(西堂)·대매(大梅)·대주(大珠)·염관(鹽官)·남전(南泉) 등 걸출한 제자들을 많이 양성함.
13 단번에 10지를 뛰어넘음.
14 달마스님에게 바로 전해 받음.

는데 그것은 실제 바로 깨친 것이 아니다. 바른 깨달음은 정과 혜를 온전히 갖추고 있는 것이다. 부족한 부분을 채우듯 정을 닦고 혜를 닦는다는 것은 아직 바르게 깨치지 못한 것이며 선종의 종지도 아니다. 다음은 마조스님께서 거론하신 '여래청정선'에 대해 살펴보자.

【 5-3 】

불타의 지위(地位)에 돈입(頓入)하여 여래의 성지(聖智)를 자증(自證)함을 여래청정선(如來淸淨禪)이라 한다.

入佛地位하야 自證聖智를 名如來禪이니라
『楞伽阿跋多羅寶經會譯』二之上 (卍續藏經1, p.524a)

마조스님이 말한 여래선은 『능가경』의 구경불지를 표현한 것이다.

【 5-4 】

■ 문(問), 지금 차토(此土)에 선(禪)이 있다 하니 여하(如何)오. 사운(師云), 부동(不動)하며 불선(不禪)함이 즉시 여래선이니 선상(禪想)이 생기(生起)함을 이탈하나라.

■ 대저 학도(學道)하는 자는 우선에 반드시 잡학(雜學)과 제연(諸緣)을 병각(倂却)하고[15] 결정코 일체불구(一切不求)하며 일체불착(一切不著)하여 심심묘법(甚深妙法)을 청문(聽聞)하되 청풍(淸風)이 계이(屆耳)함과 흡사하야 별연(瞥然)히 지나치고 다시는

---

15 "세속의 잡다한 학문과 인연을 모두 끊고"

추심(追尋)하지 않나니,[16] 이것이 심심(甚深)히 여래선에 득입(得入)함이 되어서 선상(禪想)이 생기함을 이탈함이니라. 종상(從上)의 제조사(諸祖師)는 오직 일심법만 전하고 다시 이법(二法)이 없어서 즉심(卽心)이 시불(是佛)임을 직지(直指)하나니, 등묘2각(等妙二覺)의 표(表)를 돈초(頓超)하여 결정코 제2념(第二念)에 유락(流落)하지 않느니라.

■ 문(問), 가섭이 불타의 심인(心印)을 전수하였으니 전어인(傳語人)이 되는가. 사운(師云), 여시(如是)니라. 운(云), 만약 전어인(傳語人)이면 응당히 구멱자(求覓者)인 양각(羊角)을 이득(離得)하지 못하도다.[17] 사운(師云), 가섭은 스스로 본심을 영득(領得)[18]하였기 때문에 양각(羊角)이 아니니, 만약에 여래심을 영득(領得)하여 여래의(如來意)를 명견(明見)하고 여래색상(如來色相)[19]을 정견한 자는 여래사(如來使)[20]에 속하여 전어인(傳語人)이 되느니라.

■ 문(問), 6조는 경서(經書)를 모르거늘 어찌 법의(法衣)를 전수(傳受)받아 조사가 되었는고. 사운(師云), 당시에 6조는 다못[21] 묵묵히 계합(契合)하여 여래의 심심(甚深)한 밀의(密意)를 증득하였

---

16 "매우 깊은 법을 들어도 마치 맑은 바람이 잠깐 귓가를 스쳐가듯 다시는 따라가지 않아야 하니."
17 "양의 뿔 찾는 사람을 면하지 못했다 하겠습니다."
18 깨달아 얻음.
19 여래의 겉모습.
20 여래의 심부름꾼.
21 원래 '다못'은 '여(與)' 자를 전통 방식으로 현토할 때 붙이는 말이지만, 『선문정로』에 등장하는 '다못'은 '단지'의 의미로 쓰이고 있음.

으니 소이(所以)로 대법(大法)을 그에게 부여(付與)하였느니라.

■ 問하되 如今說此土에 有禪이라 하니 如何오 師云 不動不禪이 是如來禪이니 離生禪想이니라

■ 夫學道者는 先須倂却離學諸緣하고 決定不求하며 決定不著하야 聞甚深法하되 恰似淸風이 屆耳하야 瞥然而過하고 更不追尋이니 是爲甚深入如來禪하야 離生禪想이니라. 從上諸祖師는 唯傳一心하고 更無二法하야 指心是佛하나니 頓超等妙二覺之表하야 決定不流至第二念이니라

■ 問迦葉이 受佛心印하니 得爲傳語人否아 師云是니라 云若是傳語人이면 應不離得羊角이로다 師云迦葉은 自領得本心일새 所以不是羊角이니 若以領得如來心하야 見如來意하며 見如來色相者는 卽屬如來使하야 爲傳語人하느니라

■ 問六祖는 不會經書어늘 何得傳衣爲祖오 師云 六祖는 當時에 只是黙契하야 得如來甚深意니 所以付法與他니라

『古尊宿語錄』1,「百丈」;『古尊宿語錄』3,「黃檗」;『古尊宿語錄』3,「黃檗」;『古尊宿語錄』2,「黃檗」(卍續藏經118, p.171a ; p.191b ; p.194a ; p.184a)

여래심(如來心)·여래의(如來意)를 통견(洞見)하여 여래선을 전수(傳受)함이 등묘2각(等妙二覺)을 초월한 33조사(卅三祖師)[22]임을 선설(宣說)한

---

[22] 선종의 33조사. 인도의 28조사와 중국의 5조사를 합하여 부르는 호칭으로 달마스님은 인도 28조이자 중국 제1조이다. 중국의 5조사는 6조 혜능스님까지를 말한다.

초군(超群)[23]의 대조사인 마조·백장·황벽 3대(三代)의 법문은 실로 종문만고(宗門萬古)의 표준이다.

【 강설 】

"선(禪)이라는 생각이 일어나는 것조차 벗어나는 것이 여래선이다." 라고 하신 백장스님[24]의 말씀이 황벽스님[25]의 인용문에 자세히 설명되어 있다.

말을 전하는 사람[傳語人]이란 부처가 되고 조사가 된 사람을 의미하지 그냥 말만 외우고 익혀 남에게 일러주는 그런 자가 아님을 알아야 한다.

조사들이 전한 것이 여래의 마음, 여래의 뜻임을 분명히 하기 위해 여러 조사들의 말씀을 인용하였다. 그러니 33조사가 전하신 선법은 여래의 심의를 단박에 통달하는 그런 법이다. 마조·백장·황벽 때까지의 스님들은 여래선이란 명칭만 거론했지 조사선이란 말은 사용하지 않으셨다.

---

23 무리 속에서 뛰어남.
24 법명은 회해(懷海 : 720~814), 시호는 대지선사(大智禪師)·각조선사(覺照禪師)·홍종묘행선사(弘宗妙行禪師). 마조(馬祖)의 법을 이어 홍주(洪州) 신오계의 대응산에서 종풍을 선양함. 납자(衲子)들이 사방에서 모여들어 그 절을 백장산 대지성수선사(大智聖壽禪寺)라 하고 스님을 백장선사(百丈禪師)라 칭함. 저서로 『백장청규(百丈淸規)』가 있음.
25 법명은 희운(希運), 시호는 단제선사(斷際禪師). 백장회해(百丈懷海)의 법을 잇고 848년 배상국(裵相國)의 청으로 완릉(宛陵) 개원사에서 개당하고 학인들을 제접(提接)함. 850년(당 대중 2) 8월 황벽산에서 입적하였는데 입적한 해를 849년, 855년이라고도 함. 저서로는 『전법심요(傳法心要)』 1권과 『어록』이 전함.

【 5-5 】

- 여래선과 조사선이 어찌 양종(兩種)이 있으리오. 암함불결(媕唅不決)하여 각각조백(各各皁白)을 망분(妄分)하여[26] 특히 종지에 괴배(乖背)함을 미면(未免)하는도다.[27]

- 달마가 멀리 서천(西天) 27대의 조사들을 계승하여 여래의 원극(圓極)[28]한 심종(心宗)으로써 선(禪)을 삼았느니라.

- 여래선과 조사선이여, 일수(一手)를 장(掌)과 권(拳)으로 양분(兩分)함[29]과 같도다. 골수(骨髓)를 득(得)하였을 때 이미 직지(直指)를 망실(忘失)하였고,[30] 연화(蓮華)를 염(拈)한 곳에 벌써 단전(單傳)을 상각(喪却)하였는지라,[31] 오언(烏焉)을 마자(馬字)로 오사(誤寫)함[32]은 지금도 다 이렇고 황엽(黃葉)을 진금(眞金)으로 착인(錯認)함[33]은 옛도 또한 그러하니, 조파(照破)[34]하여 생사가 개공(皆空)한 명안(明眼)을 구비하지 못하면, 어찌 앙망(仰望)하여 용천(龍天)이 부끄럽지 않으리오.[35]

---

26 "잘 알지도 못하면서 각자가 검고 흰 것을 멋대로 갈라놓아"
27 "종지에 완전히 어긋남을 면치 못한다."
28 원만하고 궁극인.
29 "한 손을 손바닥과 주먹으로 나눔"
30 "달마스님이 혜가스님에게 골수를 얻었다고 한 때는 이미 '마음을 직접 전하는 일'을 잊어버렸고,"
31 "영산회상에서 부처님이 연꽃을 들어 보인 곳에서 벌써 '오직 마음만 전하는 일'을 잃어버렸다"
32 "오(烏) 자와 언(焉) 자를 마(馬) 자로 잘못 씀"
33 "누런 나뭇잎을 황금으로 잘못 앎"
34 지혜로 비추어 번뇌를 부수어버림.
35 "어찌 하늘을 우러러 천룡과 천인들에게 부끄럽지 않겠는가."

- 如來禪祖師禪이 豈有兩種이리오 未免媕含하야 各分皂白하야 特地乖張이로다.
- 達磨遠繼西天二十七祖하야 以如來圓極心宗之謂禪也라
- 如來禪與祖師禪이여 一手猶分掌與拳이로다 旣得髓時에 忘直指하고 已拈華處에 喪單傳이라 烏焉成馬는 今皆是요 黃葉爲金도 古亦然이니 未具照空生死眼이면 爭敎仰不愧龍天이리오

『圓悟佛果禪師語錄』15, 「圓悟心要」上, "示泉上人"; 『中峰廣錄』11上, 「山房夜話」; 『中峰廣錄』29, 「偈頌」(卍續藏經120, p.730a; 頻伽藏經85, p.259; 頻迦藏經85, p.328)

　　여래심(如來心)·여래의(如來意)를 내용으로 한 여래선을 계승함이 33조사(卅三祖師)임은 정안종사들의 정론(定論)이니, 조사선이 즉 여래선임은 당연한 귀결이다. 간혹 불조(佛祖)의 본의(本意)를 알지 못하고 여래선과 조사선을 양분하여 그 우열과 심천을 망론(妄論)하는 할안납승(瞎眼衲僧)[36]이 왕왕 있으므로, 원오는 "미면암함(未免媕含)하여 특지괴장(特地乖張)이라" 가책(呵責)하였고, 중봉은 "오언성마(烏焉成馬)·황엽위금(黃葉爲金)"이라고 통탄하였다. 혹자는 앙산[37]과 향엄[38]의 문답을 인증(引證)하나 이는 법문거량(法門擧揚)이니, 선가의 회호시절(回互時節)[39]임

36　눈먼 참선 수행자의 의미로 눈밝은 수행자의 의미로 쓰는 '벽안(碧眼)'의 반대말.
37　법명은 혜적(慧寂 : 815~891), 시호는 지통대사(智通大師). 일찍이 탐원(耽源)을 참례하고 후에 위산영우(潙山靈祐)의 법을 이음. 스승인 위산과 더불어 위앙종의 개조가 됨.
38　법명은 지한(智閑). 위산영우의 법을 이음.
39　회호(回互)는 이것과 저것이 뒤섞여 섭입(涉入)한다는 뜻. 이치[理]를 벗어난 현상[事]이 없고 현상을 떠나 따로 이치가 없으므로 차별의 현상계가 그대로 원융무애(圓融無礙)하다는 말.

을 명안종사들이 적파(摘破)⁴⁰한 바이다.

특히 한국에서는 자고로 진귀조사설(眞歸祖師說)⁴¹을 고창(高唱)하여 이설(異說)이 분분하지만 불전연구(佛傳研究)가 극도로 발달된 지금까지도 동서고금을 통하여 한국 이외에는 진귀조사설이 전연 없다. 이는 한국의 와전이 분명하니 일고(一顧)의 가치도 없을 뿐만 아니라 외국 학자들의 조소를 면치 못하는 바이니, 오착(誤錯)된 사상은 단연코 시정하여야 한다.

【 강설 】

조사선이란 말은 후대로 내려오면서 여래선에 덧붙여진 명칭이다. 그래서 원오스님⁴²의 말씀을 빌려 여래선이 곧 구경각이고 선종이 표방하는 바임을 밝혔다. 흔히 여래선은 낮고 조사선은 높은 것이라 하여 여래선에 그치지 말고 조사선을 깨쳐야 한다고 한다.

그러나 그것은 모르는 사람들이 하는 소리다. 선종의 대종장(大宗匠)

---

40 꼬집어 논파함.
41 부처님의 깨달음이 완전하지 않아 진귀조사에게 선을 배웠다는 설로서, 신라의 범일(梵日, 810~889)스님이 처음 주창했다고 전해진다. 범일스님은 구산선문 중 사굴산파(闍堀山派)의 개창조이다. 진귀조사설은 진성여왕이 불교의 선(禪)과 교(敎)의 뜻을 물은 데 대한 대답이다. 부처님께서 샛별을 보고 깨달음을 얻었으나 궁극의 경지가 아님을 느꼈다. 그 뒤 진귀조사를 만나 교 밖에 따로이 전하는 선지(禪旨)를 얻고 대오하였다는 것이다. 그러나 부처님이 진귀조사에게서 선을 배웠다는 것은 불교의 정설에는 없다. 조선시대 후기에 와서 크게 논란의 대상이 되었던 여래선(如來禪)과 조사선(祖師禪)에 대한 구별이 범일스님에 의해서 처음으로 제시되었다는 사실만은 주목할 일이다.
42 법명은 극근(克勤 : 1063~1135), 자는 무착(無着), 호는 불과선사(佛果禪師)·원오선사(圓悟禪師), 시호는 진각선사(眞覺禪師). 임제종 양기파 오조법연(五祖法演)의 법을 이음. 불안(佛眼)·불감(佛鑑)과 함께 오조 문하의 3불(三佛)로 불림. 어록『원오불과선사어록(圓悟佛果禪師語錄)』과『벽암록(碧巖錄)』이 전함.

이라 할 마조·백장·황벽선사께서는 조사선이란 명칭을 들먹인 적도 없다. 후대에 조사선이라는 말이 나와 여래선과 구별 짓고 잘못된 견해로 우열을 논하는 자들이 생긴 것이다. 원오스님이 그런 이들을 꾸짖어 말씀하신 것이다. 만고의 정안종사로 추앙받는 원오스님의 말씀을 듣지 않는다면 누구의 말을 의지하겠는가? '여래선이다' '조사선이다' 하여 표현은 다르지만 내용은 같음을 명심해야 한다.

33조사를 비롯한 선문의 종장들이 전한 것이 여래의 심종이 아니면 무엇이겠는가? 이와 달리 조사들만의 선이 따로 있다 한다면 이는 망발이다. 손을 손바닥과 주먹으로 나누어 놓고 하나는 옳고 하나는 그르다 한다면 우스운 얘기가 아니겠는가?

달마스님이 법을 전할 때 2조 혜가스님이 세 번 절하자 "너는 골수를 얻었다."고 인가하였는데, 사실 그렇게 말씀하셨을 때 이미 근본법은 잃어버렸다. 부처님께서 영산회상에서 연꽃을 들어 보이자 가섭이 미소를 지었는데, 부처님이 연꽃을 들어 보이셨을 때 이미 진실한 법은 잃어버렸다. 부처님이 연꽃을 들어 보이고 2조가 세 번 절한 것조차 틀렸는데, 여래선이니 조사선이니 하는 명칭이야 두말해서 무엇 하겠는가? 게다가 둘을 놓고 우열을 논한다는 것이 가당키나 한 소리인가?

어찌 부처님과 달마스님의 본뜻이 연꽃과 절 세 번에 있겠는가? 드러난 모습이 전부인 줄 알고 그것을 불법의 실제인 양 오인한다면, 이는 우는 아이 달래려고 흔든 누런 나뭇잎을 진짜 금으로 착각하는 것과 같다. 구경처(究竟處)를 바로 보아 언어와 형상을 초월한 여래의 본뜻을 성취하는 데 뜻을 두어야지 어찌 구구한 문자와 모양에 얽매여 같고 다름을 따지고 옳고 그름을 논하겠는가?

여래선과 조사선으로 토막을 내놓고 그 우열을 논하는 자들이 근거로 삼는 바를 살펴보면 앙산과 향엄스님의 대화에서 그 연원을 찾을 수 있다. 향엄스님은 스스로 깨닫지 못함을 한탄하고 위산스님[43]을 떠나 남양(南陽) 혜충국사(慧忠國師)의 유적지에서 지냈다. 그러던 어느 날, 풀을 베다 던진 기와조각이 대나무에 부딪쳐 난 소리에 크게 깨쳤다. 다시 위산스님을 찾은 향엄스님을 앙산스님이 의심하여 그 깨친 경지를 묻자 그는 이렇게 게송을 읊었다.

작년 가난은 가난함도 아니요	去年貧 未是貧
금년 가난이 비로소 가난함이라.	今年貧 是始貧
작년엔 송곳 꽂을 땅이 없더니	去年貧 無卓錐地
금년엔 송곳마저 없네.	今年貧 錐也無

그러자 앙산스님이 "사형이 여래선은 알았다 하겠지만 조사선은 꿈에도 보지 못했소."라고 했다. 이 일을 두고 '여래선보다 높은 조사선이 따로 있는 것 아닌가' 하고 의문을 제기하는 사람들이 많았고, 또 그렇게 오해한 사람들이 왕왕 있었다. 그러나 이는 법거량이다. 그걸 모르고 여래선 밖에 조사선을 따로 세워 고하심천(高下深淺)을 논하는 것은 참으로 어리석은 짓이다. 특히 우리나라는 진귀조사설(眞歸祖師說)의 영향으로 이런 악견이 유독 더하다. 진귀조사설에 따르면 부처님이 수행을 통해 깨달음을 얻었지만 구경의 경지까지는 가지 못하였고 진귀조사를 찾아가 최후 구경의 깨달음을 얻으셨다는 것이다. 그래서 부처

---

43 법명은 영우(靈祐 : 771~853), 시호는 대원선사(大圓禪師). 백장회해(百丈懷海)의 법을 잇고 대위산(大溈山)에서 크게 교화를 폄. 제자 앙산과 함께 일가를 이루어 위앙종으로 불림.

님이 처음 얻은 깨달음은 여래선이고 후에 진귀조사를 통해 얻은 깨달음이 조사선이라는 것이다.

이런 진귀조사설은 조사의 선법을 높이기 위해 한국에서 창조해 낸 이야기이다. 진정국사(眞靜國師)⁴⁴가 지은 『선문보장록(禪門寶藏錄)』의 세 곳에서 진귀조사설이 거론되었는데 같은 책에서조차 그 말의 앞뒤가 맞질 않는다. 두 곳에서는 부처님이 깨달음을 얻고 나서 즉 여래선을 얻고 진귀조사를 찾아갔다 하였고, 한 곳에선 진귀조사를 찾아가 조사선을 깨치고 돌아가서 다시 여래선을 성취했다고 하였다. 같은 책인데도 모순이 심하지 않은가?

거짓말로 남을 속이려면 앞뒤가 잘 맞지 않는 법이다. 혹자는 한국 사람들이 옳게 보고 다른 나라 사람들은 잘못 본 것 아닐까, 또는 한국에만 정확한 기록이 온전히 보존되고 다른 나라에선 그 기록이 망실되었던 것은 아닐까 추측하기도 한다. 그러나 여러 가지 사료와 증거를 종합해 볼 때 진귀조사설은 조사선을 추앙한 한국 스님들에 의해 창작된 설임이 자명하다.

【 5-6 】

■여래선이여, 맹렬한 화염광중(火焰光中)에 백련(白蓮)이 탄개(綻開)하고,⁴⁵ 조사의(祖師意)여, 대해심저(大海深底)에 홍진(紅塵)이

---

44 고려의 스님으로 법명은 천책(天頙), 자는 몽저(蒙且). 원묘국사(圓妙國師)에게 출가하고 보현도량에 들어가 만덕산 백련사의 제4대 조사가 됨. 만년에 용혈암에 머물자 당대의 명사들이 제자가 되어 용혈 대존숙(龍穴大尊宿)이라 일컬음. 저서로 『동해전홍록(東海傳弘錄)』·『실부록(室簿錄)』·『선문보장록(禪門寶藏錄)』·『호산집(湖山集)』이 있음.
45 "맹렬한 불꽃 속에서 흰 연꽃이 피어나고,"

성진(成陣)하여 비기(飛起)하는도다.⁴⁶
- 조사선과 여래선이여, 절각(折角)한 니우(泥牛)가 연야(連夜)하여 효후(哮吼)하는도다.⁴⁷
- 승(僧)이 문(問)하되 앙산이 운위(云謂)하기를, "여래선은 사형(師兄)이 영회(領會)함을 허락하나 조사선은 몽매(夢寐)에도 미견(未見)하였다." 하니 차의지(此意旨)가 여하(如何)오. 사운(師云), 사(蛇)가 죽통(竹筒)에 입(入)하니라. 승운(僧云), 앙산이 명백히 굴욕을 받는도다. 사운(師云), 그대도 같이 탈출치 못하니라.
- 격죽(擊竹)을 문(聞)하고 오도(悟道)하였으되 작연(灼然)히 조사선을 알지 못한다 하고, 도화(桃花)를 보고 의심하지 않거늘 노형(老兄)이 오히려 미철(未徹)이라 하니, 앙산과 현사는 향엄과 영운의 한취기(汗臭氣)도 몽견(夢見)하지 못하였도다.

- 如來禪이여 烈焰光中에 綻白蓮이요 祖師意여 海底紅塵이 成陣起로다
- 祖師禪과 如來禪이여 折角泥牛連夜吼로다
- 僧問하되 仰山이 謂如來禪은 許師兄會어니와 祖師禪은 未夢見在라하니 此意如何오 師云, 蛇入竹筒이니라 僧云, 仰山이 平白受屈이로다 師云, 和你脫不得이니라
- 聞擊竹而悟道하되 灼然不會祖師禪이라하고 見桃花而不疑어

---

46 "깊은 바다 밑에서 붉은 먼지가 떼를 지어 피어나는구나."
47 "뿔 부러진 진흙소가 밤새도록 울부짖는구나."

늘 敢保老兄猶未徹이라하니 仰山玄沙는 不曾夢見香嚴靈雲의
汗臭氣在로다

『應菴錄』4 ; 『中峰廣錄』14 ; 『虛堂錄』2 ; 『癡絶錄』7
(卍續藏經120, p.837b ; 頻迦藏經85, p.328 ; 卍續藏經121, p.686a ; 卍續藏經121, p.500a)

　　응암(應菴)⁴⁸·중봉(中峰)⁴⁹·허당(虛堂)⁵⁰은 임제정전(臨濟正傳)의 명안(明眼)이요, 치절(癡絶)⁵¹은 밀암(密菴)⁵²의 직손(直孫)으로서 3대 명찰(名刹)인 천동사(天童寺)·영은사(靈隱寺)·경산사(徑山寺)에 칙주(勅住)⁵³한 거장이다. 정전거장(正傳巨匠)들은 여출일구(如出一口)⁵⁴로 여래선이 조사선임을 명시하였으니, 앙산과 현사의 신기밀용(神機密用)⁵⁵은 오직 정안(正眼)만이 규파(窺破)⁵⁶한다.

　　앙산과 현사의 용처(用處)는 납승의 회호시절(回互時節)이니, "승문(僧

48　법명은 담화(曇華 : 1103~1163), 법호는 응암. 임제종 승려로 17세에 출가하여 원오극근(圓悟克勤)을 알현하고 그 명에 따라 호구소륭(虎丘紹隆)에게 참구하여 그의 법을 이었다. 대혜종고(大慧宗杲)와 함께 임제 문하의 2대 감로문(甘露門)이라고 불림.『응암화상어록(應菴和尙語錄)』10권이 있음.
49　법명은 명본(明本 : 1263~1323). 임제종 양기파 스님으로서 고봉원묘(高峰原妙) 스님에게 출가하여 그의 법을 이어받음. 승속이 모두 존경하여 강남의 고불(古佛)로 불림. 시호는 보응국사(普應國師).『중봉화상광록(中峰和尙廣錄)』있음.
50　법명은 지우(智愚 : 1185~1269). 중국 임제종 승려로 설두중겸(雪竇仲謙)·정자원도(淨慈源道)를 참례하고 운암보엄(運庵普嚴)의 법을 이음.
51　법명은 도충(道沖 : 1169~1250), 법호는 치절. 임제종 승려로 천복사(薦福寺) 송원숭악(松源崇嶽) 밑에서 참구하여 수좌가 되고 후에 조원도생(曹源道生) 문하에서 깨달음.『치절도충선사어록(癡絶道沖禪師語錄)』2권이 있음.
52　법명은 함걸(咸傑 : 1118~1186), 법호는 밀암. 임제종 승려로 여러 선지식을 두루 찾아다니다 응암담화의 인가를 받음. 경산(徑山)·영은(靈隱)·천동(天童) 등의 큰 사찰을 돌며 머묾.『밀암화상어록(密菴和尙語錄)』1권이 있음.
53　임금의 칙서로 머묾.
54　한 입으로 말하는 것처럼.
55　선사들의 능력이 신령스럽고 오묘하여 그것을 사용하는 일이 은밀함.
56　바로 알아보고 논파함.

問) 천동각(天童覺)하되, '현사(玄沙)가 위십마(爲什麽)하야 각도체당심체당(却道諦當甚諦當)이나 감보노형미철(敢保老兄未徹)닛고.' 하니 각(覺)이 운(云), '개시납승회호저시절(箇是衲僧回互底時節)이니라.'"⁵⁷ 하니, 천동정각(天童正覺)은 실로 초군정안(超群正眼)이다.

【 강설 】

여래선은 맹렬한 불꽃 속에서 흰 연꽃이 피는 것과 같고 조사선은 깊은 바다 밑바닥에서 먼지가 펄펄 날리는 것과 같다고 여래선과 조사선을 각각 설명하였는데, 과연 이것이 다르다는 말씀인가? 표현은 달리했지만 말씀하고자 하는 내용은 똑같다. 이는 결국 여래선이나 조사선이 다르지 않다는 말이다. 아래에서는 여래선과 조사선을 한덩어리로 뭉쳐 설명하였다. 여래선이니 조사선이니 하는 말들로 공연히 승부를 가리고 우열을 논한다면 죽을 자리로 찾아드는 뱀과 다르지 않다고 허당스님은 분명히 말씀하셨다.

향엄과 앙산, 영운⁵⁸과 현사⁵⁹의 일화를 두고 흔히 앙산과 현사스님을 높이고 향엄과 영운스님을 폄하하는 말들을 한다. 그러나 이는 앙산과 현사스님이 법거량으로 하신 말씀, 즉 납승들의 회호시절임을 분

---

57 원 『굉지선사광록(宏智禪師廣錄)』(大正藏48, p.57c). "한 스님이 천동정각(天童正覺) 스님에게 물었다. "현사는 무엇 때문에 '지당하기는 참으로 지당하나 노형은 분명코 아직 철저히 깨닫지 못하였다'고 하였습니까?" 정각스님이 말씀하셨다. "이것은 납승들의 회호시절이다.[僧云, 只如玄沙, 爲甚却道, 諦當甚諦當, 敢保老兄未徹. 師云, 箇是衲僧迴互底時節.]"
58 법명은 지근(志勤) 호는 영운(靈雲). 위산영우(潙山靈祐) 선사의 법을 이음.
59 법명은 사비(師備 : 835~908), 법호는 현사(玄沙). 속성은 사(謝)씨로 복주(福州) 민현(閩縣) 사람. 어려서 낚시를 일삼다 30세에 부용영훈(芙蓉靈訓)에게 출가하였고 후에 설봉의존(雪峰義存)의 법을 이음.

명히 알아야 한다. 그러지 못하면 말만 좇아 높고 낮음과 옳고 그름을 따지게 되는 것이다. "그럼 회호시절이란 무엇입니까?" 하고 묻는 이가 있을 것이다.

그러나 이는 스스로 눈을 바로 떠 깨쳐서 알아야 하는 것이다. 그것은 설명할 수도 없고, 설명해서도 안 된다. 또한 이리저리 설명해 보았자 아무 소용이 없다. 내가 한 이 정도의 말도 쓸데없는 짓이다. 결론지어 말하자면 마조스님이 거론하신 여래선이 곧 정안종사들이 그 맥을 끊이지 않고 이어온 조사선이라는 것이다.

【 5-7 】
- ■불타는 무생(無生)을 생(生)으로 하고 무주(無住)로 주(住)를 한다.
- ■무생을 오달(悟達)하면 불지(佛地)인 묘각인지라 일념 사이에 돈연(頓然)히 초월하니 어찌 번론(煩論)할 바 있으리오.

- ■佛은 無生을 爲生하고 無住로 爲住하나니라
- ■悟無生하면 名爲妙覺이라 一念頓超어니 豈在煩論이리오

『攝大乘論』卷下 ; 南陽慧忠, 『般若心經序』(大正藏31, p.131a; 卍續藏經41, p.781a)

무생이 구경각임은 불문가지(不問可知)이니, 망상의 멸진을 근본으로 한 마조의 무생도 역연(亦然)하다. 교전(敎典)에서는 수종(數種)의 무생법인(無生法忍)을 설하였으나 묘각만이 진무생(眞無生)이다.

【 5-8 】
- ■요연(了然)히 진심(眞心)을 수호하여 망념이 일어나지 않으면 즉

시무생(則是無生)⁶⁰이니라.

- 본유(本有)의 진심(眞心)을 수호하여 망념이 일어나지 않고 아(我)와 아소심(我所心)이 멸하면 자연히 불타와 평등하여 동일하니라.
- 망념이 단절된 고로 정념(正念)이 원구(圓具)⁶¹하고, 정념이 원구한 고로 적조(寂照)의 진지(眞智)가 생기고, 적조의 진지가 생기므로 만법의 근원을 궁달(窮達)⁶²하고, 만법의 근원을 궁달한 고로 무여의열반을 증득한다.
- 중생의 불성은 본래 청정하여 흑운(黑雲) 속의 백일(白日)과 같아서, 다만 요연히 사무쳐서 본유(本有)의 진심을 수호하여 망념의 흑운(黑雲)이 산진(散盡)⁶³하면 자성의 혜일(慧日)이 즉시 출현한다.

- 了然守心하야 則妄念이 不起하면 則是無生이니라
- 守本眞心하야 妄念이 不生하야 我我所心이 滅하면 自然히 與佛로 平等無二하니라
- 妄想이 斷故로 則具正念이요 正念具故로 寂照智生이요 寂照智生故로 窮達法源이요 窮達法源故로 則得涅槃이니라
- 衆生의 佛性은 本來淸淨하야 如雲底日하니 但了然守本眞心하야 妄念雲이 盡하면 慧日이 卽現하느니라

『最上乘論』(大正藏48, p.377b ; p.377c ; p.377c ; p.378a)

---

60 "이것이 바로 무생이다."
61 완전히 갖추고 있음.
62 깊이 연구하여 통달함.
63 흩어져 완전히 사라짐.

망념이 멸진하면 이것이 무생이다. 무생은 즉 성불이며 정념이며 적조지(寂照智)이며 무여열반이니, 즉 구경무심이며 마조의 돈오이다. 5조(五祖)의 교시는 마사(馬師)의 법어와 여합부절(如合符節)[64]하니 전불후조(前佛後祖)에 어찌 이설(異說)이 있으리오.

【 5-9 】
- 돈오하여 무생을 요달(了達)하고 나면 모든 영화(榮華)나 곤욕에 어찌 우려하며 희락하리오.
- 법재(法財)를 훼손하고 공덕을 파멸하는 것은 이 심(心)과 의(意)와 식(識)이니, 그러므로 선문에서는 망심을 요각(了却)하고 무생인 지견력(知見力)에 돈입(頓入)하느니라.

- 自從頓悟了無生으론 於諸榮辱에 何憂喜리오
- 損法財滅功德은 莫不由斯心意識이니 是以로 禪門은 了却心하고 頓入無生知見力이니라

『證道歌』(大正藏48, p.396a; p.396b)

심(心)은 제8식이요, 의(意)는 제7식이요, 식(識)은 제6식을 말한다. 제8식의 미세망상과 제6·7식의 추중망상(麤重妄想)을 멸진한 것이 무생이다. 제8식의 미세망상까지 멸진한 무생은 즉 견성이며 정각이니, 이것이 원증돈증(圓證頓證)의 돈오이다.

---

64 '부절(符節)'은 예전에 돌이나 대나무, 옥 따위로 만들어 신표로 삼던 물건으로 주로 사신들이 가지고 다녔는데 둘로 갈라서 하나는 조정에 보관하고 하나는 본인이 가지고 다니면서 신분의 증거로 사용하던 것이다.

【 5-10 】

만약에 식심(識心)이 적멸하여 일호(一毫)의 망념도 동요함이 없으면, 이것을 무상정각이라고 이름한다.

若識心이 寂滅하여 無一動念處하면 是名正覺이니라

『四行論』(梵語寺板『禪門撮要』上, p.7後)

식심은 망상을 총칭한 것이다. 중생의 식심이 전멸하면 정각이 아닐 수 없으니, 이것을 무생이라 무심이라 한다. 선문정전(禪門正傳)의 돈오는 망상이 멸진한 구경무생을 내용으로 한 원증(圓證)의 돈오이다. 선문의 오(悟)는 증(證)으로 생명을 삼아 해(解)를 망상정해(妄想情解)·사지악견(邪知惡見)으로 근본적으로 부인하며 절대 배척한다. 이유인즉 망상정해(妄想情解)로는 심성(心性)을 정오(正悟)하며 정견할 수 없기 때문이다.

【 강설 】

지금까지 살펴본 여러 논서와 조사들의 말씀처럼 일체 망상이 소진한 무생, 즉 무여열반이 곧 견성인데 망상이 여전하고도 견성이라 한다면 이 얼마나 큰 과오인가? 망상이 일체 생기지 않는 무생은 얼음이 완전히 녹아 자유자재한 물과 같은 것이다. 그것은 얼음이 본시 물이었다는 것을 아는 것과는 천지 차이가 있다. 10년이면 강산도 변한다고, 가르침도 긴 세월을 지나다 보면 와전되고 곡해되는 경우가 왕왕 있다. 그럴 경우 고불고조의 바른 안목을 기준으로 틀린 것은 고치고 굽은 것은 바로잡아야지 그릇된 견해를 비판 없이 추종해서야 되겠는가?

6. 무념정종 無念正宗
무념이 바른 종지이다

【 6-1 】

이 법을 요오(了悟)한 자는 즉시 무념이니 억념(憶念)과 집착이 없어서 광망(誑妄)¹이 일어나지 않고, 자기의 진여본성을 사용하여 지혜로써 관조하여 일체법에 있어서 취하지도 버리지도 않나니, 이것이 견성이며 불도를 성취함이니라.

悟此法者는 卽是無念이니 無憶無著하야 不起誑妄하고 用自眞如性하야 以智慧觀照하야 於一切法에 不取不捨하나니 卽是見性成佛道니라

『六祖大師法寶壇經』(大正藏48, p.350c)

망멸증진(妄滅證眞)²한 구경무심을 또한 무념이라 한다. 이 무념이 즉 무생이니 즉 돈오이며 견성이며 성불이다.

---

1   여러 가지 수단으로 남을 속이려는 번뇌의 마음.
2   번뇌를 사라지게 하고 진여를 깨달음.

【 강설 】

이 『단경』의 내용은 『종경록』에서 6조스님의 말씀을 인용한 것이다. 6조스님께서 전하신 '이 법'이란 견성법을 말하며, 일체 망념이 다 떨어진 무심을 곧 무념이라 한다.

【 6-2 】

무념법을 철오(徹悟)한 자는 만법에 전부 통달하며, 제불의 심심(甚深)한 경계를 통견(洞見)하며, 불타의 지위에 이른다.

悟無念法者는 萬法에 盡通하며 悟無念法者는 見諸佛境界하며 悟無念法者는 至佛地位니라

『六祖大師法寶壇經』(大正藏48, p.351b)

돈오인 무념은 견성이며, 제불경계(諸佛境界)이며, 구경불지이다.

【 6-3 】

- 그러므로 무념법을 요오(了悟)한 자는 만법에 다 통달하며 제불의 경계를 본다 하였으니, 만약에 무념법문에 정입(正入)하면 성불이 찰나경(刹那頃)에 있음을 알겠다.
- 금강 즉 등각 이하로부터의 일체중생은 개실(皆悉) 유념(有念)이므로³ 중생이라 하고, 일체 제불은 전부 무념을 증득하였으므로 불타라 호명(呼名)한다.

---

3 "모두 마음 작용이 남아 있으므로"

- 故로 云 悟無念法者는 萬法에 盡通하며 悟無念法者는 見諸佛境界라하니 是知若入無念法門하면 成佛이 不出刹那之際니라
- 金剛已還의 一切衆生은 皆是有念일새 名爲衆生이요 一切諸佛은 皆得無念故로 名爲佛이니라

『宗鏡錄』 15 ; 『宗鏡錄』 14 (大正藏48, p.498c ; p.491b)

금강유정(金剛喩定)이며 금강무간도(金剛無間道)인 등각도 아직 극미세망념(極微細妄念)을 미단(未斷)한 고로 중생이라 하며, 등각이 금강심으로써 최미세념(最微細念)인 제8뢰야(第八賴耶)를 단진(斷盡)하고 묘각에 돈입(頓入)함을 견성 또는 성불이라 하나니, 이것이 돈오이다. 그러므로 중생과 제불의 차이는 유념(有念)과 무념(無念)에 있다. 6조가 선설(宣說)한 무념정오(無念正悟)는 구경불지이니, 즉 원증돈증(圓證頓證)의 증오(證悟)이며 견성의 표본이다.

【 강설 】
연수스님이 6조스님의 말씀에 근거해 일체 망념이 다 소멸된 무념이 곧 돈오성불임을 밝혔다.

【 6-4 】
내가 5조 홍인화상의 처소에서 한 번 듣고 문득 대오하여 진여본성을 돈견(頓見)하였느니라. 그러므로 이 돈오견성법으로써 세상에 유행(流行)하여 학도(學道)하는 자로 하여금 보리를 돈오하

여 본성을 자견(自見)케 하느니라.

我於忍和尙處에 一聞하고 言下에 便悟하야 頓見眞如本性하니라 是以로 將此敎法하야 流行하야 令學道者로 頓悟菩提하야 自見本性케하느니라

『六祖大師法寶壇經』(大正藏48, p.351a)

이 돈오와 견성은 무념을 내용으로 하는 구경불지이다.

【 6-5 】

오직 견성하는 법만을 전하여 세상에 출현하여 사종(邪宗)을 파쇄(破碎)하노라.

唯傳見性法하야 出世破邪宗하노라

『六祖大師法寶壇經』(大正藏48, p.351b)

불조의 정법은 견성에 있으며 견성은 불지(佛地)인 증오(證悟)이다. 그리하여 불조의 혜명을 계승한 정안종사는 돈오 즉 견성법을 정전(正傳)하고 기외(其外)는 전부 사종(邪宗)으로 파쇄(破碎)한다. 이는 인아(人我)로써 타종(他宗)을 비방 배척하는 것이 아니요,[4] 오직 정법을 수호하기 위한 자비의 발현(發現)이다.

전불후조(前佛後祖)가 심심상전(心心相傳)한[5] 돈오견성법은 불조의

4　"나와 남을 갈라놓고 남의 종지를 비방 배척하는 것이 아니요."
5　"부처님과 조사들이 마음에서 마음으로 전한"

명맥(命脈)이요 정법의 골수(骨髓)이다. 기타 각종(各宗)은 수의방편(隨宜方便)의 일시권설(一時權說)에 불과하므로[6], 정법의 근본 입장에서 논할 때에는 사종(邪宗)이라 점파(點破)하지 않을 수 없다. 만약에 방편가설(方便假說)을 실법(實法)으로 오집불사(誤執不捨)[7]하면, 중생들이 이 방편가설에 계박(繫縛)되어 정법에는 영영 귀복(歸復)[8]하지 못한다. 그러므로 이를 통렬히 파쇄배격(破碎排擊)하고 근본인 정법을 선양하는 것이다.

【 강설 】

6조스님께서 분명히 밝히시기를 "견성법만이 올바른 가르침이므로 다른 것은 파괴해 물리친다." 하였으니, 견성법만이 정설이고 다른 것은 수시방편설(隨時方便說)[9]이다. 이 말은 허튼 말씀이 아니다. 불법이란 이름으로 추구했던 수많은 배움과 수행이 견성하고 보니 너무도 어처구니없는 짓이었다고 토로한 선사들이 허다하다. 견성법을 바로 알고 나서 다른 교법을 보면 다른 것은 불법이 아니다. 지혜도 자비도 아니고 말짱 번뇌망상 부리는 것에 지나지 않는다. 그러니 실법이라 할 것은 견성법 하나뿐임을 명심해야 한다. 그러나 "견성법만이 실법이다."라는 이 말도 실제로 눈을 바로 떠 견성하고 나서 할 소리이지 견성하지도 못하고 함부로 떠들 소리는 아니다.

---

6 "형편에 따른 일시적인 방편설에 불과하므로"
7 잘못 알고 집착하여 버리지 않음.
8 되돌아감.
9 시기와 형편에 맞게 방편으로 하신 말씀.

【 6-6 】

만약에 자성의 진정한 반야인 관조가 현전발기(現前發起)[10]하면, 일찰나간(一刹那間)에 망념이 구멸(俱滅)[11]한다. 그리하여 자성을 식득(識得)하면 일오(一悟)해서 즉시에 불지에 도달한다.

若起眞正般若觀照하면 一刹那間에 妄念이 俱滅이요 若識自性하면 一悟에 卽至佛地니라

『六祖大師法寶壇經』(大正藏48, p.351a)

망념이 구멸(俱滅)하면 자성을 명견(明見)하고 자성을 명견하면 이것이 정오(正悟)이며 무념이니, 지위와 계급을 경력(經歷)[12]하지 않고 구경각인 불지에 돈입(頓入)한다. 이것이 일초직입여래지(一超直入如來地)의 묘결(妙訣)[13]이어서 타종(他宗)의 추수(追隨)를 불허하는 선문의 특징이다.

【 6-7 】

나의 이 법문은 무념으로 종취를 삼으며, 무상(無相)으로 체를 삼고, 무주(無住)로 근본을 삼는다.

我此法門은 無念으로 爲宗하며 無相으로 爲體하고 無住로 爲本이니라

『六祖大師法寶壇經』(大正藏48, p.353a)

---

10   눈앞에 나타나도록 일어나게 함.
11   함께 사라짐.
12   차례차례 거쳐감.
13   묘한 비결.

견성법문인 무념정종(無念正宗)은 전불후조(前佛後祖)가 등등상속(燈燈相續)¹⁴하는 무상(無上)의 혜명이다.

【 6-8 】
무(無)라 함은 하사(何事)가 없음이며 염(念)이라 함은 하물(何物)을 염(念)하는고.¹⁵ 무(無)라 함은 상대(相對)의 2상(二相)이 없으며 진로(塵勞)¹⁶의 망심이 없는 것이요, 염(念)이라 함은 진여의 본성을 염함이니, 진여는 즉시 염(念)의 본체요 염(念)은 즉시 진여의 대용(大用)이니라.

無者는 無何事며 念者는 念何物고 無者는 無二相이며 無塵勞之心이요 念者는 念眞如本性이니 眞如는 卽是念之體요 念은 卽是眞如之用이니라

『六祖大師法寶壇經』(大正藏48, p.353a)

망심이 멸진하면 진여본성이 현전(現前)하나니 진여정념(眞如正念)이 무념이다.

14　마음에서 마음으로 선지(禪旨)를 전하는 일을 세상을 밝히는 등불을 꺼트리지 않고 대를 이어 전해주는 일에 비유한 표현.
15　"'무념(無念)'에서 '없음[無]'은 무엇이 없음이며 '생각[念]'은 무엇을 생각하는 것인가?"
16　번뇌의 다른 이름으로서 객관세계인 6진의 경계를 따라 마음의 번뇌가 일어나서 피곤하게 되므로 번뇌를 진로(塵勞)라 한다.

【 강설 】

무념이라고 하면 흔히 텅 비어 아무 생각도 없는 허무를 연상하는데 그런 편공(偏空)·악취공(惡取空)[17]에 떨어져선 안 된다. 무(無)라 함은 일체 망념이 완전히 떨어진 것을 말하고, 염(念)이라 함은 진여자성의 본체가 나타남을 말한다. 비유하자면 무는 구름이 걷힌 것을 말하고, 염은 해가 환히 비추는 것을 말한다. 구름이 걷히듯 일체 망념이 완전히 제거되면 태양이 밝게 비추듯 자기의 본래 성품인 진여가 저절로 환히 드러난다. 따라서 진여의 정념(正念)이 무념이지 목석과 같은 것이 아님을 알라.

【 6-9 】

만약에 진여본심 즉 자성을 식득(識得)하면 즉시 근본 해탈이요, 해탈을 체득하면 즉시 반야삼매이며 무념이니라.

若識本心하면 卽本解脫이요 若得解脫하면 卽是般若三昧며 卽是無念이니라

『六祖大師法寶壇經』(大正藏48, p.351a)

자재해탈과 반야삼매와 무생무념과 식심견성(識心見性)과 돈오원증(頓悟圓證)과 성불작조(成佛作祖)[18]는 동일한 내용이니 구경무심의 별칭이다.

---

17 '편공'은 공하다는 한 편에 치우친 것을 말하고, '악취공'은 모든 것이 실재(實在)하다는 사상을 고집하는 이에게 그 잘못된 소견을 없애기 위하여 공(空)하다고 말하는 것을 듣고 '아무것도 없다'는 것이 공이라는 뜻으로 잘못 해석하여 불교의 본뜻에 맞지 않은 것을 말한다.
18 부처가 되고 조사가 됨.

【 6-10 】

어떤 것을 돈오라 하는고. 대답하되 돈(頓)이라 함은 일체 망념을 단제(斷除)함이요, 오(悟)라 함은 오(悟)에 소득(所得)이 없음이니라.

云何爲頓悟오 答하되 頓者는 頓除妄念이요 悟者는 悟無所得이니라

『頓悟入道要門論』(卍續藏經110, p.840b)

'돈제망념(頓除妄念) 오무소득(悟無所得)'의 돈오는 망멸증진(妄滅證眞)한 구경무심이니 불지무념(佛地無念)의 견성이다.

【 강설 】

마조스님의 법을 이은 대주혜해(大珠慧海) 선사의 말씀이다. 일체 망념이 단박에 자취도 없이 다 떨어진 것이 돈이고, 일체 망념이 떨어졌다는 생각의 자취마저 없어진 것이 오(悟)다. 그것이 구경무심이고 성불이다.

【 6-11 】

이 돈오문은 무엇으로 종(宗)을 삼고, 무엇으로 지(旨)를 삼으며, 무엇으로 체(體)를 삼고, 무엇으로 용(用)을 삼는고. 대답하되 무념으로 종(宗)을 삼고, 망념이 일어나지 않음으로 지(旨)를 삼으며, 청정으로 체(體)를 삼고, 지혜로 용(用)을 삼는다.

此頓悟門은 以何爲宗하고 以何爲旨하며 以何爲體하고 以何爲用고 答하되 無念으로 爲宗하고 妄念不起로 爲旨하며 以淸淨으로 爲體하고 以智爲用이니라

『頓悟入道要門論』(卍續藏經110, p.842a)

망념을 돈제(頓除)하여 무념을 증득하면 청정무구(淸淨無垢)한 반야대지(般若大智)가 낭연독조(朗然獨照)[19]하나니, 이것이 선문정전(禪門正傳)의 근본 종취이다.

【 강설 】

망념이 일어나지 않아야 무념이니 망념이 있으면 무념이랄 수 없다. 또 망념이 여전히 일어난다면 어떻게 청정할 수 있겠는가? 그러니 표현은 달리 했지만 그 내용은 같은 것이다. 일체 망념이 다 떨어져 청정해지면 지혜는 저절로 드러나기 마련이다. 예를 들면 뽀얗게 앉은 먼지를 말끔히 닦아내면 거울의 밝고 투명한 빛이 환히 드러나는 것이다.

【 6-12 】

■무념이라 함은 일체처(一切處)에 무심함이니 일체 경계가 없으며 나머지 사려(思慮)와 희구(希求)가 없다. 모든 경계와 색상(色相)을 대하여도 영원히 기멸(起滅)과 동요가 없는 것이 무념이니, 무념은 즉 진여정념(眞如正念)이다.

---

19 오직 이것만 밝게 비침.

- 만약에 무념인 일체처무심(一切處無心)을 떠나서 보리해탈과 열반적멸(涅槃寂滅)과 선정견성(禪定見性)을 체득하려면 될 수 없다.

- 無念者는 一切處에 無心이 是니 無一切境界하며 無餘思求가 是니라 對諸境色하야도 永無起動이 是無念이니 無念者는 是眞念也니라
- 若離一切處無心하고 得菩提解脫과 涅槃寂滅과 禪定見性은 非也니라

『頓悟入道要門論』(卍續藏經110, p.849a ; p.852a)

무심인 무념은 구경불지이니, 이것이 즉 해탈열반이며 돈오견성이다.

【 6-13 】

돈오한 자는 망념을 돈제(頓除)하고 인아(人我)를 영절(永絶)하여 필경에 공적(空寂)하므로, 즉시에 불타와 제등(齊等)하여 추호(秋毫)의 차이도 없다.

頓悟者는 爲頓除妄念하고 永絶人我하야 畢竟空寂하야 卽與佛로 齊等하야 無有異니라

『頓悟入道要門論』(卍續藏經110, p.849b)

일체 망념이 영단(永斷)된 대공적삼매(大空寂三昧)를 돈오라 하나니, 이는 구경불지이다.

6. 무념정종

【 6-14 】

망념이 생기지 않음이 선(禪)이요, 정좌(正坐)하여 본성을 명견(明見)함이 정(定)이니, 본성은 여등(汝等)의 무생심이요, 정(定)이라 함은 외경(外境)을 대하여도 무심하여 8풍(八風)[20]이 능히 요동하지 못하나니, 이러한 정(定)을 체득하면 비록 범부이지만 즉시에 불위(佛位)에 돈입(頓入)하느니라.

妄念不生이 爲禪이요 坐見本性이 爲定이니 本性者는 是汝無生心이요 定者는 對境無心하여 八風이 不能動이니 若得如是定者는 雖是凡夫나 卽入佛位니라

『頓悟入道要門論』(卍續藏經110, p.840b)

망념이 멸진하여 무생의 본성을 요견(了見)하여 무심을 체득하였으니 성불이 아닐 수 없다.

【 강설 】

참다운 선정이란 무심·무념으로써 이익과 손해 등 갖가지 경계에 동요되지 않는 것이지 다른 것이 아니다. 일체 망념을 떨쳐 온갖 경계에 흔들리지 않는다면 성불하지 않으려 해도 않을 수가 없다. 이것이 바로 여래선이다.

---

20 마음을 요동시키는 이익[利]·손해[衰]·비방[毁]·찬양[譽]·칭찬[稱]·꾸지람[譏]·괴로움[苦]·즐거움[樂]의 여덟 가지 외부 조건.

【 6-15 】

다만 능히 무심하면 문득 이것이 구경인 성불이니라.

但能無心하면 便是究竟이니라

『傳心法要』(大正藏48, p.380b)

돈오와 견성의 내용인 무심무념이 구경각이라 함은 전불후조(前佛後祖)가 여출일구(如出一口)[21]이다.

【 강설 】

『전심법요(傳心法要)』는 황벽스님의 말씀을 배휴(裵休)[22]가 엮은 책이다. 고금의 불조가 같은 법을 깨쳤으니 황벽스님이라고 달리 말씀할 리가 없다.

【 6-16 】

만약에 마음이 일체처에 주착(住著)하지 않음을 명명요요(明明了了)하게 알면 곧 본심을 요요(了了)하게 본 것이며, 또한 본성을 요요하게 본 것이라고 이름한다. 이 일체처에 주착(住著)하지 않는 심(心)은 즉시(卽是) 불심(佛心)이며 또한 해탈심이요 보리심·무생심이라고 하나니, 경에 말씀하시기를 무생법인을 증득하였다 함이니라.

---

21 한 입으로 이야기하듯 똑같이 말함.
22 당나라 때 거사(797~870). 하동대사(河東大師)로도 불림. 규봉종밀(圭峰宗密)과 벗이 되었고 황벽희운(黃檗希運)을 초빙하여 조석으로 문안하며 선법을 참구하고 널리 공부함. 『권발보리심(勸發菩提心)』을 지었고, 황벽과의 문답을 실은 『전심법요(傳心法要)』가 전함. 규봉종밀의 여러 저서에 서문을 지음.

若了了知心이 不住一切處하면 卽了了見本心也요 亦名了了見本性也라 只箇不住一切處心者는 卽是佛心이며 亦解脫心이요 亦名菩提心이며 亦名無生心이니 經에 云하되 證無生法忍이 是也니라

『頓悟入道要門論』(卍續藏經110, p.844a)

식심견성(識心見性)하여 마음이 일체처에 주착(住著)하지 않으면 즉 무생무념을 체득한 것이니, 장부능사필(丈夫能事畢)[23]이라 자재무애한 대해탈문의 무심도인(無心道人)이 아닐 수 없다.

영산정맥(靈山正脈)이며 조계직전(曹溪直傳)인 견성은, 그 내용이 근본무명인 제8리야(第八梨耶)의 미세망상이 영멸(永滅)한 무심·무생·무념 등의 구경불지에 있음이 명확하다. 이는 망멸증진(妄滅證眞)하여 병차약제(病差藥除)하고 교관(敎觀)을 함식(咸息)하여 현증원통(現證圓通)한 원증돈증(圓證頓證)의 증오(證悟)이니, 이것이 불조정전(佛祖正傳)의 견성이며 돈오이다.

만약에 제8리야의 미세망상은 고사하고 6, 7식의 추중생멸망상(麤重生滅妄想)도 미탈(未脫)한 해오(解悟)로써 견성이라 운위(云謂)한다면 이는 불조의 혜명을 단절하고 중생의 정로(正路)를 파괴하는 정법의 대역(大逆)이니, 이러한 이단사견(異端邪見)에 오락(誤落)[24]되지 않도록 노력하여야 한다.

---

23 '장부가 할 일을 마쳤다'는 의미로 서산대사의 오도송의 일부이다. 오도송 전체는 다음과 같다.
발백심비백(髮白心非白) 머리는 희어져도 마음은 늙지 않는다고
고인증누설(古人曾漏泄) 옛 사람들이 누설하더니
금문일성계(今聞一聲鷄) 이제 닭 우는 소리 한 번 듣고
장부능사필(丈夫能事畢) 장부가 할 일을 모두 마쳤도다.
24 높은 곳에서 잘못하여 떨어짐. 잘못된 곳으로 떨어짐.

【 강설 】

　보통 사람들은 꽃을 보면 꽃에 마음이 머물고 사람을 만나면 사람에 마음이 머문다. 이처럼 부딪치는 외경에 마음이 따라가 본래 마음을 잃어버리고 만다. 하지만 견성한 사람은 그렇지 않다. 어떤 경계를 대하더라도 그 경계에 마음이 머물거나 집착하지 않는다. 본성을 분명하게 본 사람은 경계에 동요하지 않고, 또 경계에 동요하지 않아야 성품을 바로 본 것이니, 이를 무생법인을 증득한 것이라 한다. 따라서 앞서 마조스님께서 말씀하신 "성품을 보아 무생법인을 증득한다." 함은 곧 불지를 증득하는 것이지 보살의 지혜를 얻는 것이 아니다.

　만일 제8아뢰야식의 미세망상은 고사하고 제6식의 추중망상도 벗어나지 못한 해오(解悟)를 견성이라 한다면, 이는 부처와 조사의 혜명을 단절하고 중생의 바른 길을 파괴하는 정법의 대역죄인이다. 혹자는 대역죄인이라 하면 너무 심한 표현 아닌가 하겠지만 결코 심한 표현이 아니다. 이단의 사견에 빠져 망견을 불법이라 여기고 남에게 가르친다면 자신도 망치고 남도 망치는 짓이다. 더불어 정법을 파괴해 부처님의 바른 법이 전해질 수 없게 만드는 죄인이 되는 것이니, 어찌 대역죄인이 아니라 하겠는가? 고불고조를 표방으로 삼아 정법을 바로 이어야지 이단의 잘못된 견해에 떨어져서는 결코 안 된다. 그러니 잡다한 이론에 휩싸여 구구하게 입씨름하지 말고, 견성은 성불을 말하고 성불은 곧 견성이라는 고불고조의 확고한 말씀에 의지해 부지런히 공부해야 한다.

7. 보임무심 保任無心
　무심을 보임하다

【 7-1 】

내외가 허적(虛寂)하고 담연(湛然)히 응조(凝照)하야[1] 일념도 불생하는 심처(深處)에 도달하여서 연원을 철저히 투득(透得)하여 소연(脩然)히 자득(自得)하면[2] 그 당체(當體)가 허공과 같아서 변량(邊量)을 궁진(窮盡)하지[3] 못한다. 상고(上古)와 현금(現今)에 뻗쳐서 만상(萬像)이 나농(羅籠)[4]하지 못하며 범성(凡聖)이 구애(拘礙)[5]하지 못하여 정나라적쇄쇄(淨裸裸赤灑灑)[6]하나니, 이를 본래면목(本來面目)[7],

---

[1] "안팎을 비워 고요하게 하고 맑게 한 곳을 비추어"
[2] "당장에 스스로 깨치면"
[3] "범위와 크기를 다 헤아리지"
[4] 그릇에 담듯 모두 담아냄.
[5] 거리끼거나 얽매임.
[6] 일반적으로 사용하는 '적나라(赤裸裸)'와 같은 말. 일차적으로는 아무것도 입지 않고 발가벗은 상태를 가리키나 불교적으로는 진리를 구하는 수행자의 해탈 경계가 일체의 분별심이 떨어져서 발가벗은 것과 같다는 비유로 쓴다.
[7] 천연 그대로이고 인위적 조작을 조금도 더하지 않은 자태라는 뜻으로 사람마다 본래 갖추고 있는 심성(心性)을 가리킨다. 6조 혜능선사가 처음 한 말로 알려져 있다.

본지풍광(本地風光)⁸이라 한다. 일득(一得)하면 영원히 증득(證得)하여 미래제(未來際)가 다하여도 망실(亡失)하지 않나니, 무슨 생사가 있어서 가히 체애(滯礙)⁹하리오. 이 무심경계와 무념진종(無念眞宗)은 맹리(猛利)¹⁰한 사람이라야 능히 실증(實證)한다.

內外虛寂하고 湛然凝照하야 到一念不生處하야 透徹淵源하야 翛然自得하면 體若虛空하야 莫窮邊量이라 亘古亘今하야 萬像이 羅籠不住하며 凡聖이 拘礙不得하야 淨裸裸赤灑灑하나니 謂之本來面目이며 本地風光이니라 一得永得하야 盡未來際하나니 更有甚生死하야 可爲滯礙리오 此箇無心境界와 無念眞宗은 要猛利人이라니 方能著實이니라

『圓悟心要』(卍續藏經120, p.747b)

무심무념의 본래면목을 철증(徹證)하여야 비로소 오달(悟達)이라 하나니, 미래겁(未來劫)이 궁진(窮盡)토록 자재무애한 이 대휴헐지(大休歇地)¹¹가 정안종사의 안신입명처(安身立命處)¹²이다.

---

8 본래면목과 같은 말로서 자기 심성(心性)의 본래 모습을 형용하는 말.
9 걸리고 얽매임.
10 성품이 날래고 용감하며 능력이 출중함.
11 '대휴헐저(大休歇底)', '대휴대헐(大休大歇)', '대사저(大死底)' 등이라고 한다. 온갖 망상(妄想)을 쉬어버린 경지.
12 원래 유가(儒家)에서 나온 말이나 선종에서 많이 사용한다. 원래 의미는 '도를 행한 다음에 몸과 마음을 천명(天命)에 맡겨 다른 것에 의해 마음이 움직이지 않는 것'을 말하는데, 선종에서는 견성하여 마음을 깨닫고 생사를 초월하여 마음이 편안해졌음을 가리키는 말로 쓴다.

【 7-2 】

본래의 진여묘심(眞如妙心)을 직투철증(直透徹證)[13]하면 고금(古今)에 장긍(長亘)하고[14] 담연(湛然)히 부동하여[15] 만년(萬年)이 일념(一念)이요 일념이 만년이다. 심지(心地)에 영영히 일호(一毫)의 삼루(滲漏)[16]도 없어서 일득(一得)하니 영득(永得)하여 여여부동(如如不動)하는 묘심(妙心)은 변이(變異)가 절대로 없나니, 이것을 인심(人心)을 직지(直指)하여 견성성불한다고 하느니라.

直透本來妙心하면 亘古亘今하고 湛然不動하야 萬年一念이요 一念萬年이라 永無滲漏하야 一得永得하야 無有變異하나니 乃謂之直指人心見性成佛이니라

『圓悟心要』(卍續藏經120, p.754a)

진망(眞妄)의 삼루(滲漏)가 영절(永絶)하여 담연(湛然)히 부동하는 열반묘심(涅槃妙心)은 천만년이 다하여도 변이(變異)가 없나니, 이 무심무념지가 참으로 견성이며 성불이다.

【 7-3 】

■진무심(眞無心)으로 상응하면 이는 구경의 낙착지(落著地)[17]이

---

13 그대로 꿰뚫어 철저하게 깨달음.
14 "옛날과 지금에까지 모두 길이 걸쳐 있고"
15 "고요히 움직이지 않아"
16 새어 나간다는 뜻으로 번뇌의 다른 말.
17 종착지.

다. 암두(巖頭)[18]는 "다만 무위무사(無爲無事)한 한한지(閑閑地)[19]만 수호한다."고 하였고, 운거(雲居)[20]는 말하기를, "천인만인중(千人萬人中)의 분잡(紛雜)[21]한 곳에 있어도 일인(一人)도 없는 것과 같이 무심하다."고 하였다. 조산(曹山)[22]은 또한 "고독(蠱毒)의 사향(死鄕)을 경과(經過)하는[23] 것과 같아서 한 방울의 물도 젖지 않는다." 하였다. 이것을 성태(聖胎)를 장양(長養)하는[24] 것이라 하며 오염할 수 없는 무심의 진경(眞境)이라 했다.

■ 장양성태(長養聖胎)의 일구(一句)는 어떻게 말하는고? 섬호(纖毫)[25]의 수학심(修學心)도 일으키지 않고 무상광중(無相光中)에 항상 자재하도다.

■ 與無心으로 相應하면 乃是究竟落著之地니 巖頭道하되 只守閑閑地라하며 雲居道하되 處千人萬人中에 如無一人相似라하며 曹山이 道하되 如經蠱毒之鄕하야 水也不得沾他一滴이라하니 謂之長養聖胎며 謂之汚染卽不得이니라

---

18 법명은 전활(全豁: 828~887). 덕산선감(德山宣鑑)의 법을 이어 스승을 능가하는 기봉을 폈으며, 사제 설봉의존을 깨닫게 한 인물.
19 한가롭고 한가로운 경지.
20 법명은 도응(道膺: ?~902), 탑호는 원적(圓寂). 일찍이 취미(翠微)스님을 참례하고 후에 동산양개(洞山良价)의 법을 이음. 운거산(雲居山)에서 크게 교화를 폄.
21 많은 사람이 북적거려 시끄럽고 어수선함.
22 법명은 본적(本寂 : 839~901), 시호는 원증선사(元證禪師). 동산양개(洞山良价)의 법을 잇고 무주 조산(曹山) 숭수원(崇壽院)과 하옥산에서 선법을 크게 떨침. 스승인 동산과 함께 일가를 이루어 조동종(曹洞宗)으로 불림.
23 "독벌레가 있는 죽음의 땅을 지나는"
24 "성태를 장양하는"에서 성태는 무심도인으로 보아야 한다.
25 매우 가느다란 털로서 아주 작은 사물을 비유적으로 이르는 말.

■長養聖胎一句는 作麼生道오 不起纖毫修學心하고 無相光中에 常自在로다

『圓悟心要』; 『圓悟佛果禪師語錄』2 (卍續藏經120, p.754a ; 大正藏47, p.719b)

일체 만념이 구멸(俱滅)한 무심지를 체득하면 무위무사(無爲無事)하며 한한적적(閑閑寂寂)할 뿐이다. 이 대휴헐처(大休歇處)에 안신(安身)한 달도자(達道者)는 천만(千萬) 군중(群衆)의 분요(紛擾)[26]함 속에 있어도 인영(人影)이 영절(永絶)한 심산궁곡(深山窮谷)[27]에 있는 것과 같이 신심(身心)이 안한(安閑)하다. 일적(一滴)의 독수(毒水)로 생명을 즉탈(卽奪)함[28]과 같이, 극미일념(極微一念)이라도 기동(起動)하면 자성을 매각(昧却)[29]하나 일득영득(一得永得)하여 여여불변(如如不變)하므로 미념(微念)도 기동(起動)치 않나니, 이렇게 대적멸장중(大寂滅場中)에서 유희자재(遊戱自在)하는 것이 정안종사들의 오후행리(悟後行履)[30]이다.

【 7-4 】

내심(內心)이 현명(玄冥)[31]하고 외경(外境)이 공적(空寂)한 연후에 대도(大道)에 증입(證入)한 바 있나니, 증입(證入)하고 나서는 증(證)도 또한 증(證)이 아니요 입(入)도 또한 입(入)이 아닌지라, 소연

26　어수선하고 소란스러움.
27　깊은 산속의 험한 골짜기.
28　"한 방울의 독물에 생명을 빼앗김"
29　제대로 보지 못하고 미혹해져 버림.
30　깨달은 다음에 하는 일.
31　'현명'에서 현(玄)은 현묘함, 맑음을 뜻하며 명(冥)은 어두움, 목숨을 의미한다. 중국 고대 사상에서는 북방을 관장하며 겨울을 관장하는 신의 이름으로 알려져 있다. 보통 불교에서는 '진리와 하나가 되어 있는 상태'를 의미한다.

(儵然)히 심통철투(深通徹透)하여 통저(桶底)가 함탈(陷脫)한³² 것과 같아야 비로소 무생무위(無生無爲)인 한한(閑閑)한 묘도(妙道)의 정체(正體)에³³ 계합(契合)하느니라.

心冥境寂然後에 有所證入하나니 及至證入之後하야는 證亦非證이요 入亦非入이라 儵然通透하야 如桶底脫하야사 始契無生無爲한 閑閑妙道正體니라

『圓悟心要』(卍續藏經120, p.771a)

활연(豁然)히 철증(徹證)하여 증적(證跡)도 부득(不得)하여야 구경대휴헐지(究竟大休歇地)인 무생무위(無生無爲)하여 한한무사(閑閑無事)한 도체(道體)에 계합(契合)한다. 암두(巖頭)의 '지수한한지(只守閑閑地)'는 무생무위(無生無爲)인 구경무심의 한한지(閑閑地)를 말함이니, 이로써 장양성태(長養聖胎)와 보임이천(保任履踐)³⁴의 진의(眞意)를 정해(正解)할 것이다.

【 7-5 】
대도(大道)를 체득한 고사(高士)는 무심을 철저히 심증(深證)한지라 비록 만반군기(萬般群機)가 일시에 내부(來赴)하여도³⁵ 어찌

---

32 "한순간에 깊이 통하고 철저하게 꿰뚫어서 통 밑바닥이 빠져 버린"
33 "한가하고 한가한 도 자체에"
34 '보임'은 '보호임지(保護任持)'의 준말. 깨닫고 난 이후에 깨달은 상태를 유지하며 행하는 모든 일.
35 "만 가지 일이 한꺼번에 닥쳐와도"

그 정신을 요동(搖動)하며 그 심려(深慮)를 간범(干犯)하리오.[36] 다만 한한(閑閑)한 심지(心地)만 수호하여[37] 우치(愚癡)함과 같으며 둔올(鈍兀)[38]함과 같으나 백사(百事)에 응임(應臨)하여서는[39] 급풍(急風)과 같이 선회(旋回)하며 비전(飛電)과 같이 활전(活轉)하여[40] 적기(的機)에 정당(正當)치 않음이[41] 없느니라.

得道之士는 徹證無心이라 雖萬機頓赴나 豈撓其神하며 干其慮哉아 只守閑閑地하야 如癡似兀하나 及至臨事하야는 風旋電轉하야 靡不當機니라

「圓悟心要」(卍續藏經120, p.701b)

한한지(閑閑地)는 철증무심(徹證無心)한 대휴헐처(大休歇處)의 표현이다.

【 강설 】

견성한 사람은 구경의 무심을 철저히 증득한 자이다. 설사 하늘과 땅이 뒤집히는 큰일이 벌어진다 해도 그런 사람에겐 아무 일도 없다. 그래서 보통 사람이 볼 때는 마치 멍텅구리 같고 둔한 바보 같아 보이기도 한다. 그러나 일에 닥쳐 법문을 한다든지 법거량을 할라치면 그 임기응변의 기봉이 번갯불처럼 빠르고 회오리바람처럼 매섭다.

---

36 "정신을 어지럽히지 못하며 그 깊은 생각을 침범하지 못한다."
37 "한가로운 마음만 지켜"
38 둔한 상태로 가만히 있음.
39 "온갖 일에 맞부딪쳐서는"
40 "돌풍처럼 돌며 번개처럼 살아 움직여"
41 "표적에 정확하게 들어맞지 않는 일이"

암두스님은 덕산스님⁴²의 상수제자인데 자기 스승인 덕산스님을 두고 종종 구업이나 일삼는 자라고 폄하하곤 했다. 그렇다고 암두스님이 덕산스님보다 나아서 그런 소리를 한 것이 아니다. 늘 자성을 잃어버리지 말라는 뜻이다. 이것이 법거량이다. 제자가 스승과 엇비슷하면 이는 스승의 반에도 미치지 못한 것이라 했다. 그 덕과 지혜가 스승을 능가해야 비로소 스승의 은혜를 갚는 것이라 했으니 덕산스님도 그와 같다 하겠다. 또한 임제(臨濟)⁴³스님도 대오한 후엔 감히 황벽스님의 뺨을 때리고 어린아이 다루듯 하였으니 이 또한 같은 예라 하겠다.

　스승의 무릎 아래에서 병든 양처럼 예, 예, 거리며 그저 눈치나 살피는 이는 올바른 자식이 아니다. 그렇다고 아무것도 모르면서 스승에게 함부로 덤비라는 말이 아니다. 바른 안목과 법에 있어선 스승에게조차 양보하지 말라는 소리다. 임제스님이 대우스님에게 주먹질을 하고 황벽스님에게 달려들어 뺨을 친 것도 그분들이 선 자리를 바로 알고 번개와 회오리 같은 임기응변의 기봉을 쓴 것이다. 그렇지 않고 겉모양만 흉내낸다면 그것은 어른에게 함부로 행동하는 어린아이의 치기와 불손에 지나지 않는다.

【 7-6 】

　극심처(極深處)에 도달하여서는 심(深)이 없으며 극묘처(極妙處)에

42　법명은 선감(宣鑑 : 782~865), 시호는 견성대사(見聖大師). 일찍이 율장을 깊이 연구하였고 『금강경』에 통달해 '주금강(周金剛)'이라 불림. 남방을 지나가다 떡 파는 노파의 충고로 용담숭신(龍潭崇信) 선사를 참례하고 크게 깨침. 걸림 없는 행과 거친 기봉으로 유명.

43　법명은 의현(義玄 : ?~867), 시호는 혜조선사(慧照禪師). 임제종(臨濟宗)의 개조(開祖). 황벽희운(黃蘗希運)의 법을 잇고 하북(河北) 진주성의 동남 호타하반(滹沱河畔)의 임제원(臨濟院)에서 선법을 선양하여 일가를 이룸.

서는 묘(妙)가 없어서, 대휴헐(大休歇)하며 대안온(大安穩)하며 섬진(纖塵)⁴⁴도 부동하고 다만 한한지(閑閑地)만 수호하며, 범성(凡聖)이 능히 측량(測量)치 못하며 만덕(萬德)이 장래(將來)하지⁴⁵ 못한 연후에 전법(傳法)의 발대자(鉢袋子)를 분부(分付)하느니라.⁴⁶

到極深處하야는 無深하며 極妙處하야는 無妙하야 大休歇大安穩하야 不動纖塵하고 只守閑閑地하야 凡聖이 莫能測하며 萬德이 不將來然後에 可以分付鉢袋子也니라

「圓悟心要」(卍續藏經120, p.726b)

극심극묘(極深極妙)의 대안온처(大安穩處)이자 대휴헐처(大休歇處)인 무심무념의 한한지(閑閑地)를 원증(圓證)하여야만 불조정전(佛祖正傳)을 계승한다. 만약 유심유념(有心有念)의 분분지(紛紛地)⁴⁷인 해오(解悟)에서 득도(得道)를 사칭하며 전법(傳法)을 자행한다면, 이는 미득위득(未得謂得) 미증위증(未證謂證)하는⁴⁸ 멸불종족(滅佛種族)⁴⁹이다.

【 강설 】
깊고도 깊은 구경의 무심을 증득하면 깊다 할 것도 없고 오묘하다 할 것도 없는 지경에 이르러 부처도 조사도 다 필요 없게 된다. 다들

44　가는 비단과 먼지. 아주 작고 조그만 것의 비유.
45　"만 가지 덕행으로도 이르지"
46　"법을 전하는 바리때를 맡길 수 있다."
47　시끄러운 상태.
48　"얻지 못하고서 얻었다고 하고 깨치지 못하고서 깨쳤다고 하는"
49　부처 종족을 없앰.

무언가를 얻지 못해 쉬지 못하고 편안치 못한데 부처도 조사도 다 필요 없는 사람이 있다면 그 사람보다 더 편안한 사람이 어디 있겠는가? 구경지를 체득한 대해탈도인은 이처럼 무위무사(無爲無事)하여 그저 한가롭고 한가로울 뿐이다. 이것이 보임이다.

그 한가롭고 한가로운 경지는 보통사람뿐 아니라 어떤 성인도 감히 짐작할 수 없다. 그 자리에선 부처님의 과덕인 32상 80종호조차 냄새 나는 똥 덩어리와 마찬가지이다. 여러 억천 겁을 닦아 얻은 덕상(德相)이라도 바로 깨친 이 자리에 오면 설래야 설 수가 없다. 이렇게 자성을 철저히 깨치고 구경각을 성취해 하는 일도 없고 할 일도 없는 한가로운 대해탈인이 아니면 선문에선 법을 전하지 않는다. 지킬 것이 있고 닦을 것이 남아 있다면 그것은 진정한 선가의 보임이 아니라는 말이다.

얻지 못하고서 얻었다 하고 깨치지 못하고서 깨쳤다 하는 것은 대망어죄(大妄語罪)로 바라이죄(波羅夷罪)[50]에 해당한다. 혹자는 무심을 철증하지 못해 망념이 완전히 제거되지 않았는데 견성했다 하고, 그 망심을 점차적으로 제거해 나아가는 것을 오후보임이라 한다. 그러나 고불고조의 말씀을 살펴보면 무심을 철저히 증득한 것을 견성이라 하고, 일체 망념이 일어나지 않아 할 일이 없는 대무심지를 보임이라 하였다. 고불고조의 뜻에 어긋난 말을 소리 높여 떠든다면 어찌 대망어죄가 아니겠는가? 비록 살생과 음행과 도둑질은 하지 않았지만 거짓말로 우리 불법을 헐고 망쳤으니 대역적임이 분명하다.

---

50 범어 pārājika의 음역으로 바라이(波羅夷)·바라시가(波羅市迦)·극악(極惡)·무여(無餘)·단두(斷頭)·불공주(不共住)라고도 함. 대중에서 추방되는 가장 극악한 죄. 살생(殺生)·투도(偸盜)·음행(婬行)·망어(妄語)의 4종이 있어 '4바라이'라 하고, 비구니는 여기에 마촉(摩觸)·8사성중(八事成重)·부장타중죄(覆障他重罪)·수순피거비구(隨順被擧比丘)의 네 가지를 더해 '8바라이'라 함.

【 7-7 】

무심지에 도달하면 일체의 망념과 정습(情習)이 구진(俱盡)하고[51] 지견(知見)과 해애(解礙)가 도소(都消)하나니[52] 다시 무슨 일이 있으리오. 그러므로 남전(南泉)[53]이 말하기를 "평상심이 도"라 하니라.

到無心地하면 一切妄念情習이 俱盡하고 知見解礙가 都消하나니 更有甚事리오 故로 南泉이 云平常心이 是道라하니라

『圓悟心要』(卍續藏經120, p.737a)

여기서 평상심이라 함은 망념정습(妄念情習)과 지견해애(知見解礙)가 탕진(蕩盡)한 대무심처(大無心處)이다. 미혹한 맹자(盲者)는 번뇌망상 등 중생 본연의 생멸심으로 착각하나니 참으로 장남작북(將南作北)[54]의 광견(狂見)이다.

【 강설 】

흔히 "평상심이 도"라고 하면 배고프면 밥 먹고, 추우면 옷 입고, 앉아서 부산도 생각하고 서울도 생각하는 그런 마음이 평상심이 아니냐고들 한다. 그것은 평상심을 꿈에도 모르고 하는 소리다. 그래서 원오 스님이 "무심지를 철저히 증득해 구경각을 성취한 것이 평상심이다."라

---

51 "모든 망념과 중생의 습성이 다 없어지고"
52 "지견과 알음알이가 모두 사라지니,"
53 법명은 보원(普願 : 748~834). 마조도일(馬祖道一)의 법제자로 속성을 따 왕노사(王老師)로 불림. 795년 지양(池陽)의 남전(南泉)에 선원을 짓고 30년 동안 산을 내려오지 않으며 종풍을 선양함.
54 남쪽을 북쪽이라 우김.

고 말씀하신 것이다. 무심지를 철저히 증득해 참으로 하는 일 없고 할 것도 없는 그런 마음을 평상심이라 했지 망상이 죽 끓듯 하는 마음을 평상심이라 한 것이 아니다. 혹자는 "일상에 쓰는 마음이 그대로 평상심이지 무슨 무사무위의 마음을 일컫는 말이겠는가?" 하며 나를 외도로 취급할지도 모르겠다. 그러나 일체의 망념과 훈습이 다 끊어진 구경의 무심이 평상심이라고 원오스님께서 분명히 밝히지 않았는가?

어떤 이가 평상심이란 말을 자주 쓰기에 한번은 그 평상심이 대체 뭐냐고 물어본 적이 있다. 그이의 대답이 하루 종일 이러기도 하고 저러기도 하는 바로 그런 마음이라고 하였다. 참으로 가소로운 이야기이다. 그것은 평상심이 아니라 생멸하고 기동하는 망상심이다. 망상이 여전하고도 견성이라 돈오라 떠들듯이 생멸심을 평상심이라 일컬으니 이처럼 전도될 수 있단 말인가?

이런 전도된 견해를 가진 이들이 헤아릴 수 없이 많다. 진실한 평상심이란 원오스님의 말씀처럼 일체 망상과 정식이 다 끊어진 대무심지이다. 대무심지를 일컬어 마조스님이 늘 평상심이 도라 하고, 남전스님이 평상심이라 거론한 것이다. 그 말씀을 함부로 해석해 끊임없이 일어났다 사라지며 요동치는 번뇌망상의 마음을 평상심이라 해선 결코 안 된다. 그런 마음을 평상심이라 한다면 부처님도 망상심으로 생활하셨다는 말이 되지 않겠는가?

【 7-8 】

지실(至實)[55]한 평상의 대안온처(大安穩處)에 도달하면 요연(了然)

---

55 궁극의 진실.

히 섬개(纖芥)도 가히 소득(所得)한 것이 없고,⁵⁶ 다만 이같이 처소(處所)를 따라서 자유로이 안온(安穩)하나니 진실로 무심도인(無心道人)이다. 이 무심을 보임(保任)하여 구경에 불(佛)도 또한 존재하지 않는데 무엇을 불러 중생이라 하며, 보리도 또한 성립되지 않거늘 무엇을 불러 번뇌라 하리오. 소연(翛然)히 영탈(永脫)하며 때에 순응(順應)하여 자재하니 밥을 만나면 밥을 먹고 차를 만나면 차를 마신다. 설사 분잡(奔雜)한 시정(市井)에 처하여도 적정(寂靜)한 산림(山林)과 같아서 당초(當初)에 2종(二種)의 견해가 없다. 설사 연화대상(蓮華臺上)에 모셔도 흔열(忻悅)하지 않으며,⁵⁷ 구천지하(九泉之下)에 억폐(抑閉)하여도 혐염(嫌厭)하지 않는다.⁵⁸

到至實平常大安穩處하면 了無纖芥可得하고 只恁麽隨處輕安하나니 眞無心道人也라 保任此無心하야 究竟에 佛亦不存이어니 喚甚麽作衆生이며 菩提도 亦不立이어늘 喚甚麽作煩惱리오 翛然永脫하야 應時納祐하야 遇飯喫飯하며 遇茶喫茶니라 縱處闤闠하야도 如山林하야 初無二種見하야 假使致之蓮華臺上하야도 亦不生忻이오 抑之九泉之下하여도 亦不起厭이니라

『圓悟心要』(卍續藏經120, p.763a)

무심도인(無心道人)의 무애자재한 대적삼매(大寂三昧)가 보임(保任)이

---

56 "티끌이나 겨자씨만큼도 얻을 만한 것이 없고,"
57 "부처님 앉으시는 자리인 연화대 위에 모셔도 기뻐하지 않으며,"
58 "깊은 지옥에 가두어도 싫어하지 않는다."

며 장양(長養)이니, 이는 망멸증진(妄滅證眞)하여 구경각을 성취한 후의 생활이다.

【 강설 】

　일체 망념을 다 끊어버린 대무심지가 대안온처이며 일체에 걸림 없는 대해탈경계이다. 이것이 바로 무심도인의 경계이고 평상심이다. 보임이란 이 무심을 보임하는 것임을 원오스님께서 분명히 밝히셨다. 무심지를 체득한 해탈도인은 시절인연의 형편에 따라 자유자재하다. 어떻게 자유자재한가? 밥 먹을 자리이면 밥을 먹고 차 마실 자리이면 차를 마신다. 그럼 우리라고 밥을 먹지 않고 차를 마시지 않는가? 겉모양은 같지만 범부는 온갖 망상 속에서 밥을 먹고 차를 마시며, 해탈도인은 일체 망념을 떨쳐버린 대무심지, 대무사지, 대해탈지, 대안온처에서 밥을 먹고 차를 마신다. 그럴 때라야 차맛도 바로 알고 밥맛도 제대로 알 수 있다. 죽 끓듯 하는 번뇌와 망상에 휩싸인 사람이 어떻게 차맛을 바로 알고 밥맛을 바로 알 수 있겠는가? 숟가락 바로 들고 밥을 바로 먹고 밥맛을 바로 알며, 찻잔을 바로 들고 차를 바로 마시고 차맛을 바로 알려면 바르게 깨쳐 대해탈을 성취해야만 한다. 그러기 전에는 밥숟가락도 바로 잡을 수 없고 찻사발도 바로 들 수 없다. 내가 늘 하는 말이 있다.

　"중노릇 제대로 하는 것이 무엇인가? 밥숟가락 제대로 잡을 줄 알고 찻잔 바로 들 줄 알면 그 사람이 공부를 성취한 사람이다."

　그런 이는 겉보기엔 평범하다. 때론 어린아이처럼 화를 내고 사소한 일에 기뻐하기도 한다. 그러나 그 마음은 대해탈처에서 늘 안온하고 무심하다. 그런 부사의대해탈경계(不思議大解脫境界)가 보임이다. 아직까지 무언가 남아 있어 닦고 배우고 익힌다면 그것은 견성도 아니고 무심도 아니며 보임도 아니다. 또한 분주한 것을 싫어하고 조용한 것을 좋아하는 마음이 있다면 그것 역시 바로 깨친 것이 아니다. 바로 깨친 사람은 조용한 곳에 있어도 조용함을 모르고 분주한 곳에 있어도 분주함을 모른다. 조용함과 분주함 둘 다 초탈한 사람이 바로 깨친 사람이다. 바로 깨쳐 무심을 보임하는 이에게 어찌 조용함과 분주함만 없겠는가? 끝끝내 무심하여 부처를 찾아도 부처를 찾아볼 수 없고 조사를 찾아도 조사를 찾아볼 수 없을 것이니, 설사 성인이라고 칭송을 받더라도 기뻐함이 없고 험악한 지옥에 떨어져 온갖 고초를 겪는다 하더라도 끝끝내 무심하여 싫어함이 없는 것이다. 이처럼 무심을 철저히 증득하여 그 마음이 탕탕무애자재한(蕩蕩無礙自在漢)[59]이라야 해탈도인이라 할 수 있다.

앞의 내용을 다시 한 번 정리해 보자. 무심도인의 무애자재한 대적정삼매가 보임이요 성태를 기름임을 원오스님께서 분명히 밝히셨다. 이것이 바르게 견성한 사람, 즉 일체의 번뇌망상이 다 제거되어 진여자성을 철저히 증득한 사람의 생활이다. 흔히 망상 부리다가 투명하고 맑은 경계가 조금 나타나고 견해가 좀 밝아진 듯하면 견성으로 오해하고 착각한 이들이 많은데, 그것은 견성이 아니다. 일체 망념이 다 끊어지고 망념이 끊어졌다는 자취마저 없어진 경계, 푸른 하늘처럼 맑고 맑은 경계마저도 초탈한 대무심지가 진정한 견성이고 구경각이다.

또한 망상을 차근차근히 없애 가는 과정을 보임으로 오해하는 이들이 있는데, 보임이란 망상이 다 제거된 무심 속에서 자유자재한 생활을 영위해 나아가는 것이다. 어느 부처님과 어느 조사가 망상이 여전

---

59 넓고 넓어 거칠 것이 없이 자유로운 사람.

한 것을 두고 견성이라 보임이라 했단 말인가? 이는 원오스님 개인의 견해가 아니다. 부처님과 조사들의 글과 뜻을 상세히 살피고 당신의 깨달음에 바탕을 두고 하신 진실한 말씀이다. 크게 쉬어 할 일이 없는 대무심지의 자유자재한 생활이 진정한 보임임을 명심해야 할 것이다.

【 7-9 】

자성의 실지(實地)를 답착(踏著)하여[60] 무사안온(無事安穩)한 곳에 도달한 때에는 심중(心中)에 허가(虛假)한 공부[61]가 없다. 면면부절(綿綿不絶)하여 사호(絲毫)도 삼루(滲漏)하지 않고,[62] 응연(凝然)히 담적(湛寂)하여[63] 불조(佛祖)도 지득(知得)할 수 없으며 마외(魔外)도 제휴(提携)[64]하지 못한다. 이것은 무소주(無所住)의 대해탈에 자주(自住)함[65]이니, 비록 궁겁(窮劫)을 경력(經歷)하여도 또한 여여불변(如如不變)하거늘 하물며 진연(塵緣)[66]이 다시 있으랴.

脚踏實地하야 到安穩處時엔 中無虛假底工夫하야 綿綿不漏絲毫하고 湛寂凝然하야 佛祖莫知요 魔外無提라 是自住無所住大解脫이니 雖歷窮劫하야도 亦只如如地어니 況復諸緣耶아

『圓悟心要』(卍續藏經120, p.703a)

---

60 "자기 본성의 실제 자리를 직접 밟아"
61 "마음속에 헛되고 거짓된 공부"
62 "빈틈없고 끊임없어 실낱만큼도 새지 않고,"
63 "그대로 단정하게 고요하여"
64 행동을 함께하기 위하여 서로 붙들어 도와줌.
65 "머무를 것도 없는 대해탈에 스스로 머무는 것"
66 마음의 대상인 경(境)을 진(塵)으로 표현하듯이 마음의 반연을 일으키는 대상을 말함.

억천만겁(億千萬劫)토록 여여불변(如如不變)한 대해탈경계가 무심안락인(無心安樂人)의 일상행리(日常行履)[67]이다.

【 강설 】

　견성이란 이미 일체 망념을 다 제거한 대무심경계, 대해탈경계, 구경각이기 때문에 다시 헛된 공부가 있을 수 없다. 부처님과 조사들께서 실제로 증험하신 진여삼매(眞如三昧), 해인삼매(海印三昧)만이 있을 뿐이다. 이 삼매는 한 번 얻으면 영원히 얻어 잃는 법이 없으므로 억만겁을 지난다 하더라도 한 생각이 여여부동하다. 그 여여부동한 경계는 추호의 망념도 일어나지 않는 대무심지이다. 자성을 바로 깨친 이 청정무구한 경계는 부처와 조사도 알아차릴 수 없다.

　여기에서 또한 명심할 것이 있다. "부처와 조사도 알 수 없다 하였는데, 내가 감히 어찌 알겠는가?" 하고는 물러서라는 말이 아니다. 부처와 조사도 알아차릴 수 없다고 한 그 경계를 반드시 알아야 한다. 그 경계는 일체의 지식과 이해가 미치지 못하고 허용되지 않는다는 말이지 몰라도 된다는 말이 아니다. 누구든 견성해서 구경각, 대열반, 대무심을 확실히 증득하면 그 경계는 부처와 조사도 엿볼 수 없다. 하물며 마구니와 외도야 말할 것이 있겠는가? 부처를 구함도 조사를 구함도 없는 그런 대무심지를 머무는 바 없는 대해탈경계라 한다. 그 경계는 억천만겁토록 여여불변해서 영원토록 자유자재한 경계이다. 이것이 실지에서 바로 깨친 사람, 견성한 사람의 실제 경계이다.

　만약 이렇지 못하다면 그것은 깨친 것도 아니고 견성한 것도 아니며

67　평소에 하는 행동.

보임도 아니다. 망상이 여전한데도 깨쳤다고 하거나 깨치고 나서 차근차근 망상을 없애 나아가는 것을 오후보임이라 하는 이들은 고불고조의 말씀을 제대로 살피지 못하고 함부로 망설을 늘어놓는 것이다. 고불고조의 정견에 근거할 때, 견성은 일체 망념이 다 끊어진 대열반경계, 대무심경계를 실증한 것이다. 이것이 깨달음이다. 또 견성했을 때의 그 대무심경계에서 온갖 일상사를 자유자재하게 영위하는 것이 오후보임이다. 뭔가 부족한 점이 있어 보충하기 위해 노력하고 있다면 그것은 올바로 견성한 것도 아니고 참다운 공부도 아니며 보임도 아니다. 그런 견성과 보임은 참다운 견성과 보임에는 까마득히 미치지 못한다.

【 7-10 】

심중(心中)에 일물(一物)도 잔류(殘留)하지 않으면[68] 직하(直下)에[69] 목석(木石)과 같은 무심인(無心人)이 되어서 우치둔올(愚癡鈍兀)함과 같아 승해(勝解)[70]를 내지 않는다. 양래(養來)하고 양거(養去)하여[71] 생사를 관하되 심히 무사한가(無事閑暇)로움과 같아 문득 조주(趙州)[72] · 남전(南泉)과 덕산(德山) · 임제(臨濟)와 더불어 동일한 견지(見地)에 서게 되니, 간절히 스스로 보임(保任)하여 이 무생무

---

68 "마음속에 한 물건도 남겨 두지 않으면"
69 당장에.
70 대상경계에 대하여 수승한 해(解)라는 의미로서 옳고 그름[是非]과 바르고 잘못된 것[邪正]을 살펴 결정하는 마음의 작용.
71 "길러 오고 길러 가서" 즉 "계속 잘 길러서"
72 법명은 종심(從諗 : 778~897), 시호는 진제대사(眞際大師). 남전보원(南泉普願)의 법을 이어 조주(趙州) 관음원에서 종풍을 선양. 그 기봉이 드높아 '천하조주(天下趙州)', '조주고불(趙州古佛)'로 불리며 널리 선문의 존경을 받음.

위(無生無爲)의 대안락한 경지에 단거(端居)[73]하느니라.

心中에 不留一物하면 直下에 似箇無心底人하야 如癡似兀하야 不生勝解라 養來養去하야 觀生死하되 甚譬如閑하야 便與趙州 南泉과 德山臨濟로 同一見也니 切自保任하야 端居此無生無爲 大安樂之地니라

『圓悟心要』(卍續藏經120, p.776a)

무생무위(無生無爲)인 대안락의 해탈경계에서 우유자재(優遊自在)하는 것이 보임(保任)이다.

【 강설 】

마음속에 한 물건도 남아 있지 않은 경계란 망상뿐 아니라 부처도 조사도 찾아볼 수 없고 부처니 진리니 하는 견해조차 남아 있지 않은 대무심경계, 대해탈경계를 말한다. 대무심지에 노니는 이는 잡된 번뇌 망상뿐 아니라 수승한 지해(知解)조차 일으키지 않아 겉보기에 흡사 생기 없는 무정물이나 둔하고 어리석은 사람처럼 보이기도 한다. 그러나 그는 대무심경계에서 자유자재하게 생활하며 성태를 기른다. 억천만겁을 지나도 조금도 변동 없는 대해탈경계에서 노니니 그에겐 죽고 사는 일도 오히려 사소한 일이다.

대조사로 추앙받는 임제·조주·남전·덕산·임제스님 등과 더불어 똑같은 경계를 체득하여 동일한 세계에서 노닐며 생활하게 되니 그런 사

---

73 확고하게 머묾.

람이라야 비로소 보임하는 이라 말할 수 있다. 무생법인을 증득해 일체 만법이 나지 않으니 부처라는 견해, 진리라는 견해조차 생기지 않는다. 따라서 아무 할 일이 없다. 모든 법을 성취해 불견(佛見), 법견(法見)도 설 수 없고 부처도 조사도 설 수 없는데 무슨 할 일이 있겠는가? 아무 할 일이 없으니 곧 천하가 태평한 대안락지(大安樂地)이다. 그런 사람이라야 크게 편안한 사람이다. 망상이나 욕심이 남아 있어 배우고 노력할 것이 있다면 무생·무위가 될 수 없다. 그런 이에겐 해야 할 무언가가 늘 있어서 그 마음을 재촉하며 끊임없이 요동치게 한다. 무생을 철증한 사람이라야 일없는 무위의 경계에 노닐며 크게 편안할 수 있다. 이것이 진정한 오후보임이다.

깨쳤다고 하면서 번뇌가 여전히 일어나고 또 일어나는 번뇌망상과 싸우며 보임이라고 한다면 이는 변죽에 변죽을 울리는 어처구니없는 짓이다. 이런 소견을 가진 사람은 가시덤불 속에 앉아 있는 것과 마찬가지다. 스스로 깨쳤다곤 하지만 끊임없이 일어나는 번뇌망상이 성가신 가시처럼 사방에서 엄습해 오니 그 앉은 자리가 어찌 편할 수 있겠는가? 그것은 깨달음도 보임도 아니다. 진실한 깨달음은 대무생(大無生)·대무심(大無心)·대열반(大涅槃)을 증득하는 것이다. 그런 사람이라야 일체를 해탈한 한가로운 도인이 되어 대안락·대자유를 누리며 보임할 수 있다. 망상을 없애느니 번뇌를 다스리느니 정과 혜를 쌍으로 닦는다느니 하는 것은 보임이 아니다. 부디 사람을 죽이는 비상과 같은 사견에 빠지지 말고 고불고조께서 바로 전한 정견을 따르길 바란다.

【 7-11 】
일념도 불생하고 전후제(前後際)가 단절한 심처(深處)에 도달하여

맥연(驀然)히⁷⁴ 투철(透徹)하여 통저(桶底)가 탈락함⁷⁵과 같아서 환희한 처소가 있으면 극오(極奧)하고 극심(極深)하여 본지(本地)의 풍광(風光)을 답착(踏著)하고 본래의 면목을 명견(明見)하여 천하노화상(天下老和尙)의 설두(舌頭)를⁷⁶ 의심하지 않는다. 일체를 좌단(坐斷)⁷⁷하며 파주(把住)⁷⁸하여 무심과 무사(無事)로 장양(長養)한다. 이육시중(二六時中)⁷⁹에 허과(虛過)하는⁸⁰ 공부가 없어서 심심(心心)에 촉물(觸物)하지 않고 보보(步步)에 처소가 없나니,⁸¹ 이것이 참으로 만사를 요필(了畢)한 출진(出塵)한 납승이다.⁸²

到一念不生하고 前後際斷處하야 驀然透徹하야 如桶底脫하야 有歡喜處하면 極奧極深하야 踏著本地風光하며 明見本來面目하야 不疑天下老和尙의 舌頭니라 坐得斷把得住하야 以無心無事로 養之라 二六時中에 無虛過底工夫하야 心心不觸物하며 步步無處所하나니 便是箇了事衲僧也니라

『圓悟心要』(卍續藏經120, p.735a)

일념불생하는 심오한 경계에서 활연대오(豁然大悟)하여 본래면목 즉

---

74 쏜살같이 빠르게, 금세.
75 "통 밑바닥이 빠짐." 번뇌에서 완전히 벗어나는 것을 비유. 대오(大悟)함을 뜻함.
76 "천하의 노스님들의 혀를" 즉 "천하 노스님들의 이야기를." '두(頭)'는 접미사.
77 꼼짝 못 하게 함. 완전히 부정함. 좌(坐)는 좌(挫)의 와전. 당대(唐代)에는 좌단(挫斷)이라고 쓰는 경우가 많았으나 송(宋) 이후에는 좌단(坐斷)으로 통일됨.
78 파정(把定)이라고도 함. 붙잡다.
79 이육(二六)은 12이므로 "12시 중에" 곧 "하루 종일"
80 "헛수고하며 그냥 보내는"
81 "마음마다 대상에 걸리지 않고 걸음마다 머무르는 곳이 없으니,"
82 "만사를 해결하고 번뇌를 벗어난 납승이다."

자성을 철견(徹見)하고 무심(無心)과 무사(無事)로 장양성태(長養聖胎)하는 것이 불조도 규지(窺知)⁸³할 수 없는 정안납승(正眼衲僧)의 불가사의한 오후보임(悟後保任)이다.

【 강설 】

'한 생각도 일어나지 않는다' 함은 6추의 거친 망상뿐 아니라 3세의 미세한 망상까지 일어나지 않는 것이다. 따라서 10지와 등각도 일념불생(一念不生)이 아니다. 왜냐하면 제8아뢰야식의 미세무명이 그대로 남아 있기 때문이다. 10지와 등각을 초월해 정각을 성취하고 나서야 비로소 본지(本地), 즉 자성의 본래면목을 확연히 보게 된다. 천하노화상들의 법문은 구경각을 성취한 뒤 대적삼매(大寂三昧)에 들어 하신 말씀이기 때문에 대적삼매를 성취하지 못한 자들은 그 법문을 올바로 알아들을 수 없다. 소리야 듣겠지만 그 정확한 뜻은 알 길이 없으니 제각기 알음알이로 사량해 곡해하기 일쑤다.

그러나 구경각을 성취하고 똑같은 대적삼매에 들어 그 법문을 듣는다면 의심하려야 의심할 수가 없다. 맑은 하늘 빛나는 태양처럼 너무도 분명하다. 그런 사람은 시방법계는 물론 부처와 조사도 앉은 자리에서 몽땅 끊어버릴 수 있다. 그런 경계를 성취한 뒤 자유자재하게 생활하며 성태, 즉 바르게 깨친 그 자리를 길이 보존하는 것이다. 길이 보존한다는 것도 무심(無心)과 무사(無事)로 기르는 것이지 보호하고 지킬 무엇이 있어 애를 쓰고 노력한다는 말이 아니다. 이런 대해탈인의 오후보임 경계는 불견과 법견도 넘볼 수 없는 신묘한 경계이다. 이

---

83 엿보아 알다.

런 신묘한 경계를 두고 뒤범벅된 번뇌망상의 정식(情識)으로 이러니저러니 억측하고 사량한다면 이는 봉사가 그림을 평하는 것과 똑같다. 봉사라면 모름지기 눈뜰 생각을 간절히 해야 한다. 눈 감고 지긋이 앉아 검으니 푸르니 적절하니 부당하니 떠들어서 도대체 어쩌겠다는 것인가? 그런 봉사의 평은 일고의 가치도 없다. 모름지기 견성해서 무심을 철저히 증득하는 공부에 힘을 써야지 깨닫고 난 뒤의 일을 두고 이러니저러니 억측하거나 선지식의 경계를 평하는 일은 절대 삼가야 한다.

【 7-12 】

곧 대사(大死)[84]한 사람과 같아서 기식(氣息)이 단절된 연후에 소성(甦醒)[85]하면 비로소 확연(廓然)히 태허(太虛)와 동일함을 알아야 바야흐로 실지(實地)를 답착(踏著)하는 데 도달한다. 차사(此事)를 심심철증(深深徹證)하여 등한(等閑)에 탕탕무애(蕩蕩無礙)하여 백부지(百不知)하고 백불회(百不會)하나니,[86] 반드시 축착(築著)[87]하게 되면 문득 녹록(轆轆)히 활전(活轉)한다.[88] 다시는 구제(拘制)[89]

---

84 완전히 죽음.
85 다시 살아나 깨어남.
86 "아무것도 알지 못하고 아무것도 이해하지 못하니,"
87 흔히 '축착합착(築著嗑著)'으로 쓴다. 축은 가득하다는 뜻, 합은 돌이 맞부딪치는 소리, 착은 말을 강하게 하는 어조사. 가는 데마다 가득하여 여기서도 부딪치고 저기서도 부딪쳐서 전후좌우의 어느 곳에서든 그 물건과 만난다는 뜻. 축착에는 차다, 찍어누르다, 튕기다의 뜻도 있어서 축착합착은 내질렀다 두드렸다 하는 모습으로도 쓰인다.
88 '녹록'은 '전록록지(轉轆轆地)'로 쓴다. 수레바퀴의 자취, 또는 바퀴 굴러가는 소리. 자유롭게 잘 굴러 걸림이 없는 것. "바퀴가 잘 구르듯 살아 구른다."
89 구속과 제약.

도 없고 또한 방소(方所)⁹⁰도 없어서 요용(要用)하면 편용(便用)하고 요행(要行)하면 편행(便行)하는데,⁹¹ 다시 무슨 시비득실(是非得失)이 있으리오. 상(上)으로 통투(通透)하고 하(下)로 철저(徹底)하여⁹² 일시에 수섭(收攝)하나니, 심현(深玄)한 이 무심경계를 어찌 용이(容易)히 이천(履踐)하며 주박(湊泊)하리오.⁹³ 이것은 모름지기 과량대인(過量大人)⁹⁴이라야 한다.

直似大死底人하야 絶氣息然後에 甦醒하면 始知廓同太虛하야 方到脚踏實地니라 深證此事하야 等閑蕩蕩地하야 百不知百不會하나니 纔至築著하면 便轉轆轆이라 更無拘制하며 亦無方所하야 要用便用하며 要行便行하나니 更有甚得失是非이리오 通上徹下하야 一時收攝하나니 此無心境界는 豈容易履踐湊泊이리오 要須是箇人始得다

『圓悟心要』(卍續藏經120, p.737b)

오후이천(悟後履踐)은 심증차사(深證此事)하야⁹⁵ 임운자재(任運自在)한⁹⁶ 대무심경계에 있으니, 대사대활(大死大活)한 절학무위한도인(絶學無爲閑

90　정해진 장소.
91　"쓰고 싶으면 곧바로 쓰고, 가고 싶으면 바로 가는데,"
92　"위로 가장 높은 곳을 완전히 꿰뚫고 아래로 가장 낮은 곳까지 닿아" 또는 "위 아래로 철저히 통하여"
93　"쉽게 밟아 도달하겠는가."
94　주어진 한계를 벗어난 큰 사람.
95　"깨닫고 난 다음의 생활은 이 일을 깊고 깊이 철저히 깨쳐"
96　'임운'은 아무런 조작이나 인위적인 힘을 첨가하지 않는 것. 법이(法爾), 여연(如然), 자연(自然), 으레라는 뜻.

道人)이라야 한다.

【 강설 】

　공부를 부지런히 하다 보면 끊임없이 이어지던 번뇌망상이 고요히 사라지는 무심경계를 맛보게 된다. 그러나 그런 무심경계마저 완전히 떠나야 참다운 공부이다. 무심경계에 주저앉아 버리면 그것은 참다운 깨달음이 아니다. 옛 말씀에 "무심을 도라 하지 말라. 무심이라 해도 한 겹의 큰 관문이 남아 있느니라."고 하였다. 무심을 깨쳤다 해도 무심경계에 머문다면 견성 즉 깨달음이 아니라 했는데, 하물며 무심도 증득하지 못해 번뇌망상이 왔다 갔다 하면서 도를 깨쳤다 하고 견성했다 해서야 되겠는가? 그것은 공부하다 병이 생겨 남쪽을 북쪽이라 하듯 크게 착각하고 오인한 것이다. 바로 깨친 사람이면 죽은 송장처럼 온갖 망상이 다 떨어진 무심경계가 된다. 또한 그런 무심경계마저 머물지 않고 초연히 벗어난다. 죽은 송장처럼 철저한 무심경계, 그런 깊은 경지에서 눈을 떠 확연히 깨치는 것이 견성이다. 그때 비로소 깨친 경지가 끝없는 허공처럼 탁 트이는데, 바로 깨친 경지에서 보면 그런 태허조차 바늘구멍에 지나지 않는다. 부처님께서도 말씀하셨다.

　"끝없는 허공의 다함없는 법들이 생겨나는 것을 대각 가운데서 보니 물 위에 거품 하나 생겨나는 것과 같더라."

　크게 깨친 경지에서 보면 저 허공도 바다 위의 작은 물거품에 지나지 않는 법이다. 끝없는 대해와 작은 거품을 비교나 할 수 있겠는가? 그러니 끝없는 깨달음의 바다는 참으로 불가설 불가설이라 설명을 하면 모조리 거짓말이 되고 만다. 말로 표현할 수도 없고 형상을 나타내 보일 수도 없으니 물맛을 알고 싶으면 스스로 먹어 보는 수밖에 없다.

스스로 깨쳐야 아는 것이지 깨치기 전에는 천불(千佛)이 출세해 미래제가 다하도록 설명한다 해도 털끝만큼도 설명하지 못한다.

이런 깊은 무심경계를 체득한 이는 겉보기에는 마치 아무것도 모르는 멍텅구리처럼 보인다. 그러나 누군가 법을 물어오거나 어려운 일을 겪게 되면 번갯불도 미치지 못할 만큼 빠르고 날랜 기봉으로 척척 해결해 나아간다. 이런 이가 크게 죽었다가 크게 살아난 자이다. 이렇게 살아야 한다. 환한 대낮에도 이리 부딪치고 저리 부딪치며 넘어지고 엎어지기 일쑤인 봉사처럼 망상 가운데서 한 번 웃고 한 번 우는 삶을 어찌 삶이라 하겠는가? 두 눈을 바로 뜬 이라면 넘어질 일이 무엇이 있겠으며 구애될 일이 무엇이 있겠는가? 그런 이라면 작은 풀 한 포기 한 줌의 흙덩어리도 황금처럼 귀하게 쓰는 자유자재한 경지를 누리게 된다. 그런 대자유인에게 다시 무슨 얻고 잃음과 옳고 그름이 있겠는가? 그는 한마디 말로 온갖 진리를 온전히 다 드러낼 수도 있고 작은 티끌 하나에서 일체 경계와 일체 법문을 훤히 다 볼 수도 있다.

이런 무심경계 대열반경계를 어떻게 성취하여 보임할 수 있을까? 모름지기 제8아뢰야식의 근본무명까지 완전히 끊어야만 하리라. 10지와 등각도 계단과 사다리를 밟고 올라가는 사람이니 10지와 등각마저 완전히 초월한 과량인(過量人)이라야 가능하리라. 이런 해탈인의 무애자재한 삶은 일체의 번뇌망상, 부처와 조사의 경계마저 뛰어넘어 크게 살아난 자에게만 허용되는 것이다. 부처와 조사도 뛰어넘지 못하고서 무애자재를 말하고 흉내낸다면 이 얼마나 어처구니없는 짓이겠는가?

【 7-13 】

심성의 근원을 직절(直截)하여 다시는 의의(依倚)가 없고,[97] 지견(知見)과 해애(解礙)를 탈각(脫却)하여 정예2변(淨穢二邊)에 구애(拘礙)되지 않아서[98] 무상(無上)의 진종(眞宗)을 초증(超證)하여 무위무작(無爲無作)을 이천(履踐)[99]한다.

直截根源하야 更無依倚하고 脫却知見解礙하며 不拘淨穢二邊하야 超證無上眞宗하야 履踐無爲無作이니라

『圓悟心要』(卍續藏經120, p.766a)

무심무념의 무상진종(無上眞宗)을 초증(超證)하여 무위무작(無爲無作)을 이천(履踐)하는 것이 불조정전(佛祖正傳)의 오후보임(悟後保任)이다.

【 강설 】

자성의 근원을 바로 깨치면 의지하는 것이 없다. 부처도 조사도 법도 의지하지 않고, 지혜도 견해도 일체 다 해탈해 버린다. 그러면 청정한 무심이 되는데 거기에 머물면 그 청정함도 곧 때가 된다. 티 없는 허공과 같은 저 청정한 경계에도 머물지 않고 훌쩍 벗어나야만 참으로 바로 깨친 자리이다. 그것을 모르는 사람은 망상이 없는 청정한 경계가 나타나면 그만 그 청정함에 구속되어 버린다. 그것은 견성이 아니고 돈오가 아니며 바로 깨친 것이 아니다.

---

97 "심성의 근원에 곧바로 들어가 다시는 의지함이 없고,"
98 "지견과 알음알이의 장애를 벗어 버려 깨끗함과 더러움의 양 극단에 걸리지 않아서"
99 실제로 행함. 이행(履行).

허공처럼 깨끗한 경계마저 부셔버리고 초월한 사람이라야 참으로 바로 깨친 사람이다. 이런 자라야 자유자재할 수 있는 요량이 있다. 그런 사람은 하는 일도 할 일도 없다. 모든 것을 성취했으니 다시 무슨 일이 있겠는가? 이런 편안하고 자유자재한 생활을 이어가는 것이 바로 참다운 보임이다. 허공처럼 청정한 경계마저 벗어나야 하는데 잔뜩 긴 구름처럼 번뇌망상이 우글우글한 것이야 말해 무엇하겠는가?

【 7-14 】

만약 일념에 자성을 원증(圓證)하여 염념(念念)이 수행(修行)하면 수(修)함이 없이 수(修)하며 작(作)함이 없이 작(作)하는지라 일체의 경계에 집념(執念)치 않으며 애착치 않아 선악의 업연(業緣)에 계박(繫縛)되지 않아서 대해탈을 얻는다. 사후(死後)에 이르러서는 소연(翛然)히 독탈(獨脫)하여[100] 전정(前程)이 명랑(明朗)하여[101] 겁겁생생(劫劫生生)에 자기를 미매(迷昧)[102]하지 않느니라.

若一念圓證하야 念念修行하면 以無修而修하며 無作而作이라 於一切境에 不執不著하야 不被善惡業緣縛하야 得大解脫하나니 到百年後에는 翛然獨脫하야 前程이 明朗하야 劫劫生生에 不迷自己니라

『圓悟心要』(卍續藏經120, p.750b)

---

100 "한순간에 혼자 호젓이 벗어나"
101 "앞길이 밝아서"
102 미혹하여 어두움.

오후(悟後)의 수행은 자성을 원증(圓證)하여 구경무심을 성취한 후에 시작되나니, 이는 자재해탈이며 자재삼매이다.

【 강설 】

증득에는 원증(圓證)과 분증(分證) 두 가지가 있다. 모든 부처님과 조사들은 일체를 원만히 깨달아 성취하므로 원증이라 하고, 10지보살을 비롯한 여러 성인들은 공부한 바에 따라 조금씩 부분적으로 성취하므로 분증이라 한다. 여기서 거론하는 '증득'이란 원증을 말하는 것이지 분증을 말하는 것이 아니다. 혹 이것을 아직 도상(途上)에 있는 3현 성인들의 분증이라 오해한다면 이는 해오를 견성이라 여기는 것과 마찬가지다.

선종에서의 견성은 증오 즉 원증을 말하는 것이다. "견성하면 모든 것을 원만히 증득한다고 했는데 다시 무슨 수행이 필요한가?" 하고 생각할 수 있다. 또한 '수행을 한다'는 표현 때문에 혹 "깨달은 뒤에도 수행이 필요한 것은 아닐까?" 하고 오해하는 이도 있을 것이다. 그러나 깨달은 뒤의 수행이란 우리가 생각하는 그런 유위행(有爲行)이 아니다. 아무리 수행해도 수행함이 없고 무언가를 한다고 해도 하는 것이 없다. 말을 하자니 '수행한다', '짓는다'고 표현했지만 도무지 하는 바가 없고 짓는 바가 없다. 닦을 것이 있고 할 일이 남아 있어서 '수행한다', '짓는다'고 한 것이 아니다. 일체를 초월해 자유자재한 생활을 이어나가는 것을 '수행'이라 표현했을 뿐이다.

그런 이는 일체 경계에 집착하지 않으니, 애착할 일이 무엇이 있고 경계에 물들 일이 무엇이 있겠는가? 일체 시비선악의 그물에 걸리지 않으니 신묘한 불가사의 대해탈의 경계일 뿐이다. 이렇게 견성을 바로 한 사람은 한 번 얻으면 영원히 얻어 억천만겁을 지난다 해도 자기를 미혹하지 않고 늘 여여부동한 진여삼매의 경지에서 노니는 것이다. 억만 번을 죽어 다시 태어나더라도 자성을 바로 깨친 이의 경계는 조금도 변동이 없으니, 허공이 무너졌으면 무너졌지 깨친 이의 경계는 변동이 없다. 이런 깊은 경계를 증득해야만 견성이고 돈오이고 오후보임이다. 따라서 '오후수행', '오후보임', '장양성태'란 유위행이 아니라 자성을 원만히 증득해 더 이상 할 일이 없는 한가한 도인의 자재무애한 삼매요 해탈이라고 하겠다.

【 7-15 】

남악(南岳)이 "수증(修證)은 없지 않으나 오염은 즉 얻을 수 없다."고 말하였다. 이 불오염(不汚染)의 수(修)는 가위(可謂) 원수(圓修)이니, 수(修) 자가 붙을 수 있는가. 이 불오염(不汚染)의 증(證)이 가위(可謂) 원증(圓證)이니, 증(證) 자가 붙을 수 있는가. 이러한즉 종일토록 수(修)하여도 수(修)함이 없어서 소지분향(掃地焚香)[103]이 전부 무량(無量)한 불사(佛事)이어늘, 이를 또한 어찌 폐(廢)하리오. 다만 수증(修證)에 착(著)하지 않을 뿐이다. 9지(九地)도 오히려 무공용(無功用)이어늘 하물며 10지(十地)리오. 설사 등각이 설법하기를 여운여우(如雲如雨)하여도 오히려 남전(南泉)의 가척(呵斥)[104]을 당하여 대도(大道)에 전연 배괴(背乖)[105]되었거늘 하물며

---

103 마당 쓸고 향 사르는 일. 스님이 늘 하는 사소하고 일상적인 일.
104 꾸짖음.
105 완전히 어긋남.

10지보살의 관조로써 선문의 우열을 논할 수 있으리오.

南岳이 云 修證卽不無나 汚染卽不得이라하니 卽此不汚染之修는 可謂圓修니 還著得箇修字麽아 卽此不汚染之證이 可謂圓證이니 還著得箇證字麽아 如此則終日修而無修하야 掃地焚香이 皆悉無量之佛事어늘 又安可廢리오 但不著修證耳이니라 九地도 尙無功用이어늘 況十地乎아 乃至 等覺이 說法을 如雲如雨하야도 猶被南泉呵斥하야 與道全乖어늘 況十地觀照가 與宗門而較其優劣이 可乎아

『博山警語』(卍續藏經112, p.970a)

6조가 말씀하시길, "다만 자심(自心)에 항상 정견(正見)이 일어나서 번뇌와 진로(塵勞)를 능히 오염시키지 못하는 것이 곧 견성이다."¹⁰⁶라고 하였다.

이와 같이 불오염(不汚染)은 철증(徹證)한 후의 구경무심이라야 가능하며 10지와 등각도 추수(追隨)하지 못한다. 그러므로 원오(圓悟)도 "구경무심의 한한지(閑閑地)를 오염부득(汚染不得)이라" 하였다.¹⁰⁷ 그리하여 남악(南岳)의 불오염수증(不汚染修證)은 10지와 등각을 초월한 구경지인 무위무작(無爲無作)의 이천(履踐)이다. 이 불오염(不汚染)의 원증처(圓證處)는 유불여불(唯佛與佛)이라야 내능궁진(乃能窮盡)하나니,¹⁰⁸ 여래

---

106 원『육조대사법보단경(六祖大師法寶壇經)』(大正藏48, p.350c), "但於自心에 常起正見하야 煩惱塵勞가 常不能染이 卽是見性이니라."
107 앞의 인용문【7-3】참조.
108 "오직 부처와 부처라야 완전히 도달할 수 있으니"

의 정안(正眼)을 완구(完具)한 종문정전(宗門正傳)의 명맥(命脈)이다.

【 강설 】

박산무이 선사는 명나라 때 스님으로 조동종 사람이다. 이 글은 그분의 『참선경어(參禪警語)』에서 인용하였다. 『참선경어』는 선의 전성기인 당송대의 글은 아니지만 선의 요지를 분명히 드러내고 선의 여러 병폐들을 정확히 지적하였으므로 선종에서 다른 어떤 책 못지않게 중요시하는 책이다.

이 책에서도 오후보임에 대해 원오스님과 같은 말씀을 하고 있다. 남악회향 선사가 6조 혜능대사를 찾아가자 6조스님이 "무슨 물건이 이렇게 오느냐?"고 물었는데 대답을 하지 못하였다. 남악스님이 8년 고심 끝에 답하기를 "한 물건이라 해도 맞지 않습니다."라고 하자 6조스님이 다시 물었다. "다시 닦아 증득함이 있느냐?" 이에 남악스님이 "닦아 깨침은 없지 않으나 물듦은 있을 수 없습니다."라고 한 것이다.

이를 두고 많은 사람들이 오해한다. "6조스님이 남악스님을 인정하고 나서 남악스님이 '닦아 깨침은 없지 않다'고 하였으니, 망상을 없애고 새로운 것을 증득함을 남악스님 또한 인정한 것이며 이것이 오후보임이 아니겠는가?" 하고 오해하는 사람들이 많다. 이에 박산스님이 실지에서의 수증이란 닦고 증득하는 것이 아님을 밝혔다.

남악스님이 말씀하신 '닦음'엔 '불오염(不汚染)' 즉 '더럽혀지지 않는'이란 조건이 붙어 있다. 일체의 번뇌망상을 완전히 끊어 10지와 등각을 넘어서야 불오염이지 10지와 등각까지는 불오염이 안 된다. 그러니 더럽혀지지 않는 닦음과 깨달음이란 10지와 등각을 완전히 초월한 원증(圓證)·원수(圓修)의 행으로서 사실 수(修)니 증(證)이니 하는 말이 붙을 수 없는 것이다. 말을 하자니 그렇게 표현한 것뿐이다. 특별히 더 배우고 갈고 닦는 행을 말하는 것이 결코 아니다.

깨달음 후의 수행이란 원증한 후의 일상생활로서 겨울이면 핫옷[109]을 입고, 여름이면 삼베옷을 입으며, 배고프면 밥을 먹고 때맞춰 예불을 드리는 것이다. 일상사 그대로가 무량불사(無量佛事)이다. 심지어 교학에서도 제8부동지를 체득하면 거친 망상들이 끊어져 더 이상 애쓸 것이 없는 무공용위(無功用位)에 들어간다 하였다. 하물며 선종의 견성은 10지와 등각마저 넘어선 것인데 어찌 애써 배우고 닦음이 있겠는가?

선종에서는 8지보살의 경계도 자성을 바로 깨친 것으로 보지 않는다. 그래서 "언구를 의심하지 않음이 큰 병이다." 하고는 몽둥이를 들고 "바로 대답하라."고 다그치곤 했던 것이다. 이것 또한 선가와 교가의 차이점이라 하겠다. 교가에서는 "제8지 이상이면 무공용이므로 더 이상 애쓸 것 없이 자유자재로 생활하는 가운데 저절로 성불의 길로 나아간다." 하였지만 선문에서는 "아직 길 위에 있다." 하여 부정하였다. 왜냐하면 교가의 방법대로라면 성불하기까지 헤아릴 수 없는 시간이 필요하기 때문이다. 그래서 선종에서는 단박에 원만한 불과를 성취케 하기 위해 무공용지에 들었더라도 다시 화두를 주어 대답을 다그치고 용맹정진을 시키는 것이다. 8지뿐 아니라 설령 10지와 등각이라 해도 선가에서 볼 때는 올바른 견성이 아니다. 그래서 "10지와 등각이 구름이 일고 비가 내리듯 설법을 한다 해도 성품을 봄에 있어서는 비단으로 가리고 보는 것과 같다."고 했던 것이다. 따라서 남악스님이 말씀하

---

109 솜옷.

신 수증(修證)은 10지와 등각을 넘어 원증한 사람의 수증으로서 무작(無作), 무위(無爲), 무수(無修)의 자재행임을 알 수 있다.

【 7-16 】

일념도 불생하는 곳에서 차심(此心)을 명료히 오철(悟徹)하느니라. 공허하여 영영(靈靈)하고 적적(寂寂)하여 조요(照耀)하며[110] 내외가 넓게 밝아서 유일한 진실뿐이니라. 문득 능히 작위(作爲)하는 바를 따라서 다 투정투저(透頂透底)[111]하여 대해탈인 금강정체(金剛正體)이니 우선 차심(此心)을 요요(了了)히 명오(明悟)한 연후에 일체제선(一切諸善)을 수행할지니라. 차심(此心)을 평지(平持)하여[112] 아인(我人)이 없으며[113] 애증이 없고 취사(取捨)가 없으며 득실이 없어서 점점(漸漸)히 장양(長養)하나니, 소위 이(理)는 모름지기 돈오할 것이요, 사(事)는 점수함을 요(要)하느니라. 모든 망연(妄緣)을 절리(絶離)하고[114] 소연(翛然)히 징정(澄淨)한[115] 연후에 일체제선(一切諸善)을 봉행(奉行)하여 유정(有情)을 요익(饒益)[116]할지니라.

於一念不生處에 明悟此心이니라 虛而靈寂而照하야 內外洞然하야 唯一眞實이니라 便能隨所作爲가 皆是透頂透底하야 大解脫

---

110 "텅 비어 신령스럽고 고요하게 비추며"
111 머리에서 발끝까지. 처음부터 끝까지 철저하게 터득함.
112 "이 마음을 평등하게 지녀"
113 "나와 남이 없으며"
114 "모든 헛된 경계를 완전히 떠나고"
115 "한순간에 맑아진"
116 넉넉하게 다른 사람을 이익되게 함.

金剛正體也니 要須先了悟此心然後에 修一切善이니라 平持此心하야 無我人無愛憎하며 無取捨無得失하야 漸漸長養하나니 所謂理須頓悟요 事要漸修니라 離諸妄緣하야 翛然澄淨然後에 奉行一切善하야 饒益有情이니라

『圓悟心要』,「答胡尙書悟性勸善文」(卍續藏經120, p.740b)

이는 일념불생처(一念不生處)에서 확철명오(廓徹明悟)하여 허령적조(虛靈寂照)한 대해탈을 성취한 후에 일체제선(一切諸善)을 수행하여 유정(有情)을 요익(饒益)하는 원증원수(圓證圓修)이다. 이 법어 중의 '이수돈오(理須頓悟) 사요점수(事要漸修)'[117]라는 구절 때문에 규봉(圭峰)의 돈오점수와 혼동하는 바가 왕왕 있다. 그러나 규봉의 돈오는 심중유망(心中有妄)[118]이므로 그 점수(漸修)는 심중제망(心中除妄)[119]이요, 원오(圓悟)의 돈오는 심중무망(心中無妄)이므로 그 점수(漸修)는 사상수선(事上修善)[120]이다. 그러므로 규봉의 점수(漸修)는 제업(除業)이요 원오(圓悟)의 점수(漸修)는 적선(積善)이니[121], 돈오점수의 명칭은 동일하지만 그 내용은 남북상반(南北相反)[122]이다. 그리고 수선(修善)을 점수(漸修)라 함은 제선(諸善)을 일시에 진행(盡行)하지 못함[123]이니, 원오(圓悟)의 오후수행(悟後修行)은 언제나 대해탈원증(大解脫圓證) 이후의 불오염(不汚染)의

---

117 "이치로는 돈오이지만 실제로는 점수가 필요하다."
118 마음속에 아직 망념이 남아 있음.
119 마음속의 망상을 없앰.
120 사실상의 선을 닦음.
121 "규봉의 점수는 업을 없애는 것이요, 원오의 점수는 선을 닦는 것이니,"
122 남과 북이 서로 반대이듯이 완전히 다름.
123 "많은 선을 한꺼번에 다 닦지 못하기 때문"

수(修)인 고로 기실(其實)은 원수(圓修)이다.

규봉[124]이 『도서(都序)』[125]에서 "돈오돈수는 일념불생전후제단(一念不生前後際斷)"이라고 규정하였으나, 일념불생처(一念不生處)에 주착(住著)하면 정오(正悟)가 아니며 진무심(眞無心)이 아니다. 그러므로 선문정전(禪門正傳)의 오후보임(悟後保任)은 반드시 일념불생처(一念不生處)에서 철증무심(徹證無心)함을 전제로 하였으니, 이는 돈수원증(頓修圓證) 후로부터 시발(始發)된다. 그리하여 보임장양(保任長養)은 망멸증진(妄滅證眞)하여 병차약제(病差藥除)한 무념무생의 대휴헐(大休歇)·대해탈인 구경지를 말한다. 그러니 참학고인(參學高人)[126]은 오직 불조의 정전(正傳)을 표준으로 삼고 여외(餘外)의[127] 이설(異說)은 추종(追從)하지 않아야 할 것이다.

【 강설 】

오후보임에 관한 총결산이다. 규봉은 『도서』에서 돈오점수와 돈오돈수를 설명하기를, 깨치기는 깨쳤는데 망상이 여전한 것을 돈오점수라 하고, 일체 번뇌가 다해 한 생각도 일어나질 않고 앞뒤가 끊어진 것을 돈오돈수라 했다. 돈오돈수는 "비유하자면 백 갈래 천 갈래로 뒤엉킨 실타래를 예리한 칼로 단박에 자르는 것과 같다."라고 하였다. 또 "이런

---

124 법명은 종밀(宗密 : 780~841), 시호는 정혜선사(定慧禪師). 젊어서 유교를 배우고 807년 수주도원(遂州道圓)에게 출가하여 선을 배움. 후에 징관(澄觀)의 제자가 되어 『화엄경』을 연구하고 화엄종 제5조가 됨. 선과 교의 일치를 주창. 저서로 『원각경소』 6권, 『행원품수소의기(行願品隨疏義記)』 6권, 『원인론』 1권, 『기신론주』 4권 등이 있음.
125 규봉종밀(圭峰宗密)이 쓴 『선원제전집도서(禪源諸詮集都序)』의 약칭.
126 참선하는 납자들.
127 "부처님과 조사들이 정통으로 전한 것만을 표준으로 삼고 그 밖의"

돈오돈수는 참으로 근기가 수승한 사람이라야 가능하니 우두(牛頭)선사[128]와 같은 이라야 한다."라고 하였다. 이를 종문에서는 어떻게 보는가? 규봉이 돈오돈수를 "한 생각도 일어나지 않고 앞뒤가 끊김[一念不生前後際斷]"이라 규정하였으나 종문에서는 "한 생각도 일어나지 않는 그 자리에 머문다면 그것은 진정한 깨달음이 아니다."라고 하였다. 이는 원오스님도 말씀하시고 여러 곳에서 이미 지적한 바이며 나 또한 늘 하는 얘기이다. '한 생각도 일어나지 않고 앞뒤가 끊김'은 곧 무심경계로서 참으로 감로수와 같은 것이기는 하나 종문에서는 그것을 구경각 즉 견성이라고 하지는 않는다. 그런 무심경계에서 다시 한 번 '크게 벗어나야 한다', '크게 눈을 떠야 한다', '크게 살아나야 한다'라고 말한다. 그래야만 돈오이며 견성이라고 말한다.

그러므로 규봉이 말한 돈오와 종문에서 말하는 돈오는 근본적으로 다르다. 종문에서 보면 규봉의 돈오는 '참다운 돈오', '참다운 견성'이라 할 수 없다. "무심을 도라 하지 말라. 무심이라도 한 겹의 큰 관문이 남아 있느니라."라고 하신 옛 말씀처럼 무심처에서 다시 한 번 크게 깨쳐야 그것이 진정한 무심이고 참다운 깨달음이며 진실한 견성이라는 것이 종문의 입장이다. 이처럼 깨달음에 대한 견해가 근본적으로 다르므로 선문의 정통적인 견해에 따른 오후보임과 규봉이 말한 오후보임은 하늘과 땅처럼 차원이 다른 것이다.

---

128 법명은 법융(法融 : 594~658). 『대반야경』을 읽다가 진공(眞空)의 이치를 통달하고 뒤에 모산(茅山)의 경법사(炅法師)에게 출가하여 수학(受學). 643년(정관 17) 건강 우두산(牛頭山) 유서사(幽棲寺) 북쪽 바위 아래에 선실(禪室)을 짓고 수행하다가 4조 도신(道信)을 만나 심요(心要)를 크게 깨달음. 지암(智巖)·혜방(慧方)·법지(法持) 등 수많은 제자를 배출하여 일가를 이루니 이를 우두종(牛頭宗) 또는 우두선(牛頭禪)이라 함.

앞의 내용들을 총괄해 다시 정리해 보자. 영명연수 선사가 지은 『종경록』은 용수보살 이후 최대의 저술로서 우리 선종의 만리장성으로 일컬어지는 대역작이다. 그 첫머리인 「표종장」에서 종문의 표준을 정하기를, 견성하면 당하에 무심하여 10지와 등각도 초월하므로 약과 병이 다 필요 없어진다고 했다. 그럼 환자는 누구인가? 번뇌망상의 경중에 차이가 있기는 하나 저 아래 지옥 중생으로부터 위로 10지와 등각보살까지도 모두 환자이다. 부처님의 눈으로 볼 때 10지와 등각도 미세망상이 남아 있으므로 아직 환자이다. 병이 완전히 나아 더 이상 약이 필요 없는 것이 견성이라 했으니, 견성이란 10지와 등각을 초월한 것임이 분명하다. 견성하면 팔만대장경을 비롯해 염불이니 화두니 하는 일체 방편이 필요 없다. 그러니 참으로 할 일 없이 크게 편안한 절학무위한도인(絕學無爲閑道人)인 것이다. 이것이 선문에서 말하는 견성의 표준이다.

또한 견성 이후의 수증(修證)이란 유위의 수증이 아니라 물들이려 해도 물들일 수 없는 원만한 닦음과 증득이다. 10지와 등각을 초월해 더 이상 성취할 것이 없는 탕탕무애한 일상생활 그대로가 깨달음 후의 수증이고 보임이다.

이렇게 구구절절이 설명을 하면 견성을 어렵다고 여기는 이들도 있을 것이다. 그러나 하지 않는 것이 문제일 뿐 결코 어려운 것이 아니다. 공부를 부지런히 하다 보면 꿈에도 일여한 경계가 유지되는데 그러면 화엄7지이다. 열심히 하면 몽중일여는 그리 어려운 것도 아니다. 더욱 공부해 나가면 깊은 잠에도 장애받지 않는 숙면일여가 되니 그러면 10지와 등각보살의 경계이다. 선문의 종사치고 몽중일여와 숙면일여를 거치지 않고 견성한 이는 한 사람도 없다. 일체 번뇌망상이 사라진 그런 무심경계에서 바로 깨치면 그것이 돈오이고 견성이다. 부처님과 달마대사가 어찌 다른 사람이겠는가? 그도 장부이고 나도 장부이며, 나라고 어찌 그의 불성과 다르겠는가? 부처와 조사라 하여 중생과 구분하지만 눈을 뜨고 뜨지 못한 차이가 있을 뿐 어찌 자성조차 다르겠는가? 부지런히 공부하지 않는 것이 문제일 뿐이다.

눈을 바로 뜬 이의 삶은 탕탕무애하니 대자유 그 자체이다. 두 눈을 훤히 뜨고 있으니 길을 잃고 헤맬 일도 없고, 넘어지고 엎어질 일도 없으며, 가고 싶으면 가고 앉고 싶으면 앉으며 만사를 마음대로 한다. 이것이 보임이다. 그러나 눈을 뜨지 못한 이는 밝은 대낮에도 돌부리에 채이고 나무등걸에 걸려 넘어지고 엎어져 코가 깨지기 일쑤다. 돈오한 뒤에 다시 점수를 논하는 이들은 대낮에 봉사가 횃불을 든 격이니, 조그마한 흙덩이로 허공과 견주려 들고 반딧불로 태양과 견주려 드는 것과 같이 어림없는 소리이다. 따라서 고구정녕하신 고불고조의 말씀을 듣지 않고 다른 길을 좇는다면 그런 자는 선문의 자손이 아니라고 하겠다.

【 7-17 】

번뇌의 습(習)이라 함은 번뇌의 잔기(殘氣)를 말함이니라. 비유하건대, 장구(長久)히 양각(兩脚)을 구쇄(拘鎖)한[129] 인간이 졸지(卒地)에 해탈함을 얻어서 행보(行步)[130]할 때에 비록 구쇄(拘鎖)가 없으나 오히려 습관이 잔재(殘在)하고, 유모(乳母)의 의복(衣服)이 일구

---

129 "오랫동안 두 다리에 족쇄가 채워졌던"
130 걸어 다님.

(日久)한 고로 구예(垢穢)가 부착(付著)하였을새[131] 비록 순회(淳灰)로써 청정히 세완(洗浣)하여[132] 구예(垢穢)가 완전히 없으나 구예(垢穢)의 기분(氣分)이 잔재(殘在)함과 같느니라.

煩惱習은 名煩惱殘氣니라 譬如久鎖脚人이 來得解脫하야 行時에 雖無有鎖나 猶有習在요 如乳母衣가 久故垢著일새 雖以淳灰로 淨浣하야 雖無有垢나 垢氣猶在니라

『大智度論』 27 (大正藏25, p.260c)

번뇌가 멸진하여도 그 여습(餘習)과 잔기(殘氣)를 습기(習氣)라 하며, 이 습기소마(習氣消磨)[133]를 오후보임(悟後保任)이라고 운위(云謂)하는 바 있다. 그러나 앞에서 말한 바와 같이 오후보임은 원증(圓證) 이후의 무위무사하며 무심무념한 상적상조(常寂常照)의 대해탈심경(大解脫深境)이므로 절학무위한도인(絕學無爲閑道人)의 임운자재(任運自在)한 이 무심대정(無心大定)에서의 습기는 홍로점설(紅爐點雪)[134]이다. 그러므로 오직 자성을 원증(圓證)하여 보임무심할 뿐, 습기는 문제 삼을 필요가 없다. 마조는 "착의끽반(著衣喫飯)하여 장양성태(長養聖胎)하여 임운과시(任運過時)하니 갱유하사(更有何事)오."[135]라고 하였으며, 지공(誌公)도 "불기섬호

---

131 "유모의 옷이 오래되어 때가 찌들었기 때문에"
132 "고운 잿물로 깨끗이 씻어서"
133 습기 없애는 일.
134 불이 타오르고 있는 화로 위의 한 점 눈송이는 조금도 흔적을 남기지 않는 것처럼, 깨달은 사람의 언행은 조금도 구애됨이 없고 깨달은 흔적조차도 남기지 않는다는 말.
135 "옷 입고 밥 먹으며 성인의 태를 길러서 걸림 없이 세월을 보내니 다시 무슨 일 삼을 것이 있는가."

수학심(不起纖毫修學心)하고 무상광중(無相光中)에 상자재(常自在)니라."¹³⁶
라고 하였다.

【 7-18 】

법달(法達)이 언하(言下)에 대오(大悟)하고 스스로 말하기를, "이후로는 생각생각 불행(佛行)을 수행하겠습니다." 하니 대사(大師) 말씀하기를, "불행(佛行)이 곧 불(佛)이니라."

法達이 言下에 大悟하고 自言하되 以後로는 念念修行佛行하리이다 大師言하되 卽佛行이 是佛이니라

『六祖大師法寶壇經』(大正藏48, p.343a)

『단경(壇經)』의 대승사본(大乘寺本)에서는 '원수불행(願修佛行)', 홍성사본(興聖寺本)에서는 '방수불행(方修佛行)'이라 하였으나 뜻은 동일하다. 이는 돈오견성하면 불지(佛地)이므로 오후점수(悟後漸修)는 필요 없고 불행(佛行)을 수행한다 함이니, 이것이 무심을 원증(圓證)한 후의 무사행(無事行)이다.

---

136 "털끝만큼도 닦고 배운다는 마음을 일으키지 않고 모양 없는 빛 속에서 항상 자재하다."

8. 오매일여 寤寐一如

자나깨나 한결같다

【 8-1 】

일반(一般)으로 소소영영(昭昭靈靈)[1]한 영대(靈臺)[2]의 지성(智性)이 있어서 능히 보며 능히 듣고 5온(五蘊)의 신전(身田) 속에서 주재(主宰)를 짓나니, 이렇게 하여 선지식이라 한다면 크게 사람을 속임이다. 만약에 소소영영을 인득(認得)[3]하여 너의 진실을 삼는다면, 갑수(瞌睡)[4]할 시에는 어째서 소소영영이 없어지는가. 만약 갑수할 때에 없어지면 이것은 도적을 오인하여 자식으로 삼는 것과 같으니, 이는 생사의 근본이며 망상의 연기(緣起)이다.

有一般昭昭靈靈한 靈臺智性하야 能見能聞하야 向五蘊身田裏하야 作主宰하나니 恁麽爲善知識하면 大賺人이니라 我今問汝하노니 若認昭昭靈靈하야 爲汝眞實이면 爲甚麽하야 瞌睡時엔 又

---

1 심성이 밝고 분명함.
2 우리의 본래의 심성이 자리 잡고 있는 받침대라는 뜻으로 우리 육신을 가리킴.
3 인정함.
4 깊이 잠이 듦.

不成昭昭靈靈고 若瞌睡時에 不是면 這箇는 認賊爲子니 是生死根本이며 妄想緣起니라

『景德傳燈錄』18,「玄沙師備」(大正藏51, p.345a)

여하(如何)히[5] 대오(大悟)하고 지견(知見)이 고명(高明)한 것 같아도 실지경계(實地境界)에 있어서 숙면시(熟眠時)에 여전히 암흑하면 이는 망식(妄識)의 변동(變動)이요[6] 실오(實悟)는 아니다. 그러니 수도자는 반드시 오매일여(寤寐一如)의 실경(實境)을 투과(透過)하여야[7] 정오(正悟)케 된다.

【 강설 】

현사스님은 설봉스님의 제자로 스승을 능가하는 기봉을 펼쳤던 분이다. 당시 교와 선을 불문하고 의심이 있거나 분쟁이 생기면 현사스님을 찾아가 판결을 받고 처분을 기다렸다 할 만큼 선과 교에 크게 통달했던 대법왕이시다. 그분의 말씀을 여기에 인용하였다. 공부를 해 나가다 크게 깨쳐 조사와 부처가 자기 발밑에 있는 듯하더라도 잠이 들었을 때 캄캄하다면 그것은 망상이지 실제로 깨달은 것이 아니다.

공부를 하다가 기특한 지견이나 경계가 나타나면 제불조사를 초월했노라고 호언장담하는 사람들이 많다. 그러나 실제 만나보면 대부분 오매일여는 고사하고 동정일여도 되지 않은 자들이다. 이런 사람들이 흔하디 흔하다. 그것이 병인 줄 알아차리면 다행이지만 대단한 보물인

---

5 아무리. 어찌되었든.
6 "망식의 움직임이요."
7 "자나깨나 한결같은 실지 경계를 뚫고 지나야만"

양 끝끝내 지키고 자랑한다면 결국 죽음에 이르는 일밖엔 없다. 그러니 아무리 대단한 지견을 얻고 휘황한 경계가 나타났다 하더라도 그 경계가 꿈속에 일여한지 깊은 잠이 들었을 때도 일여한지 반드시 점검해야만 한다. 만일 그렇지 못하다면 그것은 망상의 인연으로 나타난 경계이지 바른 깨달음이 아님을 스스로 알아야 한다.

【 8-2 】

담당준(湛堂準)이 대혜(大慧)[8]에게 말하였다. "고상좌(杲上座)여, 나의 선법(禪法)을 그대가 일시에 이해하여 설법을 하라면 설법을 잘하고 염고송고(拈古頌古)[9]나 소참보설(小參普說)[10] 할 것 없이 잘한다. 그러나 일건(一件) 사실이 있어서 실오(實悟)가 아니다. 그대가 성성(惺惺)히[11] 사량(思量)할 때에는 문득 선(禪)이 있으나 겨우 잠들었을 때에는 문득 없어진다. 만약에 이러할진대 어찌 생사를 당적(當敵)하리오.[12]" 고(杲)가 대답하되, "참으로 이것이 저의 의심하는 바입니다."라고 하였다.

8　법명은 종고(宗杲 : 1088~1163), 자는 대혜(大慧), 법호는 불일(佛日)·묘희(妙喜), 시호는 보각선사(普覺禪師). 담당문준(湛堂文準 : 1061~1115)을 참례하고 시자가 되었으며, 후에 원오극근(圓悟克勤) :1063~1135)의 법을 잇고 분좌설법(分座說法)함.
9　'염고'는 옛사람의 말을 가져다가 자기의 소견을 해석하고 비판하는 일, '송고'는 불조(佛祖)들이 문답 상량(商量)한 고칙(古則)을 게송으로 표시한 것.
10　'소참'에서 '참(參)'은 대중에게 설법하는 것. 정식으로 하는 설법을 대참(大參), 장소를 가리지 않고 수시로 하는 설법을 소참(小參)이라고 함. '보설(普說)'은 널리 정법을 설시(說示)한다는 뜻으로 수행자에게 널리 가르침을 설하는 것. 상당(上堂)과는 달리 필요에 따라 수시로 행하는 약식 설법으로서 법의(法衣)를 착용하지 않음.
11　잠이 깨어 또렷하게.
12　"생사를 대적할 수 있겠는가."

湛堂準이 謂大慧杲曰 杲上座야 我這裏禪을 你一時理會得하야 敎你說也說得하며 敎你拈古頌古와 小參普說도 你也做得하나 祇是有一件事未在라 你惺惺思量時엔 便有禪하되 纔睡著時엔 便無了하니 若如此하면 如何敵生死리오 杲曰 正是某의 疑處니이다

大慧, 『宗門武庫』(大正藏47, p.953b)

설법이나 기타에 아무리 능한 것 같아도 수면시에 캄캄하면 이는 제6의식 가운데 사량분별(思量分別)인 지해사견(知解邪見)이요 전혀 실오(實悟)가 아니니, 수도인은 양심에 비추어 맹연(猛然)히[13] 반성하여야 한다. 오매일여의 경지에도 도달하지 못하고서 돈오견성이라고 자부한다면, 이는 자오오인(自誤誤人)의 대죄과(大罪過)이며[14] 수도 과정에 있어서 가공(可恐)할 만한 병통(病痛)이요 장애이다.

【 강설 】

대혜스님은 스무 살 남짓에 스스로 대오했다 장담하고는 천하의 선지식을 두루 참례하였다. 당시 대혜스님이 얼마나 영리하고 이해가 빨랐던지 도무지 말로는 당할 수가 없고 입을 막을 재간이 없었다. 그래서 다들 칭찬만 하고 그 잘못됨을 지적하는 이가 한 사람도 없었다. 그런 영특함에 자신만만함까지 더해졌는데 드디어 담당스님을 뵙게 되었다.

---

13 치열하고 냉엄하게.
14 "자신을 그르치고 남까지 그르치는 커다란 죄과이며"

담당문준(湛堂文準) 선사는 황룡파 스님으로 혜남선사의 법을 이은 진정극문 선사[15]의 제자이다. 당시 천하를 호령하던 선지식이 많았지만 그중 담당문준 선사와 영원유청(靈源惟淸) 선사, 그리고 오조법연 선사[16]의 세 제자로서 3불로 불렸던 불안청원(佛眼淸遠), 불감혜근(佛鑑慧懃)[17], 불과극근(佛果克勤), 이 다섯 선지식이 최고의 안목으로 추앙받고 있었다. 그래서 대혜스님이 담당스님을 찾아간 것이다.

　담당스님이 보니 대혜는 지혜가 여느 사람보다 뛰어나 작은 지견과 성취로도 남과 견주면 결코 지지 않을 인물이었다. 그러나 그것은 제6식의 망상경계에서 하는 말이지 참으로 깨닫고 하는 말은 아니었다. 이에 담당스님이 "그대는 법을 묻고 설명함에 있어 부족함이 하나도 없구나." 하고 일단 대혜를 칭찬한 뒤 덧붙인 말씀이 바로 이곳에 인용된 내용이다. 겉으론 천하의 누구와 겨뤄도 지지 않을 지혜와 재주를 겸비했다지만 실제 자신의 공부를 돌이켜 볼 때 잠이 들면 그 소소영영함은 흔적도 없이 사라지는 대혜였다. 담당스님은 대혜의 그런 실제경계를 지적한 것이다.

　공부는 생사해탈이 근본 목적인데 잠만 들어도 캄캄하고 자유롭

15　법명은 극문(克文 : 1025~1102), 호는 늑담(泐潭)·진정(眞淨)·보봉(寶峰). 황룡혜남(黃龍慧南) 선사의 법을 잇고 동산(洞山)에서 종풍을 선양함.
16　법명은 법연(法演 : ?~1104). 35세에 승려가 되어 성도(成都)에서 유식·백법(百法) 등 여러 논(論)을 배움. 교문(敎門)에 의혹을 일으켜 원조종본(圓照宗本)과 부산법원(浮山法遠)을 참례하고 후에 백운수단(白雲守端)을 스승으로 섬겨 대오하고 법을 이음. 사면산과 오조산(五祖山)에서 교화를 폄. 문하에 3불(三佛), 즉 극근(克勤)·혜근(慧懃)·청원(淸遠) 등이 있음.
17　법명은 혜근(慧懃 : ?~1117), 자는 불감(佛鑑). 오조법연(五祖法演) 회하에서 오랫동안 참선하다가 인가받지 못함을 분하게 여겨 떠났다가 다시 돌아와 제일좌(第一座)가 되고 법을 이음. 1115년 건강(建康)의 장산에서 자의(紫衣)와 휘호(徽號)를 받음.

지 못하다면 죽음의 경계야 말해 무엇하겠는가? 몽중에 일여가 되어야 병중에도 일여하고, 숙면에 일여가 되어야 생사에도 일여할 수 있다. "숙면일여는 고사하고 몽중일여도 되지 않았으니 그것을 무슨 공부라 하겠는가?" 하고 지적하신 것이다. 혹 오기 부리는 사람이었다면 자기가 제일인 줄 알고 "당신이 뭔데 이래라저래라 하느냐?" 하며 자리를 박차고 나왔을 것이다. 그러나 대혜스님은 숙세에 선근을 많이 심은 분이라 귀에는 거슬리지만 스스로 돌이켜 보아 자신의 과오를 깊이 인정했던 것이다.

또 병중에 일여가 되지 않고서 스스로 공부를 마쳤다고 오인했던 사람들도 많다. 그 대표적인 예가 대혜스님의 스승인 원오스님이다. 원오스님도 스스로 크게 깨쳤다고 자부하고선 천하를 횡행했었다. 원오스님은 대혜스님도 미치지 못할 대수재로 천하에 그를 당할 사람이 없었다. 그러다가 당대 인천의 안목으로 추앙받던 오조법연 선사를 찾아 뵙게 되었다. 오조스님은 첫눈에 그의 잘못을 알아보고 틀렸다고 지적해 주었지만 원오스님은 전혀 인정하질 않았다. 도리어 법연스님을 바른 선지식이 아니라고 의심하였다. 자리를 떨치고 일어나 뒤도 돌아보지 않고 떠나는 원오스님에게 법연스님이 마지막으로 일러주길, "네가 큰 병이 들어 죽을 지경이 되면 그때 내 말이 다시 생각날 것이다."라고 하였다. 그러다 훗날 정말 병이 들어 죽게 될 지경에 이르렀다. 제방을 횡행하며 큰소리로 자신의 견처를 자부했었는데 죽음을 앞두니 부처와 조사도 맘대로 죽이고 살리던 평생의 소득처(所得處)가 빙소와해(氷消瓦解)[18]되어 전혀 쓸모가 없었다. 그때 법연선사의 마지막 말씀이

---

18 얼음이 녹고 기와가 풀림. 의문이나 식견 등이 일시에 무너짐을 비유함.

떠올랐다. 그래서 "이 병석에서 죽지 않고 다행히 살아난다면 모든 것을 청산하고 법연스님을 찾아가리라." 하고 서원을 세웠다. 다행히 병이 나은 원오스님은 불원천리(不遠千里)하고 법연선사를 찾아가 자신의 어리석음과 과오를 참회했다. 그리고 오조스님 회하에서 제대로 열심히 공부해서 법연선사의 맥을 이었다.

진실하게 일러주어도 긍정치 않은 예는 비단 원오스님에게 그치지 않는다. 이런 이들이 수없이 많다. 지금은 더 하다. "밥 먹는 놈 따로 있고 법문하는 놈 따로 있고 잠자는 놈 따로 있는가? 제정신일 때 바로 깨쳤으면 되지 오매일여고 뭐고, 뭐 그딴 소릴 하고 있어. 그런 쓸데없는 소리는 미친놈들이나 모자라는 놈들이나 하는 말이야. 도대체 몇 사람이나 오매일여가 된다고 그런 소리인가? 잠들어 캄캄하면 어떻고 캄캄하지 않으면 또 어떤가?" 이렇게 덤비듯 함부로 말하는 사람들이 흔하디 흔한 요즘이다.

그러나 심하게 아프거나 생사에 오락가락할 지경을 한번 겪어보라. 대단하게 여긴 자신의 견처가 과연 그때에도 여전히 자신을 자유롭게 하던가? 양심에 손을 얹고 돌아보라. 실제로 생사에 일여하고 자유자재한 그런 법을 성취해야지 공연히 쓸데없는 객기와 망상을 부린다면 그것은 자기도 죽고 남도 죽이는 짓이다.

옛 조사들은 공부하는 과정에서 몽중일여·오매일여를 반드시 점검했다. 설사 오매일여의 깊은 경지에 들었다 해도 다시 공안을 들어 크게 깨치는 것이 우리 선문의 바른 공부이다. 그러니 스스로 양심에 비추어 부끄럼 없이 공부를 해야지 오매일여도 되지 않은 제6식의 사량분별로 함부로 지견을 휘두르지 말라.

【 8-3 】

대혜(大慧)가 원오(圓悟)에게 물었다. "제가 생각하니 차신(此身)이 아직 존재하여도 다못 수면할 때에는 캄캄하여 주재(主宰)가 되지 않습니다. 그러하니 지수화풍(地水火風)이 분산하는 사경(死境)에서 중고(衆苦)가 치연(熾然)히 일어날 때에는[19] 어찌 회환전도(回換顚倒)[20]되지 않겠습니까?" 원오(圓悟)는 다만 수지(手指)[21]로 가리키며, "그만하고 그만하라. 그리고 망상을 쉬어라, 망상을 쉬어라."라고 말할 뿐이었다. 그리고 또한 "그대가 지금 설법하는 허다(許多)한 망상이 단절될 때에 그대 스스로 오매항일처(寤寐恒一處)에 도달하리라."라고 하였다. 초문(初聞)하고는 또한 신종(信從)하지 않아서[22] 매양(每樣) 말하기를, "내가 스스로 회고하여 보건대, 오(寤)와 매(寐)가 분명히 양단(兩段)이어늘 어찌 감히 크게 개구(開口)[23]하여 선(禪)을 설하리오. 다못 오매항일(寤寐恒一)이라 한 불어(佛語)가 망어(妄語)라면 나의 차병(此病)을 제거할 것 없지마는, 불어(佛語)가 과연 중생을 기만하지 않으면 이는 내가 아직 미달(未達)한 것이다." 후일에 훈풍(熏風)이 남(南)으로부터 취래(吹來)한다[24]는 설법을 듣고, 홀연히 심중(心中)에 애응(礙膺)된 물건을 거각(去却)하고서[25] 바야흐로 몽시(夢時)가 곧 오시

---

19 "수많은 고통이 불길같이 일어날 때에는"
20 자유가 없이 이리저리 끌려다니며 순리대로 흐르는 이치를 어김.
21 손가락.
22 "처음 듣고는 믿고 따르지 않아서"
23 입을 벌려 말함.
24 "따뜻한 바람이 남쪽에서 불어온다."
25 "마음속에 막혔던 물건을 떨쳐내고서"

(寤時)와 같고 오시(寤時)가 곧 몽시(夢時)와 같음을 알게 되니, 오매항일(寤寐恒一)이라 한 불언(佛言)을 알았다. 이 도리는 타인에게 염출(拈出)할 수도 없고 정사(呈似)할 수도 없어서,[26] 몽중경계(夢中境界)와 같이 취할 수도 없고 버릴 수도 없다.

大慧問圓悟하되 自念하니 此身이 尙在하야도 只是睡著하면 已作主宰不得이어니 況地水火風이 分散하야 衆苦가 熾然하면 如何得不被回換이릿고 悟가 但以手로 指曰 住住어다 休妄想休妄想하라 又曰待汝說底許多妄想이 絶時에 汝自到寤寐恒一處也리라 初聞코 亦未之信하야 每日我自顧하되 寤與寐가 分明作兩段이어늘 如何敢大開口하야 說禪고 佛說寤寐恒一이 是妄語則我此病을 不須除어니와 佛語果不欺人이면 乃是自我未了로다 後聞薰風이 自南來하야 忽然去却礙膺之物하고 方知夢時便是寤寐底요 寤時便是夢時底니 佛言寤寐恒一을 方始自知라 這般道理는 拈出人不得하며 呈似人不得하되 如夢中境界하여 取不得捨不得이니라

『大慧普覺禪師語錄』 29 (大正藏47, p.936a)

오매항일(寤寐恒一)은 수몽중(睡夢中)과 숙면시(熟眠時)의 두 가지가 있는데, 몽중위(夢中位)는 제6의식의 영역이니 교가(敎家)의 7지(七地)에 해당하고, 숙면위(熟眠位)는 제8리야(第八梨耶)의 미세에 주착(住著)한 8지 이상의 자재보살들과 이야미세(梨耶微細)를 영리(永離)한 불지

---

26 "남에게 꺼내 보여줄 수도 없고 비슷하게 설명해 줄 수도 없어서"

(佛地)의 진여항일(眞如恒一)이니, 지금 대혜(大慧)스님이 말한 바는 몽중일여(夢中一如)이다.

대개 오매일여를 불신하는 것은 대혜(大慧)스님만의 병통이 아니요 수도인의 고금통병(古今通病)이다. 일지반해(一知半解)[27]의 사견(邪見)으로써 오매일여의 실경(實境)을 부정하고 감히 대개구설선(大開口說禪)[28] 하니 참으로 통탄할 바이다. 대혜스님이 만일에 담당(湛堂)·원오(圓悟) 스님 같은 명안종사(明眼宗師)를 만나서 회심(回心)하지 않았다면, 후일의 대성(大成)은 절대로 없었을 것이다. 대혜스님이 오매일여를 실지로 체득하고는 "불언오매항일(佛言寤寐恒一)이 시진어(是眞語)며 불망어(不妄語)"라고 찬탄하며 그 은혜는 "분골쇄신미족수(粉骨碎身未足酬)"[29]라고 감격하였다.

수도인은 각자의 사견(私見)을 고집하지 말고, 고불고조의 언교(言敎)를 표준 삼아 구경무심지를 실증(實證)하여야 한다. 그렇지 않으면 자기의 생사대사(生死大事)도 해결하지 못하며 불조의 혜명은 영원히 단절될 것이다.

【 강설 】

안하무인격으로 천하를 횡행하다가 '오매에 일여하지 못한 지견은 한낱 병에 지나지 않음'을 알고 깊이 참회한 대혜스님은 담당스님 회하에 머물며 공부하였다. 그러나 숙연이 깊지 못한 탓이었던지 담당스님께서 병환이 깊어 돌아가실 지경이 되었다. 잘못된 선지식과 그릇된

---

27 하나쯤 알고 반쯤 깨닫는다는 뜻으로, 지식이 충분히 제 것으로 되어 있지 않거나 많이 알지 못함을 이르는 말.
28 그저 입으로만 선을 이야기함.
29 "뼈를 가루로 만들고 몸을 부술 만큼 정성으로 노력해도 다 갚을 수 없다."

지견에 속았다가 겨우 바른 선지식의 지도를 받게 되었는데 그분마저 돌아가시게 생겼으니 이젠 의지할 곳이 없게 된 형국이었다. 그래서 임종을 앞둔 담당스님께 "스님께서 이 병석에서 일어나지 못하신다면 저는 누구를 의지해야 합니까?" 하고 간곡히 청하였다. 그때 담당스님께서 "원오스님이 좋을 것이다. 나는 그를 모르지만 그대가 만일 그를 만난다면 반드시 생사대사를 깨칠 수 있을 것이다." 하고 일러주셨다. 대혜스님이 스스로 생각하기를, "만일 원오스님이 나를 인정한다면 그 또한 내 병을 알아보지 못하는 그릇된 선지식이니 자리를 박차고 나와 다시는 선을 닦지 않으리라."고 결심하였다.

그러나 원오스님을 만난 대혜스님은 인정을 받기는커녕 절벽에 부딪친 듯 도저히 접근할 방법이 없었고 무쇠소 위에 앉은 모기처럼 주둥이를 댈 곳이 없었다. 그래서 원오스님을 실험하고 무게를 달아보려던 마음을 접고 마음속 깊은 곳의 속내를 드러내 오매일여하지 못한 자신의 병통을 원오스님께 여쭌 것이다. 그러나 원오스님은 손짓을 하며 언하에 부정하고 다시는 입도 떼지 못하게 막으셨다. 그리곤 망상을 곧장 쉬라고 일러주셨다. 그러나 대혜스님은 그 말씀도 바로 믿질 못했다. 도리어 "부처님과 조사들께서 오매일여해야 올바른 깨달음이라 했는데 만일 그 오매일여가 사실이라면 나를 고쳐야겠지만 사실이 아니라면 부처님 말씀이 잘못된 것이다." 하고 의심하였다.

이처럼 오매일여를 믿지 않고 들뜬 견해를 놓지 못하는 것은 대혜스님만의 병통이 아니다. 고금을 막론하고 참선을 하다가 이런 병을 얻은 이들이 수두룩하게 많다. 공부한 지 얼마 되지도 않아 큰소리치는 사람이 있어 만나 보면 그저 망상에 휩싸인 자일 뿐이다. 그래서 "그런 쓸데없는 소리 그만두고 공부나 열심히 해라." 하고 일러주면 네가 뭘

아냐는 식으로 막무가내로 덤벼든다. 하는 수 없이 오매일여하지 못하면 그것은 깨달음도 공부도 아니고 병이 생긴 것이라고 차근차근 일러주면 대개 한 번 부린 오기를 도무지 거두려 들지 않는다. 이렇게 말하는 이도 있었다.

"공부를 해 보니 일여한 경계를 차츰차츰 맛보게 되는데 오매일여는 도저히 되질 않습니다. 그거 혹시 스님만의 주장은 아닙니까?"

아니다. 아무리 철저하게 깨치고 지견이 하늘을 찌른다 해도 오매일여가 되지 않으면 그것은 망상이다. 이는 고불고조께서 말씀하신 종문의 철칙이다. 이런 병을 앓고 있는 사람이 있다면 종문의 위인인 원오와 대혜스님을 거울삼아 스스로의 병을 진단하고 반드시 고쳐야 한다.

【 8-4 】

묘희(妙喜, 대혜大慧)는 일생 동안 자긍(自肯)하지 않고, 만년(晚年)에 천근(川勤, 원오圓悟)의 조실(祖室)에 입참(入參)하여 곧 화엄 7지(華嚴七地)에 승진(昇進)하였다.[30]

妙喜는 一生을 不自肯하고 晚登川勤之室하야 直階華嚴七地하니라

『大明高僧傳』 6 (大正藏50, p.923b)

화엄 7지보살의 성위(聖位)가 고원난도(高遠難到)[31]한 것 같지마는 누구든지 몽중(夢中)에 일여(一如)하면 7지위(七地位)이다. 그러나 숙면일

---

30 "원오스님 문하에 들어가자마자 화엄7지에 올랐다."
31 높고 멀어 도달하기 어려움.

여(熟眠一如)인 멸진정(滅盡定)의 자재위(自在位)는 아니어서 여기에 아직 일대중관(一大重關)³²이 있으니 노력하여 기필코 투과(透過)하여야 한다.

【 강설 】

몽중일여가 되면 화엄 7지보살이라 하는데 초지만 해도 그 경지가 굉장하니 7지라면 까마득히 높은 경지라 하겠다. 그러나 몽중일여가 되는 7지에 이르렀다 하여도 거기가 끝이 아니다. 깊은 잠이 들어서는 다시 캄캄하니 그것을 궁극이라 할 순 없다.

【 8-5 】

상음(想陰)³³이 멸진(滅盡)한 자는 시인(是人)³⁴이 평상시에 몽상(夢想)이 소멸하여 오매(寤寐)에 항일(恒一)하여 각명(覺明)³⁵이 공허하고 적정하여 허공과 같아서 다시는 추중(麤重)한 전진망상(前塵妄想)의 영사(影事)가 없다³⁶.

想陰이 盡者는 是人이 平常에 夢想이 消滅하야 寤寐恒一하야 覺明이 虛靜하야 猶如虛空하야 無復麤重前塵影事니라

『楞嚴經』 10 (大正藏19, p.151bc)

32　또 하나의 큰 관문.
33　색수상행식(色受想行識) 5온 중에 상온(想蘊)을 가리킴. '음(陰)'은 '온(蘊)'의 또 다른 번역어.
34　이 사람.
35　마음이 대상을 반연하여 지각작용을 일으키는 일. '명(明)' 자는 다음에 나오는 '영(影)' 자와 대조를 이루는 비유의 표현.
36　"마음 앞에 펼쳐진 거친 망상을 반연하는 인식작용은 없다."

제6의식의 추중망상(麤重妄想)은 소멸하여도 제8의 미세망상이 상존(尚存)하니 오매항일(寤寐恒一)은 몽중(夢中)과 숙면(熟眠)에 다 통한다. 그리하여 몽중일여는 7지, 숙면일여는 8지 이상에 해당한다.

【 8-6 】

보살이 차제7지(此第七地)에 주(住)하면 방편혜(方便慧)와 수승도(殊勝道)를 수습(修習)하여 안주부동(安住不動)하여 일념도 휴식하여 폐사(廢捨)[37]하지 않나니, 행주좌와(行住坐臥)와 내지 잠시라도 개장(盖障)과 상응하지 않느니라.

菩薩이 住此第七地하야 修習方便慧와 殊勝道하야 安住不動하야 無有一念도 休息廢捨하나니 行住坐臥와 乃至睡夢中에도 未曾暫與盖障으로 相應하느니라

『大方廣佛華嚴經』 37, 「十地品」 (大正藏10, p.196b)

제7지의 무상정(無想定)에서는 추중망상(麤重妄想)이 습복(習伏)[38]되어 몽중(夢中)에서도 여여(如如)하여 어떤 장애도 받지 않는다.

【 8-7 】

보살이 제7지에서는 행주좌와와 내지 수몽중(睡夢中)에서도 모든 장개(障蓋)를 원리(遠離)한다.

---

37 버림.
38 굴복함.

菩薩이 第七地에 行住坐臥와 乃至睡夢에도 遠離障蓋니라

『十地經』 5 (大正藏10, p.556b)

장개(障蓋)는 번뇌망상으로 발생하는 수도상의 장애이다. 보살이 제7지에서 비로소 몽중(夢中)에 일여(一如)하니 수도인이 몽중일여만 되면 제7지와 동등하다.

【 강설 】

공부를 해 나아감에 있어 작은 지견만 생겨도 아만이 하늘을 찔러 구경에 이른 듯 착각하게 되는 경우가 왕왕 있다. 이럴 때 몽중에도 일여한지를 스스로 반드시 점검해야 한다. 이것이 화엄 제7지에 들었는지 들지 못했는지를 재는 척도이니, 이 문을 통하지 않고는 바른 길을 가고 있다고 할 수 없다. 이는 제불조사들께서 한목소리로 주창하신 바이다. 인용문에서 밝혔듯이 원오스님과 대혜스님을 비롯한 역대 대조사들 역시 이 문을 통과하지 않은 이가 없었다.

공부하다가 지견이 좀 생기면 고불고조를 뒷간 휴지쯤으로 취급하며 아만이 하늘을 찌르는 이들을 많이 보았다. 그러나 말만 그렇게 한다고 무슨 소용이 있겠는가? "출중한 변재와 지혜를 갖췄던 원오나 대혜스님도 오매일여에 미치지 못함이 병이라 했는데 네가 안 것이 뭐 그리 대단하냐?"고 일러주지만 대부분 내 말을 긍정치 않고 자리를 박차고 일어선다. 그중엔 돌아서며 욕을 퍼붓는 자들도 있다. 그러나 아무리 날 욕하고 부정하더라도 심하게 아파보면 그땐 내 생각이 나리라. 설령 그 지견이 하늘을 가리고 대지를 덮을 만큼 대단하고, 그 말솜씨가 천하 선지식을 꼼짝 못하게 한다 하더라도, 원오나 대혜스님 같은 이들의 예를 거울삼아 스스로 돌이켜 보아야 한다. 만일 몽중일여에 이르지 못했다면 깊이 참회하고 더욱 열심히 공부해야 한다. 병인 줄 모르는 것이 큰일이지 병인 줄 알면 살아날 방도가 생기니 다행한 일이다.

몽중일여·숙면일여라 하면 까마득히 먼 경지로 생각할 수 있다. 그러나 고불고조와 다름없는 장부의 몸을 타고났으니 노력하지 않는 것이 장애일 뿐 지극한 마음으로 노력만 하면 누구나 성취할 수 있다. 성취 여부는 노력 여하에 달린 것이다. 잘 것 다 자고 놀 것 다 놀면서 공부가 되니 안 되니 그런 소리를 해서야 되겠는가? 그렇게 공부해서는 억천만겁이 지난다 해도 가망이 없다. 옛 스님들도 늘 하신 말씀이다. "죄 중에 사람을 죽이는 죄가 가장 크지만 공부니 수도니 한답시고 허송세월하는 놈이 있으면 그런 놈은 하루에 만 명을 때려죽여도 죄가 되지 않는다."라고 하였다. 그러니 모름지기 부지런히 노력하고 또 노력할 일이다.

【 8-8 】

■무상천(無想天)과 무상정(無想定)과 멸진정(滅盡定)과 수면(睡眠)과 민절(悶絕)의 차5위(此五位)[39] 중에 이생(異生)인 범부는 4위(四位)를 다 구유하니 멸진정을 제외함이요, 성위(聖位)에서는 후(後)의 3위(三位)만 있다. 그중에 여래와 자재보살들은 오직 멸진정 1위(一位)만 있으니 수면과 민절이 없는 연고이다.

---

39 이것을 법상종에서 말하는 '5위무심(五位無心)'이라고 한다. 제6의식이 쉬는 때를 다섯 가지 경우로 나타낸 것으로 무상천(無想天), 무상정(無想定), 멸진정(滅盡定), 극수면(極睡眠), 극민절(極悶絕)의 경우에는 제6의식이 잠깐 단절하므로 '무심'이라는 말을 사용한다.

■무심의 5위 중에 이생(異生)에 4위가 있다 함은 멸진정을 제외한 것이요, 성중(聖衆)은 오직 후(後)의 3위(三位)뿐이며, 불과 8지 이후의 자재보살은 유독 멸진정만 있어서 수면과 민절이 없나니, 이 2종(二種)은 악법이므로 현상(現狀)으로는 수면하는 것 같아도 실질로는 없는 연고요, 즉 2승(二乘)의 무학(無學)[40]들도 또한 민절이 있느니라.

■無想天과 無想定과 滅盡定과 睡眠과 悶絶의 此五位中에 異生은 有四하니 除在滅定이요 聖唯後三이라 於中에 如來及自在菩薩은 唯得一이니 無睡悶故니라

■無心五位中에 異生이 有四者는 除滅定이요 聖唯後三이며 佛及八地已去菩薩은 唯得一滅定하야 無睡眠悶絶이니 二以惡法故로 現似有睡나 實無有故요 卽二乘無學도 亦有悶絶也니라

『成唯識論』7 ; 『宗鏡錄』55 (大正藏31, p.38b ; 大正藏48, p.736a)

여기에서 무심이라 함은 여래를 제외하고는 전부 가무심(假無心)을 말한 것이다. 자재보살과 여래를 멸진정(滅盡定)이라 하였는데, 자재보살의 멸정(滅定)은 제6의식, 즉 6추만 소멸된 가무심(假無心)이요 여래의 멸정(滅定)은 제8식, 즉 3세까지 소멸한 진무심(眞無心)이다.

수면(睡眠)과 민절(悶絶)이 없음은 오매가 일여함을 말함이니, 자재보살은 제8의 무기무심(無記無心)에서 일여하고, 여래는 진여의 구경무심

---

40 모든 번뇌를 끊어 없애고 아라한과를 얻은 이를 말한다. 이 지위에 이르면 더 배울 것이 없으므로 무학이라 하고, 이 자리를 무학위(無學位)라 한다.

에서 일여하므로 진정한 일여는 불지(佛地)의 구경무심뿐이다.

【 8-9 】

점점(漸漸)하여 공부가 오매가 일여한 시(時)에 도달하거든 다못 심중(心中)에 화두를 이각망실(離却忘失)⁴¹하여서는 안 된다. 참구하여 정망(情忘)하고 심절(心絕)한⁴² 심처(深處)에 도달하면 금오(金烏)가 야반(夜半)에 철천(徹天)하여 고비(高飛)하리니,⁴³ 그때에 비희심(悲喜心)을 내지 말고 모름지기 본색정안(本色正眼)을 왕참(往參)하여⁴⁴ 영영(永永)히 의심을 결단하라.

漸到寤寐一如時에 只要話頭心不離라 疑到情忘心絕處하면 金烏夜半에 徹天飛리니 於時에 莫生悲喜心하고 須參本色永決疑어다

「太古集」(韓國佛敎全書6, p.681c)

이 오매일여는 여래의 진여일여(眞如一如)를 제외한 것이다. 오매가 일여한 후에 요철(了徹)하여 무여(無餘)하면⁴⁵ 자성을 통견(洞見)하는 것이다. 그러나 근기에 따라서 혹 미철(未徹)함이 있을 수 있으니 정안종사를 기필코 왕참(往參)하여 인증(印證)을 받아야 참으로 의심을 놓는 것이다.

---

41 놓치고 잃어버림.
42 "망정이 사라지고 마음 작용이 끊어진"
43 "금 까마귀(해)가 한밤중에 하늘을 뚫고 높이 날 것이니"
44 "반드시 눈 밝은 본분종사를 찾아가서"
45 "확철히 깨달아 남음이 없으면"

태고화상(太古和尙)⁴⁶은 20년간을 각고참구(刻苦參究)⁴⁷하여 37세에 오매일여가 되고 38세에 대오하여 중국의 석옥선사(石屋禪師)를 참알(參謁)⁴⁸하여 인가(印可)를 받고 임제정맥(臨濟正脈)을 계승하였다.

【 강설 】

태고스님은 발심한 후 20여 년을 한결같이 공부에 매진하여 37세에 오매일여의 경지에 이르고 다음 해에 크게 깨쳤다. 그래서 태고라는 이름도 스스로 지었다. 스스로는 의심이 없었지만 명안조사를 찾아 인증을 받아야겠다는 생각에 중국으로 건너가 석옥청공(石屋淸珙) 선사를 찾아갔다. 석옥스님은 설암조흠(雪巖祖欽) 선사의 법을 이은 급암종신(及庵宗信) 선사의 제자로서 당시 인천의 안목으로 추앙받던 분이었다. 그분으로부터 의심의 여지없이 확철대오하였음을 인정받았다. 그러니 태고스님도 오매일여를 거쳐 대오하고 인가받았던 것이다. 철저히 깨쳤더라도 오매일여가 되는지 점검해야 하며, 또 오매일여가 되었더라도 반드시 정안종사를 찾아가 점검받는 것이 우리 종문의 철칙이다.

【 8-10 】

공부가 이미 동정(動靜)에 간단(間斷) 없으며 오매에 항상 일여함

---

46 법명은 보우(普愚 : 1301~1382), 호는 태고(太古), 시호는 원증국사(圓證國師)이고 탑호는 보월승공(寶月昇空). 1337년(충숙왕 6) 송도 전단원(栴檀園)에서 참선하다가 다음 해 정월에 크게 깨달았다. 삼각산 중흥사 동쪽에 암자를 짓고 태고라 호(號)하고 '태고암가'를 지음. 1346년(충목왕 2) 중국으로 가 호주 하무산 석옥청공(石屋淸珙)의 법을 잇고 우리나라 임제종의 초조(初祖)가 됨.
47 온갖 어려움을 견디며 몸과 마음을 다하여 화두참구함.
48 큰스님을 찾아가 뵙고 화두를 묻는 일.

에 이르러 저촉(抵觸)하여도 산거(散去)하지 않고⁴⁹ 탕탕(蕩蕩)히 망실(亡失)되지도 않는다. 구자(狗子)가 극열(極熱)한 유당(油鐺)을 봄⁵⁰과 같아서 핥으려야 핥을 수도 없고 버리려야 버릴 수 없을 때에는 어떻게 해야 합당한고.

工夫가 旣到動靜無間하며 寤寐恒一하야 觸不散蕩不失하야 如狗子見熱油鐺相似하야 要舐又舐不得하며 要捨又捨不得時에 作麼生合殺오

『懶翁集』(韓國佛敎全書6, p.722c)

나옹(懶翁)스님이 '공부10절목(工夫十節目)'을 작성하여 수도의 지침이 되게 하였는데, 이 제6절목(第六節目)에서는 참선오도(參禪悟道)의 필수조건이 오매일여의 통과임을 말하고 있다. 만일에 이것을 통과하지 못하면 견성이 아니며 오도가 아니다. 10지와 등각을 초과(超過)한 구경각인 무심을 철증(徹證)하여 진정한 오매일여에서 영겁불매(永劫不昧)⁵¹하여야 견성이며, 이 대무심지(大無心地)를 보임하는 것이 오후이천(悟後履踐)임은 불조정전(佛祖正傳)의 철칙이다.

그러면 구경무심을 실증(實證)한 종사가 얼마나 될는지 의심할지도 모른다. 그러나 몽중일여가 되면 벌써 화엄7지이며 숙면일여가 되면 8지 이상이다. 선문의 정안종사치고 이 오매일여의 현관(玄關)을 투과(透過)하지 않고 견성이라고 한 바는 없으며, 8지 이상인 숙면일여 이후에

---

49 "부딪쳐도 흩어져 없어지지 않고"
50 "개가 끓는 기름솥을 봄"
51 영원토록 다시 어두워지지 않음.

서 개오(開悟)하였으니 구경각이 아닐 수 없다. 그러니 객진번뇌(客塵煩惱)가 여전무수(如前無殊)하여 추중망식(麤重妄識)도 미탈(未脫)한[52] 해오(解悟)는 견성이 아니며 돈오가 아니므로 이를 절대로 용인하지 않는 것이다.

【 강설 】

나옹스님은 태고스님과 동시대의 인물로 태고스님보다는 연배가 낮다. 나옹스님은 '공부10절목'에서 열 번째도 아닌 여섯 번째에 오매일여가 되어야 함을 말씀하셨으니, 공부에 있어서 오매일여의 관문을 거쳐야 하는 것은 고금의 통견이다. 그러니 객진번뇌가 전과 다름없고 거친 망식도 벗어나지 못한 해오는 견성도 아니고 돈오도 아니다.

견성은 오매일여라는 대무심지에서 크게 깨치는 것이니 오매일여가 되지 않고 견성했다는 것은 있을 수 없다. 오매일여를 넘어선 구경각이라야 견성이라고 일러주면 많은 이들이 "스님이 말씀하시는 견성은 하늘의 별처럼 아득해 감히 엄두도 나지 않습니다."라고 한다. 그러나 사실이 그런 것을 어떻게 하겠는가? 천하 선지식들이 증명하였듯 오매일여를 거쳐 성취한 대각이 아니면 견성이 아님이 명백한데 그것을 어떻게 달콤한 거짓말로 가릴 수 있겠는가? 양심을 속일 수는 없는 일 아닌가? 반드시 오매일여가 된 뒤에 크게 깨쳐야 한다.

---

52 "객진번뇌가 전과 다름없고 거친 망식도 벗어나지 못한"

9. 사중득활 死中得活

죽은 자리에서 살아나다

【 9-1 】

여금(如今)¹의 수도인은 다수가 심신이 적멸(寂滅)하고 전후제(前後際)가 단절함을 체득하여 휴거(休去)하고 헐거(歇去)하여² 일념이 만년거(萬年去)로³ 문득 구경을 삼는다. 그러나 도리어 이 승묘(勝妙)한 경계가 자심(自心)을 장폐(障蔽)함을 입어서 자기의 정지견(正知見)이 현전하지 못하며 신통광명(神通光明)이 발로(發露)하지 못한다.

如今人은 多是得箇身心이 寂滅하고 前後際斷하야 休去歇去하야 一念萬年去로 便爲究竟이나 殊不知却被此勝妙境界가 障蔽自心하야 自己正知見이 不能現前하며 神通光明이 不能發露니라

『古尊宿語錄』44,「眞淨克文」(卍續藏經118, p.745a)

---

1 요즈음.
2 "쉬고 또 쉬어". 휴(休)와 헐(歇)은 식(息)의 뜻. 사량분별을 끊음.
3 "한 생각이 만년이 되는 것으로"

심신이 적멸하여 일념불생(一念不生)하고 전후제단(前後際斷)한 승묘경계(勝妙境界)도 정오(正悟)가 아니거늘, 염기염멸(念起念滅)하여[4] 일념불생(一念不生)도 안 된 자는 말할 것도 없다.

【 강설 】

신심(身心)이 적멸하고 일체 망상이 다 끊어져 오매에 일여하고 영겁에 불매한 대무심지, 이런 훌륭하고 오묘한 경계도 오히려 바로 깨친 것이 아닌데 생각이 왔다 갔다 하는 것이야 말해 무엇하겠는가? 망상이 여전한데도 지견과 아만만 치성해 깨쳤다고 자신하는 이가 있다면 지금 당장 자신의 모습을 돌아보라.

【 9-2 】

휴거헐거(休去歇去)하며 일념이 만년(萬年)이며 전후제단(前後際斷)하니, 제방(諸方)에 기개(幾箇)나[5] 이 심심(甚深)한 전지(田地)에 도달하였는가. 진정(眞淨)이 이를 도리어 승묘경계(勝妙境界)라고 부르니, 구시(舊時)에 보봉(寶峰)의 광도자(廣道者)가 참으로 이러한 사람이다. 자기의 혼신(渾身)을 전연 망각하며 세간사(世間事)가 있음을 보지 못하고 따라서 세간의 진로(塵勞)가 그를 매각(昧却)하지 못한다. 비록 그러하나 도리어 이 승묘경계(勝妙境界)에 떨어져서 도안(道眼)을 장각(障却)하니,[6] 참으로 일념불생(一念不生)하

---

4 "생각이 일어났다 없어졌다 하여"
5 "몇 사람이나"
6 "승묘경계에 빠져서 도를 볼 줄 아는 안목을 가리니,"

고 전후제단(前後際斷)한 승묘경계(勝妙境界)에 도달하여서 정(正)히 대존숙(大尊宿)[7]을 참현(參見)[8]하여야 함을 알아라.

休去歇去하여 一念萬年이며 前後際斷하니 諸方에 有幾箇가 到這般田地오 他却喚作勝妙境界하니 舊時에 寶峰廣道者가 便是這般人이라 一箇渾身을 都不理解하며 不見有世間事하고 世間塵勞가 昧他不得이라 雖然恁麽나 却被勝妙境界하야 障却道眼하니 須知到一念不生前後際斷處하야 正要見尊宿이니라

『大慧普覺禪師語錄』17 (大正藏47, p.882b)

일념불생(一念不生) 전후제단(前後際斷)을 규봉(圭峰)은 돈오돈수라 하여 찬탄불이(讚歎不已)[9]하였다. 그러나 정전(正傳)의 존숙(尊宿)들은 이를 승묘경계(勝妙境界)라 하여 배제하였으니 그 심천과 우열을 가히 알 수 있다. 실제에 있어서는 난득(難得)의 승묘경계도 정안을 장폐(障蔽)하는 대병(大病)이니 정안지식(正眼知識)을 참현(參見)하여 확연철오(廓然徹悟)하여 심신이 적멸한 이 사지(死地)에서 대활(大活)하지 않으면 정오(正悟)가 아니다.

【 강설 】

한 생각이 만년을 가고 영겁에 어둡지 않은 대무심지라도 진여의 경

---

7 '숙(宿)'은 장로(長老)라는 뜻이며, '존(尊)'은 높여 부르는 말임. 학문과 덕행이 모두 훌륭하여 다른 이의 사표(師表)가 될 만한 스님을 높여 부르는 말, 또는 한 절의 주지스님을 가리키는 말로도 쓰임.
8 찾아가서 알현함.
9 찬탄을 그치지 않음.

계 즉 바른 깨달음은 아니다. 오매일여를 체득한 8지 이상 대자재보살의 무심경계가 승묘한 경지이긴 하나 그곳에 주저앉으면 병이 된다. 반드시 적멸의 경계를 떨치고 일어나 크게 깨달아야 한다.

마조도일 선사 이후로 선지식을 가장 많이 배출한 분이 황룡혜남(黃龍慧南) 선사인데 진정극문(眞淨克文) 선사는 바로 황룡혜남 선사의 후손이다. 오조법연 선사는 그 많은 황룡의 후손 가운데 오직 회당(晦堂)과 진정(眞淨) 두 분만 긍정하였다 하니, 진정극문 선사의 도와 덕을 가히 짐작할 수 있겠다. 황룡혜남과 양기방회(楊岐方會)는 석상초원(石霜楚圓) 선사의 제자로 같은 법형제이며, 진정극문 선사는 황룡의 제자이고 오조법연(五祖法演) 선사는 양기의 법을 이은 백운수단(白雲守端) 선사의 제자이다. 그러나 황룡파 회당스님은 누구든지 참답게 공부하려면 법연을 찾아가라고 천거했고, 양기파 오조스님 역시 당대 제일가는 인천의 안목으로 진정과 회당스님을 손꼽았다. 이처럼 바로 깨친 자라야 바로 깨친 이를 알아보는 법이며 여기에 집안의 멀고 가까움을 따지는 인정은 끼어들 틈이 없다.

진정극문 선사의 회하에 있던 어느 수좌가 오조법연 선사를 찾아오자 법연스님이 진정스님의 법문을 물었다. 이에 '쉬고 또 쉬며 한 생각이 만년이며 앞뒤 경계가 끊어진다'는 진정스님의 법문을 전하였다. 듣고 보니, 아무리 크게 깨치고 능숙한 법문으로 대선지식이라 불린다 해도 오매일여의 대무심지를 거치지 않았다면 견성이 아니라는 당신의 깨달음과 꼭 일치하였다. 거짓 선지식이 판치는 세상에 이런 바른 선지식이 있다는 사실이 너무 반가워 제자 원오를 급히 불렀고, 발을 씻고 있던 원오는 물기도 채 닦지 못한 채 달려왔다. 이에 오조스님이 진정스님의 말씀을 거론하며 오매일여의 경계를 넘어서지 못하면 진정한 깨달음이 아님을 위와 같이 밝힌 것이다.

이와 같이 선가에 5가 7종의 분분함이 있었지만 오매일여의 대무심지를 거쳐 대각을 성취함에 있어서는 어느 집안을 막론하고 동일하였다. 또한 이런 대무심지에도 머물러선 안 된다고 하셨다. 만일 승묘한 경계인 대무심지를 구경이라 여겨 주저앉아 버린다면 그를 죽은 사람이라 한다. 반드시 그곳에서 다시 살아나야만 진여를 체득한 대자유인, 참 사람, 산 사람이라 할 수 있으니 이를 사중득활(死中得活)이라 한다. 오매일여가 되기도 어려운데 그리된 자가 있다면 참으로 장한 일이다.

그렇지만 그런 자가 찾아온다면 우리 종문에선 곧바로 호통을 쳐 쫓아버리니 장하긴 하나 그 승묘경계가 도리어 병이 되기 때문이다. 또한 완전히 깨친 구경각의 입장에서 보면 오매일여를 넘어 다시 크게 깨친 것이 제대로 눈을 뜬 것이다. 그러기 전에는 10지와 등각보살이라 하더라도 봉사나 진배없다. 아무것도 모르는 초학자들이야 초지보살의 경계도 높이 바라보며 부러워할지 모르지만 우리 종문에선 10지와 등각 대보살의 경계라 하더라도 호통을 치고 부정하는 것이다.

【 9-3 】

■달마(達磨)가 말했다. 외경(外境)의 제연(諸緣)을 돈식(頓息)하고,[10] 내심(內心)이 적연무천(寂然無喘)하여[11] 심경(心境)이 장벽(墻壁)과 같아야만 가히 대도(大道)에 정입(正入)하느니라.

---

10 "바깥으로 온갖 반연을 쉬고,"
11 "안으로 마음의 움직임이 없어"

■일념도 불생하고 전후제(前後際)가 홀단(忽斷)하여 진로(塵勞)가 돈연(頓然)히 식멸(息滅)하고[12] 혼침(昏沈)과 산란(散亂)을 단제(斷除)하여[13] 종일토록 전혀 분별이 없어서 이소목조(泥塑木彫)[14]와 흡사하니, 그러므로 장벽(墻壁)과 다름이 없다 하였다. 이 경계가 현전하면 정오(正悟)의 도가소식(到家消息)[15]이 결정코 불원(不遠)하다.

■達磨云하되 外息諸緣하고 內心無喘하야 心如墻壁하야사 可以入道니라

■一念不生하고 前後際斷하야 塵勞頓息하고 昏散을 勦除하야 終日獃獃憃憃地하야 恰似箇泥塑木彫底하나니 故로 謂墻壁으로 無殊라 하니라 到這境界現前하면 卽到家消息이 決定去地不遠也이니라

『大慧普覺禪師語錄』27 ;『高峰原妙禪師禪要』(大正藏47, p. 925b ; 卍續藏經122, p.704b)

외경과 내심을 적연식멸(寂然息滅)[16]하여 장벽이나 목석과 같은 무심경계가 되어야만 대도에 오입(悟入)한다.

【 강설 】
목석과 같은 대무심경계에 도달해야 대도에 깨달아 들어갈 수 있다.

---

12 "번뇌가 단번에 사라지고"
13 "혼침과 산란을 끊어 없애"
14 진흙으로 만들거나 나무로 깎은 상.
15 (깨달음의 고향)집에 도착했다는 소식.
16 완전히 작용을 그치게 하여 고요하게 하고 쉼.

그렇지 않고 바깥으로 경계에 끌리고 안으로 망상과 혼침에 시달리고 있다면 그런 이는 절대 대도에 깨달아 들어갈 수 없다. 이것이 우리 선종의 생명선이다. 황벽스님이 『전심법요』에서 자주 거론했듯 백장스님도 늘 "목석같은 무심이 되어야지 무심이 되지 않으면 절대 이룰 수 없다."라고 말씀하셨다. 무심도 미세한 망상이 남아 있는 제8아뢰야식의 무기무심(無記無心)이 아닌 진여의 참 무심이 되어야 한다.

【 9-4 】

만약에 일념불생하면 전후제단(前後際斷)하여 조체(照體)가 독립하며 물아(物我)가 일여하여 곧 심원(心源)에 도달하여 무지무득(無知無得)하고 불취불사(不取不捨)하며 무대무수(無對無修)니라.

若一念不生하면 則前後際斷하야 照體獨立하야 物我一如하야
直造心源하야 無知無得하고 不取不捨하며 無對無修니라

『景德傳燈錄』 30, 「澄觀心要」 (大正藏51, p.459b)

만념(萬念)이 구적(俱寂)하면[17] 진여자성을 철증(徹證)케 되나니, 즉 견성이며 돈오이며 성불이다.

【 강설 】

자나 깨나 한결같은 대무심경계라야 올바르게 진여의 자성을 본다고 했다. 조금의 망념이라도 남아 있으면 그것은 견성이라 할 수 없다.

---

17 "모든 생각이 다 고요해지면"

【 9-5 】

노한(老漢)이 원오노사(圓悟老師)의 훈풍자남래(熏風自南來)[18]를 거량(擧揚)[19]함을 보고 홀연히 전후제(前後際)가 단절(斷絕)하니 일려(一緰)의 난사(亂絲)를 이도(利刀)로써 일절(一截)하여[20] 단절함과 같아서 비록 동상(動相)이 불생(不生)하나 도리어 정나라처(淨裸裸處)에 좌재(坐在)하니라. 노사(老師)가 말하되, "가석(可惜)하다.[21] 사료(死了)하고 갱활(更活)치 못하는도다.[22] 언구(言句)를 의심하지 않는 것이 대병이니 사절후(死絕後)에 갱소(更甦)하여야[23] 군(君)을 기만치 못한다."고 하였다. 매일 입실(入室)[24]함에 다만 유구무구(有句無句)는 등(藤) 넝쿨이 수목(樹木)을 의지(倚止)함과 같다 함을 거량(擧揚)하고서, 내가 대답하려고 개구(開口)만 하면 문득 "불시(不是)"[25]라 하였다. 내가 비유를 설하되, "저개(這箇)[26]의 도리는 흡사히 구자(狗子)가 열유당(熱油鐺)을 봄과 같아서 핥으려고 하나 핥을 수 없고 버리려고 하나 버릴 수도 없습니다."고 하였다. 일일(一日)에[27] 노사(老師)가 수도등고(樹倒藤枯)한 때에 상수래

---

18 "따뜻한 바람이 남쪽에서 불어온다."【8-3】참조.
19 법문하면서 옛 스님들의 고사나 화두를 들어 이야기함.
20 "한 움큼 얽힌 실을 예리한 칼로 단번에 끊어"
21 "애석하다", "안타깝다."
22 "죽어 버리고는 다시 살아나지 못하는구나."
23 "죽었다가 다시 살아나야만"
24 학인이 수행 지도를 받기 위하여 스승의 방에 들어감. 나아가 제자가 스승의 방에 들어가 법을 잇는 것으로까지 확대되어 쓰임. 이것을 입실사법(入室嗣法)이라 함. 조사실에 들어간다는 뜻.
25 "아니다", "틀렸다."
26 이, 이것. '자개(者箇)', '자개(遮箇)', '자개(者介)'로도 씀.
27 "하루는"

야(相隨來也)라고 거량(舉揚)하니,[28] 노한(老漢)이 문득 확철(廓徹)하여 이회(理會)[29]하였다. 그리하여 "제가 이회(理會)하였다."고 하니 노사(老師)가 말하기를, "다만 네가 공안을 투과(透過)못할까 두려워한다."고 하며, 드디어 일락삭(一絡索)[30]의 난해한 효와공안(誵訛公案)[31]을 연거(連擧)[32]하였다. 내가 삼전양전(三轉兩轉)[33]하여 절단(截斷)하되 태평무사시(太平無事時)에 대로(大路)를 얻어 문득 행진(行進)함과 같아서 다시 체애(滯礙)함이 없으니, 바야흐로 내가 그대를 기만(欺瞞) 못한다 함을 알았다.

老漢이 見圓悟老師의 擧薰風이 自南來하고 忽然前後際斷하니 如一綟亂絲를 將刀一截截斷相似하야 雖然動相이 不生이나 却坐在裸裸處라 老師云 可惜다 死了不能活이로다 不疑言句是爲大病이니 絶後更甦하야사 欺君不得이니라 每入室에 只擧有句無句如藤倚樹하고 纔開口하면 便道不是라하다 我說箇譬喩曰這箇道理는 恰似狗看熱油鐺相似하야 要舐又舐不得하며 要捨又捨不得이니다 一日에 老師가 擧樹倒藤枯相隨來也어늘 老漢이 便理會得하고 乃曰某會也니다 老師曰只恐你透公案不得이라하

---

28 "노스님이 원오스님께 '나무가 넘어지고 덩굴이 마를 때는 어떻습니까?' 하고 여쭈니 원오스님이 '함께 하느니라'라고 하신 이야기를 들려주시니,"
29 환하게 이치를 깨달음.
30 한바탕 이야기. '낙삭'은 '낙삭(落索)'으로도 쓰며 노끈이 얽혀서 풀 수 없는 것과 같이 사건이 뒤얽힌 것을 말함.
31 일부러 어렵게 색다른 표현으로 둘러 말하는 것 또는 뒤섞여서 잘못됨.
32 계속 거론함.
33 두 번 세 번 거듭.

고 連擧一絡索請訛公案하니 被我三轉兩轉截斷하되 如箇太平無事時에 得路便行하야 更無滯礙하야 方知道我不謾你하니라

『大慧普覺禪師語錄』17 (大正藏47, p.883ab)

오매일여에 몽중(夢中)과 숙면(熟眠)의 심천(深淺)이 있음과 같이, 승묘경계(勝妙境界)인 일념불생전후제단(一念不生前後際斷)도 7지 무상정(無想定)과 8지 멸진정(滅盡定)의 차별이 있다. 대혜는 몽중일여, 즉 7지의 사경(死境)에서 구경지까지 투과(透過)하니 과연 이근(利根)[34]이다. 이는 멸진정(滅盡定)의 대사(大死)는 아니지마는 여기에서도 심오(深悟)하면 정각을 성취한다.

이와 같이 전후제단(前後際斷)의 승묘경계(勝妙境界)를 선문(禪門)에서는 사료불활(死了不活)이라 하여 극력 배제하는 것이니, 여기에서 철오(徹悟)하여 활연대활(豁然大活)하여야만 정안으로 인허(印許)하는 것이다. 오직 생명선(生命線)은 불의언구시위대병(不疑言句是爲大病)[35]이어서, 대사(大死) 후 대활(大活)하기 전에는 불조공안(佛祖公案)의 심현(深玄)한 묘지(妙旨)를 영회(領會)할 수 없다.[36] 그러므로 7지 대보살 지위의 대혜스님에게도 언구를 극력 참구시켰으며, 상수래야(相隨來也)에서 확철하였어도 공이투공안부득(恐你透公案不得)이라 하였으니[37], 그 외는

---

34 재능이 뛰어나고 지능(智能)이 총명한 사람. 참구를 제대로 할 수 있는 능력을 갖춘 사람.
35 "언구를 의심하지 않는 것이 큰 병이다."
36 "깊고 묘한 뜻을 알 수 없다."
37 "'함께 한다'는 말에서 분명히 깨쳤어도 '네가 공안을 뚫지 못했을까 걱정이다'라고 하였으니,"

갱론(更論)³⁸할 필요도 없다. 설사 8지 이상에서도 공안의 낙처(落處)³⁹는 망연부지(茫然不知)⁴⁰하여 구경정각을 성취하여야 요지(了知)하는 것이니, 역시 불의언구(不疑言句)하면 시위대병(是爲大病)이니, 참학고사(參學高士)는 만세(萬世)의 귀감으로 삼아야 한다.

【 강설 】

오매일여의 무심경계에서는 언구를 의심하지 않음이 큰 병이니 참학하는 납자는 만세의 귀감으로 삼아야 한다. "한 생각도 일어나지 않고 앞뒤가 끊어진 무심경이 되었는데 다시 공부할 필요가 있겠는가?" 하고 생각하겠지만 그때의 제일 큰 병이 공안 즉 화두를 참구하지 않는 것이다. 왜냐하면 7지, 8지의 경지에 이르러도 공안을 모르고 화두를 타파하지 못하기 때문이다. 그러니 "무심경이 되니 자유롭고 편안하다."라고 하며 스스로 옳다 여기면 영원토록 외도가 되고 만다.

대혜스님도 역시 마찬가지였다. 오매일여의 쇄쇄낙락(灑灑落落)⁴¹한 경지가 되었지만 원오스님으로부터 죽기만 하고 살아나지 못한다는 꾸중을 들었다. 그래서 다시 유구무구 화두를 참구하였는데 마치 개가 기름솥을 대하듯 이렇게 할 수도 저렇게 할 수도 없는 지경이었다. 하루는 손님과 함께 저녁밥을 먹는데 젓가락을 손에 쥐고 먹는 것을 잊고 있었다. 이를 본 원오스님이 웃으며 손님에게 "저놈은 황양목선(黃楊木禪)을 참구한다오." 하고 핀잔을 주었다. 나무 중에 가장 더디 자라는 나무가 황양목이니 윤달이면 자라기는커녕 도리어 오그라든

---

38 다시 거론함.
39 귀착점. 궁극적인 것.
40 아득해서 알지 못함.
41 마음이나 몸이 매우 시원하고 개운함.

다는 얘기까지 있다. 스스로 도무지 어찌할 방도가 없는데 거기에 스승의 핀잔까지 들은 대혜스님은 분개하여 스승인 원오스님께 따지듯 물었다.

"예전에 스님께서도 노스님에게 유구무구 법문을 물은 일이 있다는데 노스님은 어떻게 말씀하셨습니까?"

"'유구무구가 칡덩굴이 나무를 의지한 것과 같을 때는 어떻습니까?' 하고 물었더니 오조스님께선 '표현하려 해도 표현할 수 없고 그림으로 그리려 해도 그릴 수 없다'고 하셨다. 그래서 또 '그럼 나무도 넘어지고 칡덩굴도 마를 때는 어떻습니까?' 하고 물으니 '서로 따르느니라'고 하셨다."

그 소리를 듣고 대혜스님이 확연히 깨달았다. 원오스님은 그래도 혹 공안을 투과하지 못했을까 걱정이 되어 난해한 공안을 물었는데 대혜스님은 일체에 막힘이 없을 뿐만 아니라 맞서서 거량까지 하였다. 이에 원오스님이 대혜스님을 인정하였다. 그러니 완전한 오매일여가 되었다 하더라도 다시 공안을 확철히 깨쳐야 병이 완전히 없어진 대조사라 할 수 있다. 조금 안 것을 가지고 옳고 그름을 따지다가는 미래제가 다하도록 깨치지 못하고 만다.

대각을 얻게 한 인연을 어찌 육신을 낳아준 부모의 은혜에 비교하겠는가? 대혜스님은 그 은혜를 잊지 못해 원오스님 사후에도 좋은 음식이나 새로운 과일이라도 있으면 먼저 원오스님의 진영에 바쳤다고 한다.

교가에서는 오매일여·숙면일여가 된 자재위에 들어가면 굳이 애쓰지 않아도 성불한다고 하였다. 그러나 이는 많은 시일을 요할 뿐만 아니라 10지보살도 잘못하면 외도에 떨어질 수 있다. 따라서 종문에서는 이를 인정치 않고 10지과 등각마저 봉사나 잠을 덜 깬 이로 취급해 눈을 뜨고 잠을 깨는 방법으로 공안을 제시하는 것이다. 혹자는 "7지보살, 10지보살이 얼마나 높은 경지인데 그들이 다시 공안을 참구할 일이 뭐가 있겠느냐?"고 한다. 하지만 그것은 천부당만부당이다. 10지와 등각이라도 아직 완전히 눈을 뜨지는 못했기 때문에 공안을 모르는 법이다.

오매에 일여한 10지와 등각에게도 언구를 참구하지 않음이 병이 된다고 하였는데, 하물며 망상이 죽 끓듯 하는 지견을 두고 돈오다 견성이다 하며 점수한다느니 보임한다느니 하는 소리가 가당키나 한가? 허황될 뿐만 아니라 온 천지를 마구니로 가득 채우는 요설이라 하겠다. 정식(情識)이 여전한 상태에서 공안을 알았다면 그것은 견성이 아니라 망상경계이다. 대사지(大死地)에서 다시 공안을 참구해 크게 살아나야 한다는 것은 나의 말이 아니라 고불고조께서 누누이 강조하신 선문참구의 생명선과 같은 지침이다.

【 9-6 】

반월여(半月餘)에 동상(動相)이 불생(不生)하나 저리(這裏)⁴²에 좌주(坐住)하면 합당(合當)치 못하니, 견지불탈(見地不脫)이라 운위(云謂)하여⁴³ 정지견(正知見)을 장애한다. 매양(每樣)에 숙면(熟眠)하여 몽상(夢想)과 견문이 없을 때에는 절단되어 양궐(兩橛)을 타작(打作)하여⁴⁴ 경교(經敎)와 어록에서 차병(此病)을 해소할 수 없

---

42 이 안. 여기. 가까운 장소를 가리키는 말.
43 "견지를 벗어나지 못했다고 말하여"
44 "대립적으로 보는 견해를 내어." '양궐'은 미(迷)와 오(悟), 범(凡)과 성(聖) 등을

었다. 흉중(胸中)에 체애(滯礙)하여⁴⁵ 있은 지 10년이러니, 일일(一日)에는 고백(枯栢)을 보고 촉목(觸目)하여⁴⁶ 대성발오(大省發悟)하여⁴⁷ 향전(向前)의 소득(所得)한 경계가⁴⁸ 박연(撲然)히 산멸(散滅)하였다.⁴⁹ 그때 암실(闇室)에서 백일하(百日下)에 나와 있음과 같아서 비로소 경산노인(徑山老人, 무준無準)⁵⁰의 입지처(立地處)를 득견(得見)하니 30방(三十棒)을 타여(打與)함이 대호(大好)하다.⁵¹

半月餘에 動相이 不生하나 不合向這裏하야 坐住니 謂之見地不脫이니 礙正知見이니라 每於睡著하야 無夢想見聞地엔 打作兩橛하야 經敎語錄에 無可解此病이라 礙在胸中者十年이러니 一日에 見枯栢하고 觸目省發하야 向來所得境界가 撲然而散하고 如闇室中에 出在白日하야 始得徑山老人의 立地處하니 好與

  대립적으로 보는 견해. 대립적인 견해로 판단하는 것. '타작'의 '타'는 동사의 접두어로 쓰임.
45 "시원하게 뚫리지 못하고 가슴속에 응어리져"
46 "마른 잣나무가 눈에 띄어"
47 "크게 깨달아"
48 "이전에 얻었던 경계가"
49 "산산이 흩어져 버렸다."
50 법명은 사범(師範 : 1178~1249). 임제종 승려. 9세에 음평산(陰平山)의 도흠(道欽)을 따라 출가, 소희(紹熙) 5년(1194)에 구족계를 받음. 성도(成都)의 요화상(堯和尙) 문하에서 선을 수행. 또 육왕(育王)의 덕광(德光)에게서 참구하고, 영은(靈隱)에 이르러 파암조선(破庵祖先)과 함께 석순암(石蚓庵)으로 감. 한 도인을 만나 호손자(胡孫子)의 이야기를 듣고 깨달음을 얻어 마침내 조선의 법을 이음. 절강성 명주(明州) 청량(淸涼)에서 설법하고, 자명전(慈明殿)에서 승좌설법(陞座說法), 불감선사(佛鑑禪師)라는 호를 받음. 순우(淳祐) 9년 3월 18일 입적. 세수 72세. 설암조흠(雪巖祖欽), 무학조원(無學祖元), 올암보녕(兀庵普寧), 환계유일(環溪惟一) 등의 제자가 있음. 저서로는 『불감선사어록(佛鑑禪師語錄)』 5권이 있고, 무문도찬(無文道瓚)이 『경산무준선사행장(徑山無準禪師行狀)』을 씀.
51 "30방을 때려 주는 것이 좋았다."

三十棒이로다

『禪關策進』(大正藏48, p.1100b-c)

숙면시에는 망연(茫然)하여 일여치 못하니 이는 전체가 병이다. 이 대병(大病)을 정오(正悟)로 착인(錯認)하면, 청천백일하(靑天白日下)의 확철대오는 미래겁이 다하여도 있을 수 없다.

【 강설 】

몽중일여의 경계에 들었다 해도 그 경계에 주저앉으면 병이 된다. 그것을 병인 줄 알고 진실하게 언구를 참구하면 병을 고쳐 청천백일처럼 확연한 깨달음을 얻겠지만 그렇지 못한다면 확철대오는 영원히 남의 일이 될 것이다.

【 9-7 】

설암(雪岩)이 묻기를, "일간(日間) 호호(浩浩)히 분주할 때에[52] 일여(一如)하느냐?" 답하되, "일여합니다." "몽중(夢中)에도 일여하느냐?" "일여합니다." 또 묻되, "정(正)히 숙면할 때에는 주인공이 하처(何處)에[53] 있느냐?" 여기에서는 언어로써도 가히 대답할 수 없으며, 이치로도 가히 신설(伸說)[54]할 수 없었다. 5년 후에 의단(疑團)[55]을 타파하고 대오하니, 자차(自此)로 안방정국(安邦定國)하

---

52 "일상에 정신없이 분주할 때에"
53 "어느 곳에"
54 이야기를 꺼내어 펼침.
55 의심덩어리.

여서[56] 일념무위(一念無爲)하여 천하가 태평하다.

雪岩이 問曰 日間浩浩時에 作得主麽아 答하되 作得이니다 睡夢中에도 作得主麽아 作主니다 又問하되 正睡着時하면 主在何處오 於此엔 無言可對며 無理可伸이라 後五年에 驀然打破疑團하니 自此로 安邦定國하야 一念無爲하야 天下太平하니라.

『高峰語錄』(卍續藏經122, p.722b)

설암부자(雪岩父子)[57]도 몽중일여의 가사(假死)에서 구경지에 돈입(頓入) 대활(大活)하여 임제 정인(正印)을 수수(授受)하였으니,[58] 실로 천고(千古)의 방양(榜樣)이다.[59]

【 강설 】

천고에 귀감이 되는 이야기이다. 고봉스님[60]은 3년이란 기한을 정해 놓고 대각을 성취하지 못하면 죽으리라 결심하고 공부하신 분이다. 그렇게 큰 원력으로 용맹정진을 한 덕에 견처를 얻고는 점검받기 위해 설암스님을 참방하였다. 설암스님[61]이 보니 본인은 깨쳤다 하지만 바로

56　"이로부터 온 나라가 안정되어서"
57　설암스님과 고봉스님.
58　"임제스님의 바른 심인을 이어받았으니,"
59　"참으로 천고의 본보기이다."
60　법명은 원묘(原妙 : 1238~1295). 임제종 설암조흠(雪巖祖欽)의 법을 이음. 1279년 천목산(天目山) 서봉(西峰)으로 들어가 은거함. 처음에는 사자암(獅子巖)에 초가를 짓고 거주하다가 2년 후 장공동(張公洞)에 들어가 사관(死關)을 짓고 열반 때까지 거주함. 저서로『고봉화상어록(高峰和尙錄錄)』과『선요(禪要)』가 있음.
61　법명은 조흠(祖欽 : 1215~1287), 법호는 설암(雪巖). 처음에는 정자사(淨慈寺) 멸옹문례(滅翁文禮)에게 참학하였으나 계합하지 못하고, 철궐(鐵橛) 문하에서 구

안 것이 아니었다. 그러나 그때 아니라고 말해 주면 절망하거나 되레
스님이 틀렸다며 고집 피울 것이 뻔했다. 그래서 아무 말씀 않고 가만
히 두었다. 고봉스님은 자기의 견해를 옳다 여기며 5년의 세월을 보냈
다. 설암은 그 객기가 어느 정도 삭을 시기가 되었음을 알고 그때 가서
일러주었다.

"너는 꿈속에서도 일여한가?"

"예, 일여합니다."

"깊이 잠들었을 때도 일여한가?"

고봉스님이 스스로 돌아보니 깊은 잠에 들어선 일여하지 못했다. 그
래서 다시 5년을 참구하고서야 확철대오하고 설암스님의 말씀을 깊이
인정하게 된 것이다. 공부라는 것이 이렇게 어려운 것이다.

【 9-8 】

대사(大死)한 사람은 불법도리(佛法道理)가 전연 없어서 현묘득
실(玄妙得失)과 시비장단(是非長短)을 저리(這裏)에서는 다만 이렇
게 휴헐(休歇)한다. 고인(古人)은 이를 평지상(平地上)의 사인(死人)
이라 하니 반드시 나변(那邊)에 투과(透過)하여야[62] 되며, 만약에
의의(依倚)와 해회(解會)가 있으면[63] 절대로 불가하다. 철화상(喆和

자무불성(狗子無佛性) 화두를 참구한 다음 무준사범(無準師範)에게 참학하여
그의 법을 이어받음. 용흥사(龍興寺), 도림사(道林寺) 등에 두루 머물다가 함순
(咸淳) 5년(1269) 앙산(仰山)에 정착함. 저서로는 『설암화상어록(雪巖和尙語錄)』
4권이 있음.

62 "저쪽으로 뚫고 지나가야"
63 "의지하거나 알음알이로 이해하려고 해서는"

尙)⁶⁴은 견지(見地)가 정결(淨潔)하지 못하다고 말하였고, 오조선사(五祖先師)는 명근(命根)⁶⁵이 단절되지 못하였다고 말하였다. 오직 대사일번(大死一番)하여서⁶⁶ 다시 대활(大活)하여야 한다.

大死底人은 都無佛法道理하니 玄妙得失과 是非長短을 到這裏하야는 只恁麽休去니라 古人이 謂之平地上死人이니 須是透過那邊하야사 始得이요 或有依倚解會하면 沒交涉이니라 喆和尙이 云見不淨潔이라하며 五祖先師謂之命根不斷이니 須是大死一番하야 却活하야사 始得다

『碧岩錄』 5 (大正藏48, p.179a)

추중망상(麤重妄想)인 제6의식이 멸진한 제8리야(第八梨耶)의 무기(無記)가 대사(大死)이니,⁶⁷ 이는 숙면에서도 일여한 자재 이상의 대보살위(大菩薩位)이다. 미세망상인 제8리야를 이탈하지 못하면 이는 명근부단(命根不斷)이다. 그리고 10지와 등각의 대사심갱(大死深坑)⁶⁸에서 활연대활(豁然大活)하여야 리야(梨耶)의 무기(無記)까지 영멸한 진대사(眞大死)이니, 상사상활(常死常活)하고 상적상조(常寂常照)하여⁶⁹ 바야흐로 선문의 본분종초(本分種草)⁷⁰가 된다.

---

64 생몰 연대나 전기에 대해 알려진 것이 없음.
65 과거의 업에 의해 태어나 죽을 때까지 중생의 몸을 유지시켜 주는 수명의 근본.
66 "한 번 크게 죽어서"
67 "제8아뢰야식의 작용이 멈춘 때가 크게 죽은 것이니,"
68 죽음이라는 깊은 구덩이.
69 "항상 죽고 항상 살며 항상 고요하고 항상 비추어서"
70 '종초'는 묘초(苗草)의 뜻. 선사가 될 만한 인재.

【 강설 】

'크게 죽은 사람'이라 하였으나 제8아뢰야식의 미세무명이 아직 남아 있으니 진정한 무심, 완전히 죽은 것은 아니다. 제8아뢰야식의 근본무명마저 완전히 끊어버려야 참다운 무심, 참다운 진여경계를 얻을 수 있다. 그러니 오매일여가 되었다 해도 그것은 가사(假死)이다. 거기서 한 번 더 죽어야 진정한 죽음이자 진정한 삶이다. 그런 자라야 진정한 대자유를 누릴 자격이 있다. 오매일여의 대사경계에서 어떻게 해야 살아날 수 있을까? 언구를 의심하여, 즉 화두를 들어 크게 깨쳐야만 참으로 살아 있는 자, 정안종사가 될 수 있다.

【 9-9 】

이러한 생철(生鐵)로 주취(鑄就)[71]한 자는 혹 기특(奇特)[72]한 경계를 만나거나 혹은 악경계(惡境界)를 만나도 그의 면전에 있어서는 전연 몽중(夢中)과 상사(相似)하다. 자기 6근이 있는 것도 모르며 단모(旦暮)가 있는 것도 모른다. 비록 이러한 경계에 도달하였어도 한회(寒灰)와 사화(死火)를 고수하여[73] 암흑한 곳으로 들어가서는 못 쓰며 오직 전신(轉身)하는 대활로가 있어야 한다.

這般의 生鐵로 鑄就漢은 或遇奇特境界커나 或遇惡境界커나 到他面前하야는 悉皆如夢相似하야 不知有六根하며 亦不知有旦暮하니라 直饒到這般田地하야도 切忌守寒灰死火하야 打入

---

71 쇳물을 녹여 만듦.
72 기이하고 특별함.
73 "불 꺼진 차가운 재를 지켜"

黑漫漫地去요 須有轉身一路하야사 始得다

『碧岩錄』3 (大正藏48, p.166c)

가무심(假無心)의 한회(寒灰)와 사화(死火)를 집착하여 전신(轉身)하는 활로(活路)를 못 얻으면 영영 사지(死地)에 매몰되고 만다.

【 강설 】

6근인 이 몸도 잊고 아침저녁으로 변천하는 6진의 세상마저 잊은 그런 깊은 경계에 들었다 하더라도 반드시 다시 살아나야 한다. 그 경지를 안락하다고 여겨 주저앉으면 죽음의 땅인 제8아뢰야식의 무기무심에 매몰되고 만다.

【 9-10 】

■ 조주(趙州)가 투자(投子)에게 물었다. "대사(大死)한 사람이 각활(却活)한 때에는 어떠한고?" 투자(投子)가 대답하였다. "야행(夜行)을 불허(不許)하고 천명(天明)에 반드시 도달할지니라."[74]

■ 굉지(宏智)[75]가 소참(小參)에 이 법문을 거량(擧揚)하고 말하였다. "만약 이 시절을 식득(識得)하면 문득 말하기를, 명중(明中)에 암(暗)이 있으니 암(暗)으로 서로 만나지 말고, 암중(暗中)에

---

74 "어두운 밤에는 가지 말아야 할 것이니, 날이 밝으면 반드시 도착할 것이다."
75 법명은 정각(正覺), 법호는 천동(天童), 시호는 굉지(宏智). 조동종 승려로 단하자순(丹霞子淳)의 법을 이음. 제자들이 편찬한 법문집『굉지광록(宏智廣錄)』이 있음.『벽암록(碧巖錄)』과 더불어 선종의 2대 명저로 꼽히는『종용록(從容錄)』은 굉지선사의 송고백칙(頌古百則)에 만송행수(萬松行秀)가 시중(示衆)·착어(著語)·평창(評唱)을 더한 것임.

명(明)이 있으니 명(明)으로 서로 만나지 말라 함을 알지니라.
일체 만법이 멸진한 이때에 요요명명(了了明明)하여 항상 있고,
일체 만법이 생기한 그때에 공공활활(空空豁豁)⁷⁶하여 항상 적
적(寂寂)하니 참으로 사중활(死中活)이요 활중사(活中死)라 함을
알 것이다."

■投子因趙州問하되 大死底人이 却活時에 如何오 投子云 不許
夜行이요 投明須到니라
■宏智가 小參에 擧此話云 若箇時를 識得去하면 便知道하되
當明中에 有暗하니 勿以暗相遇하고 當暗中에 有明하니 勿以明
相覩하라 一切法盡處에 箇時에 了了常在하고 一切法生時에
箇時에 空空常寂하야 便知道死中有活活中死로다

『宏智禪師廣錄』 5 (大正藏48, p.63a)

대사(大死)하여 대활(大活)하면 리야무기(梨耶無記)까지 멸진한 진대
사경(眞大死境)이 현전하여 상사상활(常死常活)하고 상활상사(常活常死)
하여 명암(明暗)이 쌍적(雙寂)하고 명암(明暗)이 쌍조(雙照)하니 불조(佛
祖)의 정안이다.

【 9-11 】
기식(氣息)이 영절(永絕)한 때⁷⁷와 종적(蹤跡)이 단멸한 곳⁷⁸에서 참

---

76 텅 비고 매우 넓음.
77 "숨이 끊어진 때"
78 "자취가 사라진 곳"

으로 정안을 구비하여야 한다. 그때에는 역력(歷歷)하여 침적(沈寂)하지 않고[79] 영영(靈靈)하여 상대가 끊어져서[80] 문득 능히 대방(大方)에 활보하며[81] 주선보응(周旋普應)[82]할 것이다.

絶氣息時와 斷蹤跡處에 須具眼하야사 始得다 那時에 歷歷不沈하고 靈靈絶對하야 便能闊步大方하야 旋普應하리라

『宏智禪師廣錄』 5 (大正藏48, p.71a)

절후갱소(絶後更甦)하면[83] 현기대용(玄機大用)[84]이 현전하여 살활자재(殺活自在)하고 종횡무애(縱橫無礙)[85]한 것이다.

【 9-12 】
전지(田地)가 안온(安穩)하여 밀밀(密密)한 곳[86]과 활계(活計)가 냉담(冷淡)하여 추추(湫湫)한 때[87]에 문득 겁(劫)이 공(空)함을 보아서 호발(毫髮)[88]만큼도 연루됨이 없고 사삼(絲縿)[89]만큼도 장예(障

---

79 "분명하여 가라앉지 않고"
80 "신령스러워 마주할 대상이 끊어져서"
81 "천하를 활보하며"
82 자유롭게 다니면서 모든 것에 걸림 없이 대응함.
83 "죽었다가 다시 살아나면"
84 대기대용(大機大用)으로도 쓴다. '기(機)'는 본래 주어진 기량을 말하고, '용(用)'은 주어진 기량의 활용을 말함. 즉, 기와 용을 완벽하게 운용하는 것을 말함. 현기와 대용을 구별하는 경우, 현기는 종지를 밝히는 경지, 대용은 제자를 교화하는 기량.
85 어느 방향으로든 걸림이 없음.
86 "마음이 편안하여 빈틈없는 곳"
87 "사량분별이 가라앉아 싸늘한 때"
88 가늘고 짧은 털. 곧 아주 작은 물건.
89 가는 명주실.

翳)됨이 없다. 공허함이 지극(至極)하여 광명이 있고 청정함이 원융(圓融)하여 조요(照耀)하니, 만고(萬古)에 뻗쳐 혼매(昏昧)하지 않은 일단(一段)의 사실이 있다.

田地穩密密處와 活計冷湫湫時에 便見劫空하야 無毫髮許로 作緣累하고 無絲縷許도 作障翳하야 虛極而光하고 淨圓而耀하야 有亘萬古不昏昧底一段事니라

『宏智禪師廣錄』6 (大正藏48, p.76a)

긍만고불혼매(亘萬古不昏昧)[90]하여 미래겁이 다하도록 여여불변하는 대적광(大寂光)은 오직 대사각활(大死却活)에서 오나니, 리야무기(梨耶無記)까지 영멸한 진대사경(眞大死境)의 대공적중(大空寂中)에서 발하는 대광명은 역천겁이불고(歷千劫而不古)하고 긍만세이장금(亘萬世而長今)[91]이다. 추중망상(麤重妄想)이 멸진하여 일념불생(一念不生)하고 전후제단(前後際斷)한 대사심처(大死深處)도 제8마경(第八魔境)이어서 오도(悟道)가 아니며 견성이 아니다. 멸진의 사지(死地)에서 홀연 대활하여 상사상활(常死常活)하고 상적상조(常寂常照)하여 적조동시(寂照同時)며 적조불립(寂照不立)한[92] 명암쌍쌍(明暗雙雙)의 구경무심을 철증(徹證)하여야 비로소 파참벽안(罷參碧眼)[93]이다.

---

90 "만고토록 어둡지 않고"
91 "천겁을 지나도 옛것이 아니고 만세에 뻗치도록 언제나 지금이다."
92 "고요함과 비춤이 동시이면서도 고요함과 비춤이 없는"
93 '파참'은 수행을 완성하여 스승의 지도를 면제받는 것, 또는 이런 사람. '벽안'은 눈이 푸른 사람이라는 뜻으로 견처가 뛰어난 선승을 지칭하는 말. 선종 초조 보리달마에서 기원한다.

【 강설 】

　조동종의 가르침이 참 자세한데 그 가운데서도 굉지(宏智)선사의 가르침은 더더욱 면밀하다. 한 번 깨치면 영원히 깨쳐 다시는 혼매(昏昧)하지 않으니, 크게 죽었다가 살아난다면 억천만겁이 지난다 하더라도 그 광명이 여여해 절대로 혼미한 법이 없다. 그런 크고 고요한 광명, 대적광(大寂光)이 바로 부처님의 경계이고 대조사들의 경계이다. 이를 성취해야만 비로소 공부를 성취한 사람이고, 공안을 바로 안 사람이고, 견성한 사람이고, 성불한 사람이다. 그러기 전에는 망상경계에 지나지 않는다.

　제8아뢰야식의 무기까지 완전히 벗어났을 때라야 참으로 적적한 대광명이 빛나니, 이를 두고 선문에서는 "활구에 바로 깨치면 영원토록 매하지 않다."고 한다. 적막한 경계에 눌러앉는다면 죽기만 하고 살아나지 못하는 것이니 그것은 견성이 아니다. 그래서 종문에서는 8지 이상의 대자재보살 경지라도 제8마계라 하여 극력 배제했던 것이다.

【 9-13 】

■이 대사각활(大死却活)한 심처(深處)는 고불(古佛)도 도달치 못하였으며 천하 노화상(老和尚)도 또한 도달치 못하였으니, 설사 석가와 달마라도 반드시 재참(再參)하여야 된다. 그렇기 때문에 단지 노호(老胡)가 요지(了知)함을 허락하고 노호(老胡)가 영회(領會)함은 불허한다.[94]고 하였다.

■제인(諸人)은 말후구(末後句)를 알고자 하는가. 지허노호지(只許

94　"달마가 알았다고는 인정하나 깨달았다고는 인정하지 않는다."

老胡知)요 불허노호회(不許老胡會)니라.

- 말후구를 그대를 위하여 설하노니 명암이 쌍쌍(雙雙)한 시절이 니라.

- 초경(招慶)[95]이 나산(羅山)에 문(問)하되, "암두(岩頭)가 말하기를, 임마 임마 불임마 불임마(恁麽 恁麽 不恁麽 不恁麽)[96]라 하니 그 의지(意旨)[97]가 여하(如何)오." 산운(山云), "쌍명(雙明)하며 또한 쌍암(雙暗)하니라." 경운(慶云), "여하시(如何是) 쌍명역쌍암(雙明亦雙暗)고.[98] 산운(山云), "동생(同生)하며 역동사(亦同死)니라."[99]

- 쌍조쌍차(雙照雙遮)하며 동생동사(同生同死)하고 전명전암(全明全暗)하며 전살전활(全殺全活)이로다.[100]

- 只這大死却活處는 古佛도 亦不曾到며 天下老和尙도 亦不曾到니 任是釋迦老子와 碧眼胡僧도 也須再參하야사 始得다 所以道하되 只許老胡知요 不許老胡會라하니라

- 諸人은 要會末後句麽아 只許老胡知요 不許老胡會니라

- 末後句를 爲君說하노니 明暗雙雙底時節이로다

- 招慶이 問羅山云 岩頭道하되 恁麽恁麽不恁麽不恁麽라 하니

---

95 법명은 혜릉(慧稜), 법호는 장경(長慶)·초경(招慶). 설봉의존 선사의 법을 이음.
96 "이렇고 이러하며 이렇지 않고 이렇지 않다."
97 의미. 뜻.
98 "무엇이 동시에 밝으면서 동시에 어두운 것인가."
99 "동시에 나면서 동시에 죽는다."
100 "전체로 밝고 전체로 어두우며, 전체로 죽이고 전체로 살린다."

意旨가 如何오 山云 雙明亦雙暗이니라 慶云 如何是雙明亦雙暗고 山云 同生亦同死니라

■ 雙照雙遮하며 同生同死하고 全明全暗하며 全殺全活이로다

『碧岩錄』 41則, 「圓悟」 ; 『碧岩錄』 51則, 「雪竇」 ; 『碧岩錄』 51則, 「雪竇」 ; 『碧岩錄』 51則, 「雪竇」 ; 『圓悟佛果禪師語錄』 7 (大正藏48, p.179b ; p.186c ; p.186c ; p.187a ; 大正藏47, p.744c)

대사대활하여 상적상조하는 명암쌍쌍(明暗雙雙)의 말후구는 쌍차쌍조, 동생동사, 전명전암, 전살전활 등으로 표현하나, 이는 고불(古佛)도 미증도(未曾到)[101]인 최후 극심심처(極深深處)이니 오직 실참실오(實參實悟)에 있을 뿐이다.

【 강설 】

'이것'을 알아야 제불조사들의 법문을 알 수 있고 말후구를 알 수 있으며, 사중득활을 알 수 있고 천하 노화상과 고불도 이르지 못한 깊은 경계를 바로 깨달을 수 있다. '이것'은 실제로 깨쳐야 하는 것이지 사량분별로 따질 것이 아니다. 오매가 일여한 곳에서 다시 살아나야만 비로소 아는 것이다. 끝으로 한마디 하겠다.

그러면 죽었다가 다시 살아났을 때엔 어떠한가?
초(初)는 31이요, 중(中)은 9요, 하(下)는 7이다.
억!!!

---

101 아직 도달하지 못함.

이것을 분명히 안다면 지금까지의 법문을 빠짐없이 알겠지만 이것을 모른다면 천년만년 아무리 지껄여 보았자 입만 아프지 아무 소용이 없다. 모름지기 부지런히 정진하기를 바란다.

10. 대원경지 大圓鏡智
크고 둥근 거울 같은 지혜

【 10-1 】

위산(潙山)이 앙산(仰山)에게 말했다. 나는 대원경지(大圓鏡智)로 종요(宗要)를 삼아서 3종(三種)의 생(生)을 출리(出離)[1]하여야 하니, 소위 상생(想生)과 상생(相生)과 유주생(流注生)이다. 상생(想生)은 능사(能思)하는 망상(妄想)이 잡란(雜亂)함[2]이요, 상생(相生)은 소사(所思)의 진경(塵境)이 역연(歷然)함[3]이요, 미세유주(微細流注)는 함께 진애(塵埃)가 되느니라.

潙山이 謂仰山曰 吾以鏡智로 爲宗要하야 出三種生이니 所謂想生相生流注生이니라 想生은 能思之心이 雜亂이요 相生은 所思之境이 歷然이요 微細流注는 俱爲塵埃니라

『人天眼目』(大正藏48, p.321b)

1　벗어남.
2　"생각하는 주체인 '마음'이 어지러움을 말하고"
3　"생각의 대상인 '경계'가 뚜렷이 있음을 말하며"

제8아뢰야식(第八阿賴耶識)인 미세유주(微細流注)를 멸진하고 진여자성을 통견하면 곧 구경무심인 대원경지(大圓鏡智)가 현전하나니 이것이 대사각활(大死却活)의 본래면목이다. 이 경지(鏡智)는 여래의 과지(果智)로서 선교(禪敎)를 통하여 구경처이다. 이 경지(鏡智)를 성취하여야 견성이니 위산(潙山)스님뿐만 아니라 불조정전(佛祖正傳)은 전부 경지(鏡智)로써 종요(宗要)를 삼아서 만약에 제8의 미세유주를 출리(出離)하지 않으면 현증원통(現證圓通)한 정안은 못 된다. 이것으로써도 견성이 과상불지(果上佛地)임이 일층(一層) 명확하다.

【 강설 】

'직지인심(直指人心) 견성성불(見性成佛)'의 근본은 무엇인가? 대원경지를 성취해야만 견성이란 것이다. 위산스님 역시 제8아뢰야식의 근본무명을 완전히 탕진하여 구경각을 성취해야 참다운 견성이고 이것이 근본 종취임을 밝혔다. 대원경지란 주관적인 상생(想生)과 객관적인 상생(相生) 그리고 일체 망상의 근본이 되는 제8아뢰야식까지 완전히 제거한 것을 말한다. 이것이 33조사를 이어온 우리 종문의 종취이고 수행의 극과이다.

『기신론』에서 "보살 지위의 마지막인 10지까지 다해 극히 미세한 망념까지 멀리 여의면 자기 마음의 본래 성품을 꿰뚫어 보아 심성이 담연히 항상 머무르나니 이것을 구경각이라 한다."라고 했는데, 이것이 곧 대원경지와 같은 말씀이다. 따라서 근본무명까지 완전히 없애 대원경지가 현발해야만 견성이지 그러기 전에는 설사 10지와 등각을 성취했다 하여도 도리어 병통이 될 수 있음을 명심하라.

【 10-2 】

그 진심(眞心)의 본원(本源)에 도달하지 못하면 제8미세(第八微細)인 마계(魔界)에 타락한다.

未達其源하면 落在第八魔界니라

『古尊宿語錄』 38, 「洞山守初」 (卍續藏經118, p.649b)

가무심(假無心)인 제8아뢰야의 미세유주도 마계(魔界)이니, 제6의식의 추중망상(麤重妄想)은 더 말할 것도 없다.

【 강설 】

동산수초(洞山守初) 선사는 운문문언 선사의 상수 제자이시다. 제8아뢰야식의 경계는 8지 이상 대자재보살의 경계이다. 그러나 동산스님은 견성이 아닐 뿐더러 도리어 마구니의 경계라고 통렬히 경책하셨다. 그러니 추중망상도 끊지 못한 8지 이하의 경계야 말해 무엇하겠는가?

이는 동산스님만의 말씀이 아니다. 참다운 선지식들은 한결같이 이렇게 말씀하셨다. 일을 도모함에 시초가 어긋나면 영영 목표를 달성할 수 없는 법이다. 공부를 하려면 시작할 때에 소견이 바로 서야지 소견이 바로 서지 못하면 끝끝내 어긋나고 만다. 서울 간다고 나섰다가 삼랑진도 못 가 서울에 도착했다고 떠벌리니 도대체 어쩌자는 것인가? 자기만 서울 땅을 밟지 못하는 것이 아니라 다른 사람들의 서울 길마저 막는 꼴이니 삼가고 또 삼갈 일이다. 자재보살의 경지도 마구니 경계라고 매섭게 경책했는데 추중망상도 없애지 못한 해오를 견성이라 여긴다면 이는 마구니 중에서도 아주 저급한 마구니라 하겠다.

【 10-3 】

담연(湛然)히 공공적적(空空寂寂)하여 원명부동(圓明不動)함이 대원경지(大圓鏡智)니라.

湛然空寂하야 圓明不動이 卽大圓鏡智니라

『頓悟入道要門論』(卍續藏經110, p.848a)

미세유주를 초출(超出)하여 구경무심을 증득하면, 육조의 말씀과 같이 원명상적조(圓明常寂照)한 무상(無上) 대열반이 즉 경지(鏡智)이다.

【 10-4 】

갓난아기가 비록 6식(六識)을 두루 갖추고 있어 눈으로 능히 보고 귀로 능히 듣지만 일찍 6진(六塵)을 분별하지 못하여 호오장단(好惡長短)과 시비득실(是非得失)을 총부지(總不知)함[4]과 같다. 학도(學道)하는 인사(人士)도 이 영해(嬰孩)[5]와 같아서 영욕공명(榮辱功名)과 역정순경(逆情順境)이[6] 그를 동요(動搖)하지 못하며, 눈으로 색(色)을 보되 맹인과 같고 귀로 소리를 듣되 농자(聾者)[7]와 같아서 여치(如癡)하며 사올(似兀)하여[8] 그 심중(心中)이 동요하지 않아 수미산(須彌山)과 같다. 조작(造作)과 연려(緣慮)가 없어서[9]

---

4   "좋고 싫음과 길고 짧음과 시비득실을 전혀 알지 못함"
5   어린아이.
6   "영욕과 공명, 거슬리는 마음과 순탄한 경계가"
7   소리를 듣지 못하는 사람.
8   "바보 같고 우둔한 것 같아"
9   "마음이 대상을 반연하여 생각을 만들어 내지 않아"

창천(蒼天)¹⁰이 넓게 덮음과 같으며 후지(厚地)¹¹가 넓게 받치는 것과 같나니 무심인 소이로 만물을 장양(長養)하여 여시(如是)히 무공용(無功用) 중에서 시공(施功)한다.¹² 비록 이러하나 그 과굴(窠窟)을 도출(跳出)하여야 한다.¹³ 어찌 교중(敎中)에서 말함을 보지 못하였는가. 제8부동지보살(第八不動地菩薩)이 무공용지(無功用智)로써 임운(任運)하여 살바야해(薩婆若海)¹⁴에 유입(流入)한다 하였으나, 납승은 여기에 도달하였어도 집착하여서는 불가하다. 『능가경』에 상생(相生)은 집애(執礙)요 상생(想生)은 망상이요 유주생(流注生)인즉 망연(妄緣)을 추축(追逐)하여 유전(流轉)한다¹⁵ 하였으니, 만약 무공용지(無功用地)에 도달하였어도 오히려 유주생(流注生) 중에 있으니 제3유주생상(第三流注生相)을 출리(出離)해야 비로소 쾌활자재(快活自在)하다. 경에 말하기를, "급류수(急流水)를 바라보아도 염정(恬靜)¹⁶함과 같다." 하였으니, 해자(孩子)¹⁷의 6식이 비록 무공용(無功用)이나 염념(念念)이 유거(流去)¹⁸함이 급류수와 같으니 어찌하리오.

---

10 맑고 푸른 하늘.
11 두터운 땅.
12 "이처럼 공용(功用)이 없는 가운데 공용을 쓴다."
13 "굴속에서 뛰쳐나와야만 한다."
14 산스크리트 'sarvajña'의 음역. 일체지(一切智)라 번역함. 불과(佛果)에서 일체법을 증득하는 지혜. '살바야해'는 이 지혜가 넓은 것을 바다에 비유한 것.
15 "허망한 인연을 쫓아 끊임없이 변한다."
16 편안하고 고요함.
17 두서너 살 된 어린아이.
18 흘러감.

如初生孩子가 雖具六識하야 眼能見하며 耳能聞하나 未曾分別 六塵하야 好惡長短과 是非得失을 總不知라 學道之人도 要復 如嬰孩하야 榮辱功名과 逆情順境이 動他不得하야 眼見色하되 與盲等하며 耳聞聲하되 與聾等하야 如癡似兀하야 其心不動이 如須彌山이니라 無造作緣慮하야 如天普蓋하며 似地普擎하나니 爲其無心故로 所以長養萬物하야 如是無功用中에 施功하나니라 雖然恁麽나 又更須跳出窠窟하야사 始得다 豈不見가 敎中에 道 하되 第八不動地菩薩이 以無功用智로 任運流入薩婆若海라하 나니 衲僧家는 到這裏하야 亦不可執着이니라 楞伽經에 云 相生 은 執礙요 想生은 妄想이요 流注生則逐妄流轉이라하니 若到無 功用地하야도 猶在流注生中이니 須是出得第三流注生相하야사 方始快活自在니라 經에 云 如急流水望爲恬靜이라하니 孩子六 識이 雖然無功用이나 爭奈念念不停流가 如急流水오

『碧岩錄』8 (大正藏48, p.206b)

제8부동지보살이 무공용(無功用)의 무심지(無心地)에 있으나 이는 아직 뇌야(賴耶)인 미세유주의 가무심(假無心)이니, 미세를 영단(永斷)하고 경지(鏡智)를 실증(實證)하여야 견성의 진무심(眞無心)이며 대활(大活)의 정안이다.

【 강설 】

교가에서는 오매가 일여한 경계, 어린아이와 같은 대무심경계에 이르면 애쓰지 않아도 살바야해에 이른다 하였으나 우리 종문에서는 대

무심경계도 구경이 아니라 하였다. 도리어 어느 것 하나 제대로 분간할 수 없는 컴컴한 산속 귀신들이 사는 굴에 빠졌다[黑山鬼窟] 하여 경계하였다. 죽긴 죽었는데 다시 살아나지 못하니 산송장이나 진배없다는 것이다. 이는 동산수초 선사가 제8아뢰야식의 경계를 마계라고 경계하신 것과 맥락을 같이하는 말씀이다. 설사 어린아이와 같은 무심경계에 들었다 하더라도 아직은 제8아뢰야식이 남아 있어 유주생을 벗어나지 못한 것이다. 제8아뢰야식은 워낙 깨끗하고 미세해 언뜻 보면 맑고 잔잔해 전혀 움직임이 없는 듯 보이나 깊이 관찰해 보면 그 급박한 흐름이 조금도 쉬지 않는 것이다. 따라서 오매에 일여한 8지 이상의 자재보살위에 들었다 하더라도 이는 구경이 아니다. 도리어 수행인을 매몰시키는 마구니의 경계, 귀신의 소굴이니 여기서 다시 용맹심을 일으켜 근본무명을 끊고 진정한 무심을 깨달아야 한다. 그러기 전엔 종문의 종사가 아니며 눈 밝은 납자라고 할 수 없다.

【 10-5 】

제8인 이숙식(異熟識)[19]이 만약에 공멸(空滅)[20]하면 곧 인과를 초월하여 바야흐로 대원경지(大圓鏡智)를 전성(轉成)[21]한다. 무구(無垢)[22]가 동시에 발현한다 함은 불과위(佛果位) 중에서는 경지(鏡智)를 무구(無垢)라 하니 이것은 청정진여인 까닭이다. 경지(鏡智)

---

19 아뢰야식의 다른 이름. 선악의 업으로 과보를 받은 자리에서 부르는 이름. 과보는 선악과는 달리[異] 무기(無記)이면서 업력이 무르익어야[熟] 하기 때문에 이렇게 부름.
20 비어 없어짐.
21 제8식이 바뀌어 대원경지가 됨.
22 번뇌가 없음.

로 상응하면 법신이 현현하여서 시방진찰(十方塵刹)[23]을 보조(普照)[24]하여 이(理)와 지(智)가 일여하므로 바야흐로 구경인 일심의 본체를 증득하는 것이니, 이는 유식(唯識)의 극칙(極則)[25]이며 여래의 극과(極果)이다. 밝게 관찰하니 이 제8식이 심잠(深潛)하여 난파(難破)하니,[26] 이 식(識)을 사호(絲毫)라도 투과(透過)하지 못하면[27] 끝까지 생사안두(生死岸頭)에 체재(滯在)한다.[28] 고덕(古德)과 제조(諸祖)가[29] 차제8식(此第八識)을 타파하지 않고서는 초불월조(超佛越祖)[30]의 현담(玄談)[31]을 하지 않았거늘, 금인(今人)들은 생멸심도 미망(未忘)[32]하여 심지(心地)에 잡염(雜染)의 번뇌종자를 섬호(纖毫)도 정결케 하지 못하고서 문득 오도(悟道)라고 사칭하니 어찌 미득(未得)을 득(得)이라 하고 미증(未證)을 증(證)이라 함이 아니리오. 참으로 두렵지 않은가.

異熟이 若空則超因果하야 方才轉成大圓鏡智니 言無垢가 同時發者는 以佛果位中을 名無垢니 乃淸淨眞如니라 謂鏡智로 相應하면 法身이 顯現하야 圓明普照十方塵刹하야 以理智가 一如하야

---

23 시방의 무수한 세계.
24 두루 비춤.
25 궁극의 법칙.
26 "깊이 잠겨 있어서 깨뜨리기가 어려우니,"
27 "실낱만큼이라도 뚫고 지나가지 못하면"
28 "생사 언덕에 걸려 있는 것이다."
29 "옛 큰스님과 모든 조사들이"
30 "부처와 조사를 뛰어넘는"
31 현묘한 진리의 말씀.
32 잊지 못함.

方證究竟一心之體니 此唯識之極則이며 乃如來之極果也라 諦
觀하니 此識이 深潛難破하니 此識을 絲毫未透하면 終在生死岸
頭니라 古德諸祖가 未有不破此識而有超佛越祖之談이어늘 今
人은 生滅도 未忘하야 心地에 雜染種子도 未淨纖毫하고 便稱悟
道하니 豈非未得을 謂得하며 未證을 謂證이리오 可不懼哉아

憨山,『八識規矩通說』(卍續藏經98, p.591a)

감산(憨山)은 선교(禪敎)에 해통(該通)[33]한 명말(明末)의 거장이다. 제8 미세유주를 영리(永離)하여 여래의 극과(極果)인 대원경지를 증득하여야 오도(悟道)이며 견성임을 분명히 선설(宣說)함은 참으로 조계직전(曹溪直傳)을 상승한 희유(稀有)[34]의 지식(知識)이다. 그리고 생멸망심도 미단(未斷)하고 오도(悟道)라 사칭함을 통탄함은 고금(古今) 수도인의 통병(通病)을 적파(摘破)한 쾌론(快論)[35]이다. 그러니 추중과 미세의 일체 번뇌망상을 탕진하여 구경무심인 경지(鏡智)를 실증하여 대휴헐(大休歇)의 고인전지(古人田地)[36]에 도달하여야 한다. 제8미세를 단진(斷盡)한 경지(鏡智)는 대사각활(大死却活)한 무심·무념·무생·무주이며, 따라서 돈증원증(頓證圓證)한 구경정각인 돈오와 견성이다.

【 강설 】

6식의 번뇌망상 속에서 갖가지 사량분별로 조작을 쉬지 않으면서

---

33 모두 통달함.
34 드문.
35 명쾌한 주장.
36 옛사람의 마음자리. '전지'는 글자 그대로는 밭이라는 뜻이지만 마음에서 일체의 인식이 생기는 것을 밭에 비유하여 씀.

견성했다, 점수한다, 보임한다고 떠드니 대자재보살들의 경계마저 제8마계라 하여 꾸짖은 조사들의 안목에 가당키나 하겠는가? 6식의 망상 경계에서 견성하거나 돈오했다고 막말을 일삼는 것은 비단 우리나라에만 국한된 얘기는 아니다. 일본에서도 누구는 공안을 열 개 깨치고 누구는 스무 개 깨쳐 견성하고 성불했다는 소리를 쉽게 하는데 참으로 통탄할 일이다. 마구니 경계를 참으로 여겨 소리 높여 떠들고 그런 터무니없는 말에 귀 기울이는 자들이 허다하게 많으니 장차 우리 불법이 어디로 흘러갈까 걱정이다.

위산스님, 감산스님 같은 분들은 만고의 표본이 될 대선지식들이다. 이런 분들의 간절한 경책의 말씀을 귀감으로 삼지 않는다면 도대체 누구의 말을 따르겠다는 것인가?

11. 내외명철 內外明徹

안팎이 환히 밝다

【 11-1 】

■ 지혜로써 관조하여 내외가 명철(明徹)하여 자기의 본심을 식득(識得)하면 즉본해탈(卽本解脫)이니 즉시(卽是) 무념이니라.

■ 지(智)는 백일(白日)과 같고 혜(慧)는 낭월(朗月)[1]과 같아서 지혜는 항상 명랑(明朗)[2]하지마는 외부로 진경(塵境)에 주착(住著)하여 망상의 부운(浮雲)이 개복(盖覆)함이 되어서 명랑(明朗)하지 못하다. 만약에 진법(眞法)을 득문(得聞)하고 미망(迷妄)의 암운(暗雲)을 스스로 제거하면 내외가 명철(明徹)하여 진여자성(眞如自性) 중에 만법이 개현(皆現)[3]하나니 견성한 사람도 이와 같다.

■ 智慧로 觀照하야 內外明徹하야 識自本心하면 卽本解脫이니 卽是無念이니라

■ 智如日이요 慧如月하야 智慧常明이어늘 於外에 著境하야 被妄

---

1 맑고 밝은 달.
2 흐린 데 없이 밝고 환함.
3 모두 나타남.

想浮雲이 蓋覆하야 自性이 不得明朗이라 若聞眞法하고 自除
迷妄하면 內外明徹하야 於自性中에 萬法이 皆現하나니 見性
之人도 亦復如是니라

『六祖大師法寶壇經』(大正藏48, p.351a ; p.354b)

경지(鏡智)로 관조하여 내외가 명철(明徹)하면 이것이 식심(識心)이며 해탈이며 무념이며 견성이니, 이는 근본무명의 암운(暗雲)이 소산(消散)[4]한 증좌(證左)[5]이다.

【 강설 】

견성을 하면 자성의 진여광명이 시방법계를 환히 비추게 된다. 따라서 내외가 명철하여야 견성한 것이지 내외가 명철하지 못하다면 그것은 견성이 아니다. 잠을 자 봐야 오매일여가 되는지 되지 않는지 알 수 있듯이 내외명철이란 실제로 견성한 이가 아니면 알 수 없다.

【 11-2 】

■수정(水精)의 영락(瓔珞)[6]은 내외가 원명통철(圓明通徹)[7]하여 구경지인 묘각에 상주하여 담연(湛然)히 현명청정(玄明淸淨)[8]한지라 일체지지(一切智地)라고 하나니 항상 중도(中道)에 안처(安

---

4   흩어져 사라짐.
5   참고가 될 만한 증거.
6   구슬을 꿰어 만든 장신구.
7   안팎이 환히 밝음.
8   밝고 깨끗함.

處)하느니라.

■ 오직 불타만이 중도제일의제(中道第一義諦)인 법성심토(法性心土)⁹에 주거하느니라.

■ 水精瓔珞은 內外明徹하야 妙覺에 常住하야 湛然明淨이라 名一切智地니 常處中道니라
■ 唯佛이 居中道第一法性之土니라

『菩薩瓔珞本業經』上 (大正藏24, p.1013a ; p.1016a)

수정영락(水精瓔珞)과 같이 내외명철(內外明徹)하여 일체의 망진(妄塵)을 탕진하면 구경묘각인 불지이며 견성이다.

【 강설 】

구경각인 묘각을 성취해야만 내외가 명철하지 구경각을 성취하지 못하면 내외가 명철하지 못하다고 부처님께서 분명히 밝히셨다. 내외명철하면 견성이라는 6조스님의 말씀과 구경각인 묘각을 성취해야만 내외가 명철하다는 부처님 말씀은 같은 뜻이다. 이는 내외가 명철한 구경각이 견성이지 10지와 등각도 견성이 아니라는 말씀이 아니겠는가?

【 11-3 】

■ 시방(十方)의 세계와 및 신심(身心)이 폐유리(吠瑠璃)¹⁰와 같아서

9　여래의 맑고 깨끗한 법성(法性)과 법신(法身)이 거주하는 국토.
10　산스크리트 'vaidūrya'를 음역(音譯)한 말. 비루리(毘瑠璃), 또는 줄여서 유리(瑠

내외가 명철(明徹)함을 식음(識陰)이 진(盡)하였다[11]고 한다.

■ 만약에 식음(識陰)이 멸진하면 원명(圓明)한 청정묘심이 그중에 발화(發化)하여 청정한 유리(瑠璃) 내의 보월(寶月)[12]과 같다. 그리하여 보살의 소행(所行)인 금강(金剛)과 10지를 초월하여 정각과 동등하게 원명(圓明)하여 여래의 묘장엄해(妙莊嚴海)[13]에 돈입(頓入)하여 보리를 원만성취하여 무소득(無所得)에 귀환한다.

■ 十方世界와 及與身心이 如吠瑠璃하야 內外明徹을 名識陰盡이니라

■ 識陰이 若盡則圓明淨心이 於中에 發化하야 如淨瑠璃內含寶月하나니 如是乃超菩薩所行의 金剛十地하야 等覺圓明하야 圓滿菩提하야 入於如來妙莊嚴海하야 歸無所得이니라

『楞嚴經』10 (大正藏19, p.153b ; p.154b)

제8리야(第八梨耶)인 식음(識陰)이 멸진하면 내외가 명철(明徹)하여 일초직입여래지(一超直入如來地)한다. 『대승오온론(大乘五蘊論)』과 기타에 "식음(識陰)은 위아뢰야(謂阿賴耶)니 역명(亦名) 아타나(阿陀那)"[14]라

璃)라고 한다. 청석(靑石) 보석이라고 흔히 말하는데, 여러 가지 빛깔이 있다. 7보(七寶) 중 하나.
11 "식(識)이 다 없어졌다."
12 달을 보배에 비유한 표현.
13 온갖 좋고 아름다운 것으로 국토를 꾸미고, 훌륭한 공덕을 쌓아 몸을 장식하고, 향과 꽃들을 부처님께 올려 장식하는 일.
14 "식온은 아뢰야라고 하니 다른 이름으로는 아타나라고 한다." 여기에서 '아타나'는 산스크리트 'adāna'의 음역으로 부처님 지위에서 부르는 제8식의 이름이다. 이미 자아의 집착이 없어지고 또 업으로 받은 것도 아니고 물질과 마음의 여러 법을 발현하게 하는 종자와 5근(五根)을 집지상속(執持相續)하는 자리

고 분명히 하였다.

【 강설 】

공부를 하다가 깨친 것 같고 아무리 지견이 분명하다 하더라도 오매에 일여한지를 반드시 점검해야 한다. 또한 무심의 경계를 체득했다 하더라도 그곳에 머물면 마구니 경계가 됨을 알아서 확연히 깨쳐 내외명철의 경지에 이르러야 한다. 이것이 달마스님에게서 6조스님으로 면면히 이어온 우리 종문의 가풍이다.

【 11-4 】

■식음(識陰)이 진(盡)한 자는 원명정심(圓明淨心)이 어중(於中)에 발화(發化)한다.¹⁵ 차(此)는 즉 상(上)으로는 제불의 자력(慈力)과 동일하고, 하(下)로는 중생의 비앙(悲仰)¹⁶을 함용(含容)하여 보편 동등하게 시현(示現)하여 중생을 이익되게 하므로 발화(發化)라고 한다. 신심세계(身心世界)와 제불중생이 원융교철(圓融交徹)¹⁷하는 고로 정유리(淨瑠璃) 내에 보월(寶月)을 함유함과 같다. 문득 능히 지위를 초월하여 대각과해(大覺果海)에 돈입(頓入)하여 무소득(無所得)에 회귀하나니, 이와 같아야 비로소 구경극칙(究竟極則)¹⁸이라 이름한다.

의 제8식이므로 '집지(執持)'라는 의미에서 아타나라고 한다.
15 "완전히 밝고 맑은 마음이 그 가운데 피어난다."
16 중생이 우러러 자비를 바람.
17 서로 포함하고 융합하여 완전히 통함.
18 궁극의 가장 높은 법칙.

■ 이는 5음(五陰)이 다하고 원증(圓證)한 공용(功用)을 보임이니라.

■ 識陰이 盡者는 圓明淨心이 於中에 發化하나니 此卽上同諸佛慈力하고 下合衆生悲仰하야 普同示現하야 利益衆生일새 故로 云發化니라 身心世界와 諸佛衆生이 圓融交徹故로 如淨瑠璃內含寶月이라 便能超越地位하야 入於果海하야 歸無所得하나니 如此하야사 方名究竟極則也니라

■ 此示陰盡圓證功用也니라

憨山,『楞嚴經通議』10 (卍續藏經19, p.331a ; p.330b)

내외명철한 견성은 즉 식음(識陰)을 영단(永斷)한 대각극과(大覺極果)이다. 『화엄경』에서 10지보살은 "방편신통(方便神通) 내외명철(內外明徹)"[19]이라 하였는 바, 10지보살은 미세무명을 미단(未斷)하였으므로 이 내외명철은 제8뢰야의 통명영상(通明影像)[20]이요, 진정한 내외명철이 아니다.

【 강설 】

6조스님께선 견성한 사람은 내외명철한 사람이라고 확실히 말씀하셨다. 이는 조사의 말씀일 뿐만 아니라 부처님의 말씀인 경에도 분명하다. 견성하면 내외명철하고 내외명철한 그것이 구경 즉 극과라 했으니, 따라서 견성은 곧 구경각인 것이다.

---

19 ㉟ 실차난타(實叉難陀) 역,『대방광불화엄경(大方廣佛華嚴經)』39,「십지품(十地品)」(大正藏10, p.209b), "五者, 方便神通, 內外明徹."
20 그림자가 밝게 비침.

6조스님께서는 견성은 내외명철한 것이라고만 하셨고 구경각이란 말씀은 거론하지 않으셨다. 그래서 잘 모르는 이들이 이렇게도 저렇게도 해석하곤 하는데 부처님의 말씀을 근거로 살펴볼 때 내외명철이 곧 극과인 구경각임은 너무도 분명한 사실이다. 만일 내외명철이 되지 않고서 견성이라 한다면 그런 견성은 자기 나름대로 '견성'이란 이름만 붙인 것이지 6조스님께서 직접 말씀하신 견성은 아니다. 6조스님이 말씀하신 견성이 아니면 그것은 33조사께서 말씀하신 견성이 아니고 또한 부처님께서 말씀하신 견성도 아니다. 그러니 허튼 소견과 말에 현혹되지 말고 6조스님의 말씀에 의지해 내외명철한 구경각이라야 견성임을 분명히 알아야 한다.

【 11-5 】

원명(圓明)한 정심(淨心)이 그중에 발화(發化)하면 삼류(三類)로 분신(分身)하여서[21] 중생의 고륜(苦輪)을 쉬게 한다. 오직 여여리(如如理)와 여여지(如如智)가 내외에 명철하나니, 비유하건대 유리(瑠璃) 속에 보월(寶月)을 함유함과 같아서 10신(十信), 10주(十住)와 10회향(十廻向), 10지(十地) 등을 원만히 초월하여 무상불도(無上佛道)를 성취한다.

圓明淨心이 於中에 發化하면 三類分身하야 息苦輪하나니 唯如如理와 如如智가 內外明徹하야 譬如瑠璃內含寶月하야 圓超信住向地等하야 而成無上道也니라

智旭, 『楞嚴經文句』 10 (卍續藏經20, p.751a)

---

21 "세 종류로 몸이 나뉘어서"

내외명철한 공과(功果)가 이렇게 현묘(玄妙)하다.

【 강설 】

지욱스님은 명말 네 고승 중의 한 분으로 교학에 매우 밝으셨던 분이다. 그분 역시 10신·10주·10행·10지 등을 완전히 초월해 구경의 극과를 성취해야만 내외명철하여 무상의 도를 성취한다고 분명히 말씀하셨다. 유리 속에 보배달을 품은 듯한 것은 묘각의 경계이니 묘각 이전엔 그런 경계가 되지 않는다.

【 11-6 】

진경(塵境)²²이 이미 공적(空寂)한즉 신심내외(身心內外)가 일시에 청정하여 시방이 교연(皎然)²³하여 폐유리(吠瑠璃) 내에 보월(寶月)을 함유함과 같으니 어찌 통쾌하지 않으리오. 이는 근본무명을 돈파(頓破)하여 8식종자(八識種子)로 하여금 병열멸진(迸裂滅盡)²⁴케 한 것이다.

塵境이 旣空則身心內外가 一時淸淨하야 而十方이 皎然하야 如吠瑠璃內含寶月하나니 豈不快哉아 斯乃頓破根本無明하야 使八識種子로 迸裂이니라

憨山,『楞嚴經通議』8 (卍續藏經19, p.256a)

22　마음의 대상이 되는 경(境)을 티끌에 비유한 표현.
23　환하게 밝음.
24　산산이 부수어 없앰.

8식종자인 미세망상을 열파(裂破)²⁵하여 내외명철한 무생현로(無生玄路)²⁶에 우유자재(優遊自在)하니 이는 오직 실참실오(實參實悟)에 있다.

【 11-7 】
만약에 식음(識陰)이 멸진하면 바야흐로 지위를 초월하여 요연(了然)히 소득이 없고 구경불과(究竟佛果)를 원만성취하여 정유리(淨瑠璃) 내에 보월(寶月)을 함유함과 같다.

若得識陰이 盡하면 方超地位하야 了無所得하고 究竟圓成하야 如淨瑠璃內含寶月이니라

『宗鏡錄』88(大正藏48, p.898b)

불언(佛言)과 조언(祖言)에 양도(兩道)가 없으니,²⁷ 이는 다 같이 정안을 완구(完具)²⁸한 까닭이다.

【 강설 】
견성이 곧 구경의 극과임은 조사들만의 말씀이 아니다. 내외명철이 곧 구경의 극과라 하신 말씀은 부처님이나 조사께서 공히 하신 말씀이다. 같은 깨달음을 이룬 분들이기 때문에 그 말씀에 차이가 있을 수 없다.

25　찢어 결딴을 냄.
26　"무생이라는 진리의 길"
27　"앞의 『능엄경』의 부처님 말씀과 지금 조사의 말씀이 다름이 없으니,"
28　완전히 갖춤.

【 11-8 】

대각하면 돈료(頓了)하여 공용(功用)을 허시(虛施)할 것 없으니,[29] 일체의 유위법과는 부동(不同)하다. 명상(名相)[30]에 주착(住著)한 보시는 천상에 왕생하는 복은 되나 전시(箭矢)로 허공을 향해 역사(力射)함[31]과 같다. 세력이 다하면 전시(箭矢)는 도로 추락하니, 내생의 불여의(不如意)함을 초래할 뿐이다. 어찌 무위인 실상문(實相門)에서 한 번 초월하여 여래지에 직입(直入)함과 같으리오. 근본만 오득(悟得)[32]할 것이요 지말은 걱정하지 말라. 정결한 유리(瑠璃) 속에 보월(寶月)을 함유함과 같다. 벌써 여의주를 해득(解得)[33]하였으니, 자리와 이타가 끝내 갈진(竭盡)[34]하지 않는도다.

覺卽了不施功이니 一切有爲法不同이라 住相布施는 生天福이나 猶如仰箭射虛空이로다 勢力盡箭還墜하야 招得來生不如意라 爭似無實相門에 一超直入如來地리오 但得本莫愁末하라 如淨瑠璃含寶月이니 旣能解此如意珠하니 自利利他終不竭이로다

『證道歌』(大正藏48, p.396a)

일초직입여래지(一超直入如來地)하여 내외명철하면 정전(正傳)의 돈오

---

29 "깨달으면 그만이어서 쓸데없이 힘을 들일 것이 없으니,"
30 귀로 들어야 하는 것을 '명(名)', 눈으로 보아야 하는 것을 '상(相)'이라 한다. 다 같이 헛된 것으로 법의 실성에는 계합치 않으나 범부는 이 명상을 분별하여 여러 가지 번뇌를 일으킨다.
31 "허공을 향해 화살을 쏘는 것"
32 스스로 깨달아 얻음.
33 뜻을 깨쳐 앎.
34 바닥이 드러날 정도로 다하여 없어짐.

이며 견성이다. 추중(麤重)이 멸진한 자재위 이상만 되어도 오매일여의 실경(實境)이 현전하지마는 미세유주인 식음(識陰)까지 탕진무여(蕩盡無餘)[35]하여 여래지에 직입(直入)하지 않으면 내외명철하여 여정유리함보월(如淨瑠璃含寶月)한[36] 구경무념은 성취하지 못한다.

【 강설 】

한 번 훌쩍 뛰어 곧장 여래지에 들어가 구경각을 완전히 성취하면 이것이 견성이고, 견성하면 맑은 유리 속에 보배달을 품은 듯 내외명철하게 된다. 유리병 속에 촛불만 밝혀도 온 방이 환한데 거기에 보름달을 갖다 놓았다고 생각해 보라. 그 밝음이 시방법계를 비추고도 남을 것이다. 이처럼 내외가 명철하기 전에는 아무리 크게 깨치고 크게 알았다고 해도 그것은 공부하다 병이 생긴 것이지 견성도 돈오도 아니다. 따라서 10지와 등각이라 해도 견성한 사람은 아니다.

운문스님께서도 말씀하지 않으셨던가? "10지의 대성인이 구름이 일 듯 비가 오듯 자유자재하게 설법을 한다 해도 견성은 하지 못했다." 또한 선교를 통틀어서 대종사로 추앙받는 마명보살 역시 보살지가 다해 미세망상을 영원히 끊어야 견성이라고 하였다. 그러니 부처님과 조사들의 말씀을 불문하고 구경각을 성취해야만 견성이지 그러기 전에는 견성이 아니라는 것은 우리 불교의 철칙이라 하겠다. 만일 여기에서 조금이라도 벗어난 주장을 편다면 그런 이설은 불교가 아니고 그런 사람은 불제자가 아니라고 단언한다.

---

35 시간, 힘, 정열 따위를 남김없이 다 써 버림.
36 "맑은 유리가 보배달을 머금은 듯한"

12. 상적상조 常寂常照
항상 고요하고 항상 비추다

【 12-1 】
무상(無上)한 대열반이여, 원융명철(圓融明徹)하여 항상 적조하는 도다.

無上大涅槃이여 圓明常寂照로다

『六祖大師法寶壇經』 (大正藏48, p.357a)

견성이 곧 대열반임은 『대열반경』과 『종경록』 등에 상설(詳說)되어 있다. 확철대오하여 돈견자성(頓見自性)하면 내외명철하여 상적상조하는 구경무념의 대열반을 원성(圓成)한다. 미세뢰야를 투탈(透脫)하여 말후뇌관(末後牢關)[1]을 타파하면 구경무심인 무상열반(無上涅槃)이 현전하여 대사대활(大死大活)하고 상적상조하여 명암이 쌍쌍(雙雙)이요 정혜(定慧)가 등등(等等)하니 즉 견성이며 성불이다.

---

1 참선학도가 통과해야만 하는 관문.

【 강설 】

적조(寂照)에서 적(寂)은 짙은 구름 같은 일체 망상이 다 끊어진 모습이다. 그럼 일체 망법과 망상이 소멸하면 아무것도 없는 단공(斷空)인가? 아니다. 구름이 걷히면 늘 밝게 떠 있던 해의 광명이 환히 드러나기 마련이다. 그 광명이 온 시방세계를 환히 비추니 그런 대지혜를 조(照)라 한다. 우리가 앉아 있는 이 법당의 이름이 대적광전(大寂光殿)이다. 적광이나 적조나 다 구경각을 성취한 부처님의 대열반경계를 표현하는 말이다. 성불한 부처님의 경계는 일체 망념이 적멸하므로 적이라 하고, 대지혜의 광명이 걸림 없이 비추므로 광이라고 한다. 이런 적광과 적조가 되지 못했다면 그것은 견성이 아니다.

【 12-2 】

미세무명을 진파(進破)하고 묘각위에 득입(得入)하면 대열반이라 이름하나니 상적광토(常寂光土)에 거주하느니라.

進破微細無明하고 入妙覺位하면 名大涅槃이니 居常寂光土하느니라

『天台四教儀』,「圓教」(大正藏46, p.780a)

상적광(常寂光)은 상적조(常寂照)이다. 『기신론』에서 "원리미세(遠離微細)하면 득견심성(得見心性)이니 명구경각(名究竟覺)"[2]이라 하였으니, 견성 즉 구경각이 상적조(常寂照)인 대열반이며 묘각이다.

---

2 "미세망상을 멀리 여의면 심성을 보게 되니 그것을 구경각이라 한다."

【 12-3 】

장개(障蓋)가 적멸(寂滅)하지 않음이 없고 사리(事理)를 통조(洞照)하지 않음이 없어서 적(寂)과 조(照)가 쌍류(雙流)하면 심성(心性)을 철견(徹見)하느니라.

障無不寂하고 理無不照하야 寂照雙流하면 徹見心性이니라

『大方廣佛華嚴經隨疏演義鈔』57 (大正藏36, p.449c)

상적상조하여 적조가 쌍류(雙流)하면 견성인 대열반이다.

【 강설 】

적과 조는 함께 흐르는 법이니 구름이 걷혔다는 말은 곧 햇빛이 비친다는 애기고, 햇빛이 비친다는 말은 곧 구름이 걷혔다는 말이다. 따라서 일체 망상이 다 소멸했다는 말은 지혜광명이 드러났다는 뜻이고, 대지혜가 드러났다는 말은 일체 망념이 다 끊어졌다는 뜻이다. 그러니 적과 조가 같이 흘러 항상 적정하면서 항상 비추고 항상 비추면서 항상 적정한 것이다. 그래서 6조스님께서도 "무상대열반이여, 원명상적조로다."라고 말씀하신 것이다. 만일 고요하기만 하고 비추지 못한다면 그것은 돌멩이나 나무토막과 같고, 비추기만 하고 고요하지 못하다면 들뜬 상념에 지나지 않는다. 항상 고요하면서 항상 비추지 못한다면 견성이 아니고 대열반이 아니다. 이는 선종뿐만 아니라 교가에서도 한결같이 하는 말이다.

【 12-4 】

선적(禪寂)은 지조(智照)가 아니면 그 적정(寂定)을 궁극(窮極)할 수 없으며,³ 지조(智照)는 선적(禪寂)이 아니면 그 혜조(慧照)를 심달(深達)할 수 없으니,⁴ 선적과 지조가 쌍류(雙流)하면 불과(佛果)를 성취하느니라. 경에 말하되, 불타는 대승에 자주(自住)하나니 그 소득(所得)한 대법(大法)은⁵ 정혜의 공력(功力)으로 장엄하여 이로써 중생을 제도하느니라.

禪非智면 無以窮其寂이요 智非禪이면 無以深其照니 故로 寂智雙流하면 方成佛果니라 經에 云 佛自住大乘하나니 如其所得法은 定慧力으로 莊嚴하야 以此度衆生이니라

『大華嚴經略策』,「止觀雙運」(大正藏36, p.707a)

적지(寂智)는 적조(寂照)다. 적조는 즉 정혜(定慧)며 지관(止觀)이니, 적조쌍류(寂照雙流)하고 정혜균등(定慧均等)하며⁶ 지관이 쌍운(雙運)하면⁷ 오심견성(悟心見性)⁸이며 구경불과(究竟佛果)이다.

【 강설 】

6조스님께서 무상대열반은 원명상적조(圓明常寂照)⁹라고 하시고,

---

3 "참선의 적정은 지혜가 비치지 않으면 그 고요함이 궁극에 도달할 수 없으며,"
4 "지혜의 비춤은 참선의 적정이 아니면 그 비춤이 깊이 도달할 수 없으니,"
5 "그가 얻은 원대한 법은"
6 "적정과 관조가 함께 흐르고 선정과 지혜가 균등하며"
7 "지와 관이 함께 움직이면"
8 마음을 깨쳐 견성함.
9 "무상대열반은 완전하고 밝아 늘 고요하고 늘 비춘다."

또 묘각을 무상대열반이라 하시며, 또 상적조(常寂照)하면 견성이라 하였다. 따라서 상적조가 곧 묘각이고 대열반인 동시에 구경각이며 견성임을 알 수 있다.

【 12-5 】

생심(生心)하면 즉 망이요 생심(生心)치 않으면 즉 불(佛)인지라, 생심(生心)이라 함은 잡심(雜心)만 나는 것이 아니요, 비록 보리열반과 관심견성(觀心見性)의 묘심(妙心)이 나도 또한 생심(生心)이니 전부 망상이 되느니라. 잡념망상이 영영 적멸하여야 바야흐로 불생(不生)이라 이름하여 적조(寂照)가 현전하나니, 어찌 불(佛)이라고 이름하지 않으리오. 그러므로 달마비(達磨碑)에서 말하였다. 심념(心念)이 있으면 영겁토록 범부에 체류(滯留)하고, 심념(心念)이 없으면 찰나에 정각을 성취하는도다.

生心卽妄이요 不生卽佛이라 言生心者는 非但生於餘心이요 縱生菩提涅槃과 觀心見性하야도 亦曰生心이니 並爲妄想이라 念想이 都寂하면 方曰不生하야 寂照現前이어니 豈不名佛가 故로 達磨碑에 云心有也하면 曠劫而滯凡夫요 心無也하면 刹那而登正覺이로다

『大方廣佛華嚴經隨疏演義鈔』9 (大正藏36, p.68a)

유심(有心)은 중생이요 무심은 불(佛)이다. 무생무념(無生無念)의 대적삼매(大寂三昧)에서 무한한 혜광(慧光)이 항상 발현하니, 이것이 적조(寂

照) 즉 불지(佛地)이다.

【 강설 】

왜 10지와 등각도 성불하지 못했다고 말하는가? 아뢰야식의 미세망념이 일어나는 까닭이다. 잡념만 망념이 아니다. '보리', '열반', '견성했다', '성불했다'는 생각을 조금이라도 일으키면 참다운 성불이 아니다. 그래서 10지와 등각마저 중생이라 일컫는 것이다. 미세망념을 포함한 일체 망념이 다 끊어진 대적삼매에 들어 무한한 지혜광명이 온 시방세계를 두루 비추는 이것이 견성이고 성불이다.

【 12-6 】

공(空)과 유(有)를 쌍조(雙照)하며 내(內)와 외(外)에 주유(住留)하지 않으니, 공곡(空谷)이 성음(聲音)을 대답함[10]과 같아서 심려(心慮)가 영절(永絶)하고,[11] 명경(明鏡)이 색상(色像)을 관조하는 것[12]과 같아서 묘담(妙湛)[13]하고 원명(圓明)하여 적적(寂寂)하며 항상 조요(照耀)하는도다.

雙照有空하며 不住內外하니 似谷答聲而絶慮하고 如鏡鑑像而無心하야 妙湛圓明하야 寂而常照로다

『宗鏡錄』 65 (大正藏48, p.780a)

---

10 "빈 골짜기가 소리에 응답함"
11 "생각이 영원히 끊어지고,"
12 "거울이 물건의 모습을 비추는 것"
13 오묘하면서 맑음.

절려무심(絶慮無心)¹⁴하여 원명적조하니 정혜등지(定慧等持)¹⁵이다.

【 12-7 】

적(寂)과 조(照)가 둘이 없음이 보리의 실상이 되나니 명경과 같아서 무심이 체(體)가 되며 감조(鑑照)가 용(用)이 되어¹⁶ 합하여 그 실상이 되는지라, 또한 선종에서 체(體)에 즉(卽)한 용(用)이 자지(自知)하며¹⁷ 용(用)에 즉(卽)한 체(體)가 항적(恒寂)하여¹⁸ 지(智)와 적(寂)이 둘이 아님이 진여의 실상이 됨과 같느니라.

寂照無二가 爲菩提相이니 猶如明鏡하야 無心이 爲體요 鑑照가 爲用하야 合爲其相이라 亦卽禪宗의 卽體之用이 自知하며 卽用之體가 恒寂하야 智寂不二가 爲心相이니라

『大方廣佛華嚴經隨疏演義鈔』 80 (大正藏36, p.625b)

적정무심(寂靜無心)한 경체(鏡體)¹⁹와 조요무애(照耀無礙)한 경광(鏡光)²⁰이 어찌 둘이리오. 경체(鏡體)가 즉 경광(鏡光)이니 적즉조(寂卽照)며 조즉체(照卽體)라 진여자성도 이러하다.

---

14 생각이 끊어지고 마음의 작용이 없음.
15 선정과 지혜를 균등히 함.
16 "무심은 바탕[體:寂]이 되며 비춤은 작용[用:照]이 되어"
17 "본체 그대로인 작용이 스스로 알며"
18 "작용 그대로인 본체는 항상 적멸하여"
19 "고요하고 무심한 거울 그 자체"
20 "걸림 없이 비추는 거울의 빛"

【 12-8 】

적(寂)에 즉(卽)한 조(照)가 반야요, 조(照)에 즉(卽)한 적(寂)이 해탈이며, 적조(寂照)의 체(體)가 법신인지라, 일개의 명정(明淨)한 원주(圓珠)와 같아서 명(明)은 즉 반야이며, 정(淨)은 즉 해탈이요, 원체(圓體)는 법신이니 용(用)은 부동(不同)하나 체(體)는 상리(相離)하지 않느니라. 이 3법(三法)이 종(縱)도 아니요 횡(橫)도 아니며 병(竝)도 아니요 별(別)도 아니니 비밀장(秘密藏)이라 이름하여 대열반이 되느니라.

卽寂之照는 爲般若요 卽照之寂은 爲解脫이며 寂照之體는 爲法身이라 如一明淨圓珠하야 明卽般若요 淨卽解脫이며 圓體法身이니 約用不同이나 體不相離故니라 此三法이 不縱不橫하며 不竝不別하니 名祕密藏하야 爲大涅槃이니라

『大方廣佛華嚴經隨疏演義鈔』50 (大正藏35, p.884b)

이 대열반의 3덕(三德)[21]은 자성 중에 원구(圓具)하니, 이를 실증(實證)하면 견성이며 성불이다.

【 12-9 】

일(一)은 견성하면 성불이니 진여법신을 자개(自開)하면 진성(眞

---

21 법신덕(法身德), 반야덕(般若德), 해탈덕(解脫德). 열반을 얻은 이에게 갖춘 덕을 나눈 것. 법신덕은 부처님의 본체이니 미혹한 세계를 벗어나서 얻은 상주불멸의 과체(果體). 반야덕은 지혜이니 만유의 실상(實相)을 아는 진실한 지혜. 해탈덕은 지혜에 의하여 참다운 자유를 얻은 것.

性)이 현전하고, 차(次)는 무득(無得)하면 성불이니 진성반야(眞性般若)를 자개(自開)하면 불법은 소각(所覺)²²이며 보리는 능각(能覺)²³인지라 능(能)과 소(所)가 상인(相因)²⁴한 고로 능소를 구부득(俱不得)²⁵이다. 소득(所得)이 절무(絕無)한 자²⁶는 무상보리를 즉득(則得)²⁷하며, 후(後)²⁸는 이망(離妄)하면 성불이니 본성해탈(本性解脫)을 자개(自開)하면 여여부동(如如不動)하며 탕탕무주(蕩蕩無住)²⁹하여 망상전도(妄想顚倒)가 단적(斷寂)³⁰하므로 진정한 해탈이라 이름하느니라.

一은 見性成佛이니 自開法身하면 稱性이 應現이요 次는 無得成佛이니 自開般若하면 佛法은 所覺이요 菩提는 能覺이라 能所相因故로 俱叵得이니 無所得者는 則得菩提며 後는 離妄成佛이니 自開解脫하면 不動無住하야 妄倒斯寂일새 名眞解脫이니라

『大方廣佛華嚴經隨疏演義鈔』 25 (大正藏35, p.694a)

법신과 반야와 해탈은 과상(果上) 3덕이니 동체이용(同體異用)이다. 견성하면 무득(無得)이요 이망(離妄)하면 견성이니, 3자가 표현은 각이

---

22 깨달을 대상.
23 깨닫는 주체.
24 서로 원인이 되고 서로 의지함.
25 모두 얻을 수 없음. 모두 있을 수 없음.
26 "얻을 것이 전혀 없는 사람"
27 곧바로 얻음.
28 이 단락은 세 가지를 거론하면서 처음은 '일(一)', 그 다음은 '차(次)'라고 표현하였으므로 여기에서 '후(後)'는 세 번째이자 마지막.
29 넓고 넓어 자유로워 머물지 않음.
30 완전히 끊어 사라져 고요함.

(各異)하나 내용은 동일하여 불과(佛果)를 성취한다. 그러므로 견성하면 성불하여 여래의 3덕이 원만구족하여 전도망상을 영리(永離)하여 구경무소득(究竟無所得)의 대각해(大覺海)에 돈입(頓入)한다. 그리하여 적이상조(寂而常照)하고 조이상적(照而常寂)하여[31] 상적상조(常寂常照)하는 적광정토(寂光淨土)에 상주하나니, 이것이 제불의 무소주(無所住)의 주처(住處)[32]이다.

【 12-10 】

사마타(奢摩他)[33]인 고로 비록 적멸하나 항상 관조하고, 비파사나(毘婆舍那)[34]인 고로 비록 관조하나 항상 적멸하며, 우필차(優畢叉)[35]인 고로 조(照)도 아니요 적(寂)도 아니니라. 조(照)하되 항상 적(寂)한 고로 속(俗)을 설하나 곧 진(眞)이요, 적(寂)하되 항상 조(照)하는 고로 진(眞)을 설하나 곧 속(俗)이며, 적(寂)도 아니요 조(照)도 아닌 고로 비야(毘耶)에서 두구(杜口)[36]하였느니라.

以奢摩他(止·定)故로 雖寂而常照하고 以毘婆舍那(觀·慧)故로

---

31 "적멸하지만 항상 관조하고 관조하지만 항상 적멸하여"
32 "머무름 없이 머무는 곳"
33 산스크리트 'śamatha'의 음사. 지(止), 지식(止息), 적정(寂靜), 능멸(能滅)이라 번역. 우리의 마음 가운데 일어나는 망념(妄念)을 쉬고 마음을 한곳에 머무는 것.
34 산스크리트 'vipaśyanā'의 음사. 능견(能見), 정견(正見), 관찰(觀察), 관(觀)이라 번역. 마음 상태를 자세히 관찰하여 잘못됨이 없게 하는 것.
35 산스크리트 'upekā'의 음사. 불고불락(不苦不樂)을 말함. 평등(平等), 사(捨), 부쟁(不諍)이라 번역.
36 '비야'는 유마거사가 살던 비야리를 말한다. '비야두구'는 비야리의 유마가 입을 다물었다는 뜻. 유마거사의 집에 모인 32보살이 저마다 불이법문(不二法門)을 이야기하는데, 유마힐이 아무 말도 하지 않고 잠자코 있으니, 문수가 찬탄하였다. "언어와 문자까지도 없는 것이 보살이 참으로 불이법문에 드는 길입니다."

雖照而常寂이요 以優畢叉(捨·平等)故로 非照而非寂이라 照而常
寂故로 說俗而卽眞이요 寂而常照故로 說眞而卽俗이요 非寂非
照故로 杜口於毘耶니라

『禪宗永嘉集』(大正藏48, p.391b)

적조동시(寂照同時)요 적조불립(寂照不立)하니³⁷ 대원경(大圓鏡) 중의 무상열반(無上涅槃)이요, 상사상활(常死常活)하고 불사불활(不死不活)하니³⁸ 소림문하(少林門下)의 벽안납승(碧眼衲僧)이다.³⁹

【 강설 】

"적과 조가 동시이다."라고 말했지만 저 밖의 돌덩어리처럼 적멸과 관조가 따로따로 있으면서 동시에 존재하는 것으로 생각한다면 큰 오산이다. 적과 조가 동시이면 적과 조는 따로따로 성립할 수가 없다. '고요하다', '비춘다' 하는 것마저 다 버려 적과 조가 성립할 수 없는 그곳에서 동시인 것이지 적멸과 관조가 실재한다면 절대 동시가 될 수 없다. 어둠과 밝음이 실제로 존재한다면 어떻게 동시에 있을 수 있겠는가? 이를 말로 표현하고 설명하자면 복잡하지만 실제로 깨치면 너무도 명확한 것이다. 참으로 죽는 길은 참으로 사는 데 있고, 참으로 사는 길은 참으로 죽는 데 있다. 삶과 죽음이 따로 있다고 여기는 것, 그것이 분별망상이다.

---

37 "적멸과 관조가 동시이면서 적멸과 관조가 성립되지 않으니"
38 "항상 죽고 항상 살면서 죽지도 않고 살지도 않으니"
39 "소림 문하의 눈 푸른 납승이다."

【 12-11 】

상적(常寂)하여 상조(常照)하니 오매가 일치하고 생사가 일여하도다.

寂而常照하니 寤寐一致요 生死一如로다

『勅修百丈淸規』5, 「坐禪儀」(大正藏48, p.1143a)

대적광(大寂光) 중의 오매일여는 여래무심이다.

【 강설 】

여기서 거론한 오매일여는 8지보살의 오매일여가 아니라 구경각인 진여자성에서의 오매일여를 말한다. 참다운 구경의 오매일여, 생사에 자유자재한 참다운 대해탈을 얻으려면 항상 고요하면서 항상 비추는 상적조(常寂照)를 성취해야 한다. 그러기 전에는 결코 생사로부터 자유로울 수 없다. 따라서 상적상조하지 못한다면 그것은 진정한 오매일여가 아니고 대열반이 아니며, 견성도 아니고 돈오도 아니다.

【 12-12 】

『영락경』에서 말씀하시되, 등각보살(等覺菩薩)은 조적(照寂)이요 묘각세존(妙覺世尊)은 적조(寂照)라 하였다. 즉금(卽今) 8지의 무생도 또한 조적(照寂)이니, 그런고로 만약에 적조(寂照)를 증득하면 불타와 동일한 연고이니라.

瓔珞에 云 等覺은 照寂이요 妙覺은 寂照라 하니 今八地無生도

亦照寂이니라 故로 若得寂照하면 卽同佛故니라

『大方廣佛華嚴經隨疏演義鈔』 69 (大正藏36, p.551b)

8지는 가무생(假無生)이니 뇌야(賴耶)의 미세식광(微細識光)이 미멸(未滅)한 고로[40] 무분별지가 존속하여 적조(寂照)가 못 된다. 뇌야식광(賴耶識光)이 소멸하고 무분별지를 돈망(頓忘)하면 진무생(眞無生)인 대적광이 현전하여 상적상조(常寂常照)하니, 이것이 묘각(妙覺)인 견성이다.

그리고 조적(照寂)은 유심유애(有心有礙)하여 적이상조(寂而常照) 조이상적(照而常寂)하지 못하나 적조(寂照)는 무심무애(無心無礙)하여 적이상조(寂而常照)·조이상적(照而常寂)·상적상조(常寂常照)·비적비조(非寂非照)하여 묘용자재(妙用自在)하니, 이것이 등각조적(等覺照寂)과 묘각적조(妙覺寂照)의 차이[41]이다.

【 강설 】

조적(照寂)과 적조(寂照)의 차이, 등각과 묘각의 차이는 실제로 깊이 깨쳐야 그 경계를 알 수 있지 쉽게 그 차이를 알 수 있는 것이 아니다. 조적도 알지 못하는데 적조야 말해 무엇하겠는가?

【 12-13 】

■등각의 지위에 있어서는 조적혜(照寂慧)라 이름하나니 생멸동상(生滅動相)을 이탈하지 못한 연고요, 묘각의 불지(佛地)에 이

---

40 "아뢰야의 미세한 식의 빛이 아직 다 없어지지 않은 까닭에"
41 "등각보살의 조적과 묘각세존의 적조의 차이"

르러서야 적조혜(寂照慧)라 이름하나니, 벌써 진여인 제9식(第九識)에 귀복(歸復)하여 구경으로 적정(寂靜)한 연고니라.

■ 앞의 등각위는 아직 생멸이 있어서 심원(心源)을 궁진(窮盡)[42]하지 못하였으므로 제8아뢰야식에 체재(滯在)[43]하여 있고, 이제 묘각에 도달하면 생멸망심을 영원히 이탈하여 궁극에 본각(本覺)인 일심(一心)의 근원에 귀복(歸復)한 고로 진여인 제9식 중의 원명청정경(圓明淸淨境)에 돈입(頓入)하느니라.

■ 在等覺位하야는 名照寂慧니 未離生滅動相故요 至妙覺位하야 名寂照慧니 已歸第九識하야 究竟靜故니라
■ 前等覺位는 猶有生滅하야 未盡心源故로 在八識이요 今到妙覺하면 永離生滅하야 窮歸本覺一心之源故로 入第九識中明淨이니라

元曉,『金剛三昧經論』下 (大正藏34, p.995a ; p.994c)

조적(照寂)은 8식 생멸의 등각이요, 적조(寂照)는 일심진여의 묘각이니 원명상적조(圓明常寂照)하는 무상대열반은 견성달도인(見性達道人)의 실증처(實證處)이다.

진여본성은 제불과 중생이 평등무이(平等無異)하다. 다만 중생은 6·7식의 추중번뇌(麤重煩惱)와 제8식의 미세망상이 개복(蓋覆)하여 본성을 부지불견(不知不見)할 뿐이다. 그러므로 근본무명인 제8뢰야를 멸진

---

42 다하여 없어짐.
43 머물러 있음.

하지 않으면 본성이 현현하지 않는다.

제8미세유주를 영단(永斷)하여 무심무념의 대원경지가 발현하면 이는 구경묘각인 무여열반이니 즉 견성이며 성불이다. 설사 6·7식의 추중망상(麤重妄想)이 멸진하여 일념불생의 가무심(假無心)인 숙면일여한 자재위에 진입하였어도, 이는 승묘경계(勝妙境界)이며 사료불활(死了不活)[44]하여 종문(宗門)의 정안이 아니다. 오직 전후제단(前後際斷)하여 정나라(淨裸裸)한 제8마계(第八魔界)에서 활연대활(豁然大活)하여 미세유주인 근본무명을 멸진무여(滅盡無餘)하여 오매항일(寤寐恒一)하고 내외명철하며 무심무념하고 상적상조(常寂常照)하는 궁극심처(窮極深處)인 대열반을 친증(親證)하여야 영산적전(靈山嫡傳)[45]이며 소림정인(少林正印)[46]이다.

이 구경무심의 대휴헐(大休歇) 대안온지(大安穩地)에서 무위무작(無爲無作)하며 임운자재(任運自在)하는 대해탈경(大解脫境)이 오후(悟後)의 보임이며 이천(履踐)이다. 그리하여 견성은 돈수원증(頓修圓證)의 증오(證悟)임이 청천백일(靑天白日)과 같이 소소연(昭昭然)하다.[47] 그러하니 참학고사(參學高士)는 이 불조정전(佛祖正傳)의 철칙에 위배되는 여하(如何)한 이설(異說)도 단연 배제하고 정전(正傳)을 표방하여 무상대도(無上大道)를 원만성취하여야 한다.

【 강설 】

덧붙여 참고로 한마디 하겠다. 종문에서 고금을 통틀어 선지식을

---

44 "죽기만 하고 살아나지 못함"
45 "영산회상의 정통을 잇는 것"
46 "소림 달마스님의 바른 법인(法印)을 받는 것"
47 "청천백일과 같이 명백하다."

가장 많이 배출한 분으로 마조스님을 꼽는다. 그러나 백장선사의 법을 이은 황벽선사는 "마조대사 문하에서 88명이 세상에 나와 도량에 앉아 스승 노릇을 하였지만 마대사의 바른 안목을 증득한 사람은 두세 사람뿐이니 여산(廬山)화상이 그 가운데 한 분이다."고 단언하셨다. 이것이 유명한 황벽스님의 정안종사에 관한 법문으로서 우리 종문의 생명선과 같은 말씀이다.

이는 대혜선사도 마찬가지셨다. 대혜스님 당시에도 종사를 자처하며 법석을 연 이들이 수없이 많았다. 그러나 대혜스님은 그들 모두를 인정하진 않았다. 교충미광(敎忠彌光)이 찾아와 천하 선지식들이 똑같이 펴는 선법을 묻자 대혜스님은 "지금 총림에서 선법을 거침없이 말하지만 양기의 정맥을 이어받은 이는 서너 사람뿐이다."라고 말씀하셨다. 교충이 그 말에 처음엔 크게 분노하였으나 결국은 마음을 돌이켜 대혜스님에게서 도를 얻고 법을 이었다.

원오극근 선사의 스승인 오조법연 선사도 마찬가지셨다. 당시 황룡혜남 선사 회하의 많은 제자들이 천하를 호령하고 있었지만 오조법연 선사는 오직 회당(晦堂)과 귀종(歸宗)스님 두 분만 긍정하고 그 밖에는 아무도 긍정하지 않았다.

천하를 호령하는 수많은 선지식 중 두셋의 참다운 선지식을 알아보고, 옳고 그름과 깊고 얕음을 분명히 가려낼 수 있는 뛰어난 안목을 갖춰야만 참으로 사람을 죽이고 살릴 수 있는 것이다. 그렇지 못하다면 바른 안목을 갖춘 종사라 할 수 없다.

13. 해오점수 解悟漸修
이해로 깨닫고 점차 닦아 나아가다

【 13-1 】

■ 돈오점수(頓悟漸修)라 함은 돈오(일출과 해생孩生)와 점수(상소霜消와 해장孩長)[1]이니 해오(解悟)니라.

■ 우선 돈오(頓悟)하여 바야흐로 점수(漸修)함은 이는 해오(解悟)이다. 그런고로 『화엄』에서 설하되 시초발심(始初發心)할 때에 문득 정각을 성취한 연후에 3현(三賢)과 10성(十聖)을 차제(次第)로 수증(修證)한다고 하였다.

■ 頓悟漸修者는 頓悟(日出·孩生)와 漸修(霜消·孩長)이니 爲解悟니라
■ 先須頓悟하야 方可漸修者는 此約解悟니 故로 華嚴에 說하되 初發心時에 便成正覺後에 三賢十聖을 因次第修證하느니라

主峰, 『大方廣圓覺修多羅了義經略疏註』卷上之一 ; 『禪源諸詮集都序』
(大正藏39, p.527a ; 大正藏48, p.407c)

---

[1] "해가 뜨고 아이가 태어나는 것에 비유되는 '돈오'와 해가 뜨면 서리가 녹고 아이가 태어난 후에 자라남에 비유되는 '점수'"

교가(教家)의 수행 방법인 해오점수(解悟漸修)는 당하(當下)에 무심하여 돈증불지(頓證佛地)하는 선문종지와 정반(正反)하나니, 금사(金沙)를 불분(不分)하며 옥석(玉石)을 혼동하면[2] 일대 과오가 발생된다.

【 강설 】

돈오점수의 '돈오'는 곧 '해오'이다. 해오란 얼음이 본래 물이었다는 것을 분명히 알듯 중생이 본래 부처란 것을 분명히 아는 것이다. 그러나 번뇌망상은 아직 그대로이다. 얼음이 본래 물이라 해도 얼음인 채로는 융통자재할 수 없다. 마찬가지로 중생이 본래 부처란 것을 알았다 하여도 번뇌망상을 그대로 두고는 생사에 자유자재한 해탈이란 있을 수 없다. 따라서 완전히 녹은 물처럼 자유자재한 증오(證悟)와 해오(解悟)의 차이는 천지현격이라 하겠다. 중생이 본래 부처임을 아는 것에 그치지 않고 6추를 비롯한 3세의 미세망상까지 완전히 끊어 일체를 해탈해야 그것을 증오라 한다.

규봉과 보조스님을 비롯해 교가에서는 흔히 얼음이 본래 물인 줄 아는 해오를 두고 '돈오'라고들 한다. 그러나 우리 종문에서는 그렇게 말하지 않는다. 선문의 정통적 주장에 따르면 얼음이 완전히 녹아 자유자재한 물이 되었을 때의 증오를 돈오라 한다. 교가에서는 해오를 돈오라 하여 "깨달은 후에 3현10성의 지위를 거치며 닦아나간다." 하고, 선가에서는 증오를 돈오라 하여 "10지와 등각마저 넘어선 구경각이 깨달음이니 다시 배우고 닦을 일이 없다."고 말한다. 따라서 '돈오'라는 용어를 같이 사용하고 있지만 그 내용은 근본적으로 다르다.

---

2 "금과 모래를 구분하지 못하며 옥과 돌을 혼동하면"

또한 견성에 있어서도 '해오점수'에서 말하는 견성과 '증오돈수'에서 말하는 견성에는 차이가 있다. 해오의 견성은 10신초(十信初)이고, 증오의 견성은 10지를 넘어선 최후의 묘각을 일컫는다. 6조께서 증명한 선문의 견성이 증오의 견성임은 이미 누차에 걸쳐 밝힌 바이다.

마명보살은 불교의 총론이라 할 『기신론』에서 "10지보살을 지나 등각의 금강유정에서 6추는 물론 3세의 미세한 망념까지 완전히 끊어져야 그때서 견성한다."라고 분명히 밝혔다. 또한 영명연수 선사도 용수 이후 최대의 역작이라 일컬어지는 『종경록』 첫머리 「표종장」에서 "3세6추의 모든 망념이 단박에 없어지고 변함없이 항상한 진여본성을 활연히 증득하니, 이것이 망념을 없애 진여를 증득한 구경무심, 즉 견성이다."라고 하였다. 종문의 말씀이 『기신론』의 말씀과 조금도 다르지 않다.

선을 닦는다면서 해오 즉 10신초를 견성이라 여기는 이들이 많다. 그러나 그것은 교가의 주장이지 선문의 정통사상은 아님을 분명히 알아야 한다. 보조지눌 국사의 영향으로 해오를 돈오이며 견성이라 여기는 이들이 우리나라에 특히 많은데, 돈오점수설의 원조라 할 규봉조차도 해오를 돈오라고는 했지만 견성이라고까지는 칭하지 않았다. 어찌 됐든 종문의 정종이 아닌 이런 주장들에 이끌려 선문의 정통을 흐려서는 안 된다는 점을 강조하고 싶다.

【 13-2 】

- 돈오한 후에는 시초(始初)로 10신위(十信位)에 득입(得入)한다.
- 처음 돈오한 자는 설법을 못 하며 타인의 문난(問難)[3]에 대답도

---

3 묻고 따짐.

전연 못 한다.

- 悟後에 初入十信位也니라
- 初悟之人은 未能說法하며 答他問難을 皆悉不得이니라

圭峰, 『中華傳心地禪門師資承襲圖』;『禪源諸詮集都序』
(卍續藏經 110, p.875a ; 大正藏48, p.410b)

견성은 현증원통(現證圓通)한 구경각이므로, 10신 초위(十信初位)를 내용으로 하는 해오(解悟)인 돈오는 견성이 아니다. 자고로 선문에서는 심심극현(甚深極玄)한 난문(難問)으로써 시험하여 청천백일(靑天白日)과 같이 명명료료(明明了了)한 정답이 불능하면 타출(打出)되어 인가를 받지 못한다. 그러나 10신위는 정오(正悟)가 아니므로 설법과 문난(問難)이 불능한 것이 당연한 일이다. 그리하여 원증(圓證)을 내용으로 하는 선문의 돈오인 견성(見性)과 교가(敎家)의 돈오인 해오(解悟)는 실은 천양지판(天壤之判)[4]이다.

【 강설 】

교가에서 말하는 돈오와 견성은 해오의 견성으로서 소견이 치성해 모든 것을 다 아는 듯해도 실제로 실상에 대해 물으면 아무것도 모른다. 예로부터 선문의 시험이란 보통 어려운 문제로 시험하는 것이 아니다.

한 가지 예를 들어 보겠다. 임제종 중흥조라 일컬어지는 오조법연 선사 밑에 3불이 났으니 불안(佛眼)·불감(佛鑑)·불과(佛果)선사이다. 불감혜근(佛鑑慧勤) 선사 밑에서 오래도록 수학하던 한 스님이 있었다.

---

4 천양지차(天壤之差). 하늘과 땅 차이.

그 스님은 대중에 섞여 살며 법을 묻곤 하였는데 세월이 지나도 전혀 깨달은 바가 없자 스스로 탄식하고는 "내가 이생에서 철저하게 깨닫지 못한다면 결코 이불을 펴지 않겠다."고 맹세하였다. 그렇게 부모님 상이라도 당한 듯 결연한 자세로 49일을 서서 눕지 않은 채 정진하고 있었다. 하루는 불감선사가 상당하여 법문하시는데 "삼라만상이 모두 한 법에서 도장 찍히듯 나온 것이다."라는 말끝에 단박 크게 깨달았다. 그리하여 불감선사를 찾아가 말씀드리니 "아깝다! 한 알의 밝은 구슬을 이 지랄병 든 놈이 주웠구나."라며 인정하였다.

불과극근(佛果克勤) 선사, 즉 원오스님이 이 이야기를 듣고는 아직 깨치지 못한 것은 아닐까 하고 의심하였다. 그래서 "내가 꼭 시험해 봐야겠다." 하고는 사람을 시켜 불러오게 하였다. 한번은 같이 산을 오르다 폭포 아래 깊은 소(沼)를 지나는데 원오스님이 갑자기 그를 깊은 소 아래로 확 밀어버렸다. 그리곤 허우적대며 숨이 턱에까지 찬 그 스님에게 대뜸 물었다.

"우두스님이 4조 도신스님을 만나지 않았을 때는 어땠는가?"

"못이 깊으니 고기가 모입니다."

"만난 뒤에는 어땠는가?"

"나무가 높으니 바람을 부릅니다."

"만나지 않았을 때와 만난 뒤에는 어떤가?"

"다리를 뻗는 것은 다리를 오므리는 가운데 있습니다."

이렇게 숨이 막힐 지경인데도 막힘없이 척척 대답해 내는 것이다. 이에 원오스님이 크게 칭찬하였다고 한다. 그분이 바로 불등수순(佛燈守珣) 선사이다. 보통 사람 같으면 나 죽는다고 허우적대며 제정신이 아니었을 것이다.

그래야 한다. 어떤 상황에서든 바른 대답이 나와야 바로 깨달은 것이다. 선문의 시험이란 이렇게 혹독한 것이다. 죽음을 각오하고 시험에 임하지 않고는 넘어설 수 없는 것이다. 어린아이 눈앞에 손가락을 들이대 보라. 눈만 껌뻑껌뻑하며 무슨 영문인지 전혀 모른다. 그런 어린아이 같은 소견으로 견성했다 하고 깨달았다 한다면 도대체 어쩌자는 것인가? 그래서 종문에서는 혹독한 과정을 거쳐 정말로 생사를 초월한 깨달음인지를 확인하는 것이다. 죽음을 목전에 두고도 그 지혜가 청천백일처럼 빛나고 그 마음이 자유자재해야 올바른 견성과 깨달음으로 인정하고 인가했지 그렇지 않으면 결코 허락하지 않았다.

【 13-3 】

이 돈오점수(頓悟漸修)의 의의(意義)는 일장대승(一藏大乘)[5]에 구비되어 있는데, 『기신론』, 『원각경』, 『화엄경』이 그 종(宗)이다.

此頓悟漸修之義는 備於一藏大乘而起信圓覺華嚴이 是其宗也니라

『中華傳心地禪門師資承襲圖』(卍續藏經 110, p.875b)

불립문자(不立文字)하고 교외별전(敎外別傳)하여 직지인심(直指人心) 견성성불(見性成佛)하는 선문돈종(禪門頓宗)의 원증(圓證)을 3현10성을 차제수증(次第修證)하는 교가 점수의 해오(解悟)에 융합하려는 무리(無理)는 결국 그 사람의 파멸을 자초한다.

---

5 여러 대승 경전.

【 강설 】

『기신론』이 돈오점수의 교의를 전개하고 있는 것은 사실이다. 그러나 견성에 있어서만큼은 10지 이후 보살지가 다한 구경각이라야 비로소 견성이라고 분명히 밝히고 있다.

【 13-4 】

우선 심성(心性)이 본래 청정하고 번뇌가 본시 공적(空寂)함을 심신요해(深信了解)[6]하여서 그 신해(信解)를 의지하여 훈습수행(薰習修行)함이 무방하니라.

先須信解心性이 本淨하고 煩惱가 本空하야 不妨依解薰修者也니라

『定慧結社文』(韓國佛敎全書4, p.700b)

이 신해(信解)는 해오(解悟)인 돈오를 말함이니, 이는 교가의 돈오점수 사상이다.

【 13-5 】

홀연히 선지식(善知識)의 지시로 입로(入路)하여 일념에 회광(回光)하여[7] 자기의 본성을 득견(得見)하여 이 성지(性地)에 원래로 번뇌가 없으며 무루(無漏)한 지성(智性)이 본연(本然)으로 구족하여[8] 곧

---

6 깊이 믿고 이해함.
7 "제대로 길을 찾아 들어가 한 생각에 자신의 심성의 빛을 돌이켜"
8 "번뇌 없는 지혜의 성품이 본래 갖추어져"

제불과 더불어 조금도 다르지 않는 고로 돈오라 한다. 비록 본성이 제불과 다르지 아니함을 오득(悟得)하였으나 무시(無始)의 습기(習氣)를 창졸히 제거하기 난(難)하므로⁹ 오(悟)를 의지하여 수습(修習)한다. 점점 훈습(薰習)¹⁰하여 그 공(功)이 성취되어 성태(聖胎)를 장양(長養)하여 구구(久久)에 성성(成聖)할새¹¹ 점수라 하느니라.

忽被善知識의 指示入路하야 一念回光하야 見自本性하야 而此性地에 元無煩惱하며 無漏智性이 本自具足하야 卽與諸佛로 分毫不殊일새 故로 云頓悟也요 雖悟本性이 與佛無殊나 無始習氣를 卒難頓除故로 依悟而修하야 漸薰功成하야 長養聖胎하야 久久成聖일새 故云 漸修也니라

『修心訣』(大正藏48, p.1006c)

앞에서 상술한 바와 같이, 견성은 현증원통(現證圓通)하여 돈초10지(頓超十地)¹²한 구경각인 원증(圓證)을 말한다. 그런데 10신초인 해오(解悟)로써 견성이라 함은 불조의 언교(言敎)에 전연 위배된 독창적 신설(新說)이다. 여하한 논설도 불조의 언교(言敎)에 배치되면 불교인으로서는 단연히 이를 배제하지 않을 수 없다.

---

9 "갑자기 없애기 어려우므로"
10 우리의 몸과 입으로 표현하는 선악의 말이나 행동 또는 마음을 따라 일어나는 선악의 생각 등이 일어나는 그대로 없어지지 않고 반드시 어떠한 인상이나 세력을 자기의 심체(心體)에 머물러 두게 하는 작용. 마치 향내가 옷에 배어드는 것 같음에 비유한 것.
11 "오래오래 성태를 기르다 보면 성인이 되기 때문에"
12 "10지를 단박에 뛰어넘은"

【 강설 】

"성품 자리에 원래 번뇌가 없으며 번뇌 없는 지혜 성품이 본래 갖추어져 모든 부처님과 조금도 다르지 않음을 아는 것"을 규봉스님은 돈오라 했다. 그러나 견성이라고는 하지 않았다. 보조스님의 가장 큰 과오는 규봉의 주장에서 한 걸음 더 나아가 대담하게도 이것을 견성이라 했다는 점이다. 번뇌망상이 있더라도 자성은 본래 청정한 것이다. 예를 들면 거울에 먼지가 가득 앉아 있으면 밝은 빛이 드러나지 않지만 거울의 밝은 성품은 조금도 손상되지 않는다. 해오는 먼지가 가득 앉았지만 거울 자체의 밝은 성품만은 차이가 없다는 것을 알았다는 것이다. 그러나 이를 견성이라 할 순 없다.

선문에서는 먼지를 완전히 닦아내 거울의 밝은 빛이 삼라만상을 자유자재로 두루 비추는 것을 두고 견성이라고 했다. 그러니 해오의 견성이야 닦음이 필요하겠지만 선문의 견성, 즉 증오는 다시 닦음이 필요치 않다.

【 13-6 】

자성이 본래로 공적(空寂)하여 불(佛)과 다르지 아니함을 돈오하였으나 이 구습(舊習)을 졸연히 돈제(頓除)하기 심난(甚難)하다.[13] 그런 고로 역경(逆境)이나 순경(順境)에 봉착하면 진희(瞋喜)와 시비가 치연히 기멸(起滅)하여[14] 객진(客塵)인 번뇌망상이 전일(前日)과 다름없다. 만약에 반야지혜로 가공하여 착력(著力)하지 않으

---

13 "오랜 습관은 갑자기 없애기가 매우 어렵다."
14 "성내고 기뻐하고 옳고 그름이 불꽃처럼 일어났다 꺼져"

면[15] 어찌 무명을 대치(對治)[16]하여 대휴헐지(大休歇地)를 얻으리오. 고인(古人)이 말하기를, 비록 불타와 동일함을 돈오하였으나 다생의 습기(習氣)가 심심(甚深)하다. 풍세(風勢)는 정지하나 파도가 오히려 흉용(洶湧)하고,[17] 성리(性理)는 현전하였어도 망심(妄心)이 오히려 침입한다. 그런 고로 오후(悟後)에 장구히 모름지기 반조심찰(反照審察)[18]하여서 망념이 홀연히 생기하거든 전연히 수거(隨去)하지 말고[19] 손감(損減)[20]하고 또 손감(損減)하여 적연무위(寂然無爲)함에 도달하여야 비로소 구경이니 천하 선지식의 오후(悟後) 목우행(牧牛行)[21]이 이것이다.

頓悟自性이 本來空寂하야 與佛無殊나 而此舊習을 卒難頓除故로 逢逆順境하면 瞋喜是非가 熾然起滅하며 客塵煩惱가 與前無殊하나니 若不以般若로 加功著力하면 焉能對治無明하야 得大休歇之地리오 如云頓悟雖同佛이나 多生習氣深이라 風停하야도 波尙湧이요 理現하야도 心猶侵이라하니 故로 悟後에 長須照察하야 妄念이 忽起어든 都不隨之하고 損之又損하야 以至於無

---

15 "힘을 들이지 않으면"
16 번뇌에 대응하여 끊어 없앰.
17 "바람은 자도 물결은 오히려 출렁이고,"
18 '반조'는 저녁 햇살이 삼라만상을 비추어 그 숨은 모습이 나타나듯이 자신에게 내재하는 본연청정(本然淸淨)의 빛을 돌이켜 보라는 말. '심찰'은 자세히 관찰하는 일.
19 "절대 따라가지 말고"
20 덜어냄.
21 소는 본래 갖추고 있는 불성이나 본래면목을 비유한다. 일반적으로 목우행은 깨달은 다음에 계속해서 하는 수행을 의미한다.

爲하야사 方始究竟이니 天下善知識의 悟後牧牛行이 是也라

『修心訣』(大正藏48, p.1007bc)

　　해오(解悟)는 추중망상(麤重妄想)을 벗어나지 못한 허환망경(虛幻妄境)[22]이므로, 객진번뇌가 전일(前日)과 같이 치연히 기멸(起滅)하는 것은 사실이다. 따라서 이 번뇌망상을 제거하는 것이 오후(悟後)의 점수다. 선문에서는 추중망상은 말할 것도 없고, 제8의 미세까지 영단(永斷)한 구경무심의 대휴헐처(大休歇處)가 돈오며 견성이므로 망멸증진(妄滅證眞)한 이 무심·무념·무위 무사의 금강대정(金剛大定)을 보임하는 것이 장양성태(長養聖胎)이다.

　　그러므로 증(證)과 해(解)의 상반된 내용을 견성이라고 혼동함은 일대 착오이다. 물론 교가에서는 객진번뇌가 여전한 해오를 돈오라고 주장한 이상, 번뇌망상을 제거하여 대휴헐지(大休歇地)에 도달하여야 하므로 점수문(漸修門)이 필요하다. 그러나 선문정전(禪門正傳)에서는 이와 정반대로 망멸증진한 대휴헐처가 돈오며 견성이므로, "재득견성(纔得見性)하면 당하무심(當下無心)하여 약병(藥病)이 구소(俱消)하고 교관(敎觀)을 함식(咸息)이라."[23]고 단언한 것이다. 따라서 해오의 점수는 필요 없다. 그러니 내용이 상반된 선문원증(禪門圓證)의 오(悟)와 교가해오(敎家解悟)의 돈오를 혼동시켜 수도정로(修道正路)를 파괴함은 불조정전(佛祖正傳)의 대죄과(大罪過)이다.

22　허황하고 진실이 아닌 경계.
23　"견성만 하면 그대로 무심해져 약과 병이 다 없어지고 교와 관이 동시에 사라진다."【1-1】참조.

【 강설 】

거울의 본성인 밝음은 먼지의 있고 없음과 상관없듯 중생의 본성인 진여자성은 번뇌의 있고 없음과 상관없다. 보조스님은 이를 돈오견성이라 하였고, 먼지를 제거하듯 망상을 제거하는 것을 일러 오후목우행(悟後牧牛行)이라 했다.

그러나 종문의 목우행은 그렇지 않다. 보임무심(保任無心), 먼지를 완전히 닦아 삼라만상을 자유자재로 비추는 맑은 거울을 잘 보존하는 것을 일러 보임과 목우행이라 했다. 결코 망상을 끊고 습기를 제거하는 것을 목우행이라 하지 않았다. 그러니 같은 용어를 사용하고 있지만 선문의 정안종사들과 보조스님의 견해는 분명히 다르다. 진정한 깨달음을 얻었다면 할 일도 하는 일도 없어야 한다.

마조스님은 견성하고 돈오하면 병도 약도 다 필요 없다고 했지만 규봉스님은 깨달았어도 교와 관, 정과 혜를 익혀야 한다고 했다. 두 분의 깨달음을 비교해 보자면, 마조스님은 구경각을 성취해 병이니 약이니 일체가 필요 없는 분이었고, 규봉스님은 깨달았다고는 하나 자기가 병이 여전하니 약이 필요했던 것이다. 눈 어두운 규봉이 어떻게 마조스님을 바로 볼 수 있었겠는가? 마조스님의 깨달음도 자기와 같은 정도리라 짐작했겠지만 그것은 어린아이의 칭얼거림에 불과한 소리다.

【 13-7 】

규봉(圭峰)이 선오후수(先悟後修)하는 의의를 아주 자세히 설명하였다. 결빙(結氷)된 지당(池塘)이[24] 전체로 유수(流水)임을 알아서

---

24 "얼어붙은 못이"

양기(陽氣)를 차용하여 소용(銷融)시키고,[25] 범부중생이 즉시(卽是) 불타임을 오해(悟解)[26]하여 법력(法力)을 의자(依資)[27]하여 훈수(薰修)[28]한다. 빙괴(氷塊)가 소용(銷鎔)되면 수류(水流)가 윤활(潤滑)하여[29] 바야흐로 관개(灌漑)와 세척(洗滌)의 공과(功果)를 얻고,[30] 망념이 멸진하면 심령(心靈)이 원통(圓通)하여 현통(玄通)한 신광(神光)의 대용(大用)이 응현(應現)한다.

圭峰이 深明先悟後修之義曰 識氷池而全水하야 借陽氣以銷鎔하고 悟凡夫而卽佛하야 資法力以薰修라 氷消則水流潤하야 方呈漑滌之功하고 妄盡則心靈通하야 應現通光之用이니라

『修心訣』(大正藏48, p.1006b)

견고한 결빙(結氷)이 전부 소용(銷鎔)되어 활발(活潑)한 유수(流水)로 통용(通用)되고,[31] 번뇌의 망상이 확연소멸(廓然消滅)하여 무구(無垢)한 진여를 증득한 것이 견성이며 원증(圓證)이므로 견성하면 망멸증진(妄滅證眞)하고 빙융수재(氷融水在)[32]라 확언하였다. 그러니 빙괴(氷塊)가 본래 유수(流水)임을 분명히 알았으나 빙괴는 여전함과 같이 중생이 원래 불타임을 확실히 해오(解悟)하였으나 망상이 기멸(起滅)함을 돈오며

---

25 "햇볕을 빌려야 녹일 수 있고,"
26 깨달아 이해함.
27 의지하고 바탕을 삼음.
28 덕화(德化)를 받아서 수행함.
29 "얼음덩어리가 녹으면 물이 흘러"
30 "물 대고 씻어내는 효과를 얻고,"
31 "견고한 얼음덩이가 전부 녹아서 힘차게 흐르는 물로 널리 쓰이고,"
32 "견성하면 얼음이 녹아 물이 되듯 망념이 없어져 진여를 증득하는 것"

견성이라 하여 빙괴를 소용(銷鎔)하듯이 망상을 제거하는 점수(漸修)를 선문정전(禪門正傳)이라고 극력 주장함은, 참으로 선문정전과 상반된 망론억설(妄論臆說)[33]이다.

【 13-8 】

비유를 들면, 혹한인 동절(冬節)에 유수(流水)가 응결하여 견빙(堅氷)이 되었다가 따뜻한 시기에 이르면 견빙(堅氷)이 소석(消釋)[34] 되어 유수(流水)로 환원함과 같다. 중생이 미혹할 때에는 본성이 응결하여 망심이 되었으나 중생이 정오(正悟)할 때에는 망심이 소석(消釋)하여 본성으로 환원한다.

譬如寒月에 結水爲氷이라가 及至暖時에 釋氷爲水하나니 衆生이 迷時에 結性成心이라가 衆生이 悟時에 釋心成性이니라

『景德傳燈錄』 28, 「南陽慧忠」 (大正藏51, p.438a)

망심의 견빙(堅氷)이 완전히 소멸하여 유통자재(流通自在)한 활수(活水)가 되어야[35] 돈오이며 견성이니, 견빙(堅氷) 그대로가 본시 유수(流水)이며 망심 이대로가 원래 진성(眞性)인 줄 안 것으로써 돈오며 견성이라 함과는 남북의 차가 있다.

---

33 근거도 없이 억지로 고집을 세워서 우겨대는 망령된 이론과 말.
34 녹아 풀어짐.
35 "자유로이 흐르는 물이 되어야"

【 13-9 】

일체 악업과 탐진치인 무명번뇌와 각종의 진로(塵勞) 등은 다 자성이 없고 진여본심을 미혹함으로 인하여 망념에 의지하여 있다. 정수(淨水)가 한기(寒氣)로 인하여 응결하여 견빙(堅氷)이 된 것과 같다. 이 진여본심을 정오(正悟)하면 일체 망념이 그 정오(正悟)를 따라서 소멸하니, 견빙(堅氷)이 혜일(慧日)의 조열(照熱)로 인하여³⁶ 다시 정수(淨水)로 귀복(歸復)함과 같다. 그런데 지금 빙괴(氷塊)의 처리를 말하는 것은 진실로 미혹한 인간 중에 한층 더 미혹한 인간이다.

一切惡業과 貪瞋癡인 無明煩惱와 種種塵勞等은 俱無自性이요 皆由迷自心故로 依妄而有니라 如水因寒하야 結而爲氷이니 此心을 旣悟則諸妄이 乘其所悟而消하야 如氷이 因慧日所照하야 復化爲水어늘 今云氷復何處著고하면 此寔迷中迷人이니라

『中峰廣錄』 十一之中 「山房夜話」 中 (頻伽藏經85, p.273)

이는 망멸증진(妄滅證眞)하고 빙소수융(氷消水融)³⁷한 종문정안(宗門正眼)들의 일관된 통설이다. 그리하여 망진빙소(妄盡氷消)³⁸가 아니면 이는 미몽(迷夢)이어서 오(悟)로 인정하지 않는 것이니, 미중미(迷中迷)의 망설(妄說)³⁹에 현혹되어서는 안 된다.

---

36 "단단한 얼음에 지혜의 햇빛 열기가 비추어"
37 얼음이 녹아 물이 흐름.
38 얼음 녹듯 망념이 다 사라짐.
39 "미혹 중의 미혹인 헛된 말"

【 강설 】

얼음이 완전히 녹아 융통자재한 것이 깨달음이고 견성이다. 얼음을 녹이는 방법을 논하거나 더디고 빠름을 논하고 있다면 그것은 깨달음을 얻지 못한 미혹 중의 일이다. 이는 선문의 정통사상이다. 내가 자주 보조스님을 비판하고 『수심결』의 오류를 지적하는데 내가 무슨 장한 점이 있다고 사견을 목소리 높여 천명하겠는가? 선문의 정통사상에서 벗어났으니 잘못된 사상을 고치자는 것이다. 중봉스님은 보조스님과는 감히 견줄 수조차 없는 고덕이시다. 수많은 조사 중에서도 별처럼 빛나는 분이시다. 그런 분이 어찌 헛말을 하였겠는가? 깨달았다면서 망상을 제거하는 방법을 논하고 제거함에 따라 얻는 소득을 논하는 사람은 미혹한 사람 가운데서도 많이 미혹한 사람이다. 어찌 중봉국사만 이런 말씀을 하였겠는가? 이는 역대 조사들의 한결같은 주장이다.

【 13-10 】

규봉이 선오후수(先悟後修)의 뜻을 총판(總判)하여 말하였다. 차성(此性)은 원래 번뇌가 없으며 무루(無漏)한 지성(智性)이 본연히 구족하여 불타와 더불어 차이가 없음을 돈오하여 이를 의지하여 수습(修習)하는 사람은 이를 최상승선(最上乘禪)이라 하며 여래청정선이라 명칭한다. 만약에 능히 염념(念念)에 수습하면 자연히 백천 삼매를 점점 획득하나니, 달마문하(達磨門下)에서 전전(展轉)하여 대대로 상전(相傳)하는 것[40]이 곧 이 선(禪)이라 하였

---

40 "계속하여 대대로 이어 전해온 것"

다. 그런즉 돈오와 점수의 2의(二義)는 승차(乘車)의 2륜(二輪)⁴¹과 같아서 한 개도 없어서는 안 된다.

圭峰이 總判先悟後修之義云 頓悟此性이 元無煩惱하며 無漏智性이 本自具足하야 與佛無殊하나니 依此而修者는 是名最上乘禪이며 亦名如來淸淨禪也라 若能念念修習하면 自然漸得百千三昧하나니 達磨門下에 展轉相傳은 是此禪也라 하니 頓悟漸修之義는 如車二輪하야 闕一不可니라

『修心訣』(大正藏48, p.1007c)

달마정전(達磨正傳)의 선문 거장들은 여출일구(如出一口)로 무심무념인 구경각의 원증(圓證)으로써 돈오와 견성이라 하였으며, 10지와 등각을 초월하여 미세망념이 멸진한 불지(佛地)의 무생법인을 정오(正悟)라 여래청정선이라 하였다. 객진번뇌가 여전히 다름이 없는 해오로서 달마상전(達磨相傳)의 선종이라 함은 선종을 모욕하는 일대 망언이다.

【 강설 】

『돈오입도요문』에 말하길 "돈이란 일체 망념을 끊어 없앤 것이요, 오란 깨쳤다는 자취마저 찾아볼 수 없는 것"이라 했다. 그런 구경의 무심이 바로 돈오이고 견성이다. 무심은커녕 망상이 치성한 해오를 어찌 돈오이고 견성이라 할 수 있겠는가? 무념무심의 구경각, 『기신론』에서 마명보살이 말했듯이 보살지가 다해 제8아뢰야식의 미세한 망상까지 완

---

41 "수레의 두 바퀴"

전히 끊어지면 그때서야 심성을 올바로 볼 수 있는 것이다. 마조도 "10지와 등각을 초월해서 미세망념이 멸진한 불지의 무생법인을 증오 또는 여래청정선이라 한다."라고 분명히 말씀하셨다.

마조는 묘각의 증오를 돈오라 하고 보조나 규봉은 10신초의 해오를 돈오라 했으니, 과연 누구를 따라야 할까? 선문의 비조로 일컬어지는 마조 같은 분을 추종해야지 중간에 변질된 규봉이나 보조의 견해를 따라서야 되겠는가? 따라서 해오견성을 부르짖는다면 그것은 달마정전을 모를 뿐만 아니라 달마정전을 모독하는 망언이라 하겠다.

【 13-11 】

이 돈오점수의 양문(兩門)은 곧 천성(千聖)의 궤철(軌轍)[42]이니, 종상(從上)[43]의 제성(諸聖)이 선오(先悟)하여 후수(後修)하고 수습함을 인하여 증득하지 않음이 없느니라.

此頓漸兩門은 是千聖軌轍也니 則從上諸聖이 莫不先悟後修하며 因修乃證이니라

『修心訣』(大正藏48, p.1006b)

이는 해오를 근본으로 하는 교가에는 금과옥조(金科玉條)가 될 것이다. 그러나 해오를 부정하고 원증(圓證)에 직입(直入)하는 선문에는 비상짐독(砒霜鴆毒)[44]이다. 만약 이것을 선문이라고 주장한다면 이는 달마

---

42 "모든 성인이 밟고 간 법칙"
43 예로부터.
44 '비상'은 비석(砒石)에 열을 가하여 승화시켜 얻은 결정체로 거담제와 학질 치료제로 쓰였으나 독성 때문에 현재는 쓰이지 않는다. '짐독'은 짐새의 깃에 있

정전(達磨正傳)은 꿈속에서도 견문치 못한 것이다.

【 강설 】

　3현10지의 차제를 밟아 올라가는 것은 교이고, 한 번에 훌쩍 뛰어 여래지로 곧장 들어가는 것은 선이다. 그러니 돈오 후에 점수한다는 주장은 교종에서는 매우 적당하겠지만 선종은 결코 아니다.

【 13-12 】

- 돈오점수는 교리에 심심(甚深)히 해당하고, 돈오돈수는 종경(宗鏡) 즉 선종에 진정 적당하니라.
- 명경이 본래 청정한지라 어찌 진애(塵埃)를 불식(拂拭)할 필요가 있으리오[45] 하였으니, 이는 6조가 본성을 직현(直顯)하여[46] 그 점수(漸修)를 타파함이니라.

- 頓悟漸修는 深諧敎理요 頓悟頓修는 正當宗鏡이니라
- 明鏡이 本來淨이라 何用拂塵埃리오하니 此是六祖가 直顯本性하야 破其漸修니라

「宗鏡錄」36 (大正藏48, p.626c)[47]

　　는 맹렬한 독.
45　"티끌 먼지를 떨어낼 필요가 있겠는가."
46　"본성을 그대로 드러내"
47　여기 인용문은 출전이 동일하다. 긴 문장에서 필요한 문구를 가져오고 중간 생략을 하였다. 1981년 본은 두 개의 인용문으로 되어 있으므로 본래 취지에 맞게 둘로 나누었다.

이는 금사(金沙)와 옥석(玉石)을 선별(善別)하는 명안(明眼)의 정론이다. 해오(解悟)는 교가의 수행점로(修行漸路)[48]요 원증(圓證)은 선문의 오도첩경(悟道捷徑)[49]이니, 이를 혼동하면 자기도 그르치고 남도 그르치게 된다.

【 강설 】

"때때로 털고 닦아야 한다."라는 신수(神秀)[50]의 주장을 격파한 6조의 말씀이 이를 증명한다.[51] 그래서 오조 홍인스님은 닦을 것이 남아 있는 신수에게 법을 전하지 않고 완전히 깨쳐 닦을 필요가 없는 6조에게 달마의 법을 전한 것이다. 따라서 달마의 법에는 돈(頓)이 있을 뿐 점(漸)이란 있을 수 없다. 돈오점수는 선가의 법이 아니라 교가의 법임을 영명연수 선사가 분명히 밝히신 것이다.

【 13-13 】

■미혹한 인간은 점점 계합(契合)하고 오달(悟達)한 고인(高人)은

---

48 점진적으로 수행하는 길.
49 도를 깨치는 지름길.
50 시호는 대통선사(大通禪師 : ?~706). 50세에 기주(蘄州) 쌍봉(雙峰) 동산사에서 5조 홍인선사(弘忍禪師)를 뵙고 제자가 됨. 홍인 사후 측천무후의 귀의를 받고 궁중의 내도량(內道場)에 가서 우대를 받았으며 또 중종황제의 존경을 받음. 동문(同門) 혜능(慧能)이 남방에서 펼친 법을 남종(南宗)이라 하고, 신수가 전한 것을 북종(北宗)이라 함.
51 5조 홍인대사가 장차 법을 전하려고 대중에게 각기 증득한 바를 게송으로 지어 바치게 하였다. 이에 신수가 "몸이 곧 보리수요 마음은 밝은 거울과 같네. 때때로 부지런히 털고 닦아 때가 끼지 않게 하라.[身是菩提樹 心如明鏡臺 時時勤拂拭 勿使惹塵埃]"는 게송을 벽에 써 놓았다. 이를 전해들은 혜능이 장일용(張日用)에게 대신 게송을 쓰게 하였다. "보리라는 나무 본래 없고 밝은 거울 또한 틀이 아니네. 본래 한 물건도 없는데 어디에 때가 끼겠는가?[菩提本無樹 明鏡亦非臺 本來無一物 何處惹塵埃]" 이를 본 5조가 혜능에게 법을 전함.

돈연(頓然)히 수단(修斷)한다.⁵²
- 자성으로 자오(自悟)하여 돈오하고 돈수하여 또한 지위점차(地位漸次)가 없느니라.

- 迷人은 漸契하고 悟人은 頓修하느니라
- 自性自悟하야 頓悟頓修하야 亦無漸次니라

『六祖大師法寶壇經』(大正藏48, p.353a ; p.358c)

달마직전(達磨直傳)인 6조의 정법은 유돈무점(唯頓無漸)이다. 점문(漸門)은 미계(迷界)에서만 있을 뿐이요 오경(悟境)은 아니므로 6조는 오직 돈오돈수의 원증(圓證)인 견성만을 선설(宣說)하였다. 그러므로 돈오돈수를 내용으로 하는 원증(圓證)만이 6조의 정전(正傳)이니 돈수원증(頓修圓證)이 아니면 오(悟)가 아니다.

【 강설 】

깨칠 때 일체 망상이 다 없어졌으면 참으로 하릴없는 한가한 도인이다. 닦으려야 닦을 수도 닦을 것도 없으니, 3현10성의 지위점차가 어찌 있을 수 있겠는가? 점수를 말하고 지위점차를 논하는 이는 달마의 후손이라 할 수 없다. 자성을 바로 알고 바로 깨친다면 돈오할 때 일체가 다 끊어지므로 부처도 서지 못하고 조사도 서지 못한다. 어찌 그뿐이겠는가? 견성이란 말 또한 서지 못한다. 그런데 어떻게 점수를 논하겠는가?

---

52 "단번에 수행을 모두 마친다."

6조스님께서는 돈오돈수법을 전함을 이와 같이 청천백일같이 밝혀 놓으셨다. 선문의 종조라 할 달마와 6조스님의 말씀을 표방하지 않는다면 도대체 누굴 표방하겠다는 말인가? 6조스님의 말씀처럼 점문은 미혹한 이들의 경계이지 깨달은 이의 경계는 아니다. 만일 점수를 논하는 자가 있다면 그는 미혹의 세계에서 헤매는 자이며 6조의 후손이 아니다.

【 13-14 】

돈오돈수라 함은 이는 상상지(上上智)[53]를 설함이니, 근성(根性)과 낙욕(樂欲)이 전부 수승하여 일문(一聞)하면 천오(千悟)하여 대총지(大摠持)[54]를 증득하여서 일념도 불생하여 전후제(前後際)가 돈단(頓斷)한다. 장혹(障惑)을 단제(斷除)함[55]은 일려사(一縷絲)를 참단(斬斷)하는 것과 같아서 만조(萬條)를 일시에 돈단(頓斷)하며,[56] 성덕(聖德)을 원수(圓修)함[57]은 일려사(一縷絲)를 염색하는 것과 같아서 만조(萬條)를 일시에 돈색(頓色)한다.[58] 이 사람의 3업(三業)은 유독히 명료하여 타인은 엿보지 못하나니, 또한 사적상(事跡上)에서 논하면 우두융대사(牛頭融大師)의 유(類)이다.

---

53 가장 으뜸가는 지혜.
54 '총지'는 산스크리트 'dhāranī'의 번역으로 한량없는 뜻을 포함하여 잃지 않게 하는 것, 또 선법을 지녀 잃지 않고 악법을 일어나지 않게 하는 것을 말한다.
55 "장애와 의혹을 끊어 없애는 것"
56 "한 타래 실을 자르는 것과 같아 만 가닥을 한꺼번에 자르며,"
57 "성인의 덕행을 완전하게 닦는 것"
58 "한 타래 실을 물들여 만 가닥을 한꺼번에 물들인다."

頓悟頓修는 此說上上智니 根性樂欲이 俱勝하야 一聞千悟하야 得大摠持하야 一念不生하야 前後際斷하느니라 斷障은 如斬一綟絲하야 萬條를 頓斷하며 修德은 如染一綟絲하야 萬條를 頓色也라 此人三業은 唯獨自明了하야 餘人所不見이니 且就事跡而言컨대 如牛頭融大師之類也니라

『禪源諸詮集都序』(大正藏48, pp.407c~408a)

돈오돈수는 '일념불생 전후제단(一念不生 前後際斷)'을 내용으로 한다. 달마상전(達磨相傳)의 견성은 망멸증진(妄滅證眞)에 있으므로 달마문손(達磨門孫)의 정안종사 중에서 일념불생의 무심삼매를 실증하지 않은 자는 없다. 그뿐만 아니라 설사 일념불생이 되어도 일념불생의 정나라처(淨裸裸處)에 주착(住著)하면 대사불활(大死不活)의 승묘경계(勝妙境界)로써 이를 배제하나니, 일념불생의 깊은 굴을 뛰쳐나온 일념불생의 구경무심이 정안인 것이다. 그리하여 달마선은 일념불생의 돈수에 있거늘, 기멸부정(起滅不停)[59]하는 해오의 점수를 달마선이라 주장함은 천고(千古)의 대과오이다.

그리고 또한 돈수는 우두(牛頭) 같은 걸출에만 속하고 달마상전(達磨相傳)은 전부 점수라 하면 달마문하(達磨門下)는 전부 우두보다 하열하다는 결론이 되니 가일층 가소로운 일이다. 달마정전(達磨正傳) 중에 우두보다 하열한 자는 없을 뿐만 아니라, 황벽은 말하기를 "우두가 횡설수설하나 향상일규(向上一竅)[60]는 꿈에도 보지 못한다."라고 지탄하

---

59 쉬지 않고 일어났다 사라짐.
60 향상일로의 도리.

였다. 이로써 달마선이 점수에 있다 함은 억설임을 알 것이다.

【 강설 】

규봉이나 보조의 견해에 따른다면 돈오점수가 선종의 정석인 것처럼 되는데, 이는 큰 착오이다. 달마문하 5가7종의 대종사치고 '일념불생 전후제단(一念不生 前後際斷)'의 무심경계를 거치지 않고 견성한 이는 한 분도 없다. 또한 승묘경계인 '일념불생 전후제단'의 무심경계마저 제8마계라 하여 다시 그 자리에서 크게 깨치고 크게 살아나야 정안종사라고 하였다.

규봉은 돈오돈수는 너무 어려워 우두법융 선사 같은 분에게만 해당되고 다른 사람은 모두 돈오점수한 이라 여겼다. 그러나 살펴보면 달마문하 정안종사들은 한결같이 돈오돈수하였음을 알 수 있다. 한 생각도 일어나지 않고 앞뒤가 뚝 끊어진 무심경계마저 뛰어넘은 분들이 종문의 정안종사이다. 그래서 "돈이란 일체 망념을 끊어 없앤 것이요, 오란 깨쳤다는 그 자취마저 찾아볼 수 없는 것"이라고 하였으니 돈오점수를 달마정전이라 한다면 얼마나 큰 착오인가? 달마정전의 견성이란 곧 돈오돈수로서 온갖 병이 다 나아 다시는 약이 필요 없는 자유자재한 사람임을 분명히 알아야 한다.

규봉은 『도서』에서 우두를 높이 쳐 "돈오돈수한 이는 우두와 같은 분에게 한정된다."라고 하였다. 그러나 『전등록』을 살펴보면 황벽선사는 "4조 문하의 우두법융 대사가 설법은 종횡무진으로 하였지만 향상일로(向上一路)의 문빗장은 몰랐다."라며 달마정전의 깊은 뜻은 몰랐다고 일침을 가하였다. 모름지기 이런 안목을 갖추어야만 달마와 6조의 후손이라 할 수 있다.

우두를 하늘의 별처럼 여기는 사람과 우두를 발가락에 낀 때만큼도 여기지 않는 사람, 이 둘 중 과연 누가 장한 사람일까? 무심의 신묘한 경계마저 발로 걷어차 버리는 출격대장부가 되어야 한다. 온몸이 만신창이가 되어 팔이고 다리고 온전한 구석이 한 군데도 없으면서 깨쳤다느니 도리를 알았다느니 떠들고 다닌다면 얼마나 우스운 노릇인가? 정안종사인 황벽은 우두 같은 분도 바로 깨치지 못했다고 일격에 배척했는데, 우두보다 못한 이들이야 말해 무엇하랴?

【 13-15 】

각각 반조(反照)하여 보아서 유병(有病)하면 치료해야 하고 무병(無病)하면 용약(用藥)할 필요가 없느니라.

各各反照하야 有病卽治요 無病勿藥이니라

『禪源諸詮集都序』(大正藏48, p.411b)

해오는 유망유병(有妄有病)이므로 점수의 법약(法藥)이 필요하다. 그러나 견성은 무망무병(無妄無病)인 원증(圓證)이므로 용약(用藥)하지 않는다.

【 강설 】

병이 있으면 약을 써 치료해야 한다는 규봉의 말은 참으로 옳은 말이다. 그러나 병이 여전한 이를 온전한 이로 여기거나 온전한 이를 병든 이로 여긴다면 큰 착오이다. 종문에서의 보임이란 자유자재한 대무심삼매(大無心三昧)를 일컫는 말이다. 그런 이는 일체의 번뇌망상이 끊어져 어떤 가르침도 방편도 필요치 않다. 따라서 "깨달은 뒤에 망상을 하나하나 끊는 것이 보임이다."라고 주장한다면, 이는 병이 여전한 자를 온전한 이로 여기는 과오이다. 또한 종문에서의 견성이란 구경각을 일컫는 말이다. 따라서 "견성한 후에도 다시 닦음이 필요하다."라고 한다면, 이는 병 없는 이를 병자라 하는 과오를 범한 것이다.

【 13-16 】
마조는 돈오문(頓悟門)에는 비록 근사하나 적당치 못하고 점수문(漸修門)에는 착오하여 전연 괴려(乖戾)되었다.

彼宗(馬祖)은 於頓悟門엔 雖近而未的이요 於漸修門엔 有誤而全乖니라

『中華傳心地禪門師資承襲圖』(卍續藏經110, p.875b)

규봉의 돈오는 10신(十信)인 해오며, 마조의 돈오는 불지(佛地)인 원증(圓證)이다. 규봉은 병이 있으니 고쳐야 하며 마조는 무병하니 약이 필요 없다. 그리하여 규봉은 객진번뇌가 여전히 다름이 없으므로 점수가 필요하나, 마조는 망념을 돈제(頓除)하여 무생법인을 철증(徹證)하였으므로 돈수도 무용(無用)이다.

해오인 규봉의 천견(淺見)으로서는 마조의 원증심경(圓證深境)을 이해할 수 없는 것은 사실이나 환자인 규봉이 완쾌한 마조를 용약(用藥)하지 않는다고 비난하고 공격함은 소아의 맹희(盲戱)[61]로써 천하가 폭소할 일이다. 달마정전(達磨正傳)은 망멸증진(妄滅證眞)하여 병차약제(病

---

61 장님놀이.

差藥除)하였으므로 환자인 규봉은 상대의 가치도 없다.

【 강설 】

　마조는 병이 다 나아 약이 더 이상 필요 없는 분이지만 규봉은 병세가 여전한 자이다. 마조의 돈오는 일체 망상이 다 끊어진 것이지만 규봉의 돈오는 일체 망상이 여전하다. 그러니 규봉이 마조를 제대로 보았을 리가 없다. 갖가지 병으로 온몸이 만신창이인 자가 멀쩡한 사람 보고 "너는 왜 약을 먹지 않느냐?"며 되레 이상하게 여긴다면 그게 제정신인 사람이겠는가? 남들도 다 자기와 같은 줄 아는 멍청한 소리이다. 규봉이 마조를 비난하는 것이 꼭 그와 같다. 아픈 사람이 멀쩡한 사람을 욕하는 꼴이다.

【 13-17 】

　또한 철오(徹悟)하여 실증(實證)한 형적(形跡)[62]도 오히려 심중(心中)에 용납하지 않거든 하물며 신해(信解)리오. 순전히 이는 식정망견(識情妄見)이니 그 지도(至道)의 본체에 친하려 할수록 더욱 소(疎)하여지고, 근(近)하려 할수록 더 원격(遠隔)하여진다. 그리하여 자신도 대도를 회통하지 못하였는데, 어찌 타인으로 하여금 회통케 하리오.

　且悟證之跡도 尚不容於心이어늘 何況信解리오 純是情見이니 其於至道之體에 愈親而愈疎하고 益近而益遠하야 自不能會于

62　사물의 형상과 자취를 아울러 이르는 말, 또는 남은 흔적.

道어니 安能使人會道之理哉아

『天目中峰廣錄』 十一之下 (頻伽藏經85, p.280)

    선문의 정통사상은 이것이다. 중봉국사(中峰國師)는 임제직전(臨濟直傳)의 정안으로 선문의 표준이다. 구경무심지를 철증하였어도 그 증득한 형적(形跡)이라도 있으면 정안이 아니다. 해오는 대도(大道)에 완전히 배치되니 거론할 필요조차 없을 뿐만 아니라 정안을 장폐(障蔽)하는 최대 병통(病痛)이므로[63] 선각(先覺)들이 극력 배격한 것이다.

【 강설 】

    백장야호(百丈野狐) 이야기[64]에서 보듯이, 선문에서는 해오를 선이라 하고 견성이라 하며 진정한 깨달음으로 여기는 자들을 아주 고약한 외도와 큰 마구니로 취급했다. 종문의 종사들이 괜한 시빗거리로 싸움을 일으키려고 한 소리가 아니다. 눈을 바로 뜬 이들을 봉사라 하고 봉사를 눈뜬 이로 여기는 자들을 어찌 그냥 보아 넘기겠는가?

---

63 "바른 안목을 가리는 가장 큰 병통이므로"
64 백장대지 선사가 상당(上堂)할 때마다 백발이 성성한 노인이 법을 듣곤 하였다. 하루는 법을 듣고도 가지 않자 백장이 물었다.
"거기 서 있는 이가 누구냐?"
"제가 과거 가섭불 때부터 이 산에 머물렀는데 어느 날 학인이 '대수행(大修行)하는 사람도 인과에 떨어집니까?' 하고 묻기에 '인과에 떨어지지 않는다[不落因果]'고 대답했다가 5백 생 동안 여우의 몸을 받았습니다. 바라건대 화상께서 일전어(一轉語)를 내려 여우의 탈을 벗겨주소서."
"그대가 나에게 물으라."
"대수행을 하는 사람도 인과에 떨어집니까?"
"인과에 어둡지 않느니라[不昧因果]."
노인이 깨닫고 예배하면서 말하였다.
"제가 여우의 몸을 벗어 이 산 뒤에 두겠습니다."
백장은 유나를 시켜 대중에게 말하고 산으로 가 여우를 화장했다고 한다.

【 13-18 】

오해(悟解)한 자는 어언(語言)이 더욱 공교(工巧)할수록 본지(本旨)는 더 암혼(暗昏)하고, 언어가 더욱더 기묘할수록 성리(性理)는 더 혼매(昏昧)하니라.

悟解之者는 語益工而旨益昏하고 言愈奇而理愈昧니라

『天目中峰廣錄』 十八之上 (頻伽藏經85, p.355)

신해(信解), 오해(悟解), 정해(情解), 해오(解悟)는 동일한 내용이니, 해오가 대도(大道)에 이렇게 상반되니 참으로 가공할 일이다.

【 13-19 】

만약 근본상으로부터 공부를 하여서 8식(八識)의 과구(窠臼)⁶⁵를 타파하고 무명의 굴혈(窟穴)을 돈번(頓飜)⁶⁶하면 일초(一超)하여서 불지(佛地)에 직입(直入)하여 다시는 남은 법이 없나니, 이는 상상(上上) 이근(利根)의 실증(實證)한 바이다. 8식의 근본을 미파(未破)하면 비록 득력(得力)한 작위(作爲)가 있어도 이는 전혀 식신(識神)의 망변사(妄邊事)이니, 만약에 이로써 진정(眞正)을 삼는다면 참으로 도적을 오인하여 친자식으로 삼는 것과 같다. 고인(古人)이 말하기를, "학도(學道)하는 인사(人士)가 진(眞)을 알지 못함은 다만 종전의 식신(識神)을 오인(誤認)하기 때문이다. 이는 무량

---

65 소굴.
66 단박에 뒤엎어 버림.

겁래(無量劫來)의 생사근본이어늘 우치한 인간은 불러서 본래신(本來身)이라 한다."라고 하였으니, 이 일관(一關)을 투과(透過)하는 것이 가장 긴요하다.

若從根本上做工夫하야 打破八識窠臼하고 頓飜無明窟穴하면 一超直入하야 更無剩法하나니 此乃上上利根所證者이라 八識根本을 未破하면 縱有作爲하나 皆識神邊事니 若以此爲眞하면 大似認賊爲子니라 古人이 云 學道之人이 不識眞은 只爲從前認識神이라 無量劫來生死本이어늘 癡人은 喚作本來身이라하니 於此一關을 最爲要透니라

憨山,『夢遊集』 2 (卍續藏經127, p.225a)

제8식의 근본 미세무명을 영단(永斷)하여 구경을 실증(實證)하지 않으면 이는 전혀 망식(妄識)의 환경(幻境)[67]이요 진오(眞悟)가 아니니, 해오는 참으로 도적을 오인하여 친자식으로 삼는 것과 같은 착각이다.

【 13-20 】

- ■ 정오(正悟)한 자는 장구한 암흑에서 광명을 만나며 대몽(大夢)을 홀연히 각성(覺惺)함과 같아서, 일(一)을 요달(了達)하매 일체를 요달하여 섬호(纖毫)도 증애(憎愛)와 취사하는 정습(情習)이 흉중(胸中)에 체류하지 않느니라.
- ■ 만약에 조금이라도 정습(情習)이 다하지 못함이 있으면 곧 심

---

67 허위로 만들어진 경계.

성(心性)을 오달(悟達)함이 원만치 못한 연유이다. 혹 심성을 원만히 오달치 못하면 모름지기 그 원만치 못한 당처(當處)를 소탕할지니, 특별히 생애를 세워서 확철대오하여야 한다. 혹자는 심성을 오달하되 미진(未盡)하였거든 이천수행(履踐修行)하여 미진함을 궁진(窮盡)한다 하니, 이는 신초(薪草)를 안고 화재(火災)를 소멸하려 함과 같아서 더욱더 그 불꽃만 더하게 한다.

- 正悟者는 如久暗遇明하며 大夢俄覺하야 一了一切了하야 更無纖毫憎愛取捨之習이 滯于胸中이니라
- 若有纖毫라도 情習이 未盡하면 卽是悟心不圓而然也라 或悟心不圓이면 須是掃其未圓之跡이니 別立生涯하야 以期大徹이 可也니라 或謂悟心이 未盡이어든 以履踐盡之라하니 如抱薪救火하야 益其熾로다

『天目中峰廣錄』 五之上 「示王居士」; 『天目中峰廣錄』 十一之中 (頻伽藏經 85, p.225 ; p.273)

'일념불생 전후제단(一念不生 前後際斷)'하였어도 그 정나라처(淨裸裸處)에 주착(住著)하면 "사료미활(死了未活)의 불의언구(不疑言句)가 시위대병(是爲大病)"이라 하여[68] 인가하지 않는 것이 종문의 정안이다. 만약에 해오에서 점수함과 같이 이 미진한 것을 이수(履修)[69]로써 궁진(窮盡)하려 하면, 이는 섶을 안고 불을 끄려는 것과 같아서 역효과만 발생하니 해오점수의 해(害)는 이렇게 극심하다.

---

68 "죽기만 하고 살아나지 못하여 '언구를 의심하지 않는 것이 큰 병이다' 하여" 【9-5】 참조.
69 해야 할 공부를 순서대로 마침.

【 강설 】

중봉스님의 말씀처럼 해오점수의 해독은 극심하다. 만일 망상과 습기가 남아 있다면 크게 재발심해서 확철대오해야 한다. 점수한답시고 미진한 것을 억지로 없애려 들고 닦고 보완하려 들어서는 절대 안 된다. 그런 짓은 도리어 역효과만 일으켜 번뇌와 습기를 더욱 치성하게 할 뿐이다.

대혜스님은 한 번 깨쳐 몽중에 일여한 7지보살의 경지에 들었지만 도리어 원오스님으로부터 언구를 의심하지 않는 것이 큰 병이라는 꾸지람을 들었다. 적나라한 무심경계에 들었다 해도 실제로는 공안을 모르는 것이다. 10신초인 해오는 차치하고 설령 몽중일여, 오매일여의 7지, 8지, 10지, 등각에 이르렀다 해도 바로 깨친 것이 아니고 견성이 아니며 증오가 아니라는 것을 명심해야 한다.

【 13-21 】

어언(語言)으로부터 견해를 작(作)하여[70] 철오(徹悟)를 체득하지 못한 자는 무변(無邊)한 광망견해(狂妄見解)를 유출(流出)한다.[71] 차호(嗟呼)라, 제호(醍醐)의 상미(上味)는 세상의 진보(珍寶)이어늘[72] 여사광해인(如斯狂解人)을 만나면[73] 반대로 독약이 되는도다. 참으로 정법이 경퇴(傾頹)[74]하고 사마(邪魔)가 치성상속(熾盛相續)하

---

70 "말을 통해 견해를 내어"
71 "한없이 많은 잘못된 견해를 내놓는다."
72 "제호의 맛은 세상에서 제일로 치지만"
73 "이처럼 미친 견해를 가진 사람을 만나면"
74 쇠퇴하여 무너짐.

여⁷⁵ 권속들이 세간에 미만(彌滿)⁷⁶하니, 생사해탈에 유심(留心)하는 자⁷⁷는 가히 솔선하여 이 허망한 광해(狂解)의 경계를 파쇄(破碎)하지 않으리오.

從語言中作解하야 未得徹悟者는 流出無邊狂解하느니라 嗟呼라 醍醐上味는 爲世所珍이어늘 遇斯等人하야 反成毒藥이로다 良以正法이 傾頹하고 邪魔가 熾盛相續하야 眷屬이 彌滿世間하니 於生死界에 留心者는 可不先破此虛境也리오

『無異元來禪師廣錄』 23 (卍續藏經112, p.286a)

조동정맥(曹洞正脈)이며 명말(明末) 거장인 박산(博山)은 이렇게 통탄하였다. 실증(實證)치 못한 해오는 전부 광해(狂解)에 속한다. 그러므로 자고로 정안종사들은 철증(徹證) 이외는 모두 마설마속(魔說魔屬)으로 통척(痛斥)⁷⁸하였다. 이는 최사현정(摧邪顯正)⁷⁹하는 대자비이니 이렇게 하지 않으면 정법은 파멸되기 때문이다.

그리고 『절요(節要)』의 편말(編末)에서 해오를 의언생해(依言生解)⁸⁰라고 함은 즉 종어언중작해(從語言中作解)⁸¹이다. 『도서(都序)』에 오후수증(悟後修證)의 십중차제(十重次第)⁸²를 열거하였는데, 초일(初一)은 해오요

---

75   "삿된 마구니가 들끓어"
76   널리 가득 차 그들먹함.
77   "생사해탈에 마음을 두는 자"
78   통렬히 배척함.
79   삿된 것을 꺾어 바른 것을 드러냄.
80   말에 의지해서 견해를 내는 것.
81   【13-21】의 박산스님의 말씀. "말을 통해 견해를 내어"
82   "깨친 뒤 닦아 증득하는 열 가지 차례"

종십(終十)은 심기무념(心旣無念)하니 명대각존(名大覺尊)이라[83] 하였는데, 이는 선오후수(先悟後修)하여 인수내증(因修乃證)하는[84] 해오점수의 표현이다. 교가의 돈오는 초일(初一)의 해오요 선문의 견성은 종십(終十)의 무념이니 근본적으로 상반된 내용인 해오와 견성을 혼합하려 함은 무모한 시도일 뿐 아니라 천추의 망설(妄說)이다.

상술(詳述)하면 선문의 견성은 원증무념(圓證無念)[85]이요 교가의 돈오는 해오유망(解悟有妄)[86]이다. 따라서 견성은 영단삼세(永斷三細)[87]·해오는 미진육추(未盡六麤)[88], 견성은 망멸증진(妄滅證眞)[89]·해오는 번뇌여전(煩惱如前)[90], 견성은 빙소수융(氷消水融)[91]·해오는 식빙전수(識氷全水)[92], 견성은 영겁불매(永劫不昧)[93]·해오는 일상간단(日常間斷)[94], 견성은 묘각후과(妙覺後果)[95]·해오는 10신초심(十信初心)[96], 견성은 돈초지위(頓超地位)[97]·해오는 점력계급(漸歷階級)[98], 견성은 보임무심(保任無心)[99]·해오

---

83 "마음이 무념이 되었으니 그를 대각 세존이라 한다."
84 "먼저 깨치고 나서 나중에 닦아 닦음에 의지하여 증득한다는"
85 무념의 완전한 깨달음.
86 해오로서 망념이 남아 있음.
87 세 가지 미세 번뇌를 영원히 끊은 것.
88 여섯 가지 거친 번뇌도 다 없애지 못한 것.
89 망념을 없애 진여를 증득함.
90 번뇌가 여전함.
91 얼음이 녹아 물이 흐름.
92 얼음 그대로가 물임을 아는 것.
93 영겁토록 어둡지 않음.
94 일상에서도 끊어짐이 있는 것.
95 묘각의 마지막 과위.
96 10신의 처음 마음.
97 지위(地位)를 단박 뛰어넘음.
98 점점 계급을 거침.
99 무심을 보임함.

는 점제망상(漸除妄想)¹⁰⁰, 이렇게 내용이 상반된 선문의 원증견성(圓證見性)과 교가의 해오돈오(解悟頓悟)를 동일하다고 주장함은 논리의 자살이다. 그리하여 해오를 근본으로 하는 돈오점수는 교가의 수행방편이요 선문에서는 통용될 수 없을 뿐만 아니라 이를 포신구화(抱薪救火)¹⁰¹·인적위자(認賊爲子)¹⁰²·광해마속(狂解魔屬)¹⁰³으로써 통렬히 배제한 것이다.

그리고 또한 돈오돈수는 우두(牛頭) 같은 특출(特出)한 자에게만 해당되고 달마상전(達磨相傳)은 돈오점수라고 주장함은 달마선을 전연 이해하지 못한 데서 기인된 일대 착오이니, 선문을 이탈하고 교가의 대종(大宗)인 화엄종(華嚴宗) 징관(澄觀)¹⁰⁴의 법사(法嗣)¹⁰⁵가 된 규봉(圭峰)의 견지(見地)는 평가의 필요조차 없다. 참학고류(參學高流)¹⁰⁶는 오직 종문(宗門)의 정전(正傳)을 준칙(準則)하여¹⁰⁷ 기타의 이단잡설(異端雜說)에 현혹되지 말고, 활개정안(豁開正眼)¹⁰⁸하여 불조(佛祖)의 혜명(慧命)을

---

100 점차적으로 망상을 제거하는 것.
101 섶을 지고 불을 끄는 것.
102 도적을 자식으로 오인하는 것.
103 미친 견해를 펼치는 마구니 권속.
104 법명은 징관(澄觀 : ?~839), 법호는 대통청량국사(大統淸涼國師), 자는 대휴(大休). 화엄종 제4조. 삼론종·화엄종·천태종의 교학을 비롯한 남종선과 북종선을 두루 섭렵하고 4종법계의 성기설(性起說)을 대성(大成). 선종과의 융화를 꾀하여 교선일치론(敎禪一致論)의 기초를 마련. 796년(당 정원 12) 반야삼장(般若三藏)이 40권『화엄경』을 번역하는 데 참여하고『소(疏)』10권을 지음. 저서로『화엄경주소(華嚴經註疏)』·『화엄경수소연의초(華嚴經隨疏演義鈔)』·『화엄경강요(華嚴經綱要)』·『화엄현담(華嚴玄談)』·『화엄약의(華嚴略義)』·『법계현경(法界玄鏡)』·『삼성원융관(三聖圓融觀)』등이 있음. 법을 전한 제자 백여 명 중 종밀(宗密)·승예(僧叡)·보인(寶印)·적광(寂光)을 4철(四哲)이라 함.
105 법통(法統)을 이어받은 후계자.
106 참선하는 납자.
107 "종문에서 종통으로 전하는 것을 법칙으로 삼아"
108 바른 안목으로 눈을 활짝 뜸.

계승하여 광제미륜(廣濟迷淪)¹⁰⁹하여야 할 것이다.

【 강설 】

　박산무이 선사의 말씀을 빌려 총괄적으로 결론지었다. 종문의 정안종사들이 해오를 추종하는 무리를 마구니, 외도라 통렬히 비판하고 배격한 것은 싸움을 일삼으려는 의도가 아니다. 그렇게 하지 않으면 정법이 파멸될 것이므로 파사현정하여 중생을 이익되게 하려는 대자비심의 발로라 하겠다. 6조께서는 분명히 "나의 종은 무념으로 종을 삼는다.", "무념이 견성이다."라고 말씀하셨다. 따라서 종문의 견성은 10지를 넘어선 증오의 무념이지 10신초의 해오를 견성이라 할 수 없다.

　일찍이 선을 배우다 선을 버리고 화엄종 징관의 법을 이은 규봉은 끝끝내 해오점수를 달마선의 정설로 여겼다. 그러나 보조 다른 면모가 있다. 젊은 시절에 쓴 『수심결』에서는 돈오점수를 달마문하에서 대대로 이어온 선문의 정설이라 했지만 말년의 저술인 『절요』에서 해오점수는 하택(荷澤)¹¹⁰의 설로 지해종사(知解宗師)인 하택은 조계의 적자가 아니라고 하였다. 또한 돈오점수의 가르침은 원돈신해문(圓頓信解門)¹¹¹ 즉 교가를 위해 한 것이지 경절문(徑截門)¹¹²은 여기에 해당되지 않는다고 하였다.

109　미혹에 빠진 중생들을 널리 구제함.
110　법명은 신회(神會 : 685~760). 6조 조계(曹溪) 회하에서 다년간 수학. 6조가 죽은 뒤 조계의 돈지(頓旨)가 침몰되고 숭악(嵩嶽)의 점문(漸門)이 낙양성에 성행하자 서울에 들어가 742년(천보 4) 남북돈점(南北頓漸)으로 양종(兩宗)을 구분한 『현종기(顯宗記)』를 지음.
111　교법을 믿고 아는 것에 의지해 완전한 깨달음을 구하려는 가르침.
112　지름길로 빠르게 가려는 사람들을 위한 가르침. 문자나 언어를 여의고, 수행의 단계나 점차를 거치지 않고 바로 증과(證果)를 얻는 교법.

달마선은 돈오점수라는 초기의 주장과 돈오점수설의 비조라 할 하택은 지해종사로서 조계의 적자(嫡子)가 아니라고 한 후기의 주장을 살펴볼 때, 그 사상에 변천이 있었음을 알 수 있다. 참으로 안타까운 것은 보조 자신도 말년에 가서 선종의 정설이 아니라고 인정한 주장을 800년이 지난 지금 보조을 추종한답시고 많은 이들이 따른다는 것이다. 그럼 지해종(知解宗)을 추종하자는 것인가? 선종이 지해종이란 말인가? 이는 스스로 조계의 적자가 아닌 서자 노릇을 하겠다고 나서는 꼴이다.

【 13-22 】

지금 선의 종지를 착각하여 계승하는 자는 혹은 돈오점수문으로써 정맥(正脈)을 삼고 혹은 원돈신해(圓頓信解)의 교리를 종지로 삼나니, 그 정법을 비방하는 과건(過愆)[113]은 여(余)가 어찌 감히 말하리오.

今錯承禪旨者는 或以頓漸之門으로 爲正脈하고 或以圓頓之敎로 爲宗乘하나니 其謗法之愆을 余何敢言고

『禪敎訣』,「淸虛示惟政」(韓國佛敎全書 7, p.657c)

돈오점수와 원돈신해(圓頓信解)는 선지(禪旨)가 아님을 분명히 한 청허(淸虛)[114]의 명언이다. 청허는 돈오점수와 원돈신해가 선지가 아님을

---

113 허물.
114 법명은 휴정(休靜 : 1520~1604), 호는 청허(淸虛), 자는 현응(玄應). 묘향산에 오래 거주해 서산대사(西山大師)로 불림. 성균관에서 공부하다 지리산에서 선가(禪家)의 돈오법(頓悟法)을 본 후 출가하여 부용영관(芙蓉靈觀)의 법을 이음. 30

단언하였을 뿐만 아니라, 또한 『선교결(禪敎訣)』에서 원돈사구(圓頓死句)로써 학자를 지도함은 "할인안(瞎人眼) 불소(不少)요 치광외변주(癡狂外邊走)"¹¹⁵라고 엄훈(嚴訓)하였다.

세에 선과(禪科)에 급제, 양종판사(兩宗判事)가 됨. 임진왜란이 일어나자 '팔도십육종도총섭(八道十六宗都摠攝)'으로 임명되어 승병(僧兵)을 모집, 큰 전과를 세움. 저서로 『선교석(禪敎釋)』·『선교결(禪敎訣)』·『운수단(雲水壇)』·『삼가귀감(三家龜鑑)』·『청허당집(淸虛堂集)』·『선가귀감(禪家龜鑑)』·『심법요(心法要)』 등이 있음.
115 "남을 눈멀게 하는 경우가 적지 않고 밖으로만 치달리는 어리석은 미치광이 짓"

14. 분파분증 分破分證
부분적으로 타파하고 부분적으로 증득하다

【 14-1 】

■초주(初住)에 진입하여 무명을 깨뜨리고 불성을 보나니, 『화엄경(華嚴經)』에 운하되, "초발심(初發心)할 때에 정각을 변성(便成)한다." 하니 즉 차의(此意)니라. 이와 같이 42위를 차제(次第)하여 구경에 묘각하느니라.

■동륜위(銅輪位)에 진입하여 무생법인을 증득하나니 견성이라 이름하며 또한 법신을 현현(顯現)하여 8상(八相)으로 작불(作佛)한다[1] 하느니라.

■入初住하야 破無明하고 見佛性하나니 華嚴에 云 初發心時에 便成正覺이라하니 卽此意也라 如是次第四十二位하야 究竟妙覺하나라

■入銅輪位하야 證無生法忍하나니 亦名見佛性이며 亦名法身顯하야 八相作佛이니라

『摩訶止觀』7下 ; 『摩訶止觀』7上 (大正藏46, p.99a ; p.90a)

---

1 "여덟 가지 모양으로 부처를 이룬다."

동륜위(銅輪位)², 즉 초주(初住)에서 무생법인을 증득하여 불성을 득견(得見)하고, 10주·10행·10회향·10지·등각·묘각 등으로 42품(品) 무명을 진파(進破)함은 천태교가(天台敎家)의 성불 과정이다.

【 강설 】

천태·화엄 양종을 일승원교라고 한다. 일승원교에서는 수행해서 성불하는 과정을 10신·10주·10행·10회향·10지·등각·묘각의 52위로 구분하며, 10신을 해오라 하고 10주에서부터 42위를 증오라 한다. 증오에 있어서도 모든 부처님은 원만하게 증득하고 42위의 보살은 부분적으로 증득한다고 하였다. 천태교학에 따르면 42위 무명 가운데 처음 한 부분을 끊어 증득한 것을 초주(初住)라 하고, 42위를 거쳐 원만히 증득한 묘각을 원증(圓證)이라 한다. 따라서 선문의 견성을 일승원교의 계위에 배대한다면 10지보살의 지위를 훌쩍 뛰어넘은 묘각에 해당된다고 하겠다.

천태와 화엄에서도 견성을 말한다. 지자대사는 42분위 중 처음인 초주에서 견성하여 무생법인을 증득한다고 하였고, 통현장자³는 초주

---

2 '동륜왕'은 사바세계를 통치하는 전륜성왕(轉輪聖王)의 이름이다. 전륜성왕이 몸에 32상을 갖추었으며 즉위할 때에는 하늘로부터 윤보(輪寶)를 받는데, 이 윤보를 굴리면서 사방을 위엄으로 굴복시키므로 전륜왕이라 불린다. 윤보에는 금, 은, 동, 철의 네 종류가 있는데, 이것의 종류에 따라 왕의 이름이 나뉜다. 금륜왕은 수미 4주를, 은륜왕은 동서남 3주를, 동륜왕은 동남 2주를, 철륜왕은 남섬부주 하나를 통치한다고 한다. 동륜위는 이러한 동륜왕의 지위를 보살 단계에 비유한 것이다.
3 속성은 이(李) 씨, 호는 방산(方山 : ?~730). 유교와 불교를 비롯한 고금의 학문에 정통. 719년(개원 7) 『신화엄경』을 가지고 대현촌에 이르러 고산노(高山奴) 집의 옆방에서 지내며 논(論)을 지었는데, 3년 동안 마당에 나오지 않고 매일 대추 10개와 잣나무 잎으로 만든 떡만 하나를 먹었으므로 사람들이 조백대사(棗栢大師)라 함. 후에 감중(龕中)에 들어가 두 여자에게서 지묵(紙墨) 등 도

에서 견성하나 화엄 제8지에 이르러 무생법인을 증득한다고 하여 양자 간에도 약간의 차이는 있다. 또 같은 화엄종이라도 현수대사는 3현10성과 등각을 넘어 미세무명을 완전히 타파한 묘각만이 견성이라고 하였다. 과연 이런 분분한 주장 중에 누구의 주장이 옳은가? 이에 대해 종문의 대종사들은 3현10성의 분증은 견성이 아니고 구경각 즉 원증만이 견성이라고 하였다. 이는 역대 정안종사들의 일관된 주장이다.

【 14-2 】

초주(初住)에 진입하여 일품(一品)의 무명을 단제(斷除)하고 일분(一分)의 3덕(三德)을 증득하니 해탈과 반야와 법신인지라 8상(八相)으로 성도(成道)하여 군생(群生)을 광제(廣濟)[4]하나니, 『화엄경(華嚴經)』에 이르되 "초발심시(初發心時)에 정각을 변성(便成)한다." 하니라. 해석하면 초발심이라 함은 초주(初住)요, 변성정각(便成正覺)이라 함은 8상불(八相佛)을 성취함이다. 이는 분증(分證)한 결과이니, 즉 차교(此敎)의 진인(眞因)이요 묘각을 성취함이라 하면 오류의 극심이니라.

入初住하야 斷一品無明하고 證一分三德하나니 所謂解脫般若法身이라 八相成道하야 廣濟群生하나니 華嚴經에 云 初發心時便成正覺이라하니라 解曰初發心者는 初住也요 便成正覺者는

구와 먹을 것을 받으면서 『신화엄론』 40권과 『결의(決疑)』 4권을 지음. 저서로 『화엄회석(華嚴會釋)』, 『십문현의배과석략(十門玄義排科釋略)』 등이 있음.

4 "중생을 널리 제도함"

成八相佛也라 是分證果니 卽此敎眞因이요 謂成妙覺하면 謬之
甚矣니라

『天台四敎儀』,「圓敎章」(大正藏46, p.779c)

초주(初住)에서 일품(一品)의 무명을 단제(斷除)하고 일분(一分)의 3덕을 증득하나니,[5] 이는 분증(分證)하는 42위의 시발진인(始發眞因)이요[6] 구경의 극과(極果)가 아님은 천태 자가(自家)의 규정이다.[7] 그러므로 주초정각(住初正覺)은 천태 자설(自說)에 의하여도 40여 품(品)의 무명 즉 번뇌가 중첩하여 있으므로 인불(因佛)이요 과불(果佛)이 아니다.[8]

주초정각(住初正覺)은 무명몽중(無明夢中)의 몽각(夢覺)이요 진각(眞覺)이 아니며,[9] 주초무생(住初無生)은 무명이 미진(未盡)한 가무생(假無生)이요 무명이 영진(永盡)한 진무생(眞無生)이 아니다. 따라서 주초견성(住初見性)도 『대열반경』의 불생번뇌(不生煩惱)한 견성,[10] 『기신론』의 원리미세(遠離微細)한 견성[11]이 아니니, 이는 견성의 진인(眞因)이요 불조가 정전(正傳)하는 묘각 즉 구경각의 견성이 아니다.

【 강설 】

'초발심시변성정각(初發心時便成正覺)'에 대해 현수스님이 말씀하시기

---

5 "한 등급의 무명을 끊어버리고 3덕 중의 일부분을 증득하니,"
6 "출발점인 진인(眞因)이요"
7 "구경의 과위가 아님은 천태 스스로의 규정이다."
8 "인위에서의 부처[因佛]요 과위에서의 부처[果佛]는 아니다."
9 "꿈속에서의 깨달음이지 참다운 깨달음이 아니며,"
10 "『대열반경』에서 말하는 번뇌가 나지 않는 견성"
11 "『기신론』에서 말하는 미세한 무명을 떠난 견성"

를, 초발심이란 인(因)이요 변성정각이란 과(果) 즉 극과인 묘각이라 하였다. 인을 곧 과라 하면 모순이라 생각할 수도 있다. 화엄의 이치에서 보면 인과가 원융하고 상즉하여 서로 거리낌이 없다. 따라서 초주를 묘각이라 하고 묘각을 초주라 하는 등 그 표현을 달리해도 전혀 상관이 없다.

그러나 그것은 이치이다. 사실에 있어서는 10지에 가서도 인과 과가 엄연히 다르다. 자식은 자식이고 아버지는 아버지이니 함부로 인을 과라 하고 과를 인이라 할 수는 없는 법이다.

【 14-3 】

미세무명을 진파(進破)하고 묘각위에 득입(得入)하여 무명의 부모를 영별(永別)하고[12] 구경으로 열반산정(涅槃山頂)에 등도(登到)하나니,[13] 제법이 불생이며 반야가 불생인지라 불생도 불생이므로 대열반이라 칭명(稱名)하며, 청정법신을 성취하여 상적광토(常寂光土)에 거처하나니 즉 원교(圓敎)의 불상(佛相)이니라.[14]

進破微細無明하고 入妙覺位하야 永別無明父母하고 究竟에 登 涅槃山頂하나니 諸法不生이며 般若不生이라 不生不生일새 名大 涅槃이니 成淸淨法身하야 居常寂光土하나니 卽圓敎佛相也니라

『天台四敎儀』,「圓敎章」(大正藏46, p.780a)

---

12 "무명의 부모를 영원히 이별하고"
13 "마지막에 열반의 산꼭대기에 오르니,"
14 "원교에서 말하는 부처님 모습이다."

초주(初住)에서 수도진인(修道眞因)[15]을 체득하여 41품 무명을 진파(進破)하고, 최후에 미세무명을 단제(斷除)하여 불생불생(不生不生)[16]인 무여열반을 성취하나니, 이것이 진무생(眞無生)이다. 그리고 이것이 또한 분단(分段)[17]과 변역(變易)[18]의 생사대몽(生死大夢)을 정각한 묘각의 진정각(眞正覺)이며 불조정전(佛祖正傳)인 상적조(常寂照)의 견성이다.

【 강설 】

참다운 견성은 대열반을 증득한 묘각이고 구경각임을 재차 설명하였다. 천태교학에서 스스로 인정하듯 망념이 여전한 10주초의 견성은 진인(眞因) 즉 종자가 될 뿐 참된 견성은 아니다.

【 14-4 】

분파(分破)하여 분견(分見)함은 분증즉(分證卽)[19]이니 초주(初住)로부터 등각까지요, 진지(眞智)와 단혹(斷惑)이 원만함은 구경즉(究竟卽)[20]이니 묘각위이다.

---

15 수행의 진인(眞因).
16 나지 않음도 나지 않음.
17 6도에 윤회하는 범부들의 생사. 분단은 분한(分限)과 형단(形段)이란 뜻. 범부는 각기 업인(業因)을 따라서 신체에 크고 작으며 가늘고 굵은 형단이 있고 목숨에 길고 짧은 분한이 있어서 분분단단(分分段段)으로 생사하므로 분단생사라 함.
18 3계에 생사하는 몸을 여읜 뒤로 성불하기까지 성자(聖者)가 받는 3계 밖의 생사. 변역이란 이전 형상이 변하여 다른 모양을 받는 것이니, 이 성자들은 무루(無漏)의 비원력(悲願力)을 통해 분단생사하는 몸을 변화시켜 세묘무한(細妙無限)한 몸을 받으며, 무루의 정원력(定願力)의 도움으로 묘용(妙用)이 헤아릴 수 없으므로 변역생사 또는 부사의변역생사(不思議變易生死)라 함.
19 부분적으로 깨닫는 것과 상즉함.
20 구경의 깨달음과 상즉함.

分破分見은 爲分證卽이니 從初住至等覺이요 智斷이 圓滿은 爲
究竟卽이니 妙覺位니라

『天台四敎儀』,「圓敎章」(大正藏46, p.780a)

    무명을 분파(分破)하고 진여를 분증(分證)하여 묘각을 성취함은 태교(台敎)의 주장[21]이다. 그러나 42품 무명 중에 최초 일품을 득파(得破)한 초주(初住)를 견성이라고 하고, 이로써 수도진인(修道眞因)을 삼아 최후에 미세무명을 영단(永斷)하여 대열반이며 상적광(常寂光)인 묘각을 성취한다 함은 불조정전(佛祖正傳)의 견성이 아니다.

    불조정전은 자성을 장폐(障蔽)한 최후 미세무명을 영단하고 진여무심이며 구경묘각인 상적상조(常寂常照)의 대열반에서 견성을 칭허(稱許)함[22]은 앞에 말한 바와 같이 『대열반경』・『기신론』・『종경록』 등에서 증언하고 선종정맥의 대종장(大宗匠)들이 고창한 바이다.

    즉 태교(台敎)에서는 분파분증(分破分證)의 시초를 견성이라 하고,[23] 불조정전에서는 전파원증(全破圓證)을 견성이라고 한다.[24] 태교(台敎)에서 견성이라고 하는 분파분증의 시발인 초주(初住)에는 천태의 교리에 의하여도 묘각인 대열반에 이르기까지 41품의 무명이 자성을 장폐(障蔽)하고 있어 자성을 정견(正見)할 수 없다. 그러므로 태교(台敎) 자체에서도 주초(住初)를 진인(眞因)이라고 한 것이다.

    불조정전(佛祖正傳)은 무명을 전파(全破)하여 진여를 원증(圓證)한 구

---

21 "천태교의 주장"
22 인정함.
23 "천태교에서는 부분적으로 깨뜨리고 부분적으로 증득하는 중에 초주의 출발점을 견성이라 하고,"
24 "불조정전에서는 완전히 깨뜨리고 원만히 깨치는 것을 견성이라고 한다."

경무심인 상적상조(常寂常照)의 대열반이 견성이니, 이를 무생·무념·대원경지 등으로 이름한다. 그리하여 추호의 미세무명이 남아 있어도 이는 망견정해(妄見情解)로서 통척(痛斥)하고[25] 전파전증(全破全證)이 아니면 절대로 견성이라고 허용하지 않으니, 분파분증의 초주(初住)는 불조정전의 견성이 아니다.

그리고 태교(台敎)의 초주무생(初住無生)은 분증시발(分證始發)의 가무생(假無生)이어서[26] 정전견성(正傳見性)의 기본인 전파원증(全破圓證)의 묘각의 진무생(眞無生)과는 하늘과 땅의 차이가 있으니 혼동하여서는 안 된다. 태교(台敎)의 초주견성(初住見性)이 불조정전은 아니나 태교(台敎)의 3혹(三惑)[27]인 견사(見思), 진사(塵沙), 무명(無明) 중에서 견사와 진사의 양혹(兩惑)을 단제(斷除)하고 일품무명(一品無明)을 분파(分破)한 분증무생(分證無生)을 내용으로 하였으니, 견사도 미탈(未脫)한 초신(初信)의 해오(解悟)로써[28] 견성이라고 주장함과는 근본적으로 다르다.

【 강설 】

천태스님은 중국불교에 있어 준엄한 봉우리처럼 우뚝한 훌륭한 분

---

25 "망견과 알음알이라 하여 통렬하게 배척하고"
26 "천태교에서 말하는 초주에서의 무생이란 분증의 출발점인 거짓 무생이어서"
27 견사혹(見思惑), 진사혹(塵沙惑), 무명혹(無明惑)의 세 가지. 3장(三障)이라고도 함. 견사혹은 견도(見道)와 수도(修道)에서 끊는 견혹(見惑)과 수혹(修惑)인데, 견혹은 우주의 진리를 알지 못하여서 일어나는 번뇌이고, 수혹은 낱낱 사물의 진상을 알지 못하여서 일어나는 번뇌이다. 진사혹에서 진사는 많음을 비유한 것으로, 보살이 중생을 교화할 때에 마음이 어두워 무량무수한 법문을 자유자재하게 구제하지 못하는 것을 말한다. 무명혹은 장중도혹(障中道惑)이라고도 하는데, 미혹의 근본을 이루어 지혜의 밝음이 없는 번뇌이다. 이 3혹 중 앞의 하나는 성문·연각·보살이 함께 끊을 수 있는 것이므로 통혹(通惑)이라 하고, 뒤의 둘은 보살만이 끊는 것이므로 별혹(別惑)이라 한다.
28 "견사혹도 벗어나지 못한 10신 초위의 해오를 가지고"

이시다. 그러나 아무리 훌륭하다 하여도 우리 종문의 견해에서 볼 때 틀린 점이 있다면 분연히 배격해야 마땅하다. 무생에 관해서도 제가의 설이 참으로 분분하다. 천태교학에서는 초주에서 무생법인을 증득한다 하였지만 화엄에서는 8지에서 무생법인을 증득한다 하였다. 같은 화엄가라도 청량국사 같은 분은 8지의 무생법인도 완전한 것이 아니라 부분적으로 무명을 타파한 것에 지나지 않는다고 하였다. 그러나 종문에서는 묘각 즉 불지의 무생법인만을 얘기할 뿐이다.

【 14-5 】

- ■초발심주(初發心住) 가운데서 곧 능히 불과법문(佛果法門)을 돈증(頓證)하느니라.
- ■10주초수(十住初首)에 문득 견성하여 법신의 지혜를 발기(發起)하여[29] 정각을 성취하느니라.
- ■10주초심(十住初心)에서 정(正)히 여래의 불과지법문(佛果智法門)[30]을 증득하느니라.
- ■10주초수(十住初首)에 그 지위가 불과(佛果)와 제등(齊等)[31]하느니라.
- ■사사융통(事事融通)하여 중중무진(重重無盡)하니,[32] 차(此)를 깨친 즉 불과(佛果)와 같은지라 바야흐로 원교(圓敎)의 인(因)이니이다.

---

29 "법신의 지혜를 일으켜"
30 부처님의 과지(果智)에 대한 법문.
31 똑같음.
32 "현실 세계의 모든 것이 서로 융합하여 통하면서도 제자리를 지키면서 걸림 없이 어울리니,"

- 일일적중(一一滴中)에 다 대해(大海)를 얻고,[33] 일일위내(一一位內)에 다 불과(佛果)가 있느니라.[34]
- 7지 이전에는 전부 공용(功用)이 있고, 8지 이후에서 무공용(無功用)을 얻느니라.
- 초지(初地)로부터 7지까지는 유위와 무위를 다 수학(修學)하고, 8지에서 2행(二行)이 종료하느니라.

- 初發心住中에 卽能頓證佛果法門이니라
- 十住初首에 便卽見性하야 起法身智慧하야 便成正覺하느니라
- 十住初心에 正證如來佛果智法門하느니라
- 十住之首에 位齊佛果니라
- 事事融通하야 重重無盡하니 悟此則全同佛果라 方是圓因이니이다
- 一一滴中에 皆得大海요 一一位內에 皆有佛果니라
- 七地以前엔 皆有功用이요 八地已去에 得無功用이니라
- 初地已來로 至於七地는 有爲無爲를 皆有修學이요 此八地에 二行이 已終이니라

『新華嚴經論』2 ; 4 ; 2 ;「圭峰定慧禪師遙稟清涼國師書」;『新華嚴經論』2 ; 26 ; 27 (大正藏 36, p.732c ; p.741a ; p.731b ; 大正藏39, p.577b ; 大正藏36, p.730a ; p.900a ; p.905a).

무애연기(無礙緣起)의 화엄성해(華嚴性海)에서는[35] 생불(生佛)이 원융

---

[33] "물방울마다 모두 큰 바다를 얻고."
[34] "보살의 지위마다 모두 불과가 있다."
[35] "모든 바깥경계에 장애되지 않고 자유롭게 연기하는 무진연기의 화엄세계에서는"

(圓融)하고³⁶ 인과(因果)가 교철(交徹)하여³⁷ 진진찰찰(塵塵刹刹)³⁸이 여래 아님이 없고 사사물물(事事物物)이 진여 아님이 없다. 그러므로 대원각도량(大圓覺道場)에는 일체중생이 개증원각(皆證圓覺)이다.³⁹ 비록 인불과불(因佛果佛)이 일성불(一性佛)이나⁴⁰ 인불(因佛)은 인원과만(因圓果滿)⁴¹한 묘각이 아니니, 공용(功用)에 있어서는 8지 이후에서 무공용(無功用)이므로 주초(住初) 정각(正覺)은 인불(因佛)이며 주초(住初) 견성도 인견(因見)이다. 그리하여 무공용(無功用)의 10지도 정전종사(正傳宗師)는 견성으로 인정 않는 것이니, 유공용(有功用) 즉 유수유학(有修有學)⁴²의 7지 이하는 재언할 필요도 없다.

【 강설 】

통현장자 역시『신화엄론』에서 천태스님과 마찬가지로 초주에서 견성을 하고 불과를 증득한다고 하였다. 뿐만 아니라 한 방울의 물이 곧 대해이듯이 낱낱의 계위 내에 불과가 갖춰져 있다고 하였다. 어찌 보살의 계위에 그치겠는가?『화엄경』글자 한 자 한 자에 불과가 온전히 갖춰져 있다고 하겠다. 그러나 이치는 그러하지만 사실에 있어서는 각 지위의 지혜와 능력에 차이가 있는 법이다. 만일 10주초에서 완전히 성불했다면 다시 42위를 밟으며 공부할 필요가 없을 것이다. 또한 더 닦을 것이 있다면 그것은 완전한 불과라 할 수 없다.

36　"중생과 부처가 원융하고"
37　"원인과 결과가 서로 통해서"
38　모든 현상과 국토.
39　"일체중생이 모두 원각을 증득한다."
40　"인위의 부처와 과위의 부처가 한 성품의 부처이지만"
41　인과 과가 동시에 완전함.
42　수행하고 배울 것이 남아 있음.

그러면 이런 말을 한 통현장자의 생각은 어떠한가? 초주에서 견성하고 성불했다고 얘기했지만 사실에 있어선 7지까지는 공용이 있고 8지부터 공용이 없다고 말씀하셨다. 그러니 7지 이전에는 공부를 해도 아주 애를 써서 해야 한다는 것이 통현장자의 주장이다. 중중무진법계연기(重重無盡法界緣起)에서는 곳곳이 극락이고 티끌마다 여래가 출현하신다. 그런 화엄성해(華嚴性海)에서는 사사가 무애하여 부처와 중생이 따로 없고 인(因)과 과(果)가 따로 없다.

【 14-6 】

- 10주와 10행과 10회향에서 일분(一分)의 여래동체대지(如來同體大智)를 수습(修習)하며,[43] 일분(一分)의 여래동체대행(如來同體大行)을 수득(修得)하느니라.[44]
- 초지(初地) 이래로 7지까지는 무생인(無生忍)에 순향(順向)함[45]이요 8지에서 바야흐로 무생인(無生忍)을 체득하였다고 이름하나니, 8지 이전에는 각찰(覺察)과 관행(觀行)의 수학(修學)이 다 있으나 8지에 이르러서 2행(二行)을 바야흐로 종식하느니라.
- 초지(初地)로부터 제9지에 이르기까지 분분(分分)의 백정법(白淨法)으로써[46] 수도하며 조행(助行)하느니라.
- 10주초심(十住初心)으로부터 10지(十地)에 직지(直至)하기까지[47]

---

43 "여래의 동체대지를 일부분만 닦아 얻고,"
44 "여래의 동체대행을 일부분만 닦아 얻는다."
45 "무생인을 따르는 것"
46 "부분 부분의 청정한 법으로"
47 "10주 첫 마음에서 10지에 이르기까지"

전부 분득진여(分得眞如),⁴⁸ 즉 분진(分眞)이라 하느니라.

- 十住 十行 十廻向에 得一分如來同體大智하며 得一分如來同體大行이니라
- 初地已來로 至七地는 是順無生忍이요 八地에 方名得無生忍이니 八地已前엔 皆有覺觀修學이나 至此八地하야 二行이 方終이니라
- 從初地至第九地히 以分分白淨法으로 修道助行하느니라
- 從十住初心하야 直至十地히 皆名分眞이니라

『新華嚴經論』26 ; 27 ; 28 ; 『大方廣佛華嚴經隨疏演義鈔』57
(大正藏36, p.902a ; p.905b ; p.914c ; p.450a)

돈증원증(頓證圓證)을 고창(高唱)하는 화엄대교(華嚴大敎)도 결국은 분수분득(分修分得)⁴⁹이다. 주초정각(住初正覺)을 진인(眞因)으로 하여 3현10성을 분수분득(分修分得)하여 인원과만(因圓果滿)하여 구경묘각을 성취하는 것이 화엄원교(華嚴圓敎)이니, 태교(台敎)의 분파분증(分破分證)과 동일하다. 그리하여 8지 이전에는 유수유학(有修有學)이요, 8지 이후는 뇌야무기(賴耶無記)의 가무생인(假無生忍)의 무분별지와 무공용행(無功用行)으로 임운유입살바야해(任運流入薩婆若海)⁵⁰하나 무공용행 역시 단혹승진(斷惑昇進)⁵¹하므로 분수분득(分修分得)이며 따라서 절학무위(絶學無爲)인 정전(正傳)의 견성이 아니다.

---

48 부분적으로 진여를 증득함.
49 부분적으로 닦고 부분적으로 깨침.
50 자재롭게 일체지의 바다에 흘러들어감.
51 미혹을 끊어 올라감.

【 강설 】

일즉일체(一卽一切)를 말하는 화엄 원교에서도 이치로는 원융무애하지만 실제 수행에 있어선 단계적인 수행과 증득을 말했다.

【 14-7 】

■ 일체 심의식(心意識)[52]의 분별망상을 영리(永離)하면 무생인(無生忍)을 체득하였다고 하나니, 이 무생인(無生忍)을 성취하면 제8부동지(第八不動地)에 득입(得入)하느니라.

■ 일체 심의식(心意識)의 분별망상을 멸한다 함은 단지 장법상(障法想)을 멸함이니, 장법상(障法想)은 즉 분별관해(分別觀解)하는 상념(想念)이요[53] 치상(治想)이 있나니 즉 무분별지(無分別智)니라.

■ 치상(治想)은 불지(佛地)에 이르러야 멸하나니, 고로 8지에 득입(得入)하면 비록 장상(障想)은 없으나 치상(治想)은 있느니라.

■ 離一切心意識의 分別妄想하면 是名得無生忍이니 成就此忍하면 得入第八不動地니라

■ 滅一切心意識의 分別妄想은 但是滅障法想이니 障法想者는 卽分別觀解之想이요 有治想하니 卽無分別智니라

---

52 보통 마음을 세 가지로 분류한다. 심(心)은 집기(集起)의 뜻, 의(意)는 사량(思量)의 뜻, 식(識)은 요별(了別)의 뜻을 갖는다. 심(心)은 온갖 심리 작용을 집합하여 생각을 일으키므로 집기의 뜻이 있고, 의(意)는 여러 가지 대경을 헤아리고 생각하므로 사량의 뜻이 있으며, 식(識)은 대상을 요별(了別)하는 뜻이 있으므로 식이라고 한다.
53 "대상을 분별하고 관찰하고 이해하는 마음의 작용이요."

■ 治想은 至佛方滅하나니 故로 入八地하면 雖無障想而有治想
하니라

『華嚴經』 38, 「十地品」; 『大方廣佛華嚴經隨疏演義鈔』 69 ; 『大方廣佛華嚴經隨疏演義鈔』 69
(大正藏10, p.199a ; 大正藏36, p.551b ; 大正藏36, p.551c)

8지무생은 무분별지인 치상(治想)이 남아 있으므로 불이무생위생(佛以無生爲生)하는[54] 불지(佛地)의 진무생(眞無生)이 아니다. 또한 미륵보살의 『유가론(瑜伽論)』 「유심무심이지품(有心無心二地品)」에서 "분위건립(分位建立)에 있어서는 수면(睡眠)·민절(悶絕)·무상정(無想定)·무상생(無想生)·멸진정(滅盡定)의 5위(五位)가 명무심지(名無心地)이나 제일의(第一義)에서는 아뢰야(阿賴耶)가 영멸(永滅)한 무여의열반만이 무심이요, 기타는 아뢰야가 미멸(未滅)한 유여의이므로 비무심(非無心)"[55]이라고 규정하였다. 그러므로 『유가석(瑜伽釋)』에서 "5위(五位)는 가명무심(假名無心)이나 유심지(有心地)"[56]라고 한 것이다. 이와 같이 유여의인 8지무생도 제일의(第一義)에서는 비무생(非無生)이요 유생(有生)이다.

【 강설 】

『화엄경』에 근거할 때, 제8지에 이르면 무생법인을 성취해 일체 망상을 다 소멸하는 것 아닌가 하는 오해가 있을 수 있다. 이에 청량국사가 『화엄소』에서 자세히 설명하였다. 8지의 무생법인은 분별망상, 즉

---

54 "부처님은 무생(無生)으로 생(生)을 삼는다."
55 "지위를 나누어 설명하는 입장에서는 수면(睡眠), 민절(悶絕), 무상정(無想定), 무상생(無想生), 멸진정(滅盡定)의 다섯 지위를 무심지라고 하지만, 진실의 입장에서는 아뢰야가 영원히 없어진 무여의열반만이 무심이고 그 밖에는 아뢰야가 아직 없어지지 않고 남아 있으므로 무심이 아니다."
56 "5위는 거짓으로 무심이라고 부르지만 실제로는 마음이 있는 지위"

거친 제6식의 망상만 제거한 것이지 미세망상인 무분별지는 그대로 있다는 것이다. 제6식이 끊어진 제8아뢰야식 경계도 무생이라고 이름 붙일 수는 있겠지만 근본무명까지 완전히 소진한 진정한 무생법인은 아니라고 하겠다.

【 14-8 】

- 7지에는 가행(加行)⁵⁷하는 방편의 공용이 있고, 8지 이후로는 방편의 공용이 없느니라.
- 3세(三細) 중에 경계상(境界相)은 8지 중 색자재지(色自在地)⁵⁸에서 능리(能離)하느니라.
- 3세(三細) 중에 능견상(能見相)은 9지 중 심자재지(心自在地)⁵⁹에서 능리(能離)하느니라.
- 보살지(菩薩地)가 개진(皆盡)한 10지종심(十地終心)인 금강유정(金剛喩定)과 무구지(無垢地) 중에서 미세한 습기심념(習氣心念)⁶⁰인 업상(業相)이 전부 멸진한 고로 득견심성(得見心性)⁶¹이라고 하니라.

- 七地엔 有加行方便之功用이요 八地已去로는 無方便功用이니라

---

57 공용(功用)을 더 행한다는 뜻으로, 목적을 이루려는 수단을 통해 더욱 힘을 써서 수행하는 일.
58 10지 중 제8지의 다른 이름. 물질의 본성에 자재하여 걸림이 없다는 뜻.
59 제9지의 다른 이름. 자신이 스스로 걸림 없이 자재한 지혜를 얻음과 함께 남의 마음속을 자재하게 아는 능력이 있는 지위.
60 습기가 모인 심(心). 제8식을 가리킨다. 모든 식이 일어날 때 그 여운을 제8식에 훈습(熏習)시키는 것이 종자인데 이것을 습기라고 함.
61 심성을 터득함. 견성.

- 三細中境界相은 八地中色自在地에 能離니라
- 三細中能見相은 九地中心自在地에 能離니라
- 十地終心인 金剛喩定無垢地中에 微細習氣心念이 都盡故로 云得見心性이니라

賢首, 「大乘起信論義記」卷下本 (大正藏44, pp.267c-268a)

8지 무생(八地無生)은 제8뢰야(第八賴耶)의 미세망상인 무분별지 중에 있어서 제일의(第一義)인 불지(佛地)의 진무생(眞無生)이 아니니 대열반의 적조(寂照)가 될 수 없다. 뇌야(賴耶)의 극미망상(極微妄想)은 보살지진(菩薩地盡) 이후[62] 등각의 금강유정(金剛喩定)에서 영멸(永滅)하나니, 이것이 견성이며 불지(佛地)인 구경각이다. 그러므로 『기신론』에서 "보살지진(菩薩地盡)하여 영리미세(永離微細)하면 득견심성(得見心性)이니 명구경각(名究竟覺)"[63]이라고 하였으며, 현수(賢首)도 그의 『대승기신론의기(大乘起信論義記)』에서 구경각 이외는 3현10성이 전부 견성이 아님을 단언하였으니, 이는 불조정전(佛祖正傳)의 철칙이다.

그러니 통현(通玄)의 주초견성(住初見性)은 8지뢰야(八地賴耶)의 무기가무생(無記假無生)인 무공용(無功用)에도 미치지 못하였으므로, 태교(台敎)의 주초견성(住初見性)과 같이 정전(正傳)의 견성이 아니다. 『기신론』뿐만 아니라 제8뢰야(第八賴耶)를 영멸한 구경각이라야 불성을 정견(正見)함은 종문정안(宗門正眼)의 생명이니 화엄의 종조인 현수(賢首)도 이설(異說)이 있을 수 없다. 이와 같이 뇌야(賴耶)가 멸진한 진여무

---

62 "보살 지위의 수행을 모두 마친 이후"
63 "보살 지위가 다하여 미세무명을 완전히 떠나면 심성을 보게 되니 그것을 구경각이라고 한다."

심의 무여대열반(無餘大涅槃), 즉 구경각만이 견성임은 『열반경』·『기신론』·『종경록』 등에서 증언하고 종문정안(宗門正眼)이 상승(相承)한[64] 불조정전의 원칙이니, 뇌야가무생(賴耶假無生)인 무공용(無功用)에도 미치지 못한 주초(住初)를 견성이라고 함은 절대로 용인할 수 없다.

그리고 천태는 주초(住初)에서 무생이라 하고 통현(通玄)은 8지에서 무생이라 하여 소론(所論)이 각이(各異)하나[65], 모두 뇌야(賴耶)가 영멸한 제일의(第一義)인 불지(佛地)의 진무생(眞無生)이 아니다. 천태의 분파분증(分破分證)과 통현(通玄)의 분수분득(分修分得)이 전파원증(全破圓證)하여 약병(藥病)이 구소(俱消)하고 교관(敎觀)을 함식(咸息)한 진여무심의 견성이 아님에는 일반이니[66] 정전(正傳)의 견성에는 상관이 없으며, 또한 해오(解悟)와 분증(分證)이 내용은 판이하나 견성이 아님에는 동일하다.

그러니 오직 불조의 정전(正傳)을 표방하여 불성을 장폐(障蔽)하는 최대 난관인 뇌야(賴耶)의 극미를 타파하고 3현10성을 초월하여 대열반의 진무생(眞無生)을 증득하여 상적상조(常寂常照)의 제불정토(諸佛淨土)에서 진여본성을 정견(正見)하여 불조의 혜명을 계승하여야 한다.

천태와 방산(方山)은 과후대성(果後大聖)[67]으로 추앙되는 대선각(大先覺)이니 그 소설(所說)에 반대함[68]은 후학의 광망(狂妄)[69]이라고 비난할지 모른다. 그러나 천태와 방산의 주초견성론(住初見性論)은 만세의 대

---

64 "종문의 정안종사들이 전해 온"
65 "논하는 내용이 각기 다르지만"
66 "견성이 아닌 것은 마찬가지이니"
67 불과를 이룬 큰 성인.
68 "그들의 주장에 반대하는 것"
69 정신없는 망언.

조사인 마명(馬鳴)의 소저(所著)⁷⁰로서 종파를 초월하여 전불교에 공인된 대승의 총론인 『기신론』의 견성, 즉 구경각과 금구친선(金口親宣)⁷¹인 『대열반경』의 견성 즉 대열반과 용수(龍樹) 이후 제일인자의 칭송을 받는 영명(永明)의 『종경록』의 견성 즉 여래지와 『유가론(瑜伽論)』의 구경보살여격경곡(究竟菩薩如隔輕縠)⁷²의 대원칙에 위배되니 절대로 추종할 수 없다.

그뿐만 아니라 선문의 초군(超群) 정안종사들은 여출일구(如出一口)로 10지미견성(十地未見性)⁷³과 불지무생(佛地無生), 불지무념(佛地無念)만이 견성임을 선설(宣說)하였으니, 아무리 천태와 방산의 소론(所論)이라 하여도⁷⁴ 초주견성(初住見性)은 불조의 혜명을 위하여 종문(宗門)의 이단으로서 단연코 이를 배제하지 않을 수 없다.

그리고 또한 초주견성(初住見性)은 5위무심(五位無心)과 8지무생(八地無生)이 제일의(第一義)의 무심무생(無心無生)이 아님과 같이 무여의인 구경각을 내용으로 하는 불조정전(佛祖正傳)의 견성이 아님은 명약관화하다.

장통별원(藏通別圓)의 4교(四敎)가 각각 성불을 주장하나 그 내용은 판이하니, 『천태사교의(天台四敎儀)』 「원교행위(圓敎行位)」에서 말하기를, "지7신(至七信)하야 단사혹진(斷思惑盡)하면 여장통이불(與藏通二佛)과 같고 입2행(入二行)하면 여별교묘각(與別敎妙覺)과 같다."⁷⁵고 하였다. 즉

---

70 "마명이 지은 것"
71 부처님이 직접 설하심.
72 "구경지보살도 마치 얇은 비단으로 눈을 가린 듯하다."【1-9】 참조.
73 "10지보살도 견성을 하지 못하였다."
74 "천태와 방산이 주장한 것이라 하더라도"
75 "제7신(信)에 이르러서 사혹(思惑)이 다 끊어지면 장교와 통교의 두 부처와 같고, 제22위인 제2행(行)에 들어가면 별교의 묘각과 같다."

원교(圓敎)의 10신(十信), 10주(十住), 10행(十行), 10회향(十廻向), 10지(十地), 등묘(等妙) 2각(二覺)의 52위 중, 제7위인 7신(七信)은 장통(藏通) 2교(二敎)의 불과(佛果)와 모두 같고, 제22위인 2행(二行)은 별교(別敎)·불과(佛果)와 동일하다는 것이다. 장통(藏通) 2교(二敎)의 불과(佛果)는 원교(圓敎)의 제7위이요, 별교(別敎)의 불과(佛果)는 원교(圓敎)의 제22위이니, 원교불과(圓敎佛果)를 성취하려면 별교불과(別敎佛果)에서도 30위를 더 진수(進修)하여야 되므로[76] 불과(佛果)의 명칭은 동일하나 그 내용은 천지의 차가 있다. 그러므로 장통별(藏通別) 3교(三敎)의 불과(佛果)는 원교(圓敎)에서 보면 수행 과정에 있고 불과(佛果)로 용인할 수는 절대로 없다.

이와 같이 천태는 초주(初住)에서 무생인(無生忍)을 증하여 견성한다고 말하나, 천태의 자설(自說)에서도 초주(初住)에서는 41품의 무명을 진단(進斷)하고 최후 미세무명을 영리(永離)하여야 불과(佛果)를 성취한다고 하였으니, 초주(初住)에서는 무명업혹(無明業惑)이 중중첩첩하였으므로 극미세무명까지 단진(斷盡)하여야 견성을 허락한 『기신론』 소론(所論)과 선문정전(禪門正傳)의 견성은 아니다.

또한 방산도 초주(初住)에서 견성을 칭론(稱論)하였으나, 천태와는 달리 8지에서 무생인(無生忍)을 증하고 진수(進修)하여 묘각에서 불과(佛果)를 성취한다고 하였으니, 뇌야(賴耶)의 극미까지 단진(斷盡)한 정전(正傳)의 견성은 될 수 없다.

이와 같이 장통별(藏通別) 3교의 불과(佛果)가 원교(圓敎)의 불과(佛果)가 아님과 같이 천태·방산의 초주견성(初住見性)은 견성을 향한 과

---

[76] "30위를 차례로 더 닦아야 하므로"

정에 불과하고 극미세무명을 단진(斷盡)한 『기신론』의 구경각과 무여열반의 무심무념과 묘각적조(妙覺寂照)의 대반열반(大般涅槃)과 대원경지의 원증불과(圓證佛果) 등을 내용으로 하는 종문정전(宗門正傳)의 견성은 아니니 금사(金沙)를 혼동하여서는 안 된다.

【 강설 】

총괄지어 보자. 살펴보았듯이 견성과 무생법인을 증득하는 계위에 대한 천태·통현·청량·현수스님의 말씀이 다 다르다. 천태대사는 초주에서 견성하여 무생법인을 증득한다 하였고, 통현장자는 초주에서 견성해 제8지에 이르러 무생법인을 증득한다 하였다. 청량국사는 부처님께서 8지에 이르러 무생법인을 증득한다고 말씀하셨지만 사실에 있어서는 미세망상이 남아 있으므로 진정한 무생법인은 아니고 불지라야 진정한 무생이라고 하였다. 현수스님은 보살지를 넘어 10지 종심에 이르러 일체 망상습기를 다 제거하고 견성한다고 하셨다.

이처럼 누가 먼저랄 수 없는 훌륭한 분들이 각각 그 말씀을 달리하셨다. 그러나 『기신론』은 불교 만대에 표준이 되는 정전이다. 따라서 언제든 『기신론』의 말씀에 위배되어서는 안 된다. 『기신론』의 주석으로 가장 유명한 것이 현수스님과 원효스님의 소(疏)이다. 다들 원효스님을 높여 그분의 소를 비판 없이 추종하는 경향이 있는데 사실 자세히 검토해 볼 필요가 있다. 두 분의 주석에서 발견되는 큰 차이점 중 하나가 제7식의 문제이다. 원효스님은 3세6추를 유식의 8식에 배대함에 있어 6추 첫머리의 지상(智相)을 제7식이라 하고, 나머지 5상(相)을 제6식, 3세를 제8아뢰야식이라 하였다. 현수스님은 3세를 제8아뢰야식이라 하고 6추를 모두 제6식에 배대하였다. 제7식은 거론하지 않은 것이다. 제7식은 항상하다는 면에서는 제8식에 해당하고 분별한다는 면에서는 제6식에 해당하므로 따로 내세울 것이 없다는 게 현수스님의 주장이다. 누구의 주장을 따라야 할까? 다들 해동의 고승인 원효스님의 설을 본받아야 하지 않겠느냐고 하겠지만 진실을 규명함에 있어서 친소(親疎)란 있을 수 없다.

부처님의 말씀인 『능가경』에서도 제7식은 본체가 없는 것이라 하였고, 명말 4대 고승 중 한 분인 감산스님도 제7식은 본체가 없다고 하셨다. 어디 거기에 그치겠는가? 8식설이 유식의 학설이지만 정작 법상종의 소의경전인 『해심밀경』에서는 6식과 제8식만 거론하였을 뿐 제7식은 나오지도 않는다. 이런 여러 자료를 근거로 추론할 때 제7식설은 『해심밀경』 이후 호법(護法)[77] 계통 유식학파의 학설이지 부처님의 말씀이라 단정할 수 없다. 이런 말을 하면 혹자는 "네가 뭔데 감히 대성(大聖)이신 원효스님의 말씀을 틀렸다고 하냐?"며 손가락질하는 이도 있을 것이다.

그러나 원효스님과 부처님 말씀 중에 과연 누구의 말씀을 기준으로 삼아야 할까? 서로 어긋난 점이 있다면 부처님 말씀을 따라야지 아무리 대성이라도 원효스님을 따를 순 없다. 따라서 현수를 비롯한 역대 고승들의 찬탄을 받아온 원효스님의 『기신론소』이지만 제7식 부분에서만큼은 그 설을 따를 수 없다. 아무리 훌륭한 분의 말씀이라도 불조의 정설에 비추어 잘못된 부분이 있으면 고쳐야 하는 것이다. 천태와

---

[77] 달마파라(達磨波羅, Dharmapāla)라 음역. 인도 유식 10대 논사의 한 사람으로 『유식삼십송(唯識三十頌)』의 해석서를 지어 세친(世親)의 종의(宗義)를 밝힘. 『성유식론(成唯識論)』은 그의 해석을 위주로 편집됨. 저서로 『대승백론석론(大乘百論釋論)』, 『성유식보생론(成唯識寶生論)』, 『관소연론석(觀所緣論釋)』 등이 있음.

통현 같은 위대한 분들의 말씀도 같은 맥락에서 보아야 한다. 그분들의 훌륭함을 폄하하려는 것이 아니다. 만대의 표준이라 할 마명보살의 말씀과 견주어 누구의 주장을 따르는 것이 옳겠는가?

원교를 기준으로 살펴볼 때 장교와 별교에서 말하는 불과는 수행의 한 과정일 뿐 구경의 불지라고 할 수 없다. 따라서 천태와 방산이 각기 견성이라 한 것도 궁극적인 불과를 성취한 견성이라고는 할 수 없다. 표현은 같지만 내용은 전혀 다르므로 그 말에 속아 선문의 견성과 동일한 것으로 착각해서는 안 된다. 3현10성은 견성이 아니고 구경각만이 견성임을 명심해야 한다. 이것이 불조정전의 전통사상이다. 천태·통현·원효 같은 분들이 비록 천고에 귀감이 되는 이들이기는 하나 부처님의 말씀에 위배되는 부분이 있다면 그 잘못을 시인하고 수정하여야 한다.

덧붙여 한마디 하겠다. 중국의 총림에 가 보면 "신도들이 보시한 한 톨의 쌀은 무겁기가 수미산과 같으니 여기서 도를 성취하지 못하면 반드시 축생으로 태어나 그 빚을 갚아야 하리라."는 문구가 곳곳에 새겨져 있다. 애써 농사 지은 소중한 곡식과 재물을 여름날 땀 한 방울 흘리지 않은 스님들에게 보시하는 까닭은, 부지런히 수행해 속히 도를 성취해서 지옥 같은 삶 속에서 고통받는 중생을 하루빨리 제도해 주십사 하는 바람 때문이다. 만일 이런 간절한 바람을 저버리고 깊은 산 높다란 누각에서 시원한 바람이나 쐬며 도화원(桃花園) 같은 풍경에 취해 한가로이 잡담이나 나누고 목침을 높게 베고 누워 낮잠이나 즐기며 허송세월한다면 과연 그 죗값이 어느 정도이겠는가? 결코 개나 소로 태어나는 것에 그치지 않을 것이다. 공연히 겁주려고 하는 소리가 아니다.

인과법칙에 따른 윤회는 비단 부처님의 말씀에만 그치는 것이 아니다. 현대과학에서도 입증된 사실이다. 죽었다가 다시 살아난 이들의 얘기를 들어보면, 죽고 나서 찾아온 사람들과 그들의 대화 내용을 비롯해 자기를 살리기 위해 애썼던 의사들의 정황까지 정확히 이야기한다고 한다. 또 그 뿐만 아니라 다른 방에서 일어난 일까지 목견(目見)한 바를 이야기하는데 모든 것이 정확히 일치한다고 한다. 만일 죽은 뒤에도 활동하는 무언가가 있지 않다면 이런 현상을 어떻게 설명할 수 있겠는가? 그래서 미국에서 죽었다 깨어난 사람들을 대상으로 조사와 연구를 실시한 바가 있다. 그 연구에 참여했던 정신과학자들이 내린 결론은 "신체가 활동을 멈춘 뒤에도 여전히 활동하는 영혼이 있지 않다면 그런 현상은 도저히 설명이 불가능하다."는 것이었다. 250여 건의 사례를 조사한 이 보고서는 미국에서 발간되어 온 세계를 떠들썩하게 만든 베스트셀러가 되었다.

　여기에서 한 걸음 더 나아가 진행된 연구가 윤회이다. 죽음의 순간만 아니라 태어나기 이전의 생을 기억하는 사례들이 전 세계에서 속속 보고된 것이다. 말을 막 배우기 시작한 어린아이가 나는 어디에 살던 누구로서 이름은 뭐였고 친지는 누구였다고 하는데 조사해 보니 정확히 일치하더라는 것이다. 이런 예가 보고된 것만 2천여 건이 넘는다고 한다. 또한 그 전생의 삶과 현생의 삶을 비교해 보면 인과의 법칙이 생을 뛰어넘어 정확히 적용된다고 한다. 그러니 윤회와 인과를 어찌 불교만의 종교적 교리와 이론이라 하겠는가? 소중한 보시 받으면서 공부하지 않고 허송세월하면 개나 소 같은 축생으로 태어난다는 말이 어찌 터무니없는 얘기이겠는가? 철저히 인과법칙 속에서 끊임없이 생을 이어간다는 것은 현대과학도 입증한 분명한 사실임을 알아야 한다.

불인(佛印)선사[78]께서도 "가사를 입거든 한가롭게 지내지 말라. 7조 가사 속에 무간지옥이 있느니라."고 하셨다. 출가한 몸으로 부지런히 공부해 대각을 성취하지 못하면 그 죄가 얼마나 큰지 스스로들 알아야 한다. 예전에는 뼈를 깎는 노력과 수행으로 도를 성취한 도인들이 참 많았는데, 요즘은 스님들 아니면 지옥 채울 사람이 없다고들 하니 참으로 기가 막힌다. 옛 어른들 말씀에, 불교가 자비를 근본으로 하지만 가사를 입고도 공부하지 않는 자가 있다면 하루에 만 명을 때려죽여도 죄가 되지 않는다고 하였다. 그 말씀을 단단히 새겨들어야 한다.

공부하는 사람은 무엇보다 말을 삼가야 한다. 좋은 말도 공부에 장애가 되는데 하물며 허튼 잡담이겠는가? 또한 공부하는 사람은 잠을 많이 자지 말아야 한다. 사람이 전혀 잠을 자지 않을 수야 없지만 서너 시간 더 자는 사람은 공부하는 사람이 아니다. 또한 공부하는 사람은 음식을 탐하지 말아야 한다. 음식을 약으로 먹어야지 입에 맞는 음식을 쫓아 음식타령이나 해서야 되겠는가? 공부하는 사람은 이 옷 속이 곧 무간지옥이라 하신 말씀을 명심하고 두려워하는 마음으로 부지런히 용맹정진해 불과를 속히 성취해야 한다.

---

[78] 법명은 요원(了元 : 1032~1098), 자는 각노(覺老). 여산(廬山)에 있을 때 황주로 귀향온 소동파와 교류.

15. 다문지해 多聞知解
들은 것이 많아 알음알이만 있다

【 15-1 】

비유컨대 어떤 사람이 만반진수(滿盤珍羞)¹를 산적(山積)하여 주거늘² 먹지 않고 그 스스로 굶어 죽음과 같이 박학다문(博學多聞)도 또한 이와 같느니라.

譬人이 大惠施하되 種種諸肴膳이어늘 不食自餓死하니 多聞亦如是니라

佛馱跋陀羅 譯, 『大方廣佛華嚴經』 5 (大正藏9, p.428c)

설식종불포(說食終不飽)³라, 설사 팔만법장(八萬法藏)을 독습강설(讀習講說)⁴하여도 불성을 실오(實悟)하지 못하면 하등 소용이 없다. 그뿐 아니라 "광학다지(廣學多智)하면 신식(神識)이 전암(轉暗)"⁵이라 함과 같이

---

1 온갖 요리가 가득한 진수성찬.
2 "산처럼 쌓아 주어도"
3 "아무리 음식 이야기를 해도 끝내 배부르지 않다."
4 읽고 익히며 강설함.
5 "널리 배워 알음알이가 늘수록 정신은 어두워진다."

청정무구한 본유(本有)의 심경(心鏡)에는 금구성언(金口聖言)도 오히려 진구(塵垢)가 된다. 그리하여 광학다문(廣學多聞)은 오도(悟道)에 제일 큰 장애로 이를 극력 배척하는 것이다. 그러니 산적(山積)한 진수를 면전에 두고 굶어 죽는 가련한 신세가 되어서는 안 된다. 오직 실참실오(實參實悟)하여 진여본성을 통견(洞見)하여 대해탈(大解脫), 대자재인(大自在人)이 되어야 한다.

【 강설 】

보조스님 역시 하택을 지해종사라고 비판하였다. 자성을 깨치는 데 주력해야지 지해를 탐닉함은 병이 됨을 알아야 한다.

【 15-2 】

비유컨대 빈궁(貧窮)한 사람이 주야로 타인의 진보(珍寶)를 헤아리되 자기에게는 반푼어치도 없는 것과 같이, 광학다문(廣學多聞)도 또한 이와 같느니라.

譬如貧窮人이 日夜數他寶하되 自無半錢分이니 多聞도 亦如是니라
佛馱跋陀羅 譯,「大方廣佛華嚴經」5 (大正藏9, p.429a)

자기 심중(心中)의 무진보고(無盡寶庫)는 개발하지 않고 불조의 언설만 학습하면 남의 보배만 헤아리는 것을 면치 못한다. 수도상 제일장애인 경론습송(經論習誦)[6]을 단연 폐기하고 용맹정진하여 자기보장(自己

---

6 경론을 익히고 외우는 것.

寶藏)을 활개(豁開)하면7 미래겁이 다 하도록 활용하여도 무궁무진하나니, 불법은 불가사의 중의 불가사의이다.

【 강설 】

자신의 청정한 자성은 깨치지 못하고 부처님 말씀, 조사들 말씀을 아무리 많이 읽고 외워 보았자 하등의 이익이 없다. 그러니 언어문자에 속지 말고 실제로 공부해서 자성을 깨쳐야 한다.

【 15-3 】

불법의 심오한 현지(玄旨)는 사량분별로 능히 이해 못하느니라.

是法은 非思量分別之所能解니라

『妙法蓮華經』 1,「方便品」(大正藏9, p.7a)

동산양개(洞山良价)8 선사도 "의장심의학현종(擬將心意學玄宗)하면 대사서행각동행(大似西行却東行)"9이라 하였으니, 사량분별의 심의식(心意

---

7 "자기의 보배창고를 활짝 열면"
8 법명은 양개(良价 : 807~869). 당대(唐代) 스님. 조동종. 동산은 주석한 산 이름. 어려서 출가하여 영묵(靈黙)에게 사사한 다음, 20세에 숭산(嵩山)에서 구족계를 받음. 남전보원(南泉普願) · 위산영우(潙山靈祐)에게 참학하고, 다시 운암담성(雲巖曇晟)에게 참학하여 대오, 그의 의법(衣法)을 이어받음. 광동 신풍산(新豊山) 및 강서 동산(洞山) 보리원(普利院)에 머물면서 세밀한 선풍을 고취함. 당(唐) 함통(咸通) 10년 3월 7일 입적. 세수 63, 법랍 42. 시호는 오본대사(悟本大師). 문하에 운거도응(雲居道膺) · 조산본적(曹山本寂) · 소산광인(疎山匡仁) 등 27인이 있으며, 후에 조산(曹山)과 함께 5가(家)의 하나인 조동종(曹洞宗)의 고조(高祖)로 추앙됨. 저서로『동산어록(洞山語錄)』이 있음.
9 "마음과 생각으로 깊은 종지를 배우려 한다면 서쪽으로 가려 하면서 도리어 동쪽으로 가는 격이다."

識)으로써 현묘한 불법을 성취하려면 이는 서쪽으로 가려는 사람이 동쪽으로 가는 것과 같이 도리어 역효과만 낸다.

【 강설 】

경을 보고 이해하면 그 경의 뜻을 안다고 생각하지만 정말 경의 뜻을 알려면 반드시 깨달아야 한다. 깨닫기 전엔 글자는 이해할지 몰라도 그 깊은 뜻은 결코 알 수 없다. 사량분별을 떠나는 것이 불법의 도리인데 도리어 사량분별 속에서 불법을 헤아린다면 서울로 가려면서 부산 쪽으로 발걸음을 옮기는 것이 아니겠는가? 불법은 깨닫는 것이지 사량분별로 아는 것이 아니다.

【 15-4 】

무학(無學)인 성문의 경계는 신심(身心)과 어언(語言)이 전부 단멸하여 현행의 사량분별이 영진(永盡)하여도 여래가 친증(親證)한 무여열반에는 도달 못 한다. 그러하거늘 하물며 사유분별로써 대원각(大圓覺)의 심현경계(深玄境界)를 어찌 알 수 있으리오. 이는 미충(微蟲)인 형화(螢火)로써 수미거산(須彌巨山)을 소각하려는 것[10]과 같이 절대로 불가능한 일이다.

但諸聲聞의 境界는 身心語言이 皆悉斷滅하여도 終不能至彼之親證한 所見涅槃이어늘 何況能以有思惟心으로 測度大圓覺境界리오 如取螢火하야 燒須彌山하야 終不能著이니라

『大方廣圓覺修多羅了義經』,「金剛章」(大正藏17, p.915c)

---

10 "작은 벌레인 반딧불로 거대한 수미산을 태우려는 것"

2승무학(二乘無學)의 경계는 3계(三界)의 번뇌를 영단(永斷)한 멸진정(滅盡定)이다. 그러나 회심멸지(灰心滅智)[11]한 유여열반에 주착(住著)하여 있으므로 무상정각(無上正覺)인 무여열반은 망연히 알지 못하는 것이다.

【 강설 】

사량분별인 해오로 어찌 여래의 경계를 알 수 있겠는가? 사량분별로 여래의 경계를 알았다느니 견성을 했다느니 하는 사람은 반딧불로 수미산을 태웠다는 사람처럼 어처구니없다.

【 15-5 】

세존께서 말씀하시되 불법을 수학(修學)코자 하는 자는 오직 증오(證悟)하여야만 요지(了知)하느니라.

佛言하사되 學我法者는 唯證乃知니라

『宗鏡錄』 22 (大正藏48, p.539b)

실증(實證)이 아니면 불법에 문외한이라 함은 선문(禪門)만의 특징이 아니요 일체 불법에 통용된다. 불법은 원래부터 여래소증(如來所證)의 심심현경(甚深玄境)[12]에 입각하여 있으므로 돈증(頓證)의 예지가 아니면 장님이 해를 보는 것과 같다.

---

11 본성의 마음과 지혜도 꺼진 재처럼 식어 버리기만 하고 살아나지 못함.
12 매우 깊은 현묘한 경계.

【 15-6 】

비록 즉심즉불(卽心卽佛)이라 한 것도 오직 증오(證悟)한 자라야만 비로소 요지(了知)하느니라.

雖卽心卽佛이나 唯證者라사 方知니라

『景德傳燈錄』 30, 「淸凉澄觀」 (大正藏51, p.459b))

불교에서 가장 상식적이고 용이한 표현이 즉심즉불(卽心卽佛)이란 말이다. 마음이 곧 부처라 함은 유치한 어린아이들도 이해할 수 있을 것 같지마는 사실은 그렇지 않다. 이는 가장 용이한 언구(言句) 같아도 언어문자와 사량분별로써는 모르는 것이요, 구경정각(究竟正覺)인 원증(圓證)에서만 요지(了知)하는 것이다.

청량(淸凉)은 화엄교종(華嚴敎宗)의 최고봉이다. 다문총지(多聞摠持)를 위주로 하는[13] 교가에서도 실지에 있어서는 증지(證知)를 표방하지 않을 수 없는 것이다. 만약에 이언절려(離言絶慮)인 실증(實證)을 본명(本命)으로 삼는[14] 교외별전(敎外別傳)인 선종에서 해(解)로써 주장한다면 이는 자살 이상의 자살이다.

【 15-7 】

일체 만법의 근원인 진여자성은 원융무애(圓融無礙)하여 유무·선악 등의 2상(二相)을 초월하였다. 이 절대적인 제법이 응연부동(凝然不動)하여 본래로 공공적적(空空寂寂)하다. 이 법성은 명언(名

13　"많이 듣고 잘 기억함을 위주로 하는"
14　"말과 생각을 떠나 실제 깨침을 근본 생명으로 하는"

言)과 형상(形相)이 전무하여 일체 돈절(頓絶)하였으니, 구경무심의 증지(證智)로써 도달할 것이요 기타의 어떤 경계로써도 측량하지 못한다.

法性은 圓融無二相하니 諸法이 不動本來寂이라 無名無相絶一切하야 證智所知요 非餘境이로다

義湘, 『華嚴一乘法界圖』(大正藏45, p.711a)

법성 즉 불성은 원증견성(圓證見性)한 증지(證知) 이외는 요달(了達)할 수 없으니, 이는 불교의 통설이다. 그러니 원증(圓證) 아닌 분증(分證)과 해오(解悟)를 견성이라 함은 불법 이외의 전도망견(顚倒妄見)이다. "증지(證智)는 유불소지(唯佛所知)"[15]라고 의상(義湘)이 그의 『법계도(法界圖)』에서 자술(自述)하였다.

【 강설 】
한국 화엄종 최고의 법문으로 여겨지는 의상스님의 『법성게』에서도 증오를 중시하였다. 교가도 이러한데 하물며 선문에서 해오를 견성이라 해서야 되겠는가? 마음이 부처라는 도리는 증오해야 알 수 있는 것이라 하였으니, 이는 선교가 공히 주장한 바이다.

【 15-8 】
불타가 아난에게 고구가책(苦口呵責)[16]하였다. "네가 아무리 억만

---

15 "증지는 오직 부처님만이 아는 것이다."
16 입이 아프도록 꾸짖음.

겁토록 여래의 비밀묘엄(祕密妙嚴)인 금언옥음(金言玉音)[17]을 독송하여도 잠시인 일일간(一日間)에 무루업(無漏業)[18]인 선정(禪定)을 수습(修習)함만 못하느니라."

阿難아 汝雖歷劫토록 憶持如來祕密妙嚴하여도 不如一日에 修無漏業이니라

『首楞嚴經』 4 (大正藏19, p.122a)

아난이 항상 고구정녕(苦口叮嚀)한 불타의 책려(策勵)[19]를 받았으나 숙세의 업장(業障)인 다문총지(多聞總持)의 고질은 치유치 못하였다. 그러다가 불멸(佛滅) 후에는 가섭(迦葉)에게 개소야간(疥瘙野干)[20]으로 축출당한 것이다. 이 다문(多聞)의 고질은 세존께서도 속수무책이었으니 얼마나 가공할 병통인가를 알 수 있는 것이다. 그러니 천만 노력하여 다문의 중환에서 벗어나야 심안(心眼)을 통개(洞開)하여[21] 불법을 바로 본다.

【 강설 】

선정을 익혀 근본무명을 치유할 생각은 하지 않고 듣고 기억하는 일에만 힘쓰면 병든 여우신세밖에 안 된다. 다문지해에 있어서는 아난을 능가할 이가 없었는데, 그 병은 부처님도 치유하지 못하셨다. 부처님 열반 후 가섭의 꾸중을 듣고서야 크게 각성하고 용맹정진해 스스로

---

17 금옥 같은 말씀.
18 번뇌를 일으키지 않는 업.
19 채찍질하듯 격려함.
20 옴 앓는 여우.
21 "마음의 눈을 활짝 열어"

타파하였으니, 부디 경계하고 스스로 확철대오에 힘써야 한다.

【 15-9 】

벌써 선악의 2변(二邊)에 주착(住著)하지 않아서 또한 의주(依住)하지 않는다는 지해(知解)까지도 작지(作持)²²하지 않음을 보살각(菩薩覺)이라 한다. 벌써 의주(依住)하지 않고 또한 의주(依住)함이 없다는 지해(知解)도 작지(作持)하지 않아야 비로소 불각(佛覺)이라 한다.

旣不住善惡二邊하야 亦不作不依住知解를 名菩薩覺이요 旣不依住하야 亦不作無依住知解하야사 始得名爲佛覺이니라

『百丈廣語』(卍續藏經118, p.172a)

보살들은 불의주지해(不依住知解)는 없지마는²³ 무의주지해(無依住知解)에 얽매어²⁴ 정각을 성취하지 못한다. 그리하여 심천(深淺)은 다름이 있으나 3현은 고사하고 10지도 지해(知解)를 벗어나지 못하여 견성 즉 성불을 못 하는 것이니, 번연히 각성(覺惺)하여 무의주지해(無依住知解)를 파기하면 구경지(究竟地)에 돈입(頓入)한다. 그러하니 규봉·보조의 해오(解悟)가 지해(知解)의 종가(宗家)임은 물론이요, 천태·방산의 분증

---

22 원래는 계율에서 산 것을 죽이지 말고 주지 않는 것을 갖지 않는 등의 소극적인 금지 조항이 아닌, 좀 더 적극적으로 보시(布施), 방생(放生) 등의 선한 일을 함으로써 계율을 지키는 것을 말하지만, 여기에서는 '어떤 행동을 하다' 정도의 의미.
23 "의지하여 머무르지 않는다는 알음알이는 없지만"
24 "의지하고 머무를 것이 없다는 알음알이에 얽매어"

(分證)도 지해(知解)의 일맥(一脈)이다.

【 15-10 】

불지(佛地)는 2종의 우지(愚知)를 단(斷)하였으니, 일(一)은 미세한 소지우견(所知愚見)이요 이(二)는 극미세한 소지우견(所知愚見)이니라.

佛地는 斷二愚하나니 一은 微細所知愚요 二는 極微細所知愚니라
『百丈廣語』(卍續藏經118, p.165a)

미세와 극미의 우지망해(愚知妄解)는 미세망념인 제8아리야(第八阿梨耶)에 의존한다. 아리야(阿梨耶)의 극미세망식(極微細妄識)을 타파하고 불지(佛地)를 친증(親證)하면 2종의 우지망견(愚知妄見)은 자연히 해소되니 이것이 종문(宗門)의 원증(圓證)이며 견성이다.

【 강설 】

지해를 완전히 벗어나 바르게 견성하려면 보살각인 불의주지해와 무의주지해마저 벗어나야 한다. 이는 곧 미세소지우(微細所知愚)와 극미세소지우(極微細所知愚)를 벗어나는 것이다. 이 말씀의 근간을 살펴보면 제8아뢰야식의 미세망상을 완전히 제거해야 견성이고 원증이지 그 전에는 아니라는 것이다.

【 15-11 】

다만 일체 유무의 제법에 의주(依住)하지 않고 또한 무의주(無依

住)에도 의주(依住)하지 않아서 또한 불의주(不依住)하는 지해(知解)도 짓지 않으면 이를 대선지식(大善知識)이라 이름하며 또한 오직 불타일인(佛陀一人)을 대선지식(大善知識)이라 이름하나니, 양인(兩人)이 없기 때문이요[25], 그 나머지의 자는 전부 외도(外道)며 또한 마설(魔說)이라 이름하느니라.

但不依住一切有無諸法하고 亦不住無依住하야 亦不作不依住知解하면 是名大善知識이며 亦名唯佛一人이 是大善知識이니 爲無兩人이요 餘者는 盡名外道며 亦名魔說이니라

『百丈廣語』(卍續藏經118, p.167a)

부주(不住)와 무주(無住), 미세와 극미의 우지망해(愚知妄解)를 초연독탈(超然獨脫)하면 원증견성(圓證見性)이며 무상정각이다. 이 지해(知解)에 얽매이게 되면 10지와 등각도 외도마설(外道魔說)이니 해오점수(解悟漸修)는 거론할 가치도 없다.

【 강설 】

지해(知解)란 이렇게 무서운 것이고 정변지(正遍智)는 이렇게 소중한 것이다.

【 15-12 】

고인(古人)의 수기(授記)는 전혀 착오가 없으니 지금 지해(知解)를

---

25 "이런 사람이 둘도 없기 때문이요."

광립(廣立)하여 종지로 삼는 자는 곧 하택신회(荷澤神會)이다.

古人의 授記는 終不錯하니 如今에 立知解爲宗者는 卽荷澤이 是也라

『金陵淸凉院文益禪師語錄』(大正藏47, p 592c)

하택(荷澤)은 해오점수(解悟漸修)를 제창한 본원(本源)이다. 지해종도(知解宗徒)라고 꾸짖어 책망한 6조의 수기(授記)는 확실히 적중하였다. 대법안(大法眼)뿐만 아니라 달마 직전(直傳)의 정안들은 여출일구(如出一口)로 하택(荷澤)을 지해(知解)라고 배제하였으며, 규봉은 하택(荷澤)의 적통(嫡統)이니 이 지해종지(知解宗旨)에 혹란되어서는 안 된다.

【 15-13 】

신묘(神妙)한 광명이 항상 비춰서 만고에 휘황(輝煌)하니, 이 현문(玄門)에 들어와서는 사지악해(邪知惡解)를 두지 말아라.

神光이 不昧하야 萬古徽猷하니 入此門來하야는 莫存知解어다

『景德傳燈錄』9, 「平田普岸」(大正藏51, p.267a)

진여자성의 무한한 광명은 영원불멸하여 우주에 충만하고도 남는다. 이 절대적 대광명을 장폐(障蔽)하는 것은 망상정념(妄想情念)의 사지악해(邪知惡解)이니, 이 지해(知解)의 흑운(黑雲)만 탕진하면 본유(本有)의 광명은 자연히 나타난다. 팔만법보(八萬法寶)의 금언성구(金言聖句)도 10지와 등각의 현지묘해(玄知妙解)도 전혀 정법을 매몰하는 진퇴(塵

堆)이다.[26]

생철(生鐵)로 주취(鑄就)한 치둔(癡鈍)[27]으로써 일체 만사를 돈망(頓忘)하고 오직 불조공안(佛祖公案)을 참구하여 주야로 게을리하지 않으면 오매일여의 깊은 경지에서 활연대오(豁然大悟)하여 진여본성을 통견(洞見)하리니 어찌 기쁘지 아니하리오. 이것이 원증(圓證)인 증오(證悟)이며 견성이며 성불이다.

【 강설 】

선문에서 가장 두려워하는 병이 지해의 병이다. 지해의 병에 걸리면 공부를 성취하지 못한다. 따라서 선종에 들어왔으면 모름지기 불성을 확연히 밝힐 생각을 해야지 알음알이의 증장에 힘써서는 안 된다. 10지와 등각도 지해가 남아 있는 것이니 열심히 참구해 10지와 등각까지 완전히 벗어나 확철대오해야 한다.

【 15-14 】

목우자(牧牛子)가 말하였다. "하택(荷澤)은 지해종사(知解宗師)인지라 비록 조계(曹溪)의 적자(嫡子)는 되지 못하였으나, 오해(悟解)가 고명(高明)하고 결택(決擇)이 요연(了然)하니[28] 규봉이 그 종지를 계승하였으므로 이제 교(敎)를 인(因)하여 심(心)을 오(悟)한 자[29]를 위하여 번사(繁詞)를 제거하고 강요(綱要)를 초출(鈔出)하여[30] 관행

---

26 "정법을 묻어 버리는 티끌더미이다."
27 "무쇠로 만들어진 바보인 것처럼"
28 "깨달음의 식견이 높고 의심을 결단하여 이치를 분별하는 결택력이 분명하니"
29 "경전의 가르침을 통해 마음을 깨치고자 하는 사람"
30 "번거로운 설명은 깎아내고 요점만 간추려서"

(觀行)의 귀감을 삼게 하노라."

牧牛子曰 荷澤은 是知解宗師라 雖未爲曹溪嫡子나 然이나 悟解高明하고 決擇이 了然하니 密師宗承其旨故로 今爲因敎悟心之者하야 除去繁詞하고 鈔出綱要하야 以爲觀行龜鑑焉하노라

『節要』(韓國佛敎全書4, p.741a)

하택·규봉의 돈오점수사상을 기간으로 하여 『결사문(結社文)』과 『수심결(修心訣)』을 저술하여 달마선이 즉 돈오점수라고[31] 고창(高唱)하던 보조가 돈오점수를 상론(詳論)한 그의 『절요(節要)』 벽두에서는 하택을 지해종사(知解宗師)라고 단언하였다. 그리고 돈오점수를 서술함은 인교오심자(因敎悟心者)[32]를 위함이요 선종이 아니라고 전제하였다.

【 강설 】

보조스님이 초반기 저작인 『수심결』·『결사문』에서는 규봉의 주장을 따라 돈오점수설을 주장했지만 만년의 저작인 『절요』에서는 하택을 지해종사라 하여 6조스님의 적자는 아니라고 비판하였다. 보조스님이 돈오점수설을 설명하긴 하였지만 그 원조인 하택과 규봉을 선문의 적자가 아니라 규정하고 시작했다는 점을 분명히 알아야 한다.

【 15-15 】

지금 원돈신해자(圓頓信解者)를 위하여 말함이요 교외별전(敎外別

---

31 "달마선이 바로 돈오점수라고"
32 "경전을 통해 마음을 깨치고자 하는 사람"

傳)은 차한(此限)에 있지 않느니라[33].

今且約圓頓信解者言之爾요 教外別傳은 不在此限이니라
『節要』(韓國佛教全書4, p.752a)

이는 『절요』 중 돈오점수 해석의 결언(結言)이다. 즉 돈오점수는 교가인 원돈신해자(圓頓信解者)를 표현한 것이요 선종인 교외별전(教外別傳) 사상이 아니라는 것이다.

【 15-16 】

상래(上來) 소거(所擧)의 법문은[34] 전혀 의언생해(依言生解)하여 오입(悟入)한 자[35]를 위하여 법에 수연(隨緣)[36]과 불변(不變)의 2의(二義)가 있고,[37] 인(人)에 돈오와 점수의 양문(兩門)이 있음[38]을 위변(委辨)[39]하니라. 그러나 만약에 의언생해(依言生解)하여 전신(轉身)하는 활로(活路)를 부지(不知)하면 비록 종일 관찰하나 전전(轉轉)히[40] 지해(知解)에 얽히어 휴헐시(休歇時)가 없으므로 다시 납승문하(衲僧門下)의 이언득입(離言得入)하여 지해(知解)를 돈망(頓亡)한

---

33 "여기에 해당하지 않는다."
34 "위에서 거량해 보인 법문들은"
35 "말을 통해 이해를 하고 그것으로 깨닫고자 사람"
36 물이 바람이란 연(緣)을 따라 물결이 일어나는 것처럼 다른 영향을 받아 동작함.
37 "법에는 인연을 따름과 변함이 없음의 두 이치가 있고,"
38 "사람에게는 단번에 깨침과 점차 닦음의 두 문이 있음"
39 자세히 가려 설명함.
40 점점.

자[41]를 위하여 비록 규봉이 숭상(崇尙)하는 바는 아니나 간략히 조사와 선지식이 경절방편(徑截方便)[42]으로 학자를 제접(提接)[43]한 소유언구(所有言句)를 인증(引證)하여[44] 차후에 계열(係列)[45]하여 참선준류(參禪峻流)[46]로 하여금 출신(出身)하는 일조(一條) 활로(活路)가 있음[47]을 알게 하노라.

上來所擧法門은 並是爲依言生解悟入者하야 委辨法有隨緣不變二義하고 人有頓悟漸修兩門이라 然이나 若依言生解하야 不知轉身之路하면 雖終日觀察하나 轉爲知解所縛하야 未有休歇時일새 故로 更爲今時衲僧門下의 離言得入하야 頓亡知解之者하야 雖非密師所尙이나 略引祖師善知識이 以徑截方便으로 提接學者의 所有言句하야 係於此後하야 令參禪峻流로 知有出身一條活路耳로다

「節要」(韓國佛敎全書4, p.764a)

이는 『절요』의 결미(結尾)이다. 전편을 통하여 돈오점수를 상설(詳說)하였으나 이는 의언생(依言生)하는 지해(知解)[48]를 조장할 뿐이므로 이

---

41 "납승 문하에서 말을 떠나 깨달아 들어가서 알음알이를 단번에 없애고자 하는 사람"
42 간결한 방법. 수행의 단계나 절차를 뛰어넘은 방편.
43 참선하는 납자를 지도하여 이끌어줌.
44 "조사와 선지식들의 말씀을 증거로 인용하여"
45 서로 관련이 있는 것을 한 갈래로 엮음.
46 뛰어난 납승.
47 "한 가닥 살길이 있음"
48 "말을 따라서 알음알이를 내는 지해"

언득입(離言得入)하여 돈망지해(頓亡知解)하는⁴⁹ 참선준류(參禪峻流)의 경절문(徑截門)이 있어서 지해대병(知解大病)을 제거하는 전신활로(轉身活路)를 소개한다 함이다. 이로써 지해종도(知解宗徒)인 하택·규봉의 돈오점수는 의언생해(依言生解)하는 교가의 원돈사상(圓頓思想)이요, 이언망해(離言亡解)한 선문의 경절활로(徑截活路)가 아님을 해명하였다. 원래 지해(知解)는 선문의 최대의 금기이니 원돈지해(圓頓知解)가 교외별전(教外別傳)이 될 수 없음은 당연한 귀결이다.

『결사문』과 『수심결』에서는 하택·규봉의 돈오점수를 달마 정전(正傳)이라고 역설하다가 『절요』에 와서는 하택·규봉은 지해종도(知解宗徒)로서 조계적통(曹溪嫡統)이 아님과 동시에 그의 사상인 돈오점수는 의언생해(依言生解)하는 교가요 이언망해(離言亡解)하는 선문이 아님을 분명히 말하였으니 이는 사상의 전환이다.

보조의 저술 연차를 보면 『결사문』은 33세이요, 『절요』는 입적하기 전 해인 52세이다. 수도 과정은 41세 상무주암(上無住菴)에서 "물불애응(物不礙膺)하고 수부동소(讐不同所)하야 당하안락(當下安樂)하야 혜해증고(慧解增高)"⁵⁰라고 비문에 명기(明記)하였으니 수도의 진전에 따라 사상의 향상을 볼 수 있다. 『수심결』은 찬술 연대가 없으나 그 내용이 『결사문』과 동일하므로 초년에 지은 것임이 분명하다. 『결사문』과 『수심결』을 지은 때에는 선교(禪敎)를 혼동하여 교가의 돈오점수를 달마선종이라고 주장하다가 혜해(慧解)가 증고(增高)함에 따라 만년에는 앞의 잘못을 성오(惺悟)⁵¹하여 선종은 경절문(徑截門)임을 선설(宣說)한 것이다.

---

49 "말을 떠나서 깨달아 들어가 단번에 알음알이를 없애려는"
50 "사물에 매이지 않고 원수와 함께하지 않으니 그 자리가 안락하여 지혜가 더욱 높아졌다."
51 깨달음.

다행히도 보조가 만년에 와서는 돈오점수사상을 의언생해(依言生解)하는 지해(知解)임을 분명히 한 것만은 사실이니, 보조 당년(當年)에도 돈오점수가 선종이 아님을 명백히 하였거늘 800년 후 오늘에 와서 보조를 빙자(憑資)[52]하여 돈오점수를 선종이라고 주장함은 도저히 용납할 수 없는 일이다. 따라서 돈오점수를 조술(祖述)한 보조 자신이 돈오점수의 원조인 하택·규봉을 지해종사(知解宗師)라고 단언하였으니 그 누구를 막론하고 돈오점수사상을 신봉하는 사람은 전부 지해종도(知解宗徒)이다.

【 강설 】

돈오점수설을 선문의 정통으로 주장한 것은 우리나라에만 국한된 문제는 아니다. 일본과 중국에도 그와 같은 생각을 가진 이들이 많다. 우리나라의 많은 선객이 보조스님의 『수심결』을 근거로 돈오점수설을 주장한다. 그러나 정작 보조스님의 저술을 상세히 살피지 못하고 하는 말이다. 보조스님 자신도 말년엔 돈오점수설의 비조라 할 하택과 규봉을 지해종도로 치부했는데, 그것도 모르고 보조스님을 추종한답시고 선은 돈오점수라고들 한다. 제방에서 어른으로 추종받던 스님들 중에도 돈오돈수를 이야기하면 보조스님의 『수심결』에 반하니 외도의 설이라고 하는 이들이 많았다. 과연 보조스님의 사상을 확연히 살펴보고 하는 말들인가? 그렇게 말하는 이들이 진짜 외도이다.

돈오점수는 선종의 가르침이 아니니 추종하지 말라고 하면 "우리가 어찌 보조스님을 저버릴 수 있겠습니까?"라고들 한다. 또 "800년 동안

---

52 남의 힘을 빌려서 의지함. 말막음을 위하여 핑계로 내세움.

보조스님을 틀렸다고 한 자가 한 사람도 없었는데 네가 뭐 잘났다고 보조스님을 욕하는가?"라고 한다. 맞는 말이다. 내가 보조스님보다 나아서 하는 말이 아니다. 보조스님을 추종하려면 제대로 알고 하라는 소리이다. 달마선은 돈오점수라는 『수심결』의 말씀만 알고 하택과 규봉은 지해종사로 선문의 적자가 아니라고 한 『절요』의 말씀은 왜 모르는가? 스스로 선문의 서자를 자처해 지해종도가 되겠다면야 어쩔 수 없지만 달마와 6조 직전의 정통 선맥을 잇고자 하는 이라면 분연히 배격해야 할 것이다.

【 15-17 】

- 원돈신해문(圓頓信解門)인즉 어로의로(語路義路)⁵³와 문해사상(聞解思想)⁵⁴이 있는 연고요, 경절문(徑截門)인즉 어로의로(語路義路)가 없으며 문해사상(聞解思想)을 용납하지 않는 연고니라.
- 차원돈성불론(此圓頓成佛論) 중에 소론(所論)한 오(悟)는⁵⁵ 이에 해오(解悟)니라.
- 화두에 의심을 타파하여 분지일발(噴地一發)⁵⁶한 자는 이에 무장애법계(無障礙法界)를 친증(親證)하느니라.

- 圓頓信解門則以有語路義路聞解思想故요 徑截門則無有語路義路하며 未容聞解思想故니라

---

53 언어와 이치로써 따짐.
54 이해하고 사유함.
55 "여기 『원돈성불론』에서 논의하는 깨침은"
56 한바탕 큰소리를 침.

- 此中所論悟者는 乃解悟也라
- 話頭疑破하야 噴地一發者는 乃能親證無障礙法界矣라

『看話決疑論』;『圓頓成佛論』;『看話決疑論』(韓國佛教全書4, p.733a ; p.731c ; p.736a)

원돈문(圓頓門)의 돈오는 10신 초심(十信初心)인 해오(解悟)이므로 문해사상(聞解思想)을 제거하는 점수가 필요하다.

【 강설 】

『원돈성불론』,『간화결의론』등 보조 말년의 저술들을 살펴보면 돈오점수의 돈오가 해오임을 보조스님 스스로 인정하고 있다.

【 15-18 】

그와 같이 의리(義理)[57]가 비록 가장 원묘(圓妙)하나 총(摠)히[58] 식정(識情)인 문해(聞解)와 사상(思想) 변(邊)의 양(量)[59]인 고로, 선문의 경절문(徑截門)에서는 일일(一一)이 온전히 간택(揀擇)하여 불법지해(佛法知解)의 병이 되느니라.

然此義理雖最圓妙나 總是識情聞解思想邊量故로 於禪門徑截門엔 一一全揀佛法知解之病也라

『看話決疑論』(韓國佛教全書4, p.732c)

---

57 의미와 이치.
58 모두.
59 "식정으로 듣고 이해하고 생각하는 헤아림"

지원극묘(至圓極妙)⁶⁰한 원돈현문(圓頓玄門)도 선종 경절문(徑截門)에서는 전혀 지해대병(知解大病)이 되므로, 보조도 증오(證悟) 중심인 『간화결의』에서는 이를 배제하고 교가를 위하여 해오사상(解悟思想)인 『원돈성불론』을 별찬(別撰)⁶¹하였으니, 이언망해(離言亡解)⁶²한 증오(證悟)에 있어서 의언생해(依言生解)하는 해오는 전체가 병이 아닐 수 없다.

【 15-19 】

- 원돈신해(圓頓信解)인 여실언교(如實言敎)가 항하사수(恒河沙數) 같으나⁶³ 사구(死句)라 하나니 학인으로 하여금 해애(解礙)⁶⁴를 내게 함이다. 아울러 이 초심학자가 경절문활구(徑截門活句)에 능히 참상(參詳)⁶⁵치 못하게 되는 고로 자성에 칭합(稱合)한 원담(圓談)으로 보여서⁶⁶ 그로 하여금 신해(信解)하여 퇴전(退轉)⁶⁷치 못하게 한 연고이다.

- 선종의 교외별전인 경절문(徑截門)은 격량(格量)⁶⁸을 초월하므로 다못 교학자만 난신난입(難信難入)⁶⁹할 뿐 아니라 또한 선종의 하근천식(下根淺識)⁷⁰도 망연히 알지 못하느니라.

---

60 지극히 원만하고 현묘함.
61 따로 찬술함.
62 말을 떠나서 알음알이를 없앰.
63 "갠지스 강의 모래같이 많으나"
64 알음알이의 장애.
65 참심(參尋), 참구(參究)와 같은 뜻. 열심히 참구하여 깨닫는 것.
66 "자성과 합치하는 진리의 말을 보여주어"
67 물러남.
68 격식과 도량.
69 믿고 들어가기 어려움.
70 근기와 식견이 낮은 사람.

- 고로 이르기를 교외별전은 교승(敎乘)을 형출(逈出)한다[71]고 하니라.
- 대저 참학(參學)하는 자는 모름지기 활구를 참(參)할 것이요 사구(死句)를 참(參)하지 말지니, 활구 하에 천득(薦得)하면 영겁토록 불망(不忘)이요[72] 사구(死句) 하에 천득(薦得)하면 자구(自救)도 불료(不了)니라[73].

- 圓頓信解인 如實言敎가 如恒河沙數나 謂之死句니 以令人으로 生解礙故라 並是爲初心學者於徑截門活句에 未能參詳故로 示以稱性圓談하야 令其信解不退轉故니라
- 禪宗敎外別傳徑截門은 超越格量故로 非但敎學者難信難入이요 亦乃當宗의 下根淺識도 茫然不知니라
- 故云 敎外別傳은 逈出敎乘이라 하니라
- 夫參學者는 須參活句요 莫參死句니 活句下에 薦得하면 永劫不忘이요 死句下에 薦得하면 自救不了니라

『看話決疑論』(韓國佛敎全書4, p.733a ; p.735b ; p.736b ; p.737a)

보조는 적후(寂後)에 발견된 그의『간화결의론』에서 돈오점수를 내용으로 하는 원돈신해(圓頓信解)는 전혀 지해(知解)이므로 사구(死句)라 규정하고 교외별전인 선종의 경절문(徑截門)은 활구라 결론하여 참학자(參學者)는 이언망해(離言忘解)하여 영겁불망(永劫不忘)하는 활구를 모

---

71 "교종을 멀리 벗어났다"
72 "살아 있는 활구에서 깨치면 영겁토록 잃지 않고"
73 "죽어 있는 사구에서 깨치면 자신마저도 구제하지 못한다."

름지기 참구하고 의언생해(依言生解)하여 자구불료(自救不了)하는 사구(死句)를 참구하지 말 것을 거듭거듭 말하였다.

선교(禪敎)를 혼동한 초년의 저술인 『결사문』과 『수심결』로써 돈오점수의 대종(大宗)으로 추앙되는 보조 자신도 만년에는 교외별전은 형출교승(迥出敎乘)이라 선설(宣說)하여 돈오점수를 지해(知解)인 사구(死句)로 규정하고 선종의 경절문(徑截門) 활구가 아니라고 분명히 말하였거늘, 만약에 돈오점수를 선종이라고 다시 운위(云謂)한다면 이는 선종정전(禪宗正傳)의 반역일 뿐만 아니라 보조에 대해서도 몰이해한 어리석은 견해이다. 그러므로 교외별전인 달마아손(達磨兒孫)은 선문의 최대 금기인 하택·규봉의 지해종도(知解宗徒)가 되어서는 안 된다.

돈오점수를 내용으로 하는 해오(解悟)인 원돈신해(圓頓信解)가 선문의 최대의 금기인 지해(知解)임을 명지(明知)[74]하였으면 이를 완전히 포기함이 당연한 귀결이다. 그러므로 선문정전(禪門正傳)의 본분종사들은 추호의 지해(知解)도 이를 불조의 혜명을 단절하는 사지악해(邪知惡解)라 하여 철저히 배격할 뿐 일언반구(一言半句)도 지해(知解)를 권장하지 않았다. 그러나 보조는 규봉의 해오사상을 지해(知解)라고 비판하면서도 『절요』, 『원돈성불론』 등에서 해오사상을 연연하여 버리지 못하고 항상 이를 고취하였다. 그러니 보조는 만년에 원돈해오(圓頓解悟)가 선문이 아님은 분명히 하였으나, 시종 원돈사상(圓頓思想)을 고수하였으니 보조는 선문의 표적[75]인 직지단전(直旨單傳)의 본분종사가 아니요, 그 사상의 주체는 화엄선이다.

선문은 증지(證智)임을 주장한 『간화결의론』의 결미(結尾)에서 교종

---

74 분명하게 앎.
75 목표로 삼는 것. 표지로 삼는 표.

의 원돈신해(圓頓信解)인 참의문(參意門)을 선양하였으니, 보조의 내교외선(內敎外禪)의 사상이 여기에서도 역연(歷然)하다.

【 강설 】

보조스님은 참 묘한 분이다. 원돈신해문이 선문이 아님을 분명히 밝히면서도 끝끝내 원돈신해문을 버리지 않으셨다. 우리나라의 대표적인 스님으로 신라 때는 원효대사, 고려 때는 보조국사, 조선시대에는 서산대사를 꼽는다. 그러니 내가 보조스님의 돈오점수설을 비판하면 "어떻게든 내 조상의 훌륭한 점을 부각시켜야지 너는 왜 자꾸 잘못을 캐내려고 야단이냐?"며 비난하는 사람이 많다. 그러나 내 조상이라고 그 과오까지 가리고 무조건 다른 분보다 훌륭하다 할 수는 없다. 아무리 제 조상이라도 잘못이 있으면 진상을 밝혀 수정하고 따르지 않는 것이 후손된 도리이다.

보조스님 이후로 대선지식이 출현하지 못한 것은 보조스님의 『수심결』 때문이다. 『수심결』의 돈오점수사상 때문에 지해의 병이 들어 선을 닦는다는 이들이 참공부를 못한 까닭이다. 지해의 병이 걸리면 바로 들어가려야 들어갈 수가 없다. 지해의 병이 그렇게 무서운 것이다. 그러니 그런 사상을 배격하지 않으려야 않을 수 없는 것이다. 사법을 깨트려 정법을 지키는 것, 사법을 깨트려 정법으로 들어오게 하는 것, 그것이 자비이자 불제자의 사명이다. 그러니 모든 이들이 존중하는 보조스님이라도 잘못된 사상은 배격하지 않을 수 없는 것이다.

16. 활연누진 豁然漏盡
남김없이 번뇌를 다 없애다

【 16-1 】

■대가섭이 대중 중에서 친히 아난을 견출(牽出)[1]하여 말하되, "지금 청정중(淸淨衆) 중에서 경장(經藏)을 결집(結集)하려 하노니 여(汝)는 망결(妄結)이 미진(未盡)하니[2] 차처(此處)에 주거치 못하느니라."

■또 아난에게 말하되 "여(汝)의 망결유루(妄結有漏)를 단진(斷盡)한 연후에 내(來)하라. 잔여한 망결(妄結)이 미진(未盡)하거든 여(汝)는 내입(來入)하지 말지어다." 이렇게 말하고는 문득 손수 문을 닫아 버렸다.

■이때 중간에 있어서 아난이 제법을 사유하여 잔루(殘漏)를 단진(斷盡)코저 하여 주야로 좌선하며 경행(經行)하여 근실(勤實)히 대도(大道)를 구하였다. 그러나 아난은 지혜(智慧)는 과다하

---

[1] 있던 곳에서 강제로 나가게 됨.
[2] "번뇌가 다하지 못했으니"

고 정력(定力)은 심소(甚少)하여³ 즉시에 대도(大道)를 체득하지 못하였다. 후야(後夜)⁴에 침와(寢臥)⁵코저 할 때 과도(過度)히⁶ 피곤하여 쉬고자 하여 취침(就枕)하니 두부(頭部)가 침자(枕子)에 미지(未至)하여⁷ 확연히 대오(大悟)하였다. 아난이 이와 같이 금강대정(金剛大定)에 심입(深入)하여 일체의 모든 번뇌산(煩惱山)을 파멸하고 3명6통(三明六通)⁸과 대해탈을 증득하여 대력아라한(大力阿羅漢)이 되었느니라. 그리하여 당야(當夜)⁹에 승당(僧堂)에 이르러 "내가 금야(今夜)에 제루(諸漏)의 멸진함을 증득하였다."고 말하니라.

■ 大迦葉이 衆中에 手牽阿難出하야 言하되 今淸淨衆中에 結集經藏하노니 汝結이 未盡하니 不應住此니라

■ 又語阿難言하되 斷汝漏盡然後에 來入하라 殘結이 未盡이어든 汝勿來也어다 如是語竟하고 便自閉門하니라

■ 是時中間에 阿難이 思惟諸法하야 求盡殘漏하야 晝夜坐禪經

---

3 "지혜는 넘치고 선정의 힘은 모자랐기 때문에"
4 대략 새벽 한 시부터 다섯 시까지의 시간.
5 편하게 누움, 또는 누워 잠.
6 매우.
7 "머리가 베개에 닿기도 전에"
8 '6통'은 '6신통(六神通)'이라고도 하는데, 천안통(天眼通)은 육안으로 볼 수 없는 것을 보는 신통, 천이통(天耳通)은 보통 귀로는 듣지 못할 음성을 듣는 신통, 타심통(他心通)은 다른 사람의 의사를 자재하게 아는 신통, 숙명통(宿命通)은 지나간 세상의 생사를 자재하게 아는 신통, 신족통(神足通)은 부사의하게 경계를 변하여 나타내기도 하고 마음대로 날아다니기도 하는 신통, 누진통(漏盡通)은 자재하게 번뇌를 끊는 힘이다. '3명'은 6신통 중의 숙명통, 천안통, 누진통에 해당하는 숙명명(宿命明), 천안명(天眼明), 누진명(漏盡明)이다.
9 그날 밤.

行하야 慇勤求道하니라 是阿難은 智慧多하고 定力少할새 是
故로 不卽得道러라 後夜에 欲臥하니 過疲極偃息하야 卽臥就
枕할새 頭未至枕하야 廓然得悟하니라 阿難이 如是入金剛定
하야 破一切諸煩惱山하고 得三明六通과 共解脫하야 作大力
阿羅漢하야 卽夜에 到僧堂言하되 我今夜에 得盡諸漏하니라

『大智度論』2 (大正藏25, p.68a ; p.68b ; p.69a)

아난존자는 불타의 10대 제자 중에 다문제일(多聞第一)이다. 그 기억력은 고금미증유(古今未曾有)[10]로서 녹음기 이상으로 정확하였다. 30년간 불타의 시자(侍者)로서 모든 법회에 참석하여 불타 설법의 대부분을 누락 없이 전지(傳持)하고 있었다. 그러나 불타가 멸도(滅度)한 후에 그 설법을 결집(結集)하려 할 때 가섭존자에게 축출(逐出)당하였다. 아난 없이는 결집이 불가능하니 축출하지 말라는 대중의 간곡한 만류와 아난의 비통한 애걸에도 불구하고 개소야간(疥瘙野干)[11]이라고 통매(痛罵)[12]하여 기어이 축출하였다.

그 이유인즉 불법은 언어문자의 기억이나 해설에 있지 않다는 것이었다. 오직 심중(心中)의 일체번뇌망루(一切煩惱妄漏)를 단진(斷盡)하여 참다운 해탈을 얻어야 한다. 그러나 아난은 비록 불타의 설법을 세밀히 기억하고 있었으나 번뇌망상의 유루결사(有漏結使)[13]를 탈진(脫盡)[14]

---

10 예전부터 지금까지 있어본 적이 없음.
11 ㊞『마하승기율(摩訶僧祇律)』32(大正藏22, p.491a).
12 몹시 꾸짖음, 또는 그런 꾸지람.
13 유루의 '루(漏)'는 '누설하다'라는 뜻. 우리들의 6근으로 누설하는 것으로 곧 번뇌를 가리킨다. '결사' 역시 번뇌의 다른 이름으로, 번뇌는 몸과 마음을 속박하고 괴로움을 결과 짓는 것이므로 결(結)이라 하고, 중생을 따라다니며 마구

치 못하고 있었다. 유루망결(有漏妄結)이 미진(未盡)한 자는 불법중인(佛法中人)¹⁵이 아니다. 사자군중(獅子群中)의 개소야간(疥瘙野干)¹⁶이니 결집의 성회(聖會)에 참여할 자격이 절대로 없다. 그러니 결사정진(決死精進)하여 유루번뇌를 단진(斷盡)하고 오너라, 그때는 성회(聖會)의 참석을 흔연(欣然)히¹⁷ 허락하겠다고 한 것이다.

아난이 평시(平時)에 자기의 총명한 기억만 믿고 실지수도(實地修道)는 하지 않다가 결국은 개소야간(疥瘙野干)이라는 낙인(烙印)이 찍혀 축출당하니 그 심정은 비통을 극(極)하였던 것이다. 여기에서 크게 반성하지 못하면 이는 목석 이하의 인간이라 도저히 구제하지 못할 것이다. 그러나 아난은 숙세선근(宿世善根)¹⁸이 지중하므로 맹연(猛然)히 반성하고 대분발하여 각고정진(刻苦精進)하였다. 그리하여 미구(未久)에¹⁹ 활연대오하여 제루(諸漏)가 영진(永盡)함을 얻어서 가섭으로부터 성회(聖會) 참석의 영예를 얻었다. 이 사실은『오분율(五分律)』30(大正藏22, p.190bc),『사분율(四分律)』54(大正藏22, p.967a),『승기율(僧祇律)』32(大正藏22, p.491ab),『근본비나야잡사(根本毘那耶雜事)』39(大正藏24, pp.405c-406a),『남전율부(南傳律部)』4,『대지도론(大智度論)』2,『아육왕전(阿育王傳)』4(大正藏50, pp.112c-113a),『부법장인연전(付法藏因緣傳)』2(大正藏50, p.302b) 등의 전적에 대동소이하게 기재되어 있다.

이와 같이 아난의 득도 내용에 대하여서 활연누진(豁然漏盡,『오분

　　몰아대어 부림으로 사(使)라 함.
14　완전히 벗어남.
15　불법 중에 있는 사람.
16　"사자 무리 속에 옴 병 오른 여우"
17　기쁘게. 흔쾌히.
18　과거세에 심은 선근.
19　오래지 않아.

율』)²⁰, 심득무루(心得無漏,『사분율』)²¹, 득진유루(得盡有漏,『승기율』)²², 단진제루(斷盡諸漏,『근본비나야잡사』)²³, 득진제루(得盡諸漏,『대지도론』), 제루(諸漏)를 탈(脫)하여 심해탈(心解脫)하였다(『남전율부』) 등으로 표현하였으니, 활연대오하여 단진제루(斷盡諸漏)하여 소승나한(小乘羅漢) 아닌 대력아라한(大力阿羅漢) 즉 불과(佛果)를 성취한 것이다. 이것이 원증견성(圓證見性)이다. 여기서 제루(諸漏), 결사(結使)라 하는 것은 무명인 번뇌망상의 이명(異名)이니 3세6추를 내용으로 한 것이다. 이 번뇌누결(煩惱漏結)을 근본적으로 단진(斷盡)하면 무여열반 즉 불지(佛地)를 증하는 것이니 불과(佛果) 중의 누진무소외(漏盡無所畏)이다.

소승『율부』기록에 아난을 아라한과(阿羅漢果)라 하였다고 소승나한(小乘羅漢)으로 단정하는 것은 착오이다. "약보살(若菩薩)이 득보리시(得菩提時)엔 돈단번뇌급소지장(頓斷煩惱及所知障)하야 성아라한급여래(成阿羅漢及如來)니라."²⁴함과 같이, 원시불교에서는 석존도 아라한이라 표현한 바 있으니『대지도론(大智度論)』의 대력아라한(大力阿羅漢) 즉 불과(佛果)이다. 그러므로 여래10호(如來十號)의 일(一)인 응공(應供)은 아라한이며, 용수(龍樹)가 아난을 대력아라한(大力阿羅漢)이라 한 것이다.

아난은 가섭에게 통매축출(痛罵逐出)의 수모를 당하였으나 전화위복하여 무상도과(無上道果)를 성취하였다. 그리하여 결집의 중추역할

20 大正藏22, p.190c. "後夜垂過身體疲極 欲小偃臥 頭未至枕 豁然漏盡"
21 大正藏22, p.967a. "坐已方欲亞臥 頭未至枕頃 於其中間心得無漏解脫 此是阿難未曾有法"
22 大正藏22, p.491b. "心不捨定傾身欲臥 頭未至枕得盡有漏 三明六通德力自在 卽以神足乘空而去"
23 大正藏24, p.406a. "右脅而臥兩足相重 作光明想正念起想 如是作意頭未至枕 斷盡諸漏心得解脫 證阿羅漢果受解脫樂"
24 『성유식론(成唯識論)』3(大正藏31, p.13a), "보살이 깨달음을 얻을 때는 번뇌장과 소지장을 단번에 끊어서 아라한과 여래가 된다."

을 하여 불타의 유교(遺敎)를 후세에 전하였다. 그뿐 아니라 불타의 정법안장(正法眼藏)을 전지(傳持)한 대가섭(大迦葉)의 법사(法嗣)가 되어 불타의 혜명을 계승하였다. 그 법맥은 등등상속(燈燈相續)하여 인도로 중국으로 면면부절(綿綿不絶)²⁵하여 천추만세(千秋萬世)²⁶에 불멸의 공훈(功勳)을 수립하였다. 그리하여 아난이 부처님의 10대 제자 중 다문제일(多聞第一)이지마는 결국 불타 아닌 가섭의 법제자(法弟子)가 된 것이다. 이것은 불법이 다문해회(多聞解會)²⁷에 있지 않고 오심실증(悟心實證)²⁸ 즉 원증견성(圓證見性)에 있다는 표징(標徵)²⁹이다. 만약 아난의 오처(悟處)³⁰가 유여열반인 소승나한이었다면, 무상정법(無上正法)을 전수(傳受)한 가섭이 아난에게 전법(傳法)³¹하지 않았을 것이다. 가섭이 아난에게 전법한 것은 아난이 여래의 무상정법(無上正法) 즉 무여열반인 불성을 철견(徹見)한 대력아라한이기 때문이다.

팔만대장(八萬大藏)을 송출(誦出)³²한 아난도 활연누진(豁然漏盡)하여 극과(極果)를 원증(圓證)하기 이전에는 개소야간(疥瘙野干)으로 축출을 면하지 못하였으니, 불교의 생명은 여기에 있다. 누구든지 망멸증진(妄滅證眞)하여 돈견본성(頓見本性)하지 않으면 불법중인(佛法中人)이 아니

---

25 면면히 이어져 끊어지지 않음.
26 긴 세월.
27 많이 들어 앎.
28 실제로 마음을 깨달음.
29 어떤 것과 다른 것을 드러내 보이는 뚜렷한 점. 징표.
30 깨달은 경지.
31 ㉘『대반열반경』2(大正藏12, p.377c), "내가 지금 가지고 있는 무상정법을 모두 대가섭에게 부촉하니, 이제부터 가섭이 그대들을 위해서 여래와 똑같은 의지처가 되리라.[[我今所有한 無上正法을 悉以付囑摩訶迦葉하노니 是迦葉者는 當爲汝等하야 作大衣止호되 猶如如來니라.]"
32 외워냄.

요 개소야간(疥瘙野干)이라 함은 고금을 통한 불변의 원칙이니, 다문지해(多聞知解)는 사갈(蛇蝎)³³같이 멀리 하고 실증(實證)에만 노력하여 원증견성(圓證見性)하여야 할 것이다.

【 강설 】

종전까지는 10지와 등각을 넘어 3세6추의 미세망상이 완전히 끊어진 구경각만이 견성임을 누차에 걸쳐 밝혔다. 그러면 일체 번뇌망상이 다 사라진 구경각을 어떻게 표현하는가? 활연개오(豁然開悟)라 한다. 이제 활연개오에 대해 설명하겠다. 부처님 이후 불교 역사상 가장 총명한 사람이 아난존자이다. 그러나 아난은 다문박지에만 힘썼을 뿐 자성을 밝히는 데에는 부지런하지 못했다.

부처님 열반 후 부처님의 말씀을 총집하는 결집을 시행했을 때의 일이다. 당시 대중 가운데 수십 년 동안 부처님을 가까이에서 모신 아난이 가장 많은 법문을 기억하고 있었다. 따라서 아난이 꼭 필요한 상황이었다. 그러나 상수였던 가섭은 "아난이 총명하여 앵무새처럼 말은 잘 기억할지 모르나 법을 모르니 결집에 참석할 수 없다."라고 하며 아난의 참여를 허락하지 않았다. 아난이 아니면 부처님의 방대한 법문을 누가 다 기억하겠느냐는 대중의 간청에도 불구하고 가섭은 칠엽굴(七葉窟) 밖으로 아난을 쫓아냈다. 그렇게 동굴 밖으로 쫓겨난 아난은 대분심을 일으켜 용맹정진해 대오를 이룬 후에야 비로소 결집에 다시 참석할 수 있었다. 바로 깨치기 전에는 아무리 지혜가 하늘을 찌른다 해도 사자굴 속 옴 오른 병든 여우 신세에 불과하다. 그러니 불법은 지

---

33 뱀과 전갈을 아울러 이르는 말. 남을 해치거나 심한 혐오감을 주는 사람을 비유적으로 이르는 말.

식에 있는 것이 아니라 스스로 깨쳐 번뇌망상을 완전히 소진하는 데 있음을 반드시 명심해야 한다. 깨치기 전에 불법은 없다.

이런 예가 어찌 아난뿐이겠는가? 동토로 건너온 불법은 달마 이후 면면히 이어져 5조 홍인대사에 이르렀다. 홍인대사에게 두 분의 유명한 제자가 있었으니 한 분은 신수이고 한 분은 혜능이다. 신수는 유불선을 통달한 대지식인이고, 혜능은 나무꾼 출신의 일자무식이었다. 그러나 홍인은 혜능에게 법을 전하였다. 왜냐하면 신수는 타의 추종을 불허하는 지식에 행실도 훌륭하였지만 법을 깨닫지는 못했기 때문이다. 지식은 많다 하겠지만 불법에서 보면 여전히 눈먼 봉사이다. 그러니 어떻게 법을 전할 수 있겠는가? 혜능은 일자무식이지만 자성을 깨쳐 두 눈을 번쩍 뜬 이다. 그러니 중국을 비롯한 동북아시아에 혜능의 법만 널리 이어지고 신수의 법은 일찍 끊어지고 만 것이다. 그 박학다식한 신수가 일자무식꾼 혜능을 당하지 못한 것이다. 이처럼 우리 불법은 결정코 깨달음에 있지 지식에 있지 않다는 것을 명심해야 한다.

요즘 세계로 불법이 많이 홍포되고 있는데 그 태반이 선불교이다. 그들이 지식이 부족해서 동양의 선에 관심을 가지겠는가? 과학을 비롯한 지식과 정보 그리고 물질문명은 그들이 훨씬 앞서 있다. 서양 사람들이 관심을 가지는 것은 자신의 마음을 바로 알아 깨친다는 것뿐이다. 물질만능과 더불어 자기 상실의 시대에 살고 있는 현대인들에게 자신을 바로 찾고자 하는 욕구 또한 커져 가고 있는 것이다. 진실한 자기 자신을 찾는 방법은 참선밖에 없다. 따라서 참선에 대한 관심 역시 인종과 국가 그리고 종교를 초월해서 확대되고 있는 실정이다. 나에게도 많은 타종교인이 선을 배우고자 찾아온다. 그들은 자신의 입으로 우상이라 비판했던 부처님 상에 삼천배를 하면서까지 참선을 배우고

자 한다. 그런데 소위 절에 산다는 스님들이나 절에 다닌다는 불자들이 통 참선할 생각을 하지 않는다. 참으로 안타까운 일이다. 서양인들도 타종교인들도 참선을 꼭 해야겠다고 야단인데 소위 적자를 자처하는 이들이 이렇게 방만해서야 될 일인가? 모쪼록 크게 발심해서 열심히 화두를 들고 정진하기를 바란다.

【 16-2 】
- 혜능은 문자를 모르니 청컨대 상인(上人)은 나를 위하여 읽어 달라.
- 문자는 모르나 청컨대 그 뜻을 물어라.
- 나는 문자를 모르니 네가 경(經)을 한 편 낭송하라.

- 惠能은 不識字하니 請上人은 爲讀하라
- 字卽不識이나 義卽請問하라
- 吾不識字하니 汝試就經하야 誦一篇하라

『六祖大師法寶壇經』「悟法傳衣篇」;「參請機緣篇」;「參請機緣篇」
(大正藏48, p.348c ; p.355a ; p.355b)

이는 『단경(壇經)』에 기록된 6조의 친어(親語)이니 6조가 일자불식(一字不識)인 문맹임이 증명된다.

【 16-3 】
『노자(老子)』와 『장자(莊子)』의 심현(深玄)한 의지(意旨)와 『서경(書經)』과 『주역(周易)』의 광대한 진의(眞義)와 3승의 경론과 『사분(四

分』의 율의(律儀)에 대한 설법은 훈고(訓詁)³⁴에 통달하고 음운(音韻)은 오진(吳晉)에 참상(參詳)하여³⁵ 찬란하기 공취(孔翠)를 의습(衣襲)함³⁶과 같고 영롱하여 금옥(金玉)을 진동함과 같다.

老莊의 玄旨와 書易大義와 三乘經論과 四分律儀에 說通訓詁하고 音參吳晉하야 爛乎如襲孔翠하며 玲然如振金玉이라

張說 撰,『神秀碑文』(大正藏49, p.586b)

신수(神秀)의 박학다문(博學多聞)이 비문(碑文)에 소상(昭詳)하다.

【 16-4 】

짐이 혜안(慧安)과 신수(神秀) 2사(二師)를 초청하여 궁중에서 공양드리고, 만기(萬機)³⁷의 여가에 매양 일승(一乘)을 궁구하노이다. 2사(二師)가 병개추양(並皆推讓)³⁸하여 말하되 "남방에 혜능선사가 있어서 비밀히 5조(五祖) 홍인대사(弘忍大師)의 의법(衣法)을 전수(傳受)하였으니 피사(彼師)에게 청문(請問)하소서.³⁹"하여, 이제 내시 설간(薛簡)을 보내 조서(詔書)를 받들어 영청(迎請)⁴⁰하오니, 원컨대 대사(大師)는 자비한 심념(心念)으로 속속(速速)히 떠나서

---

34 자구(字句)의 해석. 경서의 고증, 해명, 주석 따위를 통틀어 이르는 말.
35 "음운은 오(吳)와 진(晉)의 옛 글자까지 연구하여"
36 "공작털과 비취로 옷단장을 한 듯 반짝이고"
37 임금이 보는 여러 가지 정무.
38 함께 사양함.
39 "그 스님에게 물으소서."
40 모시기를 청함.

경도(京都)에 상래(上來)하소서.

朕請安秀二師하야 宮中에 供養하고 萬機之暇에 每究一乘하노이다 二師가 並推讓云하되 南方에 有能禪師하야 密受忍大師衣法하였으니 可請彼問하소서하니 今遣內侍薛簡하여 馳詔迎請하노니 願師는 慈念으로 速赴上京하소서

『六祖大師法寶壇經』「唐朝徵詔篇」(大正藏48, p.359c)

불법은 다문총지(多聞總智)인 해오에 있지 않고 오심견성(悟心見性) 즉 원증(圓證)에 있다. 그러므로 5조는 해오인 신수(神秀)를 물리치고 원증(圓證)인 6조에게 전법(傳法)하여 만세의 표준이 되어 있다. 신수가 아무리 박학다문(博學多聞)하여 천하에 그 비류(比類)[41]가 없지마는, 원증견성(圓證見性)하지 못하여 망념이 상속부단(相續不斷)[42]하니 불법의 문외한이다. 6조는 일자불식(一字不識)의 문맹이나 활연누진(豁然漏盡)하여 심안(心眼)이 통개(洞開)하여 돈증본성(頓證本性)하여 심입당오(深入堂奧)[43]하였다. 그러므로 5조는 석학인 신수를 단연히 배제하고 무식한 6조에게 흔연(欣然)히 전법한 것이다.

후세에 이르러 다문(多聞)한 신수의 법통(法統)은 오래지 않아 단멸되고, 무식한 6조의 법손(法孫)은 계계승승(繼繼繩繩)[44]하여 천하를 풍미하여 지금까지 상속부절(相續不絕)이다. 아무리 박학다문(博學多聞)하여도 활연누진(豁然漏盡)하여 자성을 실증(實證)하지 못하면 이는 생명

---

41 서로 견주어 비교할 만한 사람.
42 계속 이어져 끊이지 않음.
43 깊은 경지에 들어감.
44 선대에서 하던 일을 후대 사람이 내리 이어받음.

이 없는 사법(死法)이다. 그러나 일자무식이라도 철견심성(徹見心性)하여 해탈도(解脫道)를 성취하면, 생명이 약동하는 일대활법(一大活法)이라 부패한 종자에 어찌 생명이 계속되리오. 그 법손(法孫)이 단절함은 당연한 귀결이다.

그러니 불법에 취향(就向)하는 자는 그 누구를 막론하고 사법(死法)인 언어문자의 다문총지(多聞總智)인 해오에 현혹되어 영원한 파멸을 자초하지 말고 활연누진(豁然漏盡)의 대해탈도(大解脫道)인 원증(圓證)으로써 활로를 개척하여 미래겁이 다하도록 불조의 심등(心燈)을 밝혀서 법계를 비추어야 할 것이다. 사법(死法)이 기능활인(豈能活人)이리오.[45] 정법의 사활이 여기에 있으니 천만각성(千萬覺惺)[46]하여야 한다.

불교의 목표는 성불에 있다. 성불은 원증견성(圓證見性)에 있고 원증견성은 망멸증진(妄滅證眞)한 구경무심에 있다. 원증견성의 제일장애(第一障礙)는 다문지해(多聞知解), 즉 해오이다. 설사 광세(曠世)[47]의 다문(多聞)과 발군(拔群)[48]의 지해(知解)를 구비하였다 하더라도 원증견성하지 못하면 망망업해(茫茫業海)의 미륜중생(迷淪衆生)[49]이어서 불법 중의 청맹(靑盲)[50]이며 해탈도(解脫道)의 역행(逆行)이다. 이는 아난의 축출과 신수의 실격으로 역력분명(歷歷分明)하다.

설식종불포(說食終不飽)어니 화병(畵餠)이 기충기(豈充飢)리오[51]. 오직

---

45 "죽은 법이 어떻게 사람을 살리겠는가."
46 천 번 만 번 각성함.
47 세상에 보기 드뭄.
48 여럿 가운데에서 특별히 뛰어남.
49 "망망한 업식의 바다에 빠진 중생"
50 겉으로 보기에는 눈이 멀쩡하나 앞을 보지 못하는 눈, 또는 그런 사람. 사리에 밝지 못하여 눈을 뜨고도 사물을 제대로 분간하지 못하는 사람을 비유적으로 이르는 말.
51 "밥 이야기하는 것으로는 끝내 배부르지 않으니 그림의 떡이 어찌 배고픔을

실참실오(實參實悟)에 있을 뿐이니 불조의 공안을 진심력구(盡心力究)[52]하여 이에 투철무여(透徹無餘)[53]하여야 한다. 불조의 공안은 대적광삼매(大寂光三昧) 중의 현기대용(玄機大用)이니, 무심무념하고 상적상조(常寂常照)하여 원증견성한 대원경지의 금강정안(金剛正眼)이 아니면 공안의 낙처(落處)는 망연부지(茫然不知)[54]하는 것이니, 사량분별로써 공안을 촌도(忖度)[55]하려 하면 정히 형화소산(螢火燒山)[56]이다. 그러므로 일념불생하고 전후제단하여 위계7지(位階七地)한 대혜(大慧)에게 "가석(可惜)다 사료부득활(死了不得活)이니 불의언구(不疑言句)가 시위대병(是爲大病)"[57]이라 하여 유구무구공안(有句無句公案)으로 통하침추(痛下針錐)한 것은[58] 원오고불(圓悟古佛)의 정안(正眼)이다. 그러니 오매항일(寤寐恒一)의 심심처(深深處)에 도달하였어도 공안을 미투(未透)한 것[59]이니, 일층 분발하여 소참공안(所參公案)[60]을 통연구명(洞然究明)하여야 대사대활(大死大活)하여 대휴헐(大休歇)·대해탈(大解脫)의 구경무심을 철증(徹證)할 것이다. 그리하여 임운자재(任運自在)한 보임이천(保任履踐)이 발족(發足)[61]되나니, 이는 돈증원증(頓證圓證) 후에 일오영오(一悟永悟)[62]하여 진

채워 주리오."
52 마음을 다해 힘써 참구함.
53 남김없이 뚫음.
54 아무 생각이 없이 멍하여 알지 못함.
55 재고 헤아림.
56 반딧불로 산을 태움.
57 "애석하도다. 죽기만 하고 다시 살아나지 못하니, 언구를 의심하지 않음이 커다란 병통이다."
58 "'유구무구 공안'으로 아픈 일침을 가한 것은"
59 "깊고 깊은 곳에 도달하였어도 공안을 뚫지 못한 것"
60 자기가 참구하는 공안.
61 시작함.
62 한 번 깨달으면 영원히 깨달음.

겁불매(塵劫不昧)⁶³하는 금강대정(金剛大定)의 부사의경(不思議境)⁶⁴이다.

그러니 객진번뇌가 여전무수(如前無殊)⁶⁵한 유망유루(有妄有漏)의 해오를 돈오라 견성이라 하여 점제망념(漸除妄念)⁶⁶하는 생멸환몽(生滅幻夢)⁶⁷을 보임(保任)이라 장양(長養)이라 함은, 인적위자(認賊爲子)⁶⁸하고 포신구화(抱薪救火)⁶⁹하는 일대착오(一大錯誤)이어서 고인(古人)은 이를 광해마중(狂解魔衆)⁷⁰이라고 통매(痛罵)하였으니, 참으로 최사현정(摧邪顯正)하는 대자비이다.

대혜(大慧)가 전후제단(前後際斷)한 오매일여처(寤寐一如處)에서 홀연낭오(忽然朗悟)⁷¹하였어도, 원오(圓悟)는 공이투공안부득(恐儞透公案不得)⁷²이라 하여 심현(深玄)한 공안으로 누차 시험 연후에 임제정종(臨濟正宗)을 부수(付授)한 것이다. 그러니 활연누진(豁然漏盡)하여 무념무심하고 상적상조(常寂常照)하여 원증견성한 대원경지를 성취하기 이전에는 공안참구의 투관일로(透關一路)⁷³뿐이니, 이것이 원증견성하는 첩경이며 정로(正路)이다. 만약 이에 위배되면 축출과 실격의 참극을 면치 못하는 것이니 개소야간으로 천추(千秋)에 유한(遺恨)⁷⁴하지 말고 정문정안(頂門正眼)으로 만세의 사표가 되어야 한다.

---

63 오랜 겁이 지나도 어둡지 않음.
64 불가사의한 경지.
65 전과 다름없음.
66 점차로 망념을 없앰.
67 허깨비 꿈인 생멸경계.
68 도적을 친자식으로 오인함.
69 섶을 안고 불을 끄려 함.
70 미치광이의 견해를 가진 마구니의 무리.
71 홀연히 밝게 깨침.
72 "네가 공안을 뚫지 못하였을까 걱정이다."
73 관문을 뚫는 한 가지 길.
74 한을 남김.

17. 정안종사 正眼宗師
바른 안목을 가진 종사

【 17-1 】

마대사(馬大師)의 법하(法下)에 88인이 출세(出世)하야 도량에서 교화하지마는 마사(馬師)의 정안을 증득한 자는 3양인(三兩人)뿐이니 여산화상(廬山和尙)이 기중(其中)에 일인(一人)이다. 대저 출가학도인(出家學道人)은 종상래(從上來)[1]의 본분사(本分事)가 있음을 명지(明知)하여야 한다. 4조(四祖) 하의 우두산(牛頭山) 법융대사(法融大師)가 불법을 횡설수설하지마는 구경처인 향상관려자(向上關捩子)[2]는 모르니, 이것을 명견(明見)하는 안뇌(眼腦)가 있어야 비로소 사(邪)와 정(正)을 분변할 수 있다.

馬大師下에 有八十八人이 坐道場하되 得馬師正眼者는 止三兩人이니 廬山和尙이 是其一人이니라 夫出家人은 須知有從上來事分이니 且如四祖下牛頭融大師가 橫說竪說하야도 猶未知上

---

1 예로부터 내려온.
2 향상일로의 문빗장.

關棙子니 有此眼腦하야사 方辨得邪正이니다

『景德傳燈錄』9,「黃檗希運」(大正藏51, p.266c)

    자고로 종문(宗門) 중에서 법제자(法弟子)가 많기로는 마조(馬祖)가 제일이라 한다. 80여 인의 법자(法子)가 천하에 반거(蟠居)[3]하여 불법을 선양하였으니 참으로 희유(稀有)한 성사(盛事)이다. 그러나 정안종사는 수삼인(數三人) 뿐이었으니 정안은 참으로 극난한 것이다. 황벽(黃檗)과 같이 이렇게 사정(邪正)과 심천(深淺)을 분명히 간택(揀擇)할 수 있는 초군정안(超群正眼)을 전지(傳持)하여서만 비로소 종문종초(宗門種草)이니 면지면지(勉之勉之)[4]하여야 한다.

【 17-2 】

    영원청(靈源淸)이 항상 학도자(學道者)에게 말하였다. 종문에 정안인(正眼人)을 얻기가 심난(甚難)하니 회당선사(晦堂先師)를 이별한 후로부터 상견(相見)[5]한 진정종사(眞正宗師)는 유독 동산법형(東山法兄, 5조법연五祖法演) 일인(一人)뿐이다.

靈源淸이 常謂學者曰 宗門正人難得이니 自離晦堂以後로 所見眞正宗師는 唯東山法兄一人而已로다

雪堂,『拾遺錄』(卍續藏經142, p.954c)

---

3   뿌리가 넓고 굳게 박혀 엉킴. 어떤 집단이 한 지방을 차지하고 세력을 떨침.
4   노력하고 또 노력함.
5   스승과 제자와의 깨달음의 경계가 서로 일치한 것.

영원(靈源)은 황룡(黃龍)의 적손(嫡孫)이요, 동산(東山)은 양기(楊岐)의 정맥(正脈)이다. 성인이라야 능지성인격(能知聖人格)[6]으로 동산(東山)의 정안을 감별할 수 있는 영원(靈源) 또한 정안종사이다.

【 17-3 】

불안(佛眼)이 영원(靈源)에게 말하였다. "도하(都下)의 일존숙(一尊宿)을 참현(參見)하니 그 언구가 나에게 인연이 있는 것 같다." 영원(靈源)이 말하기를, "연공(演公, 5조법연五祖法演)은 천하제일등(天下第一等)의 종사(宗師)이어늘 하고(何故)로 사리(捨離)하고 원유(遠遊)하는고[7]. 소위(所謂) 인연이 있다는 자는 대개가 지해사사(知解邪師)로서 공(公)의 초심(初心)에 상응함이니라[8]."

佛眼이 謂靈源曰 比見都下一尊宿하니 語句似有緣이로다 靈源曰 演公은 天下第一等宗師어늘 何故로 捨而事遠遊오 所謂有緣者는 蓋知解之師라 與公初心相應이니라

『續傳燈錄』25 (大正藏51, p.636c)

백장(百丈)은 대보살들을 부작불의주지해(不作不依住知解)[9]라고 하였다. 자재위인 제8뢰야계(第八賴耶界)의 무분별지도 지해여서 정안이 아니니 그 나머지는 불문가지(不問可知)이다. 불안(佛眼)이 영원(靈源)의

---

6 "성인이라야 성인을 알아볼 수 있다는 격"
7 "어찌하여 떠나와서 멀리 돌아다니는가."
8 "그대의 초발심에나 걸맞는 사람일 것이다."
9 "지해를 의지해서 머무르지 않는다는 생각도 하지 않는다."

지시에 따라 5조에 귀환(歸還)하여 정오사법(正悟嗣法)[10]하였다.

【 17-4 】

대혜종고(大慧宗杲)가 말했다. "황룡남회하(黃龍南會下)의 존숙(尊宿)들을 5조연(五祖演)은 다만 회당(晦堂)과 귀종(歸宗, 진정眞淨) 2인만 긍정할 뿐이요 그 밖에는 모두 긍정하지 않았다."

大慧杲云 老南會下尊宿을 五祖는 只肯晦堂과 歸宗二老而已요 自餘는 皆不肯他也니라

『宗門武庫』上 (大正藏47, p.951c)

황룡하(黃龍下)의 회당(晦堂)과 귀종(歸宗)은 종문(宗門)의 천리마(千里馬)이다.

【 17-5 】

대혜(大慧)가 교충(教忠)에게 말했다. "지금 제방(諸方)에서 호호(浩浩)히[11] 선법(禪法)을 광설(廣說)하지마는 그 양기(楊岐)의 정전(正傳)은 삼사인(三四人)뿐이다."

大慧杲가 謂教忠光曰 今諸方이 浩浩說禪하되 其楊岐正傳은 三四人而已니라

『續傳燈錄』32 (大正藏51, p.686a)

---

10 바르게 깨달아 법을 이음.
11 한없이 넓고 크게. 거침없이.

출세설법(出世說法)[12]한다고 전부가 정안종사는 아니니, 금사혼잡(金沙混雜)은 금고동연(今古同然)[13]할 뿐 아니라 진금(眞金)은 실로 희귀하다. 교충(敎忠)이 양기정전(楊岐正傳)은 삼사인(三四人)뿐이라 함을 듣고 분노하였으나 결국 회심(回心)하여 대혜(大慧)에게 득도사법(得道嗣法)하였다.

【 17-6 】

응암화(應菴華)가 귀종(歸宗)에 출세(出世)하였을 때에 대혜(大慧)는 매양(梅陽)에 있었다. 일승(一僧)이 응암(應菴)의 수시어구(垂示語句)[14]를 전하니 대혜(大慧)가 극구칭탄(極口稱歎)하였다. 후일에 게송을 보내되 "금륜(金輪)의 제일봉(第一峰)을 좌단(坐斷)하니, 천요백괴(千妖百怪)가 전부 적적(跡跡)을 잠익(潛匿)했다. 연래(年來)에 또한 진소식(眞消息)을 득문(得聞)하니, 양기(楊岐)의 정맥(正脈)에 통달(通達)했음을 보도(報道)하더라."[15]고 하니 그 귀중함이 여차(如此)하니라.

應菴華가 住歸宗日에 大慧在梅陽이러니 有僧이 傳師垂示語句어늘 慧見之하고 極口稱歎하야 後以偈寄曰 坐斷金輪第一峰하니 千妖百怪盡潛蹤이라 年來에 又得眞消息하니 報道楊岐正脈通이로다하야 其貴重이 如此니라

『續傳燈錄』31 (大正藏51, p.679b)

---

12 세상에 나와서 법을 설함.
13 예나 지금이나 마찬가지임.
14 선사가 수행자의 역량을 시험해 보기 위한 수단의 하나로 질문을 던지는 말.
15 "금륜의 제일봉을 타고 앉으니, 백천 요괴가 모두 자취를 감추는구나. 수년 사이 또 참 소식을 듣게 되니 양기의 정맥에 통달했음을 알리는도다"

응암(應菴)은 호구(虎丘)의 적자(嫡子)며 대혜(大慧)의 법질(法姪)이다. 송·원·명·청을 통하여 임제직전(臨濟直傳)인 양기정맥(楊岐正脈)은 응암법손(應菴法孫)이 유지하였으니, 대혜(大慧)의 찬탄이 우연 아님을 가히 알 수 있다. "차라리 전신(全身)을 분쇄(粉碎)하여 지옥에 함입(陷入)할지언정 불법으로써 인정(人情)을 팔지 않겠다[영가쇄신입지옥(寧可碎身入地獄)이언정 불이불법당인정(不以佛法當人情)이라]."고 말한 대혜(大慧)의 진면목이 약동한다.

【 17-7 】

황룡남(黃龍南)이 처음으로 자명(慈明)에게 왕참(往參)하여 그 제방(諸方)을 폄박(貶剝)[16]함을 들으매, 건건(件件)이 사해(邪解)라고 배척하는 것이 거개(擧皆)[17] 늑담(泐潭)이 밀부(密付)한 지결(旨訣)[18]이므로 기색(氣索)[19]하여 귀환하니라.

黃龍南이 初參慈明하야 聞其貶剝諸方하되 而件件數以爲邪解者가 皆泐潭密付旨訣일새 氣索而歸하니라

『續傳燈錄』7 (大正藏51, p.506a)

황룡혜남(黃龍慧南)은 임제종(臨濟宗) 황룡파(黃龍派)의 개조(開祖)이다. 자명(慈明)에게 왕참(往參) 이전에 늑담회징(泐潭懷澄)의 인가를 받고

---

16 헐뜯고 얕잡음.
17 거의 모두.
18 "은밀히 전수해 준 비결"
19 기가 막힘.

득도(得道)를 자부하여 설법접인(說法接人)[20]하여 그 고명(高名)이 제방(諸方)에 진동하였다. 그 후 운봉문열(雲峰文悅)이 늑담(泐潭)을 부정함에 대노(大怒)하여 목침으로 난타하였으나, 번연(翻然)[21] 개심(改心)하고 활연정오(豁然正悟)하여 임제정전(臨濟正傳)이 되니 학도자(學道者)의 백세 귀감이다.

【 17-8 】

원오(圓悟)가 대혜(大慧)에게 말했다. 능히 몇 사람이나 그대의 전지(田地)에 도달하였는고. 예전에 다못 경상좌(璟上座)가 있어서 그대와 동일하더니 벌써 사거(死去)하였다.

圓悟謂大慧杲曰 能有幾箇하야 得到儞田地오 舊時에 只有璟上座하야 與儞一般이러니 却已死了也로다

『續傳燈錄』27 (大正藏51, p.650a)

대혜(大慧)가 20년간이나 가지식(假知識)에게 오도되어 사로(邪路)에서 방황하다가 다행히 원오(圓悟) 같은 정안을 만나서 일념불생 전후제단처(前後際斷處)에 돈입(頓入)하여 일념불생의 승묘경계(勝妙境界)에서 활연대오(豁然大悟)하니 원오가 이와 같이 칭양(稱揚)한 것이다.

전후제단처(前後際斷處)만 하여도 5조법연(五祖法演)이 "제방(諸方) 여금(如今)에 능유기개득도저전지(能有幾箇得到這田地)오."[22] 하였거늘, 전

---

20 설법하고 납자를 제접함.
21 갑자기. 갑작스럽게.
22 "제방에서 지금 몇 사람이나 이 경지에 이르렀는가."

후제단처를 초과한 구경무심지는 난중난사(難中難事)²³인 것이다. 그러나 일념불생의 대사지(大死地)에서 활연대활(豁然大活)하지 않으면 종문정안이 아니니, 노력하고 더욱 노력하여 구경정각을 성취하여야만 불조의 혜명을 계승하는 것이다.

【 17-9 】

선성(先聖)이 말했다. 차라리 파계하기를 수미산같이 할지언정 사사(邪師)에게 사념(邪念)으로 훈습(薰習)되어 개자(芥子)만큼이라도 정식(情識) 중에 침입하여서는 아니된다. 식유(食油)가 면중(麵中)에 혼입(混入)됨²⁴과 같아서 영원히 출리(出離)하지 못한다.

先聖이 云 寧可破戒를 如須彌山이언정 不可被邪師의 薰一邪念하야 如芥子許도 在情識中이니 如油入麵하야 永不可出이니라

『大慧普覺禪師語錄』26「大慧書」上 (大正藏47, p.922b)

악지사견(惡知邪見)의 피해가 여사(如斯)히 가공(可恐)하다²⁵. 사사(邪師)에 봉착하여 사로(邪路)에 인도되면 이것이 고질화하여, 설사 정사(正師)를 상면(相面)하여도 사견(邪見)에 장폐(障蔽)되어 정로(正路)를 분변치 못하며, 사견(邪見)을 영영 포기하지 못하고 결국은 사마외도(邪魔外道)가 되고 마는 것이다. 종문정안은 이와 같이 극난하지마는 5가7종(五家七宗)의 정맥상전(正脈相傳)으로써 구경무심의 극심현처(極深玄

---

23 어려운 중에도 어려운 일.
24 "먹는 기름이 국수에 섞임"
25 "이처럼 두렵다"

處)를 증득하지 않고서 종사(宗師)를 자처한 자는 전무하다. 그러니 오매일여하여 내외명철하며 무심무념하고 상적상조(常寂常照)한 명암쌍쌍(明暗雙雙)의 대휴헐지(大休歇地) 즉 무상대열반(無上大涅槃)을 실증(實證)하여야만 소림정전(少林正傳)이다.

18. 현요정편 玄要正偏
임제의 3현3요와 조동의 정편

【 18-1 】

■ 묻기를, "어떤 것이 임제하(臨濟下)의 법사(法事)오." 사(師)가 답하되, "5역(五逆)이 뇌성(雷聲)을 문(聞)하느니라."¹ "어떤 것이 운문하(雲門下)의 법사(法事)오." 답하되 "홍기(紅旗)가 섬삭(閃爍)하도다."² "어떤 것이 조동하(曹洞下)의 법사(法事)오." 답하되 "치서(馳書)에 도가(到家)치 못하니라."³ "어떤 것이 위앙하(潙仰下)의 법사(法事)오." 답하되 단비(斷碑)가 고로(古路)에 횡신(橫身)하니라."⁴ 승(僧)이 예배하거늘 사운(師云) "무슨 일로 법안하사(法眼下事)를 묻지 않는고." 승운(僧云) "잔류(殘留)하여 화상(和尙)께 드립니다."⁵ 사운(師云) "순인(巡人)이 범야(犯夜)하니라."⁶ 하고 이에 말하되, "회오(會悟)하면 법사(法事)가 일가(一家)와

---

1 "오역죄인이 우레소리를 듣는다."
2 "붉은 깃발이 펄럭인다."
3 "급히 소식을 보냈으나 집에 닿지 않았다."
4 "동강난 비석이 옛길에 비스듬히 누워 있다."
5 "스님께 남겨 드립니다."
6 "야경꾼이 밤도둑이 되었다."

376 선문정로

동일(同一)하고 회오(會悟)치 못하면 만별(萬別)과 천차(千差)로 다."7

■이와 같이 석두(石頭)·마사(馬師)와 백장(百丈)·황벽(黃檗)과 임제(臨濟)·운문(雲門)과 현사(玄沙)·암두(岩頭)와 법안(法眼)·위앙(潙仰)·조동(曹洞)의 등류(等流)는 전부 향상종사(向上宗師)니라.

■운문하(雲門下)와 임제하(臨濟下)와 조동하(曹洞下)와 법안하(法眼下)와 위앙하(潙仰下)를 불문(不問)하고, 대법(大法)을 명철(明徹)치 못하면 각각 그 종(宗)을 종숭(宗崇)하고8 각각 그 사(師)를 사앙(師仰)하느니라9.

■산승(山僧)이 대중에 있을 때에 위앙조동(潙仰曹洞)과 운문법안(雲門法眼)의 회하(會下)에서 두루 공부하고 임제하(臨濟下)에는 미참(未參)하였더니, 후래(後來)에 확철하여 회오(會悟)하면 법사(法事)가 일가(一家)와 동일(同一)하고 회오(會悟)치 못하면 만별천차(萬別千差)라 함을 명지(明知)하니라.

■問 如何是臨濟下事오 師云 五逆이 聞雷니라 如何是雲門下事오 云 紅旗閃爍이니라 如何是曹洞下事오 云 馳書不到家니라 如何是潙仰下事오 云 斷碑橫古路니라 僧이 禮拜어늘 師云何不問法眼下事오 僧이 云 留與和尙이니다 師云 巡人이 犯夜니라하고 乃云 會則事同一家요 不會則萬別千差로다

---

7 "깨치면 한 집안 법이요 못 깨치면 천차만별이다."
8 "각각 자기 종만 제일인 줄 알고"
9 "각각 자기 스승만을 받든다."

- ■若是 石頭馬師와 百丈黃檗과 臨濟雲門과 玄沙巖頭와 法眼 潙仰曹洞之流는 皆是向上宗師니라
- ■不問雲門下臨濟下하며 曹洞下法眼下潙仰下하고 大法을 若未 明하면 各宗其宗하고 各師其師니라
- ■山僧이 在衆日에 潙仰曹洞과 雲門法眼下에 都去做工夫來하 고 臨濟下則故是니 後來에 方知道하되 悟則事同一家요 不悟 則萬別千差니라

『法演錄』上;『圓悟佛果禪師語錄』9;『大慧普覺禪師語錄』15;『大慧普覺禪師語錄』18
(大正藏47, p.655c;p.753a;p.876a;p.887c)

법연(法演)·원오(圓悟)·대혜(大慧) 3대(三代)는 임제 중흥(臨濟中興)의 초군정안(超群正眼)들이다. 임제(臨濟)·운문(雲門)·조동(曹洞)·위앙(潙仰)·법안(法眼) 등의 5가종사(五家宗師)가 전부 마조(馬祖)·백장(百丈)과 같은 향상대조사(向上大祖師)이어서 5종가풍(五宗家風)이 동등하거늘, 만약에 우열과 심천을 운위(云謂)한다면 이는 대법(大法)에 미명(未明)함 이라고 단언하였다. 그러니 대법에 명철(明徹)하여 사동일가(事同一家) 한 고인전지(古人田地)에 도달하여야 5가의 종사와 5종의 가풍을 정견(正見)한다.

【 18-2 】

- ■처소를 따라 주재(主宰)를 짓고 인연을 만나 종풍(宗風)을 세워 임제의 3현과갑(三玄戈甲)¹⁰을 전개하고, 조동(曹洞)의 5위군신

---

10 '3현'은 임제의현이 수행자를 지도하는 방법으로 설한 교설. 체중현(體中玄)·

(五位君臣)[11]을 회합(會合)하여 고창(敲唱)이 쌍행(雙行)하여[12] 살활(殺活)이 자재하도다.

- 선선(禪禪)이여, 조동의 5위(五位)와 임제의 3현(三玄)이로다.
- 불자(拂子)[13]로써 법상(法床)을 일격하고 말하되 "임제의 3현3요(三玄三要)[14]로다." 또 일격하고 "조동의 5위군신(五位君臣)이로다." 또 일격하고 "운문의 일족(一鏃)으로 3관(三關)을 파쇄(破碎)하니 분명한 전후로(箭後路)로다."[15] 또 일격하고 "법안의 3계유심(三界唯心)이요 만법유식(萬法唯識)이로다." 또 일격하고 "위앙의 선거(線去)하고 선래(線來)하여 명암(明暗)이 상투(相投)로다."[16] 하니라.

- 隨處作主하고 하야 展臨濟三玄戈甲하고 會曹洞五位君臣하야 敲唱雙行하며 殺活自在로다
- 禪禪이여 曹洞五位와 臨濟三玄이로다
- 以拂子로 擊一下하고 三玄三要로다 又擊一下하고 五位君臣이

구중현(句中玄)·현중현(玄中玄). 현(玄)은 심원한 불교의 이법(理法)을 뜻함. '과갑'은 창과 갑옷을 아울러 이르는 말로서 군대를 뜻함.
11 동산양개의 수제자인 조산본적(曹山本寂)이 제창한 교설. 불교 사상의 요체를 군(君)·신(臣)·신향군(臣向君)·군시신(君視臣)·군신도합(君臣道合)의 다섯 단계로 나누어 설한 것. 동산이 제창한 정편5위설(正偏五位說)의 취지와 일치함.
12 "박자 맞추어 노래하면서"
13 번뇌를 털어낸다는 상징적 의미를 지닌 법구(法具). 불진(拂塵)이라고도 함. 삼이나 짐승의 털을 묶어서 자루 한 끝에 매달은 것. 주로 모기·파리 따위를 쫓는 생활 도구였으나 불가에서는 상징적인 수행 도구로 사용됨.
14 임제의현이 제창한 교설. 1요는 분별 조작되지 않은 언어, 2요는 있는 그대로 현요(玄要)에 들어감, 3요는 언어를 떠남.
15 "운문의 화살 하나가 세 관문을 부수니 화살 날아간 길이 분명하도다."
16 "위앙의 실이 면면히 이어져서 밝음과 어둠이 서로 합하는도다."

로다 又擊一下하고 一鏃破三關하니 分明箭後路로다 又擊一下
하고 三界唯心이요 萬法唯識이로다 又擊一下하고 線去線來하
야 明暗이 相投로다하니라

『應菴錄』6 ; 『應菴錄』6 ; 『雪岩錄』2 (卍續藏經120, p.848a ; p.848b ; p.722a)

임제정전(臨濟正傳)인 응암(應菴)과 설암(雪岩)도 5종(五宗)에 우열과 심천이 전무함을 명시하였으니 정안종사에게는 두 가지 견해가 있을 수 없다.

【 18-3 】

■ 5가(五家)라 함은 기인(其人)이 5가각이(五家各異)함이요, 기도(其道)가 5가각이(五家各異)함이 아니다.[17]

■ 위앙의 근엄과 조동의 세밀과 임제의 통쾌와 운문의 고고(高古)[18]와 법안의 간명(簡明)함은 각각 그 천성에서 나왔으니, 부자간(父子間)에 고보(故步)를 부실(不失)하여 어언(語言)과 기경(機境)이 상호답습(相互踏習)함과 상사(相似)함[19]은 요컨대 기필(期必)치 않은 당연이다. 지금의 선류(禪流)들이 각 종지에 이폐(泥蔽)[20]되어 허공을 협절(夾截)[21]하는 망견(妄見)을 기(起)하여 장단(長短)을 상호 운위(云謂)하니, 5종(五宗)의 조사들이 대적

---

17 "인맥이 다르다는 것이지 도가 다르다는 것은 아니다."
18 세속을 초월하여 고상하고 고풍스러움.
19 "옛 발자취를 잃지 않고 말과 경계가 비슷하게 이어짐"
20 그 속에 빠지고 뒤덮임.
21 칼자루를 쥐고 끊어냄.

정(大寂定) 중에서 엄비(掩鼻)²²치 않을 수 없음을 여(余)는 명지(明知)하는도다.

- 五家者는 乃五家其人이요 非五家其道也니라
- 如潙仰之謹嚴과 曹洞之細密과 臨濟之痛快와 雲門之高古와 法眼之簡明은 各出其天性而父子之間에 不失故步하여 語言機境이 似相踏習은 要皆不期然而然也라 今之禪流가 泥乎宗旨而起夾截虛空之妄見하야 互相長短하니 余知五宗之師가 於大寂定中에 莫不掩鼻로다

『天目中峰廣錄』 十一之上 (頻迦藏經85, p.264 ; p.265)

5가(五家)의 우열장단을 망론(妄論)함은 대법(大法)을 미명(未明)한 할안군맹(瞎眼群盲)²³들의 고금통병(古今通病)²⁴이다. 그러므로 정안종사들은 이를 통탄 심계(深誡)²⁵하였으니, 중봉(中峰)의 법사(法嗣)인 천여(天如)도 그의 「종승요의(宗乘要義)」²⁶에서 5종(五宗)의 우열심천을 망론(妄論)함은 착중지착(錯中之錯)²⁷이라고 상박(詳駁)²⁸하였다.

【 18-4 】

- 일구(一句) 중에 필수(必須)히 3현문(三玄門)을 구비하고 일현문

---

22 코를 틀어막음.
23 "깨치지 못한 눈먼 장님들"
24 예나 지금이나 공통되는 병.
25 좋지 않은 일이 일어나지 아니하도록 미리 깊이 조심함.
26 ㉚ 『천여유칙선사어록(天如惟則禪師語錄)』 9 (卍續藏經122, p.963a).
27 "5종의 우열과 심천을 함부로 논함은 착각 중의 착각"
28 상세히 반박함.

(一玄門)에 필수(必須)히 3요(三要)를 구비할지니라.

- 일구 중에 3현3요가 구유(具有)하여 빈주(賓主)가 역연(歷然)하면 평생사(平生事)를 요판(了辦)하고 참심사(參尋事)를 종필(終畢)하나니[29], 그러므로 영가(永嘉)가 이르되 "분골쇄신(粉骨碎身)하여도 미족수(未足酬)니 일구가 요연(了然)히 백억(百億)을 초월한다."[30]고 하니라.

- 3현3요의 사리를 분별하기 극난함이여, 의지(意旨)를 오득(悟得)하고 어언(語言)을 망각하면[31] 대도에 친합(親合)하기 용이하니라. 일구가 명명(明明)히 만상(萬象)을 총해(總該)하니[32] 중양구월(重陽九月)에 국화(菊花)가 참신(嶄新)하도다.[33]

- 여등(汝等)의 통현(通玄)한 고사(高士)들에게 보고하노니 방할(棒喝)을 임시(臨時)하여 요용(要用)할지니라.[34] 만약에 친적(親的)한 심지(深旨)를 명득(明得)하면 반야(半夜)에 태양이 휘황하도다.[35]

- 임제종하(臨濟宗下)에 3현3요가 있어서 일구 중에 3현이 필구(必具)하고 일현(一玄) 중에 3요(三要)를 필구(必具)니라.

---

29 "한평생의 일을 끝내고 참구하던 일을 마치니"
30 "뼈가 가루 되고 몸이 부서져도 은혜를 다 갚을 수 없으니 한 구절에 분명히 백억 법문을 초월한다."
31 "의미를 깨닫고 말을 잊으면"
32 "한 구절이 분명하게 만상을 다 갖추니"
33 "9월 9일에 국화꽃이 새롭구나."
34 "현묘한 뜻을 통달한 그대에게 알리노니, 방과 할을 상황 따라 맞추어 긴요하게 사용하라."
35 "확실하고 깊은 의미를 분명하게 알면 한밤중에 태양이 밝게 빛나리"

■ 일구 중에 3현문(三玄門)이 구족(具足)하고 일현문(一玄門)에 3요로(三要路)가 구비(具備)하니라.
■ 3현3요의 대로(大路)를 활개(豁開)하니 수미(須彌)의 제일봉(第一峰)을 좌단(坐斷)하도다.[36]

■ 一句語에 須具三玄門이요 一玄門에 須具三要니라
■ 一句中에 有三玄三要하야 賓主歷然하면 平生事辦이요 參尋事畢이니 所以로 永嘉云 粉骨碎身未足酬니 一句了然超百億이라하니라
■ 三玄三要事難分이여 得意忘言道易親이라 一句明明該萬象하니 重陽九月에 菊花新이로다
■ 報汝通玄士하노니 棒喝을 要臨時니라 若明親的旨면 半夜에 太陽暉로다
■ 臨濟下에 有三玄三要하야 凡一句中에 須具三玄하고 一玄中에도 須具三要니라
■ 一句中에 具三玄門하고 一玄門에 具三要路니라
■ 豁開三玄三要路하니 坐斷須彌第一峰이로다

『臨濟錄』;『汾陽錄』上;『汾陽錄』上;『慈明錄』,「三玄三要都頌」;『碧岩錄』38則;『大慧普覺禪師語錄』8;『大慧普覺禪師語錄』9 (大正藏47, p.497a ; p.598c ; p.957b ; 卍續藏經120, p.183a ; 大正藏48, p.177a ; p.841c ; p.848c)

3현3요는 임제종풍인 대기대용(大機大用)의 골수여서 수시어구(垂示

---

36 "3현3요의 큰길을 활짝 열어제치니, 수미산 제일봉에 눌러앉았다."

18. 현요정편 383

語句) 중에 3현3요가 구비되지 않으면 정안종사가 아니다. 왕왕에 할안납승(瞎眼衲僧)이 일구 중에 구삼현(具三玄)하고 일현(一玄) 중에 구삼요(具三要)한 이 전기대용(全機大用)을 혹은 오입차제(悟入次第)로, 혹은 법문심천(法門深淺)으로 착인(錯認)하는 바 있으니 가비가통(可悲可痛)이다.37

【 강설 】

　3현 가운데 반드시 3요를 구비해야 하는 법인데, 이를 잘못 이해해 3현을 공부하는 차제로 이해하는 이들이 있다. 예로 백파(白坡)스님은 3현과 3요를 제1구니 제2구니 하여 우열을 논했으니 참으로 어처구니 없는 말이다. 종사의 법문엔 반드시 한마디 말에 3현과 3요를 동시에 갖춰야 하는 법이다. 따라서 잘못된 견해를 수정하기 위해 여러 전적을 근거로 3현3요의 의미를 밝혔다.

【 18-5 】

　■승(僧)이 5조법연(五祖法演)에게 묻기를, "여하시불(如何是佛)고."38 조운(祖云), "노흉(露胸)하고 선족(跣足)이니라."39 "여하시법(如何是法)고."40 조운(祖云), "대사(大赦)하되 불방(不放)이니라."41 "여하시승(如何是僧)고."42 조운(祖云), "조어선상(釣漁船上)

37　"깨달아 들어가는 차례나 혹은 법문에 깊고 얕은 정도가 있다는 것으로 잘못 아는 경우가 있으니 슬프고 아픈 일이다."
38　"어떤 것이 부처님입니까?"
39　"가슴은 드러내고 발은 벗었다."
40　"어떤 것이 법입니까?"
41　"대사면을 내리되 놓아주지 않는다."
42　"어떤 것이 스님입니까?"

의 사삼랑(謝三郎)이니라."⁴³ 하니, 이 삼전어(三轉語)⁴⁴가 일전어(一轉語)마다 각각 3현3요(三玄三要)와 4료간(四料簡)과 4빈주(四賓主)와 동산5위(洞山五位)와 운문3구(雲門三句)를 구비하니라.

■ 제북(濟北)의 도(道)는 상정(常情)을 초출(超出)하여 어묵동정(語默動靜)에 탈체전창(脫體全彰)하니,⁴⁵ 3현3요는 송직극곡(松直棘曲)이요, 4빈4주(四賓四主)는 부단학장(鳧短鶴長)이니라.⁴⁶

■ 당지(當知)하라, 차일구자(遮一句子)는 문득 이 금강권(金剛圈)⁴⁷이며 율극봉(栗棘蓬)⁴⁸이니 일구 중에 3현을 구비하고 일현(一玄) 중에 3요가 구족(具足)하니라.

■ 구자(狗子)가 불성(佛性)이 있는가 없는가.⁴⁹ 다못 이 무자(無字)는 3현3요의 과갑(戈甲)이요, 4빈4주(四賓四主)의 후금(喉衿)⁵⁰이니라.

■ 僧問五祖하되 如何是佛고 祖云露胸跣足이니라 如何是法고 云 大赦不放이니라 如何是僧고 云釣漁船上謝三郎이라 하니 此三轉語에 一轉이 具三玄三要와 四料簡四賓主와 洞山五位

---

43 "낚싯배 위에 사씨네 셋째 아들이다."
44 이 세 마디.
45 "임제의 도는 평범한 사정을 초월하여 말하거나 조용하거나 움직이거나 가만히 있거나 간에 그 전체가 드러난다."
46 "3현3요여, 소나무는 곧고 가시나무는 굽었고, 4빈4주여, 오리다리는 짧고 학다리는 길도다."
47 금강의 올가미.
48 밤송이.
49 "개에게도 불성이 있습니까? 없습니까?"
50 목구멍과 옷깃이라는 뜻으로, 중요한 곳을 비유적으로 이르는 말.

와 雲門三句니라
- ■濟北之道는 出乎常情하야 語黙動靜에 脫體全彰하니 三玄三要는 松直棘曲이요 四賓四主는 鳧短鶴長이니라
- ■當知遮一句子는 便是金剛圈이며 栗棘蓬이니 一句中에 具三玄하고 一玄 中에 具三要니라
- ■狗子還有佛性也無아 只遮無字는 是三玄三要之戈甲이요 四賓四主之喉衿이니라

『大慧普覺禪師語錄』8 ;『雪岩錄』1 ;『雪岩錄』4 ;『雪岩錄』4
(大正藏47, p.842c ; 卍續藏經122, p.489b ; p.536b ; p.561a)

어느 종파를 막론하고 정안종사의 수시어구(垂示語句)는 임제의 3현뿐 아니라 동산(洞山)의 5위(五位)와 운문의 3구를 원만구비하였으니, 참으로 일구요연초백억(一句了然超百億)⁵¹이며 좌단수미제일봉(坐斷須彌第一峰)⁵²이다.

【 강설 】

사씨네 셋째 아들은 현사사비 선사를 일컫는 말이다. 종사가 말을 할 때는 한마디 말에 임제종의 종취인 4료간·4빈주·3현·3요뿐만 아니라 조동종의 종취인 군신5위와 운문종의 종취인 3구까지 빠짐없이 구비해야 한다. 어찌 5가의 종취만 구비하겠는가? 모든 정안종사들의 동일한 종취를 빠짐없이 구비한다 하겠다.

---

51 "한 구절이 분명히 백억 법문을 뛰어넘는 것"
52 "수미산 제일봉에 눌러앉는 것"

바른 안목을 갖추면 한마디 말이 온천지를 덮고도 남는 법이다. 어찌 종파의 우열과 법문의 고하를 논할 수 있겠는가? 참다운 법을 깨쳤다면 그 깨달음에 어찌 차이가 있겠는가? 임제의 종취에만 맞고 조동의 종취에는 틀린 법을 설한다면 그를 어찌 바른 안목을 갖춘 종사라 하겠는가? 1구 가운데 3현3요를 빠짐없이 갖춰야 한다는 것이 임제종의 분명한 종취이다.

그런데 후대로 오면서 3현을 깨달음의 차제, 공부의 차제로 설명하는 잘못된 학설이 등장하게 되었다. 그 내용을 간단히 말하면 체중현(體中玄)을 의리선(義理禪)과 『화엄경』의 사사무애(事事無礙) 도리라 하고, 구중현(句中玄)은 모든 지해(知解)가 떨어진 선문의 쇄락언구라 하고, 현중현(玄中玄)은 쇄락언구마저 초월한 임제의 할과 덕산의 방이 이에 해당한다고 하였다. 즉 체중현은 학인들이 공부하는 초입에 이해하게 되는 화엄의 사사무애의 도리이고, 이치는 알았지만 번뇌망상과 불법에 대한 지해가 여전하므로 온전히 깨닫기 위해 '정전백수자(庭前栢樹子)'[53] 등의 화두를 드는 것이 구중현이며, 화두로 얻은 깨달음은 언구를 의지함이 있으므로 그것마저 완전히 초월한 임제의 할과 덕산의 방이 현중현이라는 것이다.

여기서 체중현은 일단 차치하고 구중현과 현중현의 관계를 살펴보자. 그러면 조주의 '정전백수자'나 동산의 '마삼근'[54]은 구중현이니 낮고, 임제의 할과 덕산의 방은 현중현이니 그 경지가 더 높은 것이 되는데 과연 그런가? 이는 선문의 종취를 꿈에도 모르고 하는 소리이다.

---

53 화두. 어떤 스님이 조주(趙州)에게 "조사가 서쪽에서 오신 뜻이 무엇입니까?"라고 묻자 조주가 "뜰 앞의 잣나무니라."고 답함.
54 화두. 어떤 스님이 동산수초(洞山守初)에게 "부처란 무엇입니까?"라고 묻자 동산이 "마삼근(麻三斤)이니라."고 답함.

어찌 조주의 법문은 낮고 임제의 할은 높다 하겠는가? 참선을 조금이라도 해 본 사람이라면 그 잘못됨을 분명히 알 것이다. 3현3요는 공부하는 차제나 단계가 결코 아니다.

보조스님의 과오는 돈오점수를 선양한 것에만 그치지 않는다. 보조스님 역시 『원돈성불론』에서 경절문을 체중현·구중현·현중현으로 구분하고 각각을 공부하는 차제의 관계로 설명하였다. 거기에 덧붙여 "이것이 임제의 본의는 아니나 고승의 견해를 따라 이를 인용한다." 하였으니, 참으로 알 수 없는 일이다. 임제의 본의가 아닌데 왜 인용했단 말인가? 의지를 하려면 모름지기 근간이 되는 부처님과 본분종사의 말씀을 의지해야지 가지 중에서도 끝자락 같은 말을 따라가서는 안 된다. 3현에 어찌 차제가 있을 수 있겠는가?

종문에 해를 끼친 악견은 보조스님에게만 그치는 것이 아니다. 조선조의 백파스님은 『선문수경(禪門手鏡)』에서 선문 5가 중 임제종·운문종은 제1구로서 조사선이고, 위앙종·법안종·조동종은 제2구로서 여래선이라 하였다. 또 제1구는 3요이고 제2구는 3현이라 하였다. 3현과 3요를 차제로 나눈 과오는 일단 차치해 두자. 임제스님께서 분명 3현 가운데 3요를 갖춘다 했는데 거꾸로 3요를 높은 것으로 말해 놓았으니 앞뒤가 전도된 이런 이론이 도대체 어디서 나온 것인지 도무지 알 수가 없다. 또한 어찌 정안종사와 그 가르침에 우열이 있을 수 있겠는가? 근거도 없는 낭설로 후학을 미혹케 한 예는 이뿐만이 아니다. 자신과 남을 그르치지 않기 위해선 스스로 확철대오하는 방법밖에 없으니 모름지기 정진하고 또 정진하기만을 바란다.

【 18-6 】

■ 선사(先師)의 본의(本意)는 공훈(功勳)을 밝혀 진수(進修)하는 위차(位次)와 교구(敎句)를 겸섭(兼涉)함을 위함이 아니요, 직시(直是) 격외(格外)의 현담(玄談)이라 요절(要絕)한 묘지(妙旨)니라.[55]

■ 동산하(洞山下)는 5위(五位)가 회호(回互)하여 정편(正偏)으로 접인(接人)하니 참으로 기특(奇特)하니라.[56] 저향상경계(這向上境界)에 도달하여야 비로소 능히 여차(如此)하도다.[57] 동산(洞山)이 이르되 "어찌 한서(寒署)가 없는 곳을 향(向)하여 가지 않는고" 하니 이는 편중정(偏中正)이요, 승(僧)이 이르되 "어떤 것이 무한서처(無寒署處)오."[58] 산(山)이 운(云) "한시(寒時)에는 사리(闍梨)[59]를 한냉(寒冷)케 하고 열시(熱時)에는 사리(闍梨)를 열염(熱炎)케 한다."[60] 하니, 이는 정중편(正中偏)이라 수정(雖正)이나 각편(却偏)하고 수편(雖偏)이나 각정(却正)하나니,[61] 부산원록공(浮山遠錄公)[62]이 이 공안(公案)으로써 5위(五位)의 표격(標格)으로 삼았

---

55 "우리 스님의 본뜻은 공부에 닦아 나아가는 지위와 교가의 언구를 섭렵함을 밝히는 데 있는 것이 아니라 격식 밖의 현묘한 말씀이며 요긴하고 절묘한 뜻에 있다."
56 "동산 문하는 5위가 서로 교섭하여 정과 편으로 납자를 지도하니, 참으로 훌륭하다."
57 "이 향상의 경계에 도달해야 비로소 이와 같을 수 있다."
58 "어느 곳이 추위와 더위가 없는 곳입니까."
59 아사리(阿闍梨)의 준말로서 선문에서는 승려의 대명사로 쓰임. 존공(尊公)·귀공(貴公)의 뜻.
60 "추울 때는 그대를 춥게 하고 더울 때는 그대를 덥게 한다."
61 "바르면서도 오히려 치우치고 치우치면서도 오히려 바르니,"
62 법명은 법원(法遠 : 991~1067). 송대(宋代) 스님. 삼교지숭(三交智嵩)에게 출가. 분양선소(汾陽善昭)·대양경현(大陽警玄) 등 70여 선사에게 역참한 다음, 섭현귀성(葉縣歸省)의 법을 이어받음. 부산(浮山)에서 개산하여 머묾. 또 대양경현의 법

느니라.

■ 정중편(正中偏)·편중정(偏中正)·정중래(正中來)·겸중지(兼中至)·겸중도(兼中到)의 5위(五位)는 지시일위(只是一位)니 일위(一位) 중에 각각 5위(五位)를 구장(具藏)하니라.[63]

■ 운문은 심상(尋常)[64] 일구 중에 필수(必須)히 3구(三句)를 구비하니 건곤(乾坤)을 함개(函蓋)하는 구(句)[65]요, 수파(隨波)하며 축랑(逐浪)하는 구(句)[66]요, 중류(衆流)를 절단(截斷)하는 구(句)[67]니 방거(放去)하며 수래(收來)하여 실로 기특하니라.[68]

■ 先師本意는 不爲明功進修之位와 兼涉敎句요 直是格外玄談이라 要絶妙旨니라

■ 洞山下는 五位回互하야 正偏接人하니 不妨奇特이라 到這向上境界하야사 方能如此로다 洞山이 道하되 何不向無寒暑處去오하니 此是偏中正이요 僧云 如何是無寒暑處오 山云 寒時엔 寒殺闍梨하고 熱時엔 熱殺闍梨라하니 此是正中偏이나 雖正却偏하고 雖偏却正이니 浮山遠錄公이 以此公案으로 爲五位之格이니라

■ 正中偏·偏中正과 正中來와 兼中至·兼中到는 五位只是一位니

을 받아 투자의청(投子義靑)에게 부촉함.
63 "다만 한 지위니, 한 지위가 각각 다섯 지위를 간직하였다."
64 늘. 항상. 평상시.
65 "하늘땅을 덮는 구절"
66 "파도를 따르고 물결을 쫓는 구절"
67 "온갖 흐름을 끊어버리는 구절"
68 "놓아 보내고 거두어들임이 훌륭하다 하겠다."

一位中에 藏五位니라

■雲門은 尋常一句中에 須具三句하니 謂函蓋乾坤句며 隨波逐浪句요 截斷衆流句니 放去收來하야 不妨奇特이니라

『曹山五位顯訣』;『碧岩錄』43 ;『雪岩錄』3 ;『碧岩錄』50則
(卍續藏經111, p.231b ; 大正藏48, p.180a ; 卍續藏經122, p.554b ; 大正藏48, p.154c)

임제의 3현3요만 일구 중에 구비할 뿐 아니라 동산의 5위도 일위 중에 구족하고 운문의 3구도 일구 중에 구유(具有)하여 정안종사의 기용(機用)은 살활종탈(殺活從奪)[69]과 명암수방(明暗收放)[70]이 무애자재하니 불조명맥(佛祖命脈)인 이 전기대용(全機大用)을 법문의 심천(深淺)이나 오입(悟入)의 차제에 배정함은 망중대망(妄中大妄)[71]이다.

【 18-7 】

3현·3요와 사료간·사빈주와 금강왕보검(金剛王寶劒)[72]과 거지사자(踞地師子)[73]와 일할부작일할용(一喝不作一喝用)[74]과 탐간영초(探竿影草)[75]와 일할분빈주(一喝分賓主)[76]와 조용일시행(照用一時行)[77]의

---

69 죽이고 살림과 놓아주고 빼앗음.
70 밝고 어둠과 거두고 놓아줌.
71 망령된 것 중에서도 가장 망령된 것.
72 금강왕의 보검. 반야지혜를 비유함. 반야의 지혜는 견고한 금강석으로 만들어진 보검이 무엇이든 부수는 것과 같이, 일체의 번뇌를 부수므로 이와 같이 비유함.
73 땅에 웅크린 사자.
74 할이 할로써의 작용을 하지 못함.
75 사다새[鵜]의 깃을 엮어서 물속에 넣고 고기가 한곳에 모인 뒤에 그물로 잡는 것을 '탐간', 풀을 물에 띄우면 고기가 그 그림자에 모여드는 것을 '영초'라 함. 선종에서 종사가 학인의 역량을 알아보기 위해서 사용하는 수단과 방편을 말함.
76 한마디 할에 손과 주인을 나눔.
77 비춤과 작용을 한꺼번에 행함.

허다(許多)한 낙삭(絡索)⁷⁸을 다소학가(多少學家)가 단량(搏量)으로 주해(註解)하니⁷⁹, 아왕고중(我王庫中)에는 여시도(如是刀)가 본무(本無)함을 부지(不知)하는지라⁸⁰ 농장농래(弄將弄來)하면 간관(看觀)하는 자가 지시잡안(只是眨眼)하는도다⁸¹. 저 초군상류(超群上流)는 계증(契證)하고 험인(驗認)할새 정안(正按)하고 방제(旁提)하여 본분초료(本分草料)만 쓰거니 어찌 제매(梯媒)를 가차(假借)하리오.⁸²

三玄三要와 四料簡四賓主와 金剛王寶劍과 踞地師子와 一喝不作一喝用과 探竿影草와 一喝分賓主와 照用一時行의 許多絡索을 多少學家가 搏量註解하니 殊不知我王庫中엔 無如是刀이니라 及弄將來하면 看底只是眨眼이로다 須他上流는 契證驗認에 正按旁提하야 還本分草料어니 豈假梯媒리오

「圓悟心要」上,「示杲書記」(卍續藏經120, p.707b)

3현3요와 내지 조용일시(照用一時) 등의 전기대용(全機大用)도 안리살사(眼裏撒沙)⁸³요 평지낙절(平地落節)⁸⁴이니, 이러한 심현묘법(深玄妙法)을

---

78 얽혀 있는 많은 뜻. '낙삭'은【9-5】참조.
79 "많은 학인들이 헤아림으로 풀이를 하니,"
80 "'나의 왕궁 창고에는 이런 칼이 본래 없다' 함을 까맣게 모르는 것이다."
81 "이리저리 희롱해 보이면 보는 자들이 눈만 끔벅거릴 뿐이다."
82 "저 뛰어난 부류들은 계합하여 증득하고 시험하여 인정할 때에 정면으로 어루만지고 옆으로 이끌어서 본분의 수단만을 쓰니, 어찌 차제의 사다리를 빌리겠는가."
83 눈 속에 모래를 뿌리는 격.
84 평지에서 자빠지는 것.

돈연(頓然) 포각(抛却)하고[85] 탈농나출과구(脫籠羅出窠臼)[86]하여야 불조를 살활(殺活)하는 초종절류(超宗絕類)[87]한 정안종사이다.

85 "깊고 현묘한 법도 단박에 내던져 버리고"
86 새장과 둥지를 벗어남.
87 종파를 뛰어넘고 비길 수 있는 부류가 없음.

19. 소멸불종 銷滅佛種
부처가 될 종자를 없애다

【 19-1 】

세계의 중생이 비록 신심(身心)에 살생·투도·사음이 없어서 3행(三行)이 이미 원만하여도 만약에 대망어(大妄語)를 하면 곧 삼마지(三摩地)[1]에 청정하지 못하며 애견마(愛見魔)[2]를 성취하여 여래의 성종(聖種)을 망실(亡失)하나니, 소위 득도하지 못하고 득도하였다 하며 증오(證悟)하지 못하고 증오(證悟)하였다 함이니라. 혹은 세간의 존승제일(尊勝第一)을 구하여[3] 중인(衆人)에게 말하되, "내가 이미 도과(道果)를 증득하였다." 하여 그들의 예참을 구하며 그 공양을 탐하느니라. 이 일전가(一顚迦)[4]는 불종(佛種)을 소멸하되 사람이 이도(利刀)[5]로써 다라목(多羅木)을 단절(斷絕)함과

---

1 삼매.
2 애견(愛見)의 마구니. 애(愛)는 사물에 대하여 애착을 일으킴. 견(見)은 사물과 이치에 대하여 억측하는 것.
3 "세상에서 제일로 존경받고 싶은 마음에서"
4 일천제.
5 날카로운 칼.

같아서 부처님이 이 사람은 선근(善根)을 영영히 운망(殞亡)[6]한다고 수기(授記)하니 다시는 정견(正見)이 없어서 삼도고해(三途苦海)에 침륜(沈淪)하야[7] 삼매를 성취 못 하느니라. 만약에 그 대망어(大妄語)를 단절하지 못하는 자는 분괴(糞塊)를 조각(彫刻)하여 전단(栴檀)의 형상(形狀)을 만듦[8]과 같아서 향기를 구하고자 하나 끝내 얻지 못하느니라. 내가 비구들에게 정직한 진심(眞心)이 도량임을 가르쳤나니, 행주좌와의 4위의(四威儀)인 일체 행동 가운데도 오히려 허위와 가작(假作)[9]이 없어야 하거늘, 어찌 상인법(上人法)을 증득하였다고 자칭하리오. 비유하건대, 빈궁한 천인(賤人)이 제왕이라고 망녕되이 호칭하여 스스로 주멸(誅滅)[10]을 취함과 같으니, 하물며 대법(大法)의 성왕(聖王)을 어찌 망녕되이 절칭(竊稱)[11]하리오.

世界衆生이 雖則身心에 無殺盜婬하야 三行이 已圓하야도 若大妄語하면 卽三摩地에 不得淸淨하야 成愛見魔하야 失如來種하나니 所謂未得謂得하며 未證言證이니라 或求世間의 尊勝第一하야 謂前人言하되 我今已得果라 하야 求彼禮懺하며 貪其供養하나니라 是一顚迦는 銷滅佛種하되 如人이 以刀로 斷多羅木하야

---

6 죽여 없앰.
7 "삼악도의 고통 바다에 빠져"
8 "똥 덩어리를 깎아 전단향 불상을 만드는 것"
9 거짓.
10 죄인을 죽여 없앰.
11 사칭함.

佛記是人은 永殞善根이니 無復知見하야 沈三苦海하야 不成三
昧하나니 若不斷其大妄語者는 如刻糞爲栴檀形하야 欲求香氣
하나 無有是處니라 我敎比丘하되 直心이 道場이니 於四威儀一
切行中에 尙無虛假어니 云何自稱得上人法이리오 譬如窮人이
妄號帝王하야 自取誅滅이니 況復法王을 如何妄竊이리오

『楞嚴經』 卷6 (大正藏19, p.132b)

탐명애리(貪名愛利)¹²는 수도상의 제일마장(第一魔障)이다. 수도인이
몽환공화(夢幻空華)인 허명부리(虛名浮利)¹³를 탐착(貪著)하여 미득위
득(未得謂得)하고 미증언증(未證言證)하는¹⁴ 대망어죄(大妄語罪)를 범하
면, 자기를 파멸하고 불종(佛種)을 단절하여 불법상(佛法上)의 대악마
(大惡魔)가 되나니 대망어(大妄語)는 참으로 가공(可恐)한 것이다. 그러
하니 오매일여하며 내외명철하고 무념무생하며 상적상조하는 구경무
심을 철증(徹證)하기 이전에는 득도나 견성이라고 할 수는 절대로 없다.
만약에 명리를 위하여 최후의 실경(實境)¹⁵에 도달하지 못하고서 득
도와 견성을 사칭하여 세인(世人)을 현혹하면 이는 불조의 혜명을 단절
하여 무상정법(無上正法)의 영원한 반역이 되나니 천만책려(千萬策勵)¹⁶
하여 이러한 대망어죄인(大妄語罪人), 대애견마중(大愛見魔衆)이 되어 파
멸을 자초하여서는 안 된다.

---

12 명예를 탐내고 이익을 좋아함.
13 "꿈 같고 허깨비 같고 헛꽃 같은 헛된 명예와 이익"
14 "도를 얻지 못하고서 얻었다고 하거나 깨치지 못하고서 깨쳤다고 하는"
15 실제 경지.
16 끊임없이 책려하고 경책함.

【 19-2 】

근래에는 오만하고 경솔한 자가 많아서 비록 총림에 들어오나 참구에 나태하며 대도에 유심(留心)[17]하여도 정안종장(正眼宗匠)을 선택하지 않아서 사사(邪師)가 잘못 교도(教導)하여 같이 지향(指向)과 귀취(歸趣)를 망실(亡失)하는지라[18], 6근6진(六根六塵)도 요탈(了脫)치 못하고 문득 사해(邪解)를 가져서 마계(魔界)에 오입(誤入)[19]하여 정인(正因)을 전부 파멸하는도다. 그리하여 다만 주지(방장)에만 급급하여 외람되이 선지식이라 사칭하며, 또한 세상의 허명(虛名)만 귀중히 여기니 어찌 죄악이 자신에 내습(來襲)함을 알리오. 이는 후인(後人)을 농고(聾瞽)[20]할 뿐 아니라 또한 풍교(風教)를 조폐(凋弊)[21]하는도다. 법왕(法王)의 고광보좌(高廣寶座)[22]에 오르는 것보다 차라리 열철화상(熱鐵火床)[23]에 누울 것이요, 순타(純陀)[24]의 최후 진수(珍羞)를 받는 것보다는 잠시 적용동즙(赤鎔銅汁)[25]을 마실지어다. 크게 공구전율(恐懼戰慄)[26]하여 마땅히 자안(自安)[27]하지 말지니 대법(大法)을 비방한 허물은 사소한 죄보(罪

---

17 마음을 둠.
18 "제대로 되지 않은 스승이 잘못 지도하여 둘 다 가야 할 곳과 돌아가야 할 곳을 잃어버린다."
19 잘못 들어감.
20 눈멀고 귀먹게 함.
21 시들어 없어짐, 또는 쇠약하여 해짐.
22 높고 넓은 보좌.
23 벌겋게 달군 쇠 침상.
24 석존이 입멸하기 직전에 마지막으로 공양한 대장장이.
25 뜨겁게 끓는 구리물.
26 몹시 무섭거나 두려워 몸이 벌벌 떨림.
27 스스로 안심하고 안일함.

報)가 아니니라.

近代之人이 多所慢易하야 叢林에 雖入하나 懶慕參究하며 縱成留心하야도 不擇宗匠하야 邪師過謬하야 同失指歸라 未了根塵하고 輒有邪解하야 入他魔界하야 全失正因이로다 但知急務住持하며 濫稱知識하야 且貴虛名住世어니 寧論襲惡於身이리오 不惟聾瞽後人이요 抑亦凋弊風敎로다 登法王高廣之座론 寧臥鐵床이요 受純陀最後之羞로는 乍飮銅汁이어다 大須戰慄하야 無宜自安이니 謗大乘愆은 非小罪報니라

法眼, 『宗門十規論』(卍續藏經110, p.878a)

대법안(大法眼)은 그의 『종문십규론(宗門十規論)』 벽두인 「미명심지망위인사(未明心地妄爲人師)」[28] 제일(第一)에서 이렇게 통절(痛切)[29]히 가책(呵責)하였으니 실로 만고의 귀감이다. 허명부리(虛名浮利)에 양안(兩眼)이 엄폐(掩蔽)되어[30] 실오실증(實悟實證)치 못한 사해악견(邪解惡見)으로써 후학을 파멸하며 자신을 패망(敗亡)한 자[31]는 자고로 수다(數多)하니 참으로 장탄(長歎)[32]할 바이다. 명리를 독전(毒箭)[33]같이 피하고 철석신심(鐵石信心)[34]으로 용맹정진하지 않으면 대도는 성취할 수 없다.

28　"마음자리를 밝히지 못하고서 함부로 남의 스승이 됨"
29　뼈에 사무치도록 절실함.
30　"부질없는 명리에 두 눈이 가려"
31　"자신도 망치는 사람"
32　크게 탄식함.
33　독화살.
34　철석같은 신심.

【 19-3 】

어찌 보지 못하였는가. 교중(教中)에서 말씀하셨다. 득도하지 못하고 득도하였다 함은 증상만(增上慢)[35]인지라 대반야를 비방함이니 참회로도 통하지 못한다. 비유하건대 빈궁한 천인(賤人)이 제왕이라고 망칭(妄稱)하다가 주멸(誅滅)을 자취(自取)함과 같나니 하물며 대법왕(大法王)을 어찌 망절(妄竊)하리오.

豈不見가 教中에 道하되 未得謂得은 是增上慢이라 謗大般若니 不通懺悔니라 譬如窮人이 妄號帝王타가 自取誅滅이니 況復法王을 如何妄竊이리오

『大慧普覺禪師語錄』 13 (大正藏47, p.863c)

궁인(窮人)이 제왕을 망칭(妄稱)하면 자기일신(自己一身)만 주멸(誅滅)되지마는 득도를 가장하여 법왕(法王)이라 사칭하여 무수중생(無數衆生)을 기만하여 사로(邪路)에 오도하면 그 죄상(罪狀)은 천불(千佛)이 출세(出世)하여도 용서받지 못한다.

【 19-4 】

부모를 살해한 대역중죄는 오히려 참회할 수 있으나 대반야를 비방한 죄는 참으로 참회하기 극난하다.

殺父殺母는 猶通懺悔어니와 謗大般若는 誠難懺悔니라

『從容錄』 4 (大正藏48, p.267b)

---

35 훌륭한 교법과 깨달음을 얻지 못하고서 얻었다고 생각하여 제가 잘난 체하는 거만. 곧 자기 자신을 가치 이상으로 생각하는 일.

득도를 사칭하여 반야를 비방한 죄과(罪過)는 이렇게 지중하니 지옥을 천만 번 갈지언정 득도를 사칭하여서는 안 된다.

【 19-5 】
그 여실히 참구하여 실지(實地)로 오달(悟達)한[36] 도인은 금일에만 상봉하기 드문 것이 아니요, 왕석(往昔)에 있어서도 또한 일찍이 다수를 볼 수 없느니라.

其實參實悟之士는 不惟鮮遇於今日이요 在往昔하야도 亦未嘗多見也니라

『天目中峰廣錄』 十一之中 (頻迦藏經85, p.269)

실참실오(實參實悟)하여 구경무심을 원증(圓證)함은 고금을 통하여 극난사(極難事)이다. 그러나 후인(後人)이 득도무궁수(得道無窮數)[37]라 한 영가(永嘉)의 『증도가(證道歌)』의 증언과 같이 불조 이래로 무수한 정안종사가 계속 배출하여 정법(正法)을 천하에 선양하였음은 역사적 사실이다.

피기장부(彼旣丈夫)라 아역이의(我亦已矣)[38]니 심심(甚深)한 자신(自信)으로써 용맹정진하면 그 누구를 막론하고 일초직입여래지(一超直入如來地)하는 것이다. 참으로 단불위야(但不爲也)언정 비불능야(非不能也)[39]

---

36 "실지로 깨달은"
37 "뒷사람 중에도 얻는 이를 어찌 다 헤아리겠는가."
38 "저 사람이 대장부라면 나도 이미 대장부이다."
39 "그저 하지 않는 것일 뿐, 못하는 것이 아니다."

니 다만 미득위득(未得謂得)⁴⁰은 절대 금물이다.

【 19-6 】

만일에 실지(實地)로 오달(悟達)함이 없으면 형체를 사리(捨離)하고 영상(影像)을 논의하며⁴¹ 속백(粟帛)을 기사(棄捨)하고 의식(衣食)을 논의함⁴²과 차이가 없다. 그러므로 언어설명이 수다(數多)할수록 그 실효는 더욱더 요원(遙遠)하고,⁴³ 심식기능(心識機能)이 세밀할수록 그 대용(大用)은 더욱더 괴려(乖戾)하며,⁴⁴ 반연(攀緣)이 치성할수록 그 정인(正因)은 더욱더 황폐된다.⁴⁵ 조속히 이것을 버리면 오히려 방어하는 방법이 되지마는 혹 유거(流去)하여 돌아옴을 망각하면 지옥에 지도(至到)하지 않고는⁴⁶ 그치지 않는다.

苟無其實則不異離形而論影하며 捨粟帛而議衣食이니 言說愈多而實效愈遠이요 心機愈密而大用이 愈乖요 攀緣愈熾而正因이 愈廢矣니라 使亟棄之하면 猶有可禦之方이어니와 或流而忘返則 不至泥犂면 不已也니라

『天目中峰廣錄』 十一之下 (頻迦藏經85, p.280)

---

40 득도하지 못하고서 득도했다고 말하는 것.
41 "형체는 놔두고 그림자를 논의하며"
42 "좁쌀과 비단을 떠나 옷과 음식을 논의함"
43 "설명이 많을수록 실제 효과는 더 멀어지고,"
44 "심식의 작용이 세밀할수록 대기대용은 더욱 어긋나며,"
45 "반연이 치성할수록 바른 인연은 더욱더 황폐해진다."
46 "따라 흘러가서 돌아올 줄 모르면 지옥에 도달하지 않고서는"

실지로 득도하지 못하면 여하(如何)한 활동을 하여도 결국은 역효과만 초래하고 만다. 그러니 허망한 명리의 노예가 되어서 생지옥에 떨어져 영원히 회한(悔恨)하지 말고 오직 실참실오(實參實悟)하여야 한다.

【 19-7 】

오달(悟達)치 못한 자에게는 이오(已悟)한 실경(實境)[47]을 말할 수 없으니, 비유하건대 출생부터 맹목(盲目)된 자[48]에게 청천백일의 청명을 말하면 그가 비록 들어도 분변(分辨)하지 못함과 같다. 오달(悟達)한 자는 미오(未悟)한 종적(蹤跡)을 다시는 답착(踏著)하지 않으니[49] 몽매(夢寐)에서 각성한 자에게 그 몽중사(夢中事)를 재연하라 하면 그가 비록 기억은 하되 추적할 수 없는 것과 같다. 참학(參學)하는 고사(高士)는 당연히 오달(悟達)로써 표준을 삼을 것이니, 차(此)는 오달(悟達)함이 심난(甚難)한 까닭이다.

未悟者는 難與言已悟之境이니 如生而盲者語以天日之淸明하면 彼雖聞而不可辨也요 已悟者는 無復踏未悟之跡이니 如寐而覺者使其爲夢中事하나 彼雖憶而不可追也니라 參學之士는 要當以悟爲準이니 此悟之所以爲難也라

『中峰雜錄』上,「佛印元痛諭文」(卍續藏經122, p.724b)

---

47 "이미 깨친 실제 경계"
48 "나면서부터 눈먼 사람"
49 "깨치지 못한 자취를 다시는 밟지 않으니"

미(迷)한 자는 백주(白晝)에 실명한 맹자(盲者)와 같고[50] 오(悟)한 자는 쌍안(雙眼)으로 청천을 앙시(仰視)함과 같이[51] 근본적으로 정반대의 입장에 있다. 무한한 심성의 대광명이 항상 무변법계(無邊法界)를 비추고 있지만 미맹중생(迷盲衆生)은 이를 보지 못하고 암흑을 한탄한다. 일조(一朝)에 홀연히 대오(大悟)하여[52] 본유(本有)의 심안(心眼)을 활개(豁開)하면[53] 진묵겁전(盡墨劫前)[54]부터 원래로 자신이 이 대광명(大光明)을 발출(發出)함을 통견(洞見)할 것이다. 일단 이 심안(心眼)이 통개(洞開)하면 미래겁이 궁진(窮盡)토록[55] 이 대광명장(大光明藏)에서 유희자재(遊戲自在)하는 것이니 참으로 쾌사중(快事中)의 쾌사(快事)이다. 그러므로 위산(潙山)은 연궁법리(研窮法理)는 이오위칙(以悟爲則)[56]이라고 항상 고창(高唱)한 것이다.

【 19-8 】

오(悟)로써 제이두(第二頭)에 전락하였다 하며 오(悟)로써 지엽사(枝葉事)라 하나니,[57] 대개 그는 시초 출발할 때에 문득 착오하여 또한 그 착오를 각지(覺知)하지 못하고 오(悟)로써 건립이라고 한다. 벌써 자기가 오달(悟達)치 못하였으므로 또한 오달자(悟達者)가 있음을 신빙치 않나니, 이러한 자를 대반야를 비방한다고 한

---

50 "대낮에 앞 못 보는 맹인과 같고"
51 "두 눈으로 푸른 하늘을 쳐다보는 것과 같이"
52 "하루아침에 갑자기 깨달아서"
53 "본래 갖고 있는 마음의 눈을 활짝 뜨면"
54 한없는 오랜 옛적.
55 "미래겁이 다하도록"
56 "법을 추구하는 일은 깨침을 법칙으로 삼는다."
57 "깨침을 부수적인 데 떨어진 것으로 보며 또는 지엽적인 일이라 하니,"

다. 이는 불타의 혜명을 단절하는 것이므로 천불이 출세(出世)하여도 참회하지 못한다.

以悟爲落第二頭하며 以悟爲枝葉事하나니 盖渠初發步時에 便錯了하야 亦不知是錯하고 以悟爲建立하니라 旣自無悟門일새 亦不信有悟者하나니 遮般底를 謂之謗大般若라 斷佛慧命하야 千佛이 出世하야도 不通懺悔니라

『大慧普覺禪師書』(大正藏47, p.939a)

진여본성을 정각 또는 대오(大悟)하면 불타 조사라 하나니 이 오문(悟門)은 불교의 생명이다. 만약에 이 오문(悟門)을 부정하면 불교를 파멸하는 최대 과오가 되므로 천만 불타의 대자비로써도 영원히 구제하지 못한다.

'심불급중생(心佛及衆生)이 시삼무차별(是三無差別)'[58]이라 한 화엄경문(華嚴經文)과 '일체중생이 개증원각(皆證圓覺)'[59]이라고 한 원각경문(圓覺經文) 등을 오해하여, 중생이 본래시불(本來是佛)이니 다시 정각을 요구함은 두상(頭上)에 안두(案頭)라[60] 하는 사지악견(邪知惡見)에 함락(陷落)하여 오문(悟門)을 부정 배격하면 이는 단불혜명(斷佛慧命)의 악마이다.

『화엄경(華嚴經)』·『원각경(圓覺經)』 등의 일승묘전(一乘妙典)[61]은 금

---

58 "마음과 부처와 중생, 이 셋이 차별이 없다."
59 "일체중생이 모두 원각을 증득했다."
60 "중생이 본래 부처인데 깨달음을 요구하는 것은 머리 위에 또 머리를 얹는 일이다."
61 일승의 현묘한 가르침을 담고 있는 경전.

강대정(金剛大定)의 보광삼매(普光三昧)에서 법계를 관조한 불지(佛智)의 현현이니 오직 대원각(大圓覺)의 구경무심을 원증(圓證)하여야만 상응하는 것이요, 미맹중생(迷盲衆生)이 생멸분별로써 망의억측(妄意憶測)[62] 하면 이는 자살행위를 면치 못한다. 그리고 고인(古人)은 "만고장강수(萬古長江水)로도 오명(惡名)은 세부득(洗不得)"[63]이라고 통탄하였다.

또한 "생아명자(生我名者)는 살아신(殺我身)"[64]이라고 심책(深責)하였으니 명문이양(名聞利養)[65]을 사갈(蛇蝎)과 같이 멀리 피하지 않으면 대도는 성취할 수 없으며 아비(阿鼻)[66]의 잔재를 면치 못한다. 그러므로 만승(萬乘)의 존귀도 폐리(蔽履)같이 타기(唾棄)하고[67] 남루와 걸식으로써 평생을 장엄한 석존의 승촉(勝躅)[68]을 추수(追隨)하지 않으면 발심수도할 수 없다. 만약 명리에 현혹되어 미증언증(未證言證)의 대망어(大妄語)를 범하면 이는 불법만대(佛法萬代)의 원적(怨賊)[69]이니 진정한 수도인은 맹연(猛然)히 각성하여야 한다.

희(噫)라,[70] 탐타일립미(貪他一粒米)하야 실각만겁량(失却萬劫糧)하니 기불애재(豈不哀哉)리오[71]. 오직 공안을 역참(力參)하여 활연철오(豁然徹

62　멋대로 마구 억측함.
63　"만고의 큰 강물로도 오명은 다 씻을 수 없다."
64　"자기 이름을 내는 자는 자기 몸을 죽인다."
65　자기의 명예가 세상에 널리 알려지기를 원하며, 재물이 많아지기를 탐내는 일.
66　무간(無間)이라 번역하는데 괴로움을 받는 것이 끊임없으므로 이와 같이 말한다. 5역죄의 하나를 범하거나 인과를 무시하고 절이나 탑을 무너뜨리거나 성중(聖衆)을 비방하거나 공연히 시주 물건을 먹는 이는 이 지옥에 떨어진다고 한다.
67　"헌신짝처럼 버리고"
68　훌륭한 자취 행적.
69　"불법의 영원한 원수요 도적"
70　"슬프다!" 탄식의 소리.
71　"저 쌀 한 톨을 탐내다가 만 겁의 양식을 잃어버리니, 어찌 애통하지 않은가."

悟)하여 대사대활(大死大活) 상적상조(常寂常照)하는 대열반인 진무심(眞無心)을 친증(親證)하여 참다운 견성달도인(見性達道人)이 되어야 한다.

【 19-9 】

원오(圓悟)가 서촉(西蜀)을 출발하여 대위철(大潙喆)과 황룡심(黃龍心)을 알현(謁見)하니 다 법기(法器)라 하고, 회당(晦堂)은 후일에 임제의 일맥이 그대에게 달렸다고 하니라. 최후에 5조연(五祖演)을 친견하여 그 기용(機用)을 다하되 5조(五祖)가 허락하지 않거늘 불손한 말을 하고 분연(忿然)히 이거(離去)하니[72], 조(祖)가 말하기를 "그대가 심한 열병을 앓게 되면 그때에야 나를 생각하리라." 하니라. 금산(金山)에 이르러 과연 상한(傷寒)으로 극히 위독하여 평일(平日)에 과시하던[73] 공부로써 시험하니 아무 힘도 없는지라 5조(五祖)의 말을 추억하고, 나의 병고가 조금 치유되면 즉시 5조(五祖)에 귀환하겠다고 맹서하니라. 그리하여 병이 쾌차하여 귀환하니 5조(五祖)가 일견대희(一見大喜)[74]하여 참선케 하니라.

圓悟出蜀하야 謁大潙喆과 黃龍心하니 僉爲法器而晦堂은 稱他日에 臨濟一脈이 屬于子矣라하니라 最後에 見五祖演하야 盡其機用하되 祖皆不諾이어늘 出不遜語하고 忿然而去하니 祖曰 待你著一頓熱病打時에 方思量我在라하니라 師到金山하야 染傷

---

72 "성을 내며 떠나가니"
73 "평소에 뽐내던"
74 만나 보고 몹시 기뻐함.

寒困極하야 以平日見處로 試之하니 無得力者라 追繹五祖之語하고 乃自誓曰 我病이 稍間하면 卽歸五祖하리라 病瘥尋歸하니 祖一見而喜하야 令卽參堂하니라

『續傳燈錄』25 (大正藏51, p.634a)

    광겁생사(曠劫生死)[75]를 초탈하는 해탈로상(解脫路上)에는 추호도 허가(虛假)[76]가 없어서 실지(實地) 도력(道力)이 화엄7지인 몽중일여가 되어야 여하(如何)히 극심한 병고에도 변동이 없이 일여하고 숙면일여하면 생사에도 일여한 것이다. 그러므로 몽중일여도 못 되는 지견해회(知見解會)로써는 아무리 초불월조(超佛越祖)하는 호언장담을 여병주수(如瓶注水)[77]같이 하여도 열반당리(涅槃堂裏)에서 중고(衆苦)가 치연(熾然)할 때[78]에는 전부 빙소와해(氷消瓦解)되어 일분(一分)의 가치도 없는 것이다. 이는 고금을 통한 수도인의 근본 병통이니 설사 몽중일여하여 병중(病中)에 일여하여도 숙면에 일여하지 못하면 광세(曠世)의 지식(知識)[79]과 현하(懸河)의 웅변(雄辯)[80]도 생사안두(生死岸頭)[81]에서는 풍전등화(風前燈火)로 전도(前途)가 암흑할 뿐[82]이다. 그뿐만 아니라 몽중일여도 안 되는 사지악해(邪知惡解)로써 일시(一時)의 허환(虛幻)한 명

---

75 기나긴 세월의 생사.
76 겉보기뿐이고 내용이 없는 것이어서 미더움이 없는 사물.
77 병에서 물 쏟듯 함.
78 "열반당(涅槃堂) 안에서 온갖 고통이 맹렬히 솟을 때"
79 "세상에서 보기 드물게 뛰어난 지식"
80 "걸림 없는 웅변"
81 생사의 언덕. '두(頭)'는 접미사.
82 "앞길이 캄캄할 뿐"

리를 탐하여 중생을 현혹하면 이는 자오오인(自誤誤人)[83]하여 소멸불종(銷滅佛種)하는 일대마군(一大魔群)이므로 종문정전(宗門正傳)들은 이를 극력 배제한 것이다.

그러나 이 과오를 황연(怳然)히[84] 자각하여 사지악해(邪知惡解)를 단연 포기하고 회심정진(回心精進)하면 영겁불매(永劫不昧)하여 자재무애하는 불조의 부사의해탈도(不思議解脫道)를 성취할 수 있다. 원오(圓悟)와 같은 발군(拔群)의 대근기(大根器)로서도 5조(五祖)가 그 병통을 점파시정(點破是正)[85]하여 주지 않았으면 결국은 망망업해(茫茫業海)의 사견중생(邪見衆生)을 면치 못하였을 것이다. 원오는 5조(五祖)의 엄중한 겸추하(鉗鎚下)[86]에 대도를 완성하여 임제적전(臨濟嫡傳)의 정안종사로서 불법의 동량(棟樑)이 되었으니 참으로 수도상의 표준이다. 그리고 또한 몽중일여 후 숙면에도 일여하면 분단생사(分段生死)는 초탈하여 생사에 매각(昧却)하지는 않으나 아직 아리야위(阿梨耶位)인 자재보살의 변역생사(變易生死) 중에 있어서 종문(宗門)에서는 이를 제8마계(第八魔界)로 가척(呵斥)하는 바 대법(大法)은 미몽견재(未夢見在)[87]이니 숙면일여에서 활연대철(豁然大徹)하여 리야(梨耶)의 근본무명을 단절하여야 견성달도인(見性達道人)이다.

---

83 자신과 남을 함께 그르침.
84 확실히.
85 지적하여 고쳐 줌.
86 겸(鉗)은 쇠집게, 추(鎚)는 쇠망치. 모두 쇠붙이를 단련하는 연장. 종사가 학인을 다루는 수단이 엄하다는 말.
87 꿈에도 보지 못함.

【 19-10 】

- 정상(頂上)에 통투(通透)하고 심저(深底)에 투철(透徹)하여[88] 불성을 분명히 확증하면 장구한 시일에도 간단(間斷)이 없어서 일차 투득(透得)하면 영원히 자득(自得)하느니라.
- 일득영득(一得永得)하면 변동과 이천(異遷)[89]이 없나니 견성성불이라 하느니라.
- 생사의 환예(幻翳)가 영원히 소멸되고 금강정체(金剛正體)가 유독히 현로(現露)하면 일득영득(一得永得)하여 간단(間斷)이 없느니라.
- 일득영득(一得永得)하면 미래제(未來際)를 궁진(窮盡)하여 소득이 없이 자득(自得)하여 자득(自得)도 또한 취득하지 못하나니 이것이 진득(眞得)이니라.
- 견성성불하면 일득영득(一得永得)하여 자가(自家)의 보장(寶藏)에 의거하여 자기의 가진(家珍)을 운용(運用)하나니 그 수용이 어찌 궁극이 있으리오.
- 무위무사(無爲無事)한 도인의 행리(行履)는 천생만겁(千生萬劫)토록 또한 여여할 뿐이니라.

- 透頂透底하야 明證佛性하면 長時無間하야 一得永得이니라
- 一得永得하면 無有變異하나니 乃謂之見性成佛이니라

---

88 "꼭대기에서 밑바닥까지 꿰뚫어"
89 변동과 달라짐.

- 生死幻翳永消하고 金剛正體獨露하면 一得永得하야 無有間斷이니라
- 一得永得하면 盡未來際하야 於無得而得하야 得亦無得이니 乃眞得也니라
- 見性成佛하면 一得永得하야 據自寶藏하야 運自家珍하나니 受用이 豈有窮極이리오
- 無爲無事道人의 行履는 千生萬劫토록 亦只如如니라

『圓悟心要』(卍續藏經120, p.732a ; p.754a ; p.721a ; p.750b ; p.759a ; p.736a)

숙면일여에서 확철대오하여 자기 본성을 통연정견(洞然正見)하면 즉시성불이어서 해탈심갱(解脫深坑)을 도출(跳出)하고 비로정녕(毘盧頂寧頁)을 답파(踏破)하여[90] 일득영득(一得永得)하여 미래겁(未來劫)이 다하도록 무애자재하여 호말(毫末)의 간단(間斷)과 변이가 없어서 여여도 또한 불립(不立)하나니 기불묘재(豈不妙哉)리오[91]. 실로 오매일여하고 내외명철하며 무심무념하고 상적상조하여 독존무비(獨尊無比)의 대법왕(大法王)으로서 천추만세(千秋萬世)에 불조의 사표가 되나니 출격대장부(出格大丈夫)라고 아니할 수 없다. 그러나 이 구경심현처(究竟深玄處)를 미증언증(未證言證)하고 미득위득(未得謂得)하면 망절법왕(妄竊法王)하고 소멸불종(銷滅佛種)하는 그 과환(過患)[92]은 천불(千佛)이 출흥(出興)하여도 참회무로(懺悔無路)[93]이니, 고인(古人)이 말하기를 "지이고범(知而故犯)

---

90 "해탈의 깊은 구덩이를 뛰쳐나오고 비로자나불의 이마를 밟아 버려"
91 "여여하다는 것도 성립할 수 없으니 어찌 현묘하지 않은가."
92 "법왕을 사칭하고 부처 종자를 없애는 그 허물"
93 "천 부처님이 나온다 해도 참회할 길이 없다."

하면 생함지옥(生陷地獄)"⁹⁴이라 하였으니 어찌 경계하지 않으리오.

---

94 "알면서도 일부러 저지르면 산 채로 지옥에 떨어진다."

선문정로禪門正路를 다시 펴내며

2005년 가을, 성철 대종사 12주기 추모 칠일칠야 팔만사천배 참회 법회를 마치고 사부대중들이 모두 떠나니 분주했던 백련암은 다시 고요와 적막 속으로 빠져들었습니다. 저녁 예불을 마치고 큰스님 영정을 마주하여 좌복 위에 무릎을 꿇고 앉았습니다. 열반에 드신 지 벌써 열두 해가 지났다는 생각과 함께 큰스님을 위해서 아직 못 다한 일은 없는가 하는 데까지 생각이 미쳤습니다.

그러던 얼마 후 금강굴 불필스님께서 찾으셔서 가 뵈었습니다.

"원택스님! 해가 바뀌면 나도 고희(古稀)가 됩니다. 제방선원이나 강원에서는 큰스님들의 법문 테이프가 보급되어 공부에 좋은 지도가 되고 있습니다. 백련암 큰스님의 녹음테이프도 많이 있으니 정리해서 대중 스님들에게 법보시하고 싶습니다."

불필스님의 당부에 꿈에서 깨어난 듯했습니다. 보관해 오던 큰스님 법문 테이프들을 다시 살펴보고, 성철선사상연구원으로 일하는 최원섭 씨에게 그 편집을 맡겼습니다. 그리하여 '성철큰스님 상당법어집'이라 하여 총 4장으로 편성한 mp3 CD를 제방에 법보시하였습니다. 그 후 최원섭 연구원이 『선문정로』를 교재로 큰스님께서 직접 법문하신 내용이 17장이나 된다는 얘기를 했습니다. 그때까지 제 기억으로는 『선문정로』 전체 19장 가운데 절반 정도만 법문하신 것으로 알고 있었는데, 큰스님께 얼마나 죄스러운지 30방의 몽둥이찜질로도 시원찮은 게으름을 자책하였습니다. 그래서 2006년 13주기 추모제까지 큰스님께서 설하신 법문 테이프를 녹취하여 강설을 붙인 『선문정로』를 출간하기로 하였습니다. 그러나 준비가 늦어져 큰스님 13주기가 지나고 이제야 출판하게 되었습니다.

『선문정로』는 큰스님 스스로 "부처님께 밥값 하였다."고 하신 책입니다. 학계에서처럼 보조국사님과 돈점논쟁을 하자고 쓰신 책이 아니라 누구에게나 깨달음을 얻는 바른 길을 열어 보이시려고 노심초사한 가르침이라 생각합니다.

좀 더 많은 분들이 가깝게 두고 읽으실 수 있도록 책 제목을 어떻게 붙일까 고민하다가 선림고경총서를 간행하고 나서 큰스님께서 간행사와 완간사를 써 주신 법문이 떠올랐습니다. 간행사에서 설봉스님의 "옛 거울"을, 완간사에서는 영운스님의 "거울을 부수고 오너라. 서로 만나리라."고 하신 조사들의 법어를 인용하셨습니다. 그래서 『옛 거울을 부수고 오너라』라는 제목을 정했습니다.

큰스님의 간절한 가르침으로 깨달음의 길을 바로 가서 조계의 맑은 개울을 건너시기 바랍니다.

불기 2550년 동지절
고심정사古心精舍에서 원택圓澤 화남和南

『성철스님 평석 선문정로』를 펴내며

　그동안 준비해 오던 『명추회요(冥樞會要)』의 발간사를 쓰면서 또 박인석 교수의 해제를 읽으면서 『옛거울을 부수고 오너라』로 제목 지어진 『선문정로』에 대해서 제목을 다시 원래대로 바꾸는 것이 독자들에게 좀 더 확실하게 다가갈 것이라고 생각했습니다. "옛 조사스님의 말씀을 이끌어 와서 제목으로 해 놓으니 성철스님의 뜻도 살아나지 않고 『선문정로』라는 좋은 책 제목도 희석되어 버렸다."라는 의견들이 있어 왔기 때문입니다.

　사실 저는 1980년대 한국불교를 떠들썩하게 했던 선수행의 돈점논쟁(頓漸論爭)이 큰 결론도 없이 세월 속의 흔적으로만 남으려 생각하고 있었습니다. 그러나 이번에 비록 『종경록(宗鏡錄)』의 촬약본이긴 하지만 23년 만에 『명추회요』를 세상에 내놓고 보니, 저로서는 새삼 성철스님의 선·교(禪敎)에 대한 깊은 수행과 폭넓은 안목에 대해서 깊이 깨우치는 계기가 되었습니다.

　규봉종밀 스님은 돈오점수사상으로 선교일치(禪敎一致)를 주장하고, 그로부터 120년이 지난 후 영명연수 선사는 돈오돈수사상으로 교선일치(敎禪一致)를 주장하였는데, 그에 대한 연구 논문들이 중국·대만·일본 학자들에게서 출간되고 있습니다. 앞으로 한국 불교학계에서도 규봉종밀 스님의 주장뿐만 아니라 중국 선종의 수증론으로 무르익은 영명연수 스님의 『종경록』 연구가 깊어진다면 한국에서도 돈점수증론 연구에 대한 새로운 지평이 열리리라 믿습니다.

지나온 긴 세월에 『옛거울을 부수고 오너라』를 읽어주신 독자님들에게 감사를 드리고, 이제 그 제목을 『성철스님 평석 선문정로』로 바꾸게 되었음을 다시 한번 알려드립니다. 그러나 그 내용에는 조금도 가감이 없음을 밝혀둡니다.

성불의 길을 향해 더욱 매진하시길 바랍니다.

불기 2559년(2015) 9월 백로절
해인사 백련암 원택圓澤 화남和南

성철스님 평석

선문정로 禪門正路

초　　판 발행　　1981년 12월 15일
개 정 판 발행　　2006년 12월 30일
재개정판 발행　　2015년 10월 30일
교감본 2쇄 발행　2024년 10월 25일

지은이　퇴옹성철
발행인　여무의(원택)
발행처　도서출판 장경각

등록번호　합천 제1호
등록일자　1987년 11월 30일
본　　사　경상남도 합천군 가야면 해인사길 118-116, 해인사 백련암
서울사무소　서울 종로구 삼봉로 81, 두산위브파빌리온 1232호
전　　화　(02)2198-5372
홈페이지　www.sungchol.org

편집·교정　선연

© 2022, 장경각

ISBN 978-89-93904-20-8 03220

값 15,000원

※ 이 책은 저작권법에 따라 보호를 받는 저작물이므로 무단 전제와 복제를 금지하며, 이 책 내용의 전부 또는 일부를 이용하려면 반드시 저작권자와 도서출판 장경각의 서면 동의를 받아야 합니다.
※ 잘못 만들어진 책은 구입처에서 교환해 드립니다.